元華文創

蛻變：國立臺灣圖書館故事

開創・重建・成長期

宋建成 著

史料豐富　本書運用大量的檔案文書，橫跨自 1914 年以來約
110 年的國立臺灣圖書館營運史。
紀錄翔實　全面敘述國立臺灣圖書館既有的公共圖書館服務及
其特色服務，寫盡國立臺灣圖書館時代變換，是一部有關臺灣
公共圖書館事業史的專著。

前　言

　　2014 年 8 月 9 日中華郵政公司特發行「國立臺灣圖書館百年紀念」郵票乙枚，以紀念該館開館 100 年。倏忽又將迎接 2024 年該館 110 年館慶。

　　國立臺灣圖書館歷史悠久，文化資產豐富，特別是蒐藏臺灣研究文獻，饒富學術研究價值，為臺灣學研究資源的重鎮。依據該館的發展歷程及設立機關，可分為日本殖民統治時期及臺灣光復後時期兩個階段。前者為該館的開創期——臺灣總督府圖書館（1914－1945）；後者依其發展特色，可細分為重建期——臺灣省圖書館（1945－1947）、成長期——臺灣省立臺北圖書館（1947－1973）、發展期——國立中央圖書館臺灣分館（1973－2012）、茁壯期——國立臺灣圖書館（2013 年以後）等，共 5 個時期，至今已有超過百年以上的歷史。該館館舍先後座落於臺北市博愛路（原臺北書院町）（1914－1945）、館前路襄陽路口臺灣省博物館（1945－1961）、新生南路八德路口（1963－2004）及新北市中和 4 號公園現址（2004 年以後）等 4 處。該館始終係由政府機關設立，以社會大眾為主要服務對象的公共圖書館。該館每逢改制，不僅是名稱的改變，更是體質的轉變。

開創期——臺灣總督府圖書館（1914－1945）

　　論及臺灣具有近代圖書館性質的公共圖書館，當始於日本殖民統治時期。1901 年（日明治 34）1 月由官民發起在臺北城內書院街淡水館（原清季登瀛書院，淡水館遭拆除後，興建為臺北偕行社，作為陸軍軍官俱樂部。今為長沙街一段 27 號，臺北地方法院寶慶院區；2022 年 7 月 27 日國民法官法庭在院區揭幕）設置的私立臺灣文庫，是臺灣圖書館事業的濫觴。同年 12 月臺灣文庫附屬於社團法人臺灣協會臺灣支部。1907 年（明

40）該支部改稱為東洋協會臺灣支部。繼之，1909 年（明 42）10 月（日）石坂莊作（1870－1940）在基隆義重橋畔開辦私立石坂文庫。惟兩館均以經費拮据，難以維持，先後宣告休館。

　　1914 年（大 3）4 月 14 日，臺灣總督府應東洋協會臺灣支部長內田嘉吉的建議，設立了臺灣總督府圖書館（簡稱「府圖書館」），是為臺灣當時唯一的官立圖書館，開創了臺灣公共圖書館事業的經營與發展。同年 8 月 6 日總督府任命視學官隈本繁吉（1873－1952）為臺灣總督府圖書館長。案隈本繁吉是日據時期臺灣教育史上最重要的學務官僚，統轄全島殖民地教育行政事務長達 9 年（1911.02－1920.05＝明 44－大 9）之久。9 月 12 日隈本繁吉聘請日本東京帝國圖書館司書官太田為三郎（1864－1936）任「圖書館事務囑託」〔顧問〕。同年 11 月 2 日在臺北城外艋舺（萬華）清水祖師廟內設立臨時事務所，以隈本、太田兩氏為中心籌備開館事宜。

　　1915 年（大 4）6 月 14 日，自城外艋舺遷入城內書院街原彩票局，同年 8 月 9 日正式開館，從此府圖書館就成為臺灣最大最重要的圖書館。府圖書館隸屬於臺灣總督府，其設立宗旨係在「掌理圖書之蒐集保存及供眾閱覽有關事務」。具有一方面為「供眾閱覽」的通俗圖書館（公共圖書館），一方面為「專門目的」的參考圖書館的雙重功能。1916 年（大 5）7 月 1 日設置兒童閱覽室，自是逐漸發展，使當初規劃的「參考圖書館」的性質變少，而演變成為「通俗圖書館」。

　　太田為三郎任「圖書館事務囑託」之後，1916 年（大 5）5 月 16 日接任了第 2 任府圖書館長，至 1921 年（大 10）7 月 8 日退官回日本。太田氏在府圖書館任內，憑藉著帝國圖書館服務的經驗，在圖書的蒐集、整理、目錄編纂、設備家具配備等方面的經營，奠定了府圖書館的基礎。特別是重視蒐集清代有關臺灣文獻，並將「臺灣關係資料」納入所編《臺灣總督府圖書館和漢圖書分類法》的分類體系特歸為一類。即有關臺灣資料置分類法「總類」，以「070」為其專屬分類號，以便於將與臺灣有關資料，集中在一起。1926 年（大 15）6 月曾編印《臺灣總督府圖書館和漢圖書分類

目錄·臺灣之部（1925＝大 14 年末現在）》乙冊。這個政策由後續並河直廣、若槻道隆、山中樵等館長遵循持續發展。尤其是山中樵自 1927 年（昭2）至 1945 年（昭 20）止，擔任館長 18 年，廣為蒐集臺灣資料並編製館藏目錄、展覽目錄，使臺灣資料成為該館的重要收藏。

並河館長任內，1922 年（大 11）實施圖書外借服務，並開辦圖書巡迴書庫。1923 年（大 12）開辦「第 1 回圖書館講習會」，辦理圖書館人員在職訓練，培育地方圖書館服務人員。1924 年（大 13）開設圖書相談部（參考諮詢服務）。推出種種新猷，開展了近代公共圖書館的閱覽服務。

1920 年（大 9）臺灣分設 5 州 2 廳（後改為 3 廳直至日本戰敗投降）。總督府為普設圖書館，1923 年（大 12）4 月頒布《公立私立圖書館規則》，使設置公共圖書館有了法源，1927 年（昭 2）12 月經「全島圖書館協議會」府圖書館提案，成立了「臺灣圖書館協會」，推動設立圖書館，各地方公共圖書館紛紛相繼成立。1933 年（昭 8）7 月（日）文部省公布《圖書館令施行細則》，其中明定推行「中央圖書館」制度。1937 年（昭 12）府圖書館被指定為臺灣全島公共圖書館的中央圖書館，使得府圖書館擁有全島地方公共圖書館設立指導、圖書館業務的聯繫和協調等方面的權限，確定了該館居臺灣公共圖書館界的領導地位。據統計截至 1943 年（昭 18）止，全島公共圖書館已有官立府圖書館 1 所、地方公立圖書館（州廳、市街庄）89所、私立圖書館 4 所，共 94 所。除官立及少數州廳市立圖書館如臺中州立圖書館、新竹州立圖書館、臺南市立臺南圖書館的館舍稍具規模外，一般街庄立圖書館均屬小型閱覽室。至 1943 年，除府圖書館外，「各館藏書自數百冊至萬餘冊不等，總藏書量在 32 萬冊左右（曾堃賢）」，通常在提供閱覽服務和開辦巡迴書庫上可稍見成效。

1935 年（昭 10）7 月原總督府官房外事課、調查課合併並擴大為外事部，作為南進政策的中樞機關。外事部為了要明瞭南方（華南及南洋）一帶的政治、經濟、文化等情事，於 1940 年（昭 15）9 月 6 日成立財團法人南方資料館，設立的最主要目的，即蒐集整理南方有關的圖書資料及南方

調查研究。

　　1944 年（昭 19）之後，戰局轉趨激烈，府圖書館、南方資料館，開始將館藏圖書資料疏散。雖然以美國為首的同盟國（Allies of World War II）最後取消登陸臺灣的計畫，但是為了掩護菲律賓登陸作戰，仍以空軍對臺灣發動空襲。其中，1945 年 5 月 6 日盟軍飛機大舉轟炸，在總督府後面的建築被炸得體無完膚，府圖書館也被夷為平地。處開創期的府圖書館頓時失去了館舍，無「家」可歸。不久，同年 8 月 6 日及 9 日美國分別在日本廣島和長崎投下原子彈，8 月 15 日日本正式宣布接受「波茨坦宣言」無條件投降，10 月 25 日臺灣結束了日本的統治。臺灣光復初期，由於飽受戰火蹂躪，呈現滿目瘡痍，百業待舉的荒涼景象。臺灣公共圖書館事業重建之路，十分艱難，端賴政府的規劃，以恢復因戰爭受損的圖書館機能。

重建期──臺灣省圖書館（1945－1947）

　　光復初期，依「臺灣省接管計畫綱要」，各級圖書館的設置、地點與經費，接管後以不變動為原則。1945 年 11 月 1 日臺灣全省接管工作開始，啟動了臺灣公共圖書館的重建期。臺灣省行政長官公署（「長官公署」）接收總督府圖書館，並合併南方資料館，成立臺灣省圖書館，直隸長官公署。爰於是日上午 9 時，長官公署派范壽康與山中樵在原臺灣總督府博物館內一樓府圖書館臨時辦公室，辦理府圖書館交接事宜。山中氏已備妥「日本臺灣總督府圖書館移交清冊」，共有 5 號，第 1 號〈職員名錄〉；第 2 號〈財產目錄〉；第 3 號〈會計帳據清冊〉；第 4 號〈公用財產目錄〉；第 5 號〈工作報告〉。「移交人臺灣總督府圖書館長山中樵、接收人臺灣省圖書館館長范壽康」。

　　原府圖書館館址雖遭炸燬，但主要藏書因疏散分散市郊各處而保存，若鳩工建造，實非一時所能濟事，臺灣省圖書館爰暫借臺灣省博物館（館前路襄陽路口，臺北公園，俗稱新公園內）1 樓為館址。1946 年 2 月 5 日長官公署公布《臺灣省圖書館組織規程》，首條揭示：「臺灣省行政長官公署，為儲集各種圖書及地方文獻，供眾閱觀，並輔助各種社會教育事業起

見，特設臺灣省圖書館」，確立臺灣省圖書館定位為公共圖書館。另接收南方資料館，臺灣省圖書館爰附設南方資料研究室，「掌理國內南部及南洋一帶資料之蒐集保存及研究事項」，因原圓山町館舍另有他用，臺灣省圖書館簽奉長官公署撥給明石町臺灣省人壽保險股份有限公司（原千代田生命保險相互會社）房屋作為南方資料館館藏庋藏所。臺灣省圖書館納入社會教育體系，於 1946 年 4 月 1 日開館，從戰火肆虐的衰退中逐步重建。

　　臺灣省圖書館接收府圖書館、南方資料館、臺灣省拓殖株式會社等舊藏，約 23 萬餘冊，其原所採用分編方法，因館藏多，人力和館舍不足，無力變更，原則上一仍其舊。爰將疏散書籍，選擇急用實用者，陸續運回，加以整理。其中中文圖書原依《臺灣總督府和漢圖書分類法》日、中文書籍混合編排歸類的書，先行分開，改編分類號，供眾閱覽。因為借居博物館一樓，空間有限，不能容納全部藏書，時書庫所藏者約 8 萬餘冊，所以大部分未能提供閱覽的舊籍分別寄存在臺北許多地方。另因所藏中文圖書少，時臺灣出版中文書幾無，該館爰特別撥購書經費，赴上海採購中文圖書，以充館藏，便利流通。除提供閱覽服務外，開辦巡迴文庫，把書籍巡迴到臺北市各處，使沒有機會來到該館的讀者，也有閱讀該館圖書的機會。

　　1945 年 12 月初全臺共設 8 縣 9 省轄市及 2 縣轄市。長官公署教育處接收臺中州立圖書館成立臺灣省立臺中圖書館。縣市圖書館的設置，依據 1946 年 10 月的調查報告：臺北縣、新竹縣、臺中縣、澎湖縣、臺北市、基隆市、彰化市、嘉義市、臺南市及屏東市等 10 縣市先後成立圖書館；臺南、高雄、花蓮 3 縣暫附設於民眾教育館。「縣市立圖書館在光復初期，因戰事破壞，瘡痍未復，經費困難，無暇顧及，再以藏書多屬日文，不合需要，未能流通，而多陷於停頓，直至各縣市政府改組成立後始逐漸恢復（臺灣省文獻委員會編纂組）。」

　　臺灣公共圖書館事業得重頭開始，另行規劃。值政府財政困難，又逢通貨膨脹，採取改革幣制、整頓稅收、籌募公款、發行獎券，力求增加財

源。戰後百廢待舉，亟需購置中文圖書，但缺乏經費。接收後又面臨欠缺專人管理，亟需延攬任用，但囿於人員編制過小。重建過程，備至辛勞。

成長期——臺灣省立臺北圖書館（1947－1973）

1947 年 5 月 16 日，臺灣省政府（「省府」）成立，長官公署同日撤銷。長官公署教育處即改組為臺灣省政府教育廳（「教育廳」）。1947 年 8 月 9 日臺灣省圖書館改隸省府教育廳，更名為臺灣省立臺北圖書館（「省北館」）。1948 年 12 月 31 日省府公布《臺灣省立臺北圖書館組織規程》，首條揭櫫：「臺灣省政府為儲存各種圖書及地方文獻供眾閱覽，並輔助各種社會教育事業起見，特設臺灣省立臺北圖書館，隸屬於本府教育廳」。

當時隸屬於教育廳的省立圖書館還有原有的臺灣省立臺中圖書館。至縣市立圖書館，1949 年秋，17 縣市僅臺中市、臺南縣、臺東縣尚無設置縣市立圖書館。1950 年 8 月重新劃分臺灣省行政區域為 5 省轄市 16 縣，除了臺中市及雲林縣、臺南縣、臺東縣外，都已完成設置縣市立圖書館。

時省北館發起並協助中國圖書館學會成立。1953 年 5 月臺灣圖書館界人士舉行座談會，出席者有省北館館長吳克剛等 12 個單位代表，咸感中華圖書館協會會務停頓，會員星散，無法恢復，決議重新組織圖書館協會。同年 11 月 12 日中國圖書館學會舉行成立大會，「以宏揚中華文化，研究圖書館學術，團結圖書館從業人員，發展圖書館事業為宗旨」，以省北館為會址。省北館並協助學會舉辦圖書館工作人員講習班，辦理圖書館人員在職訓練。

然而對省北館而言，萬事莫如興建館舍急。該館以所借博物館館舍場地有限，難以開展業務由，多次呈請省府核撥館舍未果。1961 年初，適省立博物館年久漏雨，省府核撥專款翻修，省北館為配合工程進行勢必遷出。館長王省吾爰再向教育廳呈請另撥專款籌建新館，教育廳廳長劉真准由省北館另建新館舍。因省北館原有基地已被國防部強行借用，無法使用，經商得省立臺北工業專科學校校長張丹同意該校中正路（今八德路）新生南路空地興建館舍，並呈報教育廳核准。新館舍因經費的關係，採分

年分層興建並啓用。1962 年 3 月省北館新生南路新廈開工，同年 10 月第 1 層完工，1963 年 2 月 1 日隨即正式開放 1 樓，供眾使用。1968 年 12 月 25 日舉行新廈落成典禮。

　　案該館遷館前曾編印書本式目錄，如《臺灣資料文獻目錄》、《臺灣省立臺北圖書館南方資料研究室西文圖書目錄》等。迄 1968 年 12 月 25 日省北館舉行新廈落成典禮，終於有了屬於該館所有的獨立館舍，舊籍臺灣資料、南洋資料等特藏資料運回集中典藏，開始整理。省北館館長袁金書於 1972 年撰〈從本館創建的經過談未來的展望〉乙文稱：「臺灣資料與南洋資料的整理，為本館近年來的兩件大事」，「工作直到 1971 年底方始完成」。經整理後，舊籍臺灣資料共有 9,840 冊（複本不計）。計有中文 440 冊，日文 9,265 冊，西文 135 冊。舊籍南洋資料共有 41,013 冊，其中中文 3,424 冊，日文 15,060 冊，西文 22,529 冊。該館編印《臺灣省立臺北圖書館特藏資料研究室西文圖書目錄》乙冊。並擬繼續編印南洋資料中的日文目錄及重編臺灣資料文獻目錄。

　　省北館業務趨向正常途徑成長，提供閱覽和各種推廣及輔導服務。惟自 1967 年 7 月臺北市改制院轄市之後，臺灣省議會（「省議會」）省議員曾多有建議省北館遷徙省垣。終於 1972 年 6 月省議會審議臺灣省 1973 年度地方總預算案歲出部分，對省北館附帶決議：「請教育廳於本年底（12 月）以前，提出省立臺北圖書館遷移於本省地區之妥善而可行之具體計劃，否則不得動支下半年度預算」。1972 年 8 月省府首長會議決議：「呈報行政院核定省北館移撥教育部接辦，改為國立臺灣圖書館，人員財產併同移轉」，經 1972 年 9 月省議會審議通過。

發展期——國立中央圖書館臺灣分館（1973－2012）

　　教育部鑒於省北館館藏發展的的歷史及價值，為保持該館原有特性與完整，並兼顧及臺北市已有國立中央圖書館，似不必再另設一所國立圖書館；且機關的成立，預算的編列都必須有法源，教育部為「遷就事實」，特依《國立中央圖書館組織條例》第 8 條：「國立中央圖書館得在各地設立

分館」的規定，省北館改為國立中央圖書館臺灣分館。行政院 1973 年 3 月採納教育部意見，核定省北館准自 1973 年 7 月 1 日起，改為國立中央圖書館臺灣分館（「臺灣分館」）。同年 8 月 10 日行政院核定、8 月 29 日教育部公布《國立中央圖書館臺灣分館暫行組織規程》，首條明定：「國立中央圖書館為發展臺灣地區圖書館事業，特設國立中央圖書館臺灣分館」。

迨 1973 年 10 月 22 日上午 10 時，辦理省北館轉移中央圖書館手續，假該館新生南路 4 樓中正廳舉行，省北館改隸乙事於是拍板定案。1985 年 10 月 23 日始由總統令公布《國立中央圖書館臺灣分館組織條例》，完成該館組織法的立法程序。首條明定：「本條例依國立中央圖書館組織條例第 8 條規定制定之。」

臺灣分館館舍接收原省北館 4 層樓的建築，經衡量安全、安靜、舒適、動線順暢等原則，重新配置使用。各樓除辦公室外，1 樓，兒童閱覽室、期刊室；2 樓，普通閱覽室（供自修室之用）、第一閱覽室（又稱普通開架閱覽室；原女青年閱覽室）、參考室；3 樓，普通閱覽室（後改為臺灣資料室）、民俗器物室；4 樓，盲人資料中心、中正廳等，並改造書庫典藏環境。

技術服務方面：改進圖書分類編目作業流程，製作各種卡片目錄；集中排架特藏臺灣文獻，將前府圖書館暨南方資料館所移藏臺灣文獻資料，皆完成編目、建卡、排架（分設專區、集中典藏、繕製標示）作業；編輯各種書本式目錄，將館藏特藏資料及臺灣光復以後的各種出版物，編印目錄，作為檢索利用的參考工具書。

讀者服務方面：設置各閱覽室提供閱覽服務；陸續制定各種閱覽規則，俾作為服務讀者有所遵循的準則，並加強特藏資料服務；1984 年 5 月起廢止「辦理借書保證金制度」，讀者申請借書證均免收保證金，可無償借閱圖書；置參考諮詢組（後改名參考服務組），是為國內圖書館界第一個設置專責參考服務的業務單位，其主要業務係館員以親身服務協助讀者找尋他們所需要的知識。

　　推廣及輔導服務方面：1975 年 7 月成立「盲人讀物資料中心」，經多年的經營，逐漸成為以製作、出版及供應盲人讀物為主要業務，兼辦全國視障者圖書借閱、諮詢、多元終身學習課程等服務的全國性視障資料中心；肩負著輔導全國公共圖書館的任務，每年辦理或委託各個文化局或文化中心針對從業人員的需要辦理各項研習課程，並辦理學會暑期圖書館工作人員研習會；推廣社會教育，落實終身學習，自 1990 年上半年開辦「終身學習研習班」（原稱「民俗技藝學習研習班」、「成人社教研習班」）；為培養讀書習慣，達成「以書會友、以友輔仁」及「終身教育、書香社會」的理想，成立「書友會」，1996 年 6 月開始公開召募，規劃辦理讀書會等活動。

　　圖書館自動化作業方面：1991 年在 3 樓設電腦室，購入軟硬體設備，使用 DYNIX 整合性圖書館自動化系統。1992 年 5 月底編目子系統正式啓用。1993 年 6 月中申請電信局專線連接教育部電算中心「臺灣學術網路」（TANet）及實施全館乙太網路佈線工程，隨後加入「全國圖書資訊網路系統」（NBInet）。1994 年 7 月在 2 樓設置線上目錄檢索區，供讀者檢索利用，完成圖書館自動化作業系統。1995 年全面停止紙本借書證，改用磁卡借書證，電腦流通作業取代人工作業。1997 年 10 月啓用全球資訊網站（http://www.ncltb.edu.tw）。

　　臺灣分館自改制以來，館務蒸蒸日上，不斷地發展，藏書總量也急遽增加，館舍不敷使用。1989 年 4 月館長孫德彪研擬臺灣分館遷建與改制整體發展規畫草案，報奉 1990 年 2 月教育部核復「國立中央圖書館臺灣分館」未來改制名稱以「國立臺灣圖書館」為原則，並同意原規畫草案名稱改為「國立臺灣圖書館整體發展規劃草案」。

　　館長林文睿主政，1992 年 8 月教育部核定「國立中央圖書館臺灣分館遷建籌備委員會設置要點」，成立「遷建籌備委員會」，由次長李建興擔任召集人，完成遷建，將同時改制為「國立臺灣圖書館」。臺灣分館亦以任務編組方式，由館內各單位主管及業務承辦相關同人組成工作小組。經

臺北縣中和市公所同意無償撥用 4 號公園中段 4 公頃土地作為遷建新館基地之需，報奉 1993 年 10 月行政院核定。1999 年 2 月行政院復核定所提「國立中央圖書館臺灣分館遷建工程基本設計報告（含總建築經費）」。2000 年 3 月舉行新館建築動土儀式。2004 年 10 月 1 日新生南路館舍舉行閉館典禮，暫停對外讀者服務。

　　2004 年 10 月 18 日館長廖又生接篆視事，是日起開始搬遷至新館。經積極協調地方，完成遷館中和，同年 12 月 20 日臺灣分館在新館舉辦開幕啓用典禮，展開營運。新館總樓板面積約 60,500 平方公尺（18,000 坪），成為全臺灣空間最大的公共圖書館，但編制人員仍為 52 人，是編制人力最少的國立（公共）圖書館。

　　臺灣分館遷中和新館啓用後，在安定環境裏發展，除了一般公共圖書館業務外，更推出新興業務，館務興隆，開創該館史上承先啓後的時代。

　　臺灣分館開始實施開架閱覽制，各閱覽區陳列之圖書資訊，閱覽人可自行取用。為便利閱覽人利用圖書資訊，設置下列閱覽區：1.親子資料中心；2.視障資料中心；3.資訊檢索區；4.期刊區；5.視聽區；6.中外文圖書區；7.參考書區；8.臺灣學研究中心；9.自修室等，提供圖書資料借閱、參考諮詢服務、網路資訊服務、微縮資料閱覽、視障資料的借閱、特藏資料借閱、重製館藏資料等各項服務。

　　該館為強化學術研究功能並深化分齡分眾服務，相繼於 2007 年 3 月 21 日成立「臺灣學研究中心」；2007 年 6 月 27 日成立「臺灣圖書醫院」；2007 年 7 月因應將原盲人讀物資料中心重新定位，擴大功能為「視障資料中心」，推動「臺灣視障中心中程發展計畫（2007.07－2009.12）」；2008 年 12 月「親子資料中心」空間改造工程後啓用；2009 年 7 月 17 日啓用「樂齡資源區」；2010 年 11 月 19 日設置「多元文化資源區」，2012 年 2 月 19 日成立「青少年悅讀區」，以滿足多元讀者的閱讀需求。該館體質蛻變，奠定了臺灣學研究中心業務發展及提供分齡分眾和特色服務的基礎，開展了邁向全國性服務的大道。尤其所推出的特色服務新猷，特予以翔實紀

錄，重其實務，俾作為圖書館界的工作典範。

　　臺灣分館同人念茲在茲的改制更名，自 1997 年 6 月奉行政院核定遷建與改制並行原則以來，卻始終受阻於政府組織改造工程的延宕，使得臺灣分館意欲完成改制的路，被迫擱置。

　　根據 2004 年 6 月公布《中央行政機關組織基準法》（《基準法》），規範了中央行政機關組織架構、內部單位設立的原則、層級、名稱等。依據該《基準法》規定：「機構」是「機關依組織法規將其部分權限及職掌劃出，以達成其設立目的之組織」及「機關於組織法規規定之權限、職掌範圍內，得設附屬之實（試）驗、檢驗、研究、文教、醫療、社福、矯正、收容、訓練等機構」，明定了中央行政機關（部會）設置附屬機構的定義和法源。

　　2010 年 8 月教育部將「教育部組織法修正草案」、部屬 2 個機關（中小學學前教育署、體育署）、9 個機構組織法草案及 1 個行政法人設置條例草案，提行政院審議。國家圖書館（原中央圖書館）、國立中央圖書館臺灣分館、國立臺中圖書館回復規劃為教育部附屬的 3 級機構，並將臺灣分館更名為國立臺灣圖書館、國中圖更名為國立公共資訊圖書館。行政院於 2011 年 1 月通過「教育部組織法修正草案」及部屬 10 個機關（構）組織法草案等 11 案，送請立法院審議。經完成立法程序，2012 年 2 月 3 日總統令制定公布《國家圖書館組織法》（全 6 條）、《國立臺灣圖書館組織法》（全 6 條）、《國立公共資訊圖書館組織法》（全 5 條），行政院定自 2013 年 1 月 1 日施行。

茁壯期——國立臺灣圖書館（2013 年以後）

　　2013 年 1 月 1 日臺灣分館改制更名為國立臺灣圖書館（「國臺圖」）、1 月 2 日下午 2 時舉行新館揭牌典禮。依據《國立臺灣圖書館組織法》第 1 條：「教育部為辦理圖書資訊之蒐集、整理、保存、利用、推廣與臺灣學資料之研究與推廣，特設國立臺灣圖書館」，明定了國臺圖的設立目的及隸屬關係。並為配合政府組織改造，國臺圖接管陽明山中山樓管理所。

　　時任教育部部長蔣偉寧曾提到：「2013 年組織改造之後，教育部管轄下的 3 所國立圖書館各有分工，不只扮演著輔助地方圖書館更新再造的角色，透過整合機制，3 所國立圖書館有效分工及合宜的規劃與分配圖書資源，對於全國館藏的完備有加乘之效，讓地方公共圖書館透過 3 所國立圖書館的輔導與協助，得以永續發展與經營，並提升臺灣圖書館事業的蓬勃發展」。

　　國臺圖在承接既有的基礎下，持續強化特色服務，如臺灣學研究中心、視障資料中心、臺灣圖書醫院服務，並揭示了 4 項「發展願景」：1.建構兼具公共圖書館與研究圖書館雙重服務功能的國立圖書館，推動社會教育與發展臺灣學研究；2.建立豐富特色館藏與發揮圖書維護專業，滿足讀者閱讀需求與提升閱讀風氣；3.提供分齡分眾服務與重視弱勢族羣資訊需求，營造無障礙閱讀環境與強化終身學習；4.展現圖書館專業形象，引領全國公共圖書館事業持續創新發展與邁向永續經營。

　　2012 年 5 月 20 日臺灣圖書館接管陽明山中山樓，即研擬「活化陽明山中山樓古蹟方案」，初擬 11 項活化策略，以達成「活化資產 增加收益」的發展願景。持續辦理古蹟、珍貴動產維護，活化空間，提供教育場域，開放參觀解說導覽，及各種展演活動。

　　自該館奉教育部核定成立「臺灣學研究中心」以來，即以厚實的臺灣研究館藏資源，徵集並整合國內外臺灣研究文獻資源，建構「臺灣學數位圖書館」，進行館藏文獻史料的研究與出版，加強與各學術研究機構的合作，支援臺灣史課程教學服務為目標。復奉教育部指示於 2021 年 3 月 26 日成立「本土教育資源中心」。另教育部以該館自 1975 年 7 月起即成立「盲人讀物資料中心」，為服務視障讀者的先驅，隨著其定位和功能的演進，逐漸蛻變為「視障資料中心」，長久以來對視障讀者服務不遺餘力，爰於 2011 年 12 月 26 日及 2014 年 11 月 21 日先後指定該館為「視覺功能障礙者電子化圖書資源利用專責圖書館」及「身心障礙者數位化圖書資源利用的專責圖書館」，負責推動及落實視覺功能障礙者電子化圖書資源和身心障

礙者數位化圖書資源的利用。除此之外，該館「臺灣圖書醫院」持續推動圖書文獻保健觀念及醫療修護技術，對於古籍及特藏資料的保護與修護獨具特色。

　　2013 年 2 月 28 日該館出版《我與圖書館的故事：國立臺灣圖書館更名紀念專輯》，部長蔣偉寧特為序：（略以）

> 　　國立臺灣圖書館於 2013 年 1 月 1 日改制更名，除了歡欣外，更覺得國立臺灣圖書館所肩負的使命任重道遠。（中略）國立臺灣圖書館遷至中和新館已 8 年多，館務運轉穩定發展，館藏也日益豐富，對於閱讀活動的推廣，更是積極而多元，近年來更朝分齡分眾的客製化服務邁進，讓愈來愈多的人，喜歡閱讀，愛上圖書館。在此時歡慶更名的時刻，期待國立臺灣圖書館能更上一層樓，透過「臺灣學研究中心」、「臺灣圖書醫院」、「視障資料中心」3 大特色，不僅成為臺灣重要的知識寶庫外，更能與國際接軌，傲視全球。

　　2015 年 2 月修正公布了《圖書館法》。有關出版品送存部分，增列「中央主管機關應鼓勵出版人將其出版品送存各國立圖書館」法條，按此規定，教育部應推動出版人將其出版品送存國立臺灣圖書館及國立公共資訊圖書館。另依據 2013 年 12 月文化部訂定《政府出版品管理要點》，國臺圖為文化部選定的「完整寄存圖書館」，政府機關出版品出版後至少寄存乙份予國臺圖，供公民眾免費閱覽使用。

　　行政院為提升政府機關服務品質及效能，扣緊社會趨勢，以人為本，提供創新優質服務措施，即時滿足民眾的需求，樹立標竿學習楷模，於 2008 年開創設置「政府服務品質獎」，及至 2018 年改稱「政府服務獎」，每年辦理迄今，該獎是政府機關推動政府服務的最高榮譽。國臺圖先後於 2015 年 6 月榮獲第 7 屆「政府服務品質獎（第一線服務類）」及 2021 年 12

月以「點燃希望的愛閱能手」計畫，規劃及提供身心障礙者、樂齡族群、矯正機構收容者、新住民族群適性服務，榮獲第 4 屆「政府服務獎（社會關懷服務獎項）」殊榮。

　　2019 年 4 月行政院宣布為了使著作人及出版者享有更合理的權利保障並鼓勵創新，將試行「公共出借權」（Public Lending Right）制度。由文化部規劃「設計方案」，教育部執行試辦。國臺圖與國立公共資訊圖書館奉教育部交辦，以兩館為試辦場域，自 2020 年 1 月 1 日至 2022 年 12 月 31 日止，試辦民眾向圖書館借閱書籍，以兩館的借閱資料計算補償金，由教育部編列經費，支應補貼著作人與出版者。

　　2022 年 9 月 12 日該館舉行卸新任館長交接典禮，教育部長潘文忠監交，完成卸任館長李秀鳳與新任館長曹翠英的交接。潘部長表示：（國立教育廣播電臺）

> 國臺圖是臺灣歷史最悠久、藏書最豐富的圖書館，除了既有公共
> 圖書館社會教育的營運目標，也兼具促進學術研究的研究型圖書
> 館職責，過去完成多項重要成果，未來期許善用位處於 4 號公園的
> 在地資源，兼管陽明山中山樓的古蹟維護工作，發揮公共圖書館
> 以及研究型圖書館的任務。

　　國臺圖自創立迄今，雖然迭經更名及改隸，但是始終是以服務社會大眾、充實館藏、保存地方文獻、促進學術研究為職責的公共圖書館，功能定位明確。以建構豐富多元的館藏，特別是有關臺灣學的圖書文獻力求完整蒐藏，提供圖書資訊服務，推廣終身學習及辦理閱讀等文教活動，同時支援臺灣學學術研究、教學、推廣服務為發展目標，企盼教育部持續支持使成為公共圖書館經營的典範，帶領臺灣公共圖書館事業邁向終身教育更長遠的目標。

　　此外，國臺圖歷經百年演進，各時期都因應需要，被賦予了全國性的

任務，提供了特色服務，如曾為臺灣公共圖書館的中央圖書館、發起並協助中國圖書館學會成立並培訓圖書館在職人員、設置「臺灣學研究中心」、成立「臺灣圖書醫院」、並為《身心障礙者數位化圖書資源利用辦法》的專責圖書館、全國出版品送存機關等。然而自 1951 年 8 月以來編制員額總數始終維持在 52 人，迄 2012 年 12 月也只增加專任 2 人，並未隨著館舍及業務的成長而擴大編制。綜觀上開各項任務及營運，參酌《圖書館法》第 4 條的規定及圖書館學學理，已具有部分國家圖書館的基本功能。若就該館特色服務——臺灣學研究、身心障礙者服務、臺灣圖書醫院等，進一步賦予國立公共圖書館兼國家圖書館功能，從而配合業務的需要，為求永續經營與發展，進行相關組織變革，修正國臺圖《組織法》及其《處務規程》部分條文與編制表，使具有一定的人力規模，經營目標為將該館除使臺灣學研究中心成為國內外臺灣學研究資源的重鎮之外，並發展成為全國身心障礙資源中心、國家圖書文獻維護中心，與國家圖書館分工及合作，共謀全國圖書館事業的發展，為臺灣圖書館史增添新頁。

　　撫今追昔，臺灣圖書館歷經成長、發展、茁壯的過程，期盼持續努力，日新又新，由茁壯期而進入飛躍期，欣欣向榮。

　　本書旨在回顧國臺圖自 1914 年至 2022 年的發展，依 1973 年 7 月為斷，析為兩冊，以記錄故實為主，藉由本書回首過往該館館員的辛勤付出所留下的記錄，為來日規劃圖書館服務發展的願景提供藍圖。內容中有標黑體字體及〔 〕符號者，係筆者的淺見及注解。攸關該館經營史料浩如煙海，爬梳匪易，舛誤疏漏之處諒必不少，尚祈各方先進指正為禱。

　　本書封面設計圖樣係取材於國立臺灣圖書館珍藏的《六十七兩采風圖合卷》，用以彰顯該館臺灣文獻的蒐藏及其學術研究價值。感謝國臺圖提供該《合卷》的數位影像圖，並同意授權利用。

　　本圖卷原件係 1921 年該館臺灣總督府圖書館時期，由館長太田為三郎購自東京南陽堂書店；為清乾隆年間，戶科給事中出任巡視臺灣監察御史六十七（字居魯，滿籍）使臺期間（1744－1747）命工繪製當時臺灣平埔

族人文的風俗及物產情況，分風俗圖和風物圖。1934 年館長山中樵撰〈六十七と兩采風圖〉乙文，認為風俗圖採自《番社采風圖》，風物圖則採自《臺海采風圖》，爰定名兩采風圖合卷。並經山中的考證，風俗圖每幅有了題目（圖名）和題詞，包括描繪原住民維生方式的捕鹿、種芋、耕種、刈禾、舂米、糖廍圖，生活風俗習慣的織布、乘屋、渡溪、迎婦、布牀圖，及對外防範的瞭望圖。風物圖描寫臺灣特產花卉、蔬果、魚蟲。1998 年，杜正勝編，《景印解說番社采風圖》，以為該圖卷「因畫境寫實，深具史料價值，頗可推考臺灣歷史初期（約 1600－1750）平埔族之社會面貌與文化特徵，有助於臺灣歷史，尤其是平埔族史之研究甚大。」

　　本書採用了〈乘屋〉圖像。平埔族人將造屋稱為乘屋，造屋是部落中的大事。造屋時間多在豐年收成之後，也可隨時乘造；子女嫁娶時，大多需要另造新屋。平埔族房屋一般奠高地基，依據本圖係採土臺屋營造方式，築土基高 5 或 6 尺（清制量地尺，1 尺＝34.5 公分）。造屋時全社壯丁通力合作，他們先以竹木做成屋頂以及斜枋（屋頂的支撐面），接着編織竹子做成牆壁，然後在屋頂上蓋上茅草，最後在土基上豎立大的木基柱，合眾人之力將兩片屋頂舉升置於基柱上，組合起來成為一個房屋。正門前置一塊凹鑿的木板為階梯，以便拾級入出。房屋的形狀就像一個翻覆過來的船。這是難得一見的平埔族造屋圖樣，是一種已消失的土臺屋式的民居建築。

目　次

表目次

第一章　開創期——臺灣總督府圖書館（1914.04－1945.11）

前　言

　　日據時期臺灣圖書館事業的經營，自與日本圖書館學術的發展息息相關。日本原本並無「圖書館」（Library）乙詞，而是通稱「文庫」。近代圖書館的產生源於明治維新初期知識份子對歐美圖書館的介紹與考察，並鼓吹設立新式的「書籍館」。1872 年（同治 11；明 5）8 月 1 日〔舊曆；日本自 1872 年 12 月 2 日以後採用新曆〕日本文部省博物館局在湯島聖堂大講堂成立了「書籍館」，這是日本國立圖書館的開始。自 1872 年至 1877 年，該館先後更名「淺草文庫」（1874.08.13＝同治 13；明 7）、「東京書籍館」（1875.05.17＝光緒 1；明 8）、「東京府圖書館」（1877.05.04＝光緒 3；明 10），該館率先採用「圖書館」這個名詞，是為日本使用「圖書館」的開始，「圖書館」遂成為通行的名稱。此後該館再更名為「東京圖書館」（1880.07.01＝光緒 6；明 13），1885 年 6 月（光緒 11；明 18）又自湯島遷上野公園，直到 1897 年 4 月 27 日（光緒 23；明 30）確定其名稱為「帝國圖書館」，是為日本國立國會圖書館的前身。

　　帝國圖書館長田中稻城（1856－1925）是明治時代圖書館事業發展的中樞人物。田中主要的貢獻，一為籌建日本國立圖書館〔國家圖書館〕，並以國立圖書館為全國圖書館體系的中心；二為倡議創設日本文庫協會。田中分別在藩校、英語學校修習漢學、英語。1875 年（光緒 1；明 8）入學東京開成學校，1881 年（光緒 7；明 14）東京大學文學部（帝國大學文科

大學的前身）和漢文學科畢業。1882 年（光緒 8；明 15）任東京大學文學部‧法學部助教授。1886 年（光緒 12；明 19）入文部省被任命為判任官一等屬〔屬為判任屬官，相當於委任科員〕。1888 年（光緒 14；明 21）奉派出訪美英法德 4 國，1890 年（光緒 16；明 23）3 月回國，就任原校教授並受命兼任東京圖書館長。1893 年（光緒 19；明 26）9 月專職館長，著手日本國立圖書館的擘畫，將東京圖書館改制。在他的努力之下，1896 年（明 29）日本帝國議會兩院（貴族院、眾議院）通過了建立帝國圖書館的議案，1897 年（明 30）4 月公布帝國圖書館官制，日本國立圖書館終告誕生。田中接任首任帝國圖書館長，4 月 27 日任帝國圖書館新建築設計委員，1898 年（明 31）起開始帝國圖書館新館興工。期間，田中再次奉派赴海外考察，回國後，1892 年（光緒 18；明 25）以田中為首的 25 名圖書館員發起成立日本文庫協會，旨在推動圖書館和圖書館事業的持續發展。1906 年（明 39）召開第 1 次全國圖書館大會，1907 年（明 40）《圖書館雜誌》創刊，1908 年（明 41）改稱日本圖書館協會。

　　1900 年（明 33）文部省囑田中稻城撰，《圖書館管理法》乙冊。田中在第 1 章〈圖書館的種類〉、第 2 章〈圖書館的重要性〉兩章，指出圖書館若依性質分，分為參考圖書館、普通圖書館及行政廳、博物館、學校等附屬圖書館或屬參考圖書館，或屬普通圖書館。若以經費分，分為官立圖書館，如國立圖書館、行政廳附屬圖書館；公立圖書館，如縣立、郡立、市立、町村立圖書館；私立圖書館，如學術協會、職業組合、學校、博物館等附屬圖書館。其中學校、博物館等附屬圖書館或官立，或公立，或私立。由本兩章可知當時這些類型的圖書館共同構成了日本圖書館體系。各類型圖書館各有其功能及其重要性。田中認為一個國家一定設有一所國立圖書館。所謂國立圖書館是指將古今國內外的圖書紀錄收集保存起來，以提供國民使用，並依靠國稅維持營運的機構，如英國的博物院圖書部、法國的國民圖書館、德國的王國圖書館、日本的帝國圖書館。它是如此大規模的圖書館，絕非一個地方、一個人、一個營利事業所能設立及維持。

頒布圖書館法令

　　日本明治維新以後，隨著西方文化的進入，義務教育的普及，由傳統的「文庫」、「書籍館」逐漸演進為近代圖書館。1879 年（光緒 5；明 12）公布了《教育令》，明定全國的書籍館統歸「文部卿」監督，這是日本最早的與圖書館有關的規定。1890 年（光緒 16；明 23）公布《小學校令》，公文書中使用「圖書館」乙詞取代書籍館。

　　1899 年（明 32）11 月 11 日公布《圖書館令》（全 7 條與附則 1 條），是為第一部規範公共圖書館的專門法律，主要規定：1.道府縣郡市街村及學校、個人均可設置圖書館。但公立圖書館的設置、撤銷由文部大臣認可，私立圖書館則向文部大臣申請；2.圖書館職員的任免和待遇，圖書館置館長和書記，由地方長官任免；3.公立圖書館實施徵收「閱覽費」的制度。該法歷經 1906 年（明 39）、1910 年（明 43）兩次修正。前者主要修正的內容，是在原有的館長、書記的職位外，增加司書乙職，並提高圖書館職員的待遇；後者是對圖書館的設置、撤銷的認可制作了調整，道府縣立圖書館的設置、撤銷仍歸文部大臣認可外，其餘類型圖書館則由地方長官認可，私立圖書館則向地方長官提出申請。

　　及至 1933 年（昭 8）6 月又做了一次全面修正，公布了《改正圖書館令》（全 14 條與附則 3 條），內容包括圖書館的功能、設置主體、設置廢止採認可制、設置中央圖書館制、圖書館人員、閱覽費等規定。這部是為日本在二次大戰前最為詳盡的圖書館專門法令，一直延續到日本戰敗。

　　學者李國新認為昭和《圖書館令》，與明治所公布者相較，具有「引人注目的變化」，主要是：

　　1.明確了圖書館的目的。圖書館的目的為收集，保存圖書、記錄，以供公眾閱覽，為公眾的文化修養和學術研究提供幫助。圖書館被視為一種「社會教育」設施，圖書館可以創辦有關社會教育的「附帶設施」（必須和圖書或讀書有關）。（第 1 條）

　　2.強化了對私立圖書館的控制。所有圖書館的設置、撤銷，全部實行

「認可制」：道府縣立圖書館由文部大臣認可，其他圖書館由地方長官認可。

3.確立了「中央圖書館制度」。中央圖書館是一定區域範圍內的中心圖書館，它對本區域內的所有公立、私立圖書館具有業務指導和行政監督的權力。按規定，中央圖書館由地方長官從本區域內得到文部大臣認可的公立圖書館中指定一館充任。（第 10 條）

推行中央圖書館制度及司書資格制度

1933 年（昭 8）7 月 26 日文部省公布《圖書館令施行細則》（全 10 條），其中明定了「中央圖書館」應行辦理事項有 8 項：1.出借文庫等設施；2.圖書館經營的調查研究及指導；3.圖書館書籍標準目錄的編印；4.圖書館刊物的發行；5.主辦或協辦與圖書館相關的研究會、協議會〔理事會〕、展覽會等；6.圖書及圖書用品共同採購的聯繫；7.鄉土資料的蒐集及其他適當的附帶設施；8.前項以外有關圖書館在指導聯絡及統一上必要的事項。（第 7 條）此外，地方長官為實施對圖書館司書和候補司書（司書補）的講習，得在中央圖書館附設必要的教習設施。（第 9 條）

1933 年（昭 8）復對《公立圖書館職員令》予以全面修正。案該《職員令》最初頒布於 1921 年（大 10），規定了圖書館職員的任用、待遇、身分等事項。本次修正主要是新規定了中央圖書館長的督察權力，中央圖書館長得兼任其管轄區道府縣內的圖書館事務視察工作；及確定實施《公立圖書館司書檢定考試規定》，規定了考試的方法和科目，開啟了通過考試的「司書資格制度」。以 1936 年（昭 11）10 月 30 日文部省發布《公立圖書館司書檢定試驗規程》（全 7 條）為例，「檢定考試分筆試及實地考試。筆試科目為：1.國民道德要領；2.國語漢文；3.國史；4.圖書館管理法；5.圖書目錄法；6.圖書分類法；7.社會教育概說；8.外國語（英語、德語、法語選擇 1 科）；得就筆試科目與圖書館實務相關者實地考試」。（（日）岡山縣立圖書館）

展開圖書館學研究

　　日本近代圖書館事業源起 1872 年（同治 11；明 5）4 月在東京創立的「書籍館」，接著，1873 年（同治 12；明 6）5 月在京都府東洞院 3 条北設置集書院（1898.06＝明 31 改稱京都府立圖書館）。到了 1898 年（明 31）全國有公私立公共圖書館 33 所。明治末期、大正初期內務省、文部省從社會教育的觀點獎勵地方設立公共圖書館。大正時代（1912－1926）起圖書館數量開始逐年增加，見表 1。隨著圖書館的增加，將如何使圖書館經營合度的議題，備受重視，開始出現了圖書館學的有關著作。其中，文部省編纂《圖書館管理法》、日本圖書館協會編《圖書館小識》、植松安撰《教育與圖書館》（《教育と圖書館》）、和田萬吉編，《圖書館管理法大綱》等 4 部是較有影響力的圖書館學專著。

表 1　日本全國公共圖書館數一覽表（1873 年－1929 年）

單位：所

西曆年次	日本年次	官立	公立	私立	合計
1873	明治 6	1	―	―	1
1878	11	1	5	2	8
1888	21	1	17	5	23
1893	26	1	5	19	25
1898	31	1	10	22	33
1903	36	1	28	57	86
1908	41	1	64	135	200
1913	大正 2	1	245	379	625
1918	7	1	758	600	1,359
1923	12	1	1,666	1,270	2,937

西曆年次	日本年次	官立	公立	私立	合計
1927	昭和 2	1	2,962	1,343	4,306
1929	4	1	3,152	1,337	4,490

說　　明：1.不包括殖民地（臺灣、朝鮮、關東州）公共圖書館在內。

　　　　　2. 1929 年次圖書館數截至 1928 年底的統計。

　　　　　3.標示「－」符號者，係「無數值」。

資料來源：日本圖書館協會，〈公共圖書館的調查〉，《圖書館雜誌》25：9
　　　　　（1931.09），頁 333－338，轉載：日本圖書館協會，《公共圖書館
　　　　　調查（1931＝昭 6.03 末日現在）》（東京：編者，1931.09）。

　　　明治時期有關圖書館的經營法，可資參考者，僅東京圖書館編，《東
京圖書館一覽》、帝國圖書館編，《帝國圖書館一覽》及西村竹間（1850
－1933）撰，《圖書館管理法》（東京：金港堂書籍珠式會社，1892.12＝
光緒 18；明 25），44 頁。前者，根據筆者所見 1890（光緒 16；明 23）12
月、1895（明 28）12 月、1901 年（明 34）2 月、1912 年（大 1）8 月、1926
年（大 15）9 月所刊行者，其內容有該館《圖書館規則》（全 22 條）、
《圖書館圖書帶出特許規則》（全 16 條）、《事務分掌規則》（全 13
條）、目錄編纂（包括書本式目錄、卡片式目錄）、閱覽手續、特許帶出
手續、閱覽者新書推薦等，可供參考採用。後者，西村為東京圖書館館
員、帝國圖書館司書官，該書首冠該館館長田中稻城（日本文庫協會會
長，有「圖書館之父」之稱）序文乙篇（10 頁），全書分總記、閱覽室及
書庫、圖書選擇及登錄、目錄編纂法（包括分類表、各種卡片式目錄
片）、圖書排列法、曝書和清點、閱覽室及圖書出納、學校圖書管理者應
注意事項等 8 章，末附大日本教育會長辻新次在該會書籍館書庫落成，發表
〈新築書庫落成式演說〉。

　　　1900 年（明 33）文部省有感新設圖書館漸多，爰參考上開兩書，為便
小型圖書館的經營，囑田中稻城撰，《圖書館管理法》（東京：金港書

籍珠式會社，1900.07）乙冊。究其內容分 1.圖書館的種類；2.圖書館的重要性；3.圖書館的設置；4.圖書館的建築；5.書架的構造；6.館務概要；7.圖書的選擇；8.圖書的採購；9.圖書的登錄；10.圖書陳列法；11.排架目錄；12.目錄編纂法；13.雜誌及參考書；14.圖書出納法；15.圖書的清查與曝書；16.書籍的裝訂等 16 章。末附 1893 年（光緒 19；明 26）日本文庫協會編，〈和漢圖書目錄編纂規則〉，分書名、著者名、出版諸件〔出版項〕、備考及目次、排列等項。1912 年（明 45）又予修正，出版新版（東京：金港堂書籍珠式會社，1912.05）乙冊，正文增〈近世圖書館的特徵〉、〈巡迴文庫〉兩章，附錄增〈圖書館關係法規〉如《圖書館令》、《圖書館令施行細則》、《圖書館設立有關注意事項》。其中，〈近世圖書館的特徵〉乙章所揭示者，為 1.近世圖書館皆公立，經費來自政府課稅，免費提供閱覽書籍；2.採開放書庫〔開架式〕經營；3.設置兒童閱覽室；4.圖書館與學校聯繫；5.採行分館制；6.推行巡迴文庫。另《圖書館設立有關注意事項》（《圖書館設立に關する注意事項》）（全 7 項），係 1910 年（明 43）2 月 3 日第二次桂內閣文部大臣小松原英太郎訓令發布，〔為實務性質的營運及設備標準〕內容包括：1.圖書館閱覽室、書庫及事務室的區劃，應視地方的需要及經費的多寡，得設兒童室、婦人室、特別閱覽室、休憩室、製本室、使丁室〔勤雜工室〕；2.閱覽室應注意通風及採光；3.應具備閱覽室設備，如閱覽桌、閱覽椅、圖書出納臺、卡片目錄櫃、辭典臺等圖書館家具；4.帳簿目錄類，分事務用和閱覽用，除書本式目錄外，另設卡片式目錄。

　　1915 年（大 4）日本圖書館協會編，《圖書館小識》（東京：編者，1915.09）。該書主要參考文部省編纂《圖書館管理法》及日本圖書館協會《圖書館雜誌》所載論著，作為圖書館專業的入門書。（1917 年，北京通俗教育研究會出版了由該會翻譯的中文版及 1918 年，上海醫學書局出版顧實《圖書館指南》，主要的內容亦來自該書迻譯）。1922 年（大 11）修補訂正再刊，本次標明編者為和田萬吉（1865－1934；東京帝大教授及附屬

圖書館長、日本圖書館協會會長）、今澤慈海（1882－1968；東京市立日比谷圖書館長）、植松安（東京帝大附屬圖書館司書官）、村島靖雄（帝國圖書館司書官）合編，《增訂圖書館小識》（東京：丙午出版社，1922.12）。全書分 22 章：1.圖書館的重要性；2.圖書館的效益；3.圖書館的種類；4.圖書館的成立及經費；5 圖書館的職員及其職務；6.圖書館的建築；7.圖書館用家具；8.普通圖書館；9.兒童圖書館及兒童閱覽室；10.學校圖書館；11.圖書的選擇；12.圖書的購買及入藏；13.圖書目錄及種類；14.卡片目錄著錄法；15.分類法；16.圖書的整架及排列〔架〕法；17.閱覽及圖書出納法；18.分館、停留所（分配所）〔圖書站，即日後的巡迴文庫〕、出納所（配本所）〔代辦處，委託熱心商店等場所依與圖書館的協議代辦往還圖書〕；19.巡迴文庫；20.家庭文庫；21.圖書的清點與曝書；22.圖書的消毒及〔汙損〕汰舊，〔本書頗為詳備，為日本圖書館學流入中國時期的代表作〕。

1917 年（大 6）植松安撰，《教育與圖書館》（東京：目黑書店，1917.06）。分 1.國民教育與圖書館；2.學校教育與社會教育；3.學校圖書館與教學；4.專家與圖書館；5.美國圖書館現況〔篇幅較大，約佔 29％〕；6.卡片目錄；7.書史學研究與讀書法；8.圖書館所見國語問題。末附日本圖書館協會所定《和漢圖書目錄編纂規則》、圖書館關係法規（《圖書館令》、《圖書館令施行細則》、《臺灣總督府圖書館規則》、《圖書館設立有關注意事項》）。〔本書較偏重圖書館學理論，與上開兩書重實務可互補〕。

1922 年（大 11）和田萬吉編，《圖書館管理法大綱》（東京：丙午出版社，1922.10）。本書係和田將在 1919 年（大 8）8 月在東京帝大文科大學公開講演會講稿整理出版。首冠〈序說〉乙篇，下分 7 章 82 綱，擇要如下：1.圖書館的建設；2.圖書館委員會；3.圖書館的職員（包括館長及司書、圖書館員的養成）；4.圖書館的建築；5.圖書館的常務（包括圖書的選擇、圖書的購買、圖書的分類、圖書的排列整架、目錄的編纂、卡片目錄

著錄法、圖書出納法、圖書配置法（如分館、巡迴文庫、家庭文庫、學校班級文庫）；6.圖書館行政事項（包括各種圖書館規則、各項統計報告、經常費預算）；7.圖書館宣傳法。附錄：1.目錄編纂規則（包括日本圖書館協會制定《和漢圖書目錄編纂概則》、東京帝大附屬圖書館所用《洋書著者書名目錄編纂略則》）；2.圖書館學參考書一斑（列西文圖書及期刊）。〔本書集大成是一本屬「圖書館學概論」的著作〕。

發行協會機關刊物

1892 年（光緒 18；明 25）成立日本文庫協會（1908 年＝明 41 改稱日本圖書館協會），是日本第 1 個全國性圖書館團體，1907 年（明 40）10 月幸田成友（1873－1954）創刊該會機關刊物《圖書館雜誌》（月刊）。該刊發表有關會員的圖書館學專論、圖書館方面的文獻目錄、報導國內外圖書館消息等。二次大戰爆發，協會活動被迫中止。1947 年 9 月該會召開戰後第 1 次代表大會及協議會，該刊繼續發行迄今。該刊編有總索引多次，如間宮不二雄編輯《日本圖書館協會圖書館雜誌總索引・第一》，著錄自 1907 年（明 40）第 1 號－1926 年（大 15）第 85 號所載篇目（大阪：間宮商店，1927.12）。文部省圖書館職員養成所圖書館研究部編，《圖書館雜誌總索引 1907（明 40）－1950（昭 25）》（東京：日本圖書館協會，1951.12＝昭 26）。1964 年逢協會創立 70 週年，協會編，《圖書館雜誌總索引 1907－1960》（東京：編者，1964）。其後，細谷重義編，《圖書館雜誌總索引 1946－1983》（東京：協會，1987.01）。〔1996 年〕協會還發行總索引 CD-ROM 版。

1900 年（明 33）2 月 4 日京都帝大附屬圖書館長島文次郎（1871－1945）等發起成立關西文庫協會，事務所即設於該圖書館，為地方圖書館協會，並於 1901 年（明 34）4 月 30 日創刊了機關刊物《東壁》第 1 號，僅出版了 4 期（1902.03＝明 35）就停刊了，這是日本最早的圖書館學刊物。該刊發刊詞稱：「東壁一詞取自古志，東壁二星主文籍，天下圖書之府也，明則圖書集道術行，小人退君子入。」它的原文係來自《晉書・卷 11・天文志

上 28 舍》載：「東壁二星，主文章，天下圖書之秘府也。星明，王者興，道術行，國多君子；星失色，大小不同，王者好武，經士不用，圖書隱；星動，則有土功。」案「東壁」星宿名，28 星宿之一，北方玄武 7 宿的最末宿，有星兩顆，因在天門之東而名。後世因之稱「東壁」為「皇宮藏書之所」。《東壁》分論說、雜錄、解題及批評、會報、會員錄、附錄等欄目。美國 the Library Journal 在《東壁》甫經出刊，即予以報導（1901 年第 26 卷第 10 期）。1974 年東京學術文獻普及會曾發行復刻版。

實施館員養成教育

1903 年（明 36）8 月 1 日日本圖書館協會假大橋圖書館主辦第 1 回圖書館事務講習會，開始進行專業培訓，著重於技術處理，如圖書資料編目等。1917 年（大 6）東京帝大校長和田萬吉在該校的文學系設立了圖書館專業課程。

1921 年（大 10）6 月 1 日文部省設置「圖書館員教習所」，假東京美術學校及帝國圖書館（東京下谷上野公園）開始上課，修業期限約 40 週。1925 年（大 14）改稱「圖書館員講習所」。日本圖書館學研究及圖書館員養成制度，開始萌芽。1927 年（昭 2）使用帝國圖書館內專用教室。1944 年（昭 19）因太平洋戰爭關閉。1947 年（昭 22）帝國圖書館附屬圖書館職員養成所成立。

依據《文部省圖書館講習所規則》所見，招生對象主要是中學畢業者，如：1.中學校、師範學校、高等女學校畢業者；2.專門學校經檢定考試合格者；3.現從事圖書館工作具同等學力者，以養成司書為目的。每年約招收 30 名。入學學科考試有國語、歷史（日本、東洋、西洋）、英語、地理（日本、外國）4 科及口試。修業期限為 1 年，自 4 月 1 日起，至翌年 3 月 31 日止，分 3 學期（04.01-08.31；09.01-12.31；01.01-03.31），各學期每週上課 28 小時，第 3 學期另增實習 3 小時；各課程以 3 學期每週 2 小時為主。設有圖書館管理法（3 學期每週 4 小時）、圖書館史、目錄法（3 學期每週 4 小時，分和漢書目錄法、洋書目錄法）、書誌學（分日本書誌學、中國書

誌學、西洋書誌學）、分類法、英語、德語、實習（第 3 學期每週 3 小時）、文化科學（分社會教育概論、日本繪畫史、印刷及製本，各 1 學期，每週 2 小時）等課程。學期成績依每學期末考試及參酌平日勤惰評分。各學科目 50 分以上，平均 60 分以上者及格，發給結業證書。旁聽生經學習科目考試及格者發給當該學科聽講證明書。（（日）文部省）「結業後分發府縣立圖書館、大學附屬圖書館，初任起薪 50－60 圓（（日）受驗研究所編輯部）。」

　　日本自明治維新以來圖書館事業的發展，由上開圖書館普遍設置法令的頒布，圖書館學研究的開展，全國性圖書館專業組織及其專業期刊的創立，館員養成制度的實施，可知臺灣總督府圖書館成立之際，日本近代圖書館的經營法已然成熟，無論圖書的選擇、分類、編目、閱覽等圖書館作業及工作程序均已完備，尤其重視製作卡片目錄及兒童圖書館、巡迴文庫的設施和服務。臺灣總督府圖書館長分別來自日本帝國圖書館、縣立圖書館，承繼了日本圖書館經營的學識及經驗。

一、緣起與籌備成立

（一）溯源

私立臺灣文庫開館

　　臺灣具有近代圖書館性質的圖書館，肇端於日據時期，1901 年（明34）1 月創設的「私立臺灣文庫」。

　　日據初期，由田川大吉郎（1869－1946）擔任主筆的《臺灣新報》（1896.06.17＝明29 創刊）和內藤虎次郎（1866－1934；湖南；1897 年 4 月來臺，1898 年 4 月辭職返回日本）為主筆的《臺灣日報》（1897.05.08＝明30 創刊），因臺灣總督府差別待遇及派系問題而展開激烈的筆戰。1898 年

（明31）4月在民政部長官後藤新平（1857－1929）調停下，由守屋善兵衛
（1866－1930）出面將該兩報合併，於5月6日發行《臺灣日日新報》創刊
號。值此之際，該報社編輯局栃內正六等同人倡議設立圖書館，獲得社長
守屋善兵衛贊同。同年12月25日石塚英藏、藤田嗣章、堀內文次郎、松岡
辨、木村匡、高橋昌、兒玉喜八、町田則文、志村鏘太郎、草場謹三郎、
守屋善兵衛、木下新三郎、大島邦太郎、栃內正六等，假後藤新平官邸召
開「臺北圖書館發起會」，公推石塚英藏（時任臺灣總督府參事官長；
1929.07.30－1931.01.16為第13任臺灣總督）為主席，進行討論。大家認為
不論該圖書館的規模大小，以脫離〔臺灣〕教育會，獨立設置比較妥當。
並推舉堀內文次郎（總督府副官陸軍步兵大尉）、木村匡（總督府民政部
文書課長）、高橋昌（總督府技師兼任民政部事務官）、兒玉喜八（總督
府民政部學務課長）、栃內正六組成「調查委員會」〔籌備委員會〕，展
開籌備工作（臺灣協會，〈臺北圖書館發起會〉〔該會報目次：〈臺灣圖
書館發起會〉〕，1898.11.20，臺灣日日新報社，1898.10.27）。依據〈臺
灣文庫設立趣意書〉所載：（臺灣協會，1900.03.31；臺灣日日新報社，
1898.08.24）

> 臺灣是南海一孤島，地處偏僻遙遠，人文未開；人處斯地，多少
> 較中央氣勢落後亦理所當然。況且社會組織稚弱，人易陷入不守
> 規律之嫌。欲矯正此弊病，須講求研學自修之途徑。
> 所謂研學自修之途徑，惟設立公共圖書館之外，無他途。且臺灣
> 位置重要，是東西文化交流之所在。故綜合此兩洋文化予以調
> 和，自當是在臺各個人之任務。為此，廣泛蒐集和、漢、洋圖
> 書，其實應是在臺各個人之義務，與眼下焦眉急務。
> 我等同志思索及此，亟欲創設「臺灣文庫」，以資作為扶植文運
> 之開端。至盼社會有志諸賢為此公共事業，不吝贊助。

　　值 1900 年（明 33）5 月 10 日皇太子嘉仁親王（即後來的大正天皇）大婚慶事，乃以慶祝為名，募集基金與圖書，在「淡水館」（臺北城內書院街二丁目）創設私立臺灣文庫，以藤田嗣章為主管（臺灣日日新報社，1900.02.13）。案淡水館原係於 1880 年（光緒 6）臺北知府陳星聚創立的登瀛書院，初置於府後街考棚內，後由知府雷其達稟請巡撫劉銘傳許可，在西門街南側營造新舍，四方學者有 800 餘人就讀於此（臺北市文獻委員會於 1983 年 4 月在長沙街一段、桃源街路口立「登瀛書院舊址碑」）。日本侵臺，1895 年（光緒 21；明 28）12 月 8 日臺灣總督樺山資紀將登瀛書院改稱淡水館（以「君子之交淡如水」典故命名），並加以修築，做為官員的俱樂部；1898 年（明 31）1 月 18 日作為公會堂使用，開放為市民仕紳集會的地方。

　　私立臺灣文庫於 1901 年（明 34）1 月 27 日下午 1 時假淡水館舉行開庫儀式，參加者有 40 多人，由藤田嗣章（臺灣陸軍軍醫部長陸軍一等軍醫）報告籌備經過，並指定由枥內正六等 3 人為幹事（臺灣協會，1901.02.28；臺灣日日新報社，1901.01.29），正式對外開放。時有和漢書（日文、中文圖書）2,029 種（部）5,639 冊，洋書（西文圖書）222 種 224 冊，合計 2,251 種 5,863 冊（臺灣日日新報社，1901.01.27）。採用《帝國圖書館八門分類法》類分圖書，即第 1 門.神道及宗教；第 2 門.哲學及教育；第 3 門.文學及語學；第 4 門.歷史、傳記、地理；第 5 門.法律、經濟、財政；第 6 門.數學、理學、醫學；第 7 門.工業、兵學、藝術、產業；第 8 門.類書、隨筆、叢書、雜誌。並別置掛圖、洋書類（臺灣日日新報社，1909.07.24）。營運之初採會員制，後來也對外開放給一般民眾。每日開館兩次，白天自上午 9 時至下午 3 時，晚上自下午 6 時至 9 時。普通閱覽每次 3 錢，特別閱覽則為 5 錢。並推出優惠折扣價格，普通閱覽 10 次 25 錢，30 次 50 錢，特別閱覽則 10 次 40 錢，30 次 80 錢；期限分別為當日、1 個月、2 個月。巡查兵士等特定普通券定價的半額交付。（臺灣日日新報社，1901.01.11；山中樵，1932.01）以淡水館內右畔的屋宇充為閱覽室，其他有休憩室、圖書館排列

室、事務室及庭園，這是臺灣圖書館的濫觴。

社團法人臺灣協會

溯自 1897 年（明 30）6 月，發生了臺灣總督府高等法院糾舉多起總督府官員貪汙案的「高野孟矩事件」，因為被逮捕的官員層級太高，使得這些司法案件演變成政治事件，7 月民政局長水野遵被牽連遭到免職後回到日本，12 月因治臺有功被勅選為貴族院議員。水野仍「心繫」臺灣，為了促使日本本土與臺灣社會能相互連結，有效開發臺灣經濟「富源」（臺灣協會，〈臺灣協會主意書〉，載：「臺灣之地，誠東洋之咽喉，實我南方之富源也」，1989.10.20）爰邀請一些具有「臺灣經驗」或關係的日本人士於 1898 年（明 31）4 月 2 日在東京九州俱樂部舉行了「臺灣協會」發起式，7 月 19 日推舉曾為第 2 任臺灣總督桂太郎為會頭〔會長〕，水野並親任評議會幹事長〔總幹事〕。依據《臺灣協會規約》所載，協會是為了協助政府經營殖民地臺灣而設，會址在東京麴町區元園町一丁目六番地；10 月發行機關誌《臺灣協會會報》（月刊），以河合弘民（1872－1918）為編輯主任，披載協會動態消息，特別是將募得圖書，刊登〈寄贈書目〉專欄，以昭公信。復按《規約》第 2 條，條列協會的應辦會務有 10 項，其中第 10 項，係「蒐集包括臺灣在內等海外殖民地的相關書籍」，包括通信、新聞、雜誌、著述、舊記。（臺灣協會，1898.10.20）協會為培養經營殖民的人才，1900 年（明 33）設立臺灣協會學校，先在東京麴町區富士見町的臨時校舍。1901 年（明 34）協會向政府租借位於東京小石川區茗荷谷町 32、33 番地（總坪數 5,517 坪），由「大倉組」動工完成校舍落成（今拓殖大學），包括校舍 365 坪，學生宿舍 730 坪。臺灣協會學校修業年限 3 年，重視語文學，包括臺灣語、北京官話、英語，就占了半數以上的授課時段。（臺灣協會，1900.07.04）

臺灣協會於 1899 年（明 32）1 月 29 日成立「臺灣協會臺灣支部」，其目的在「闡發臺灣之真相」，「裨補臺灣之經營」（臺灣協會，1899.12.27），啓蒙日本人對臺灣的認識。另為向財經界人士爭取資金奧

援，提供開發臺灣的助力，乃於 4 月 8 日至 15 日又在大阪、神戶、京都、名古屋等地先後成立支部。臺灣協會臺灣支部長後藤新平，幹事長石塚英藏，幹事木村匡、松岡辨、大島邦太郎、守屋善兵衛、木下新三郎等 5 名，另一般會員 614 名。同年 5 月 28 日臺灣協會召開第一次總會，出席人數超過 300 人；當時會員數共 1,410 人，而臺灣支部就占了 732 人。臺灣支部努力於臺灣社會的政治、經濟、文化、社會等相關情報的蒐集，並透過演講會的舉辦或《會報》的發行等，把臺灣的歷史、風俗現況，臺灣關係的組成等各種資訊，以求正確地傳達給日本社會大眾。

　　1901 年（明 34）12 月臺灣文庫為擴大規模，決議附屬於臺灣協會臺灣支部。1905 年（明 38）日俄戰爭結束，使得日本國力大增，已經成為擁有朝鮮、庫頁島南部、臺灣、遼東半島的殖民帝國，1907 年（明 40）乃將臺灣協會的名稱及會務的內容擴充為東洋協會，用符實際，機關誌改為《東洋時報》，經營學校也改為東洋協會專門學校。臺灣文庫於是附屬於東洋協會臺灣支部。

臺灣協會與臺灣總督府

　　臺灣協會（及日後的東洋協會）雖非公家團體，但卻是政、官、軍、民等有力者所結集的社團法人（1914 年＝大 3 年轉型為財團法人）。「臺灣協會的自我定位是結合政治界、財經界的人脈，協助日本殖民地擴張政策，能有效的發展、推進的一政府外圍團體。」（林呈蓉）臺灣總督府與臺灣協會自屬關係密切。

　　1899 年（明 32）總督府委託臺灣協會協助內地（日本本土）臺灣留學生的輔導與監督。協會成立臺灣協會學校時，總督府提供年額 1 萬圓的補助金，因此總督府擁有該校校長和會計主任的人事任命權，學校監督必須向總督府民政長官提出事業報告，其畢業生優先由總督府選拔任用。1912 年（大 1）9 月總督府旗下學租財團出資，在東洋協會專門學校校地興建 150 坪兩層木造建築的「高砂寮」，耗資 15,000 圓，提供 20 名臺灣留學生住宿之用，初期並由協會管理（其後由學租財團管理）。協會也曾提供經常性

每年 2 至 3 名臺灣留學生的學資補助。茲參考協會大阪支部的留學生選拔條件（臺灣日日新報社，1900.04.07），以年滿 12 歲以上，未滿 18、19 歲的男子，國語傳習所以上的學歷者為選拔對象，為半官半民的學生補助制度。如提供學生楊生英、郭主恩（1881－？；臺南府人，就讀東京盲啞學校，第 3 年＝1899 年 5 月獲協會提供每月 10 元學費補助）、陳北祿、廖旺（1890－1971；臺南府人，1909 年＝明 42 日本盲、聾教育開始分離，入學東京盲學校）、何春喜、張耀堂、林朝樂、柯丁丑（1889－1979；又名柯政和，鹽水港人，入學東京音樂學校）、黃土水（1895－1930；艋舺人，入學東京美術學校雕塑科）等留學生補助；也有日本人如白倉好夫（入學東京高等工業學校）、矢口勤（入學東洋協會專門學校）等。1917 年（大 6）協會向總督府申請辦理「東洋協會臺灣支部附屬私立臺灣商工實業學校」，11 月 9 日獲設立「財團法人私立臺灣商工學校」許可（今私立開南高級商工職業學校）。創校之初，校長由總督府殖產局長高田元治郎兼任，1939 年（昭 14）為配合南進增設私立開南商業學校、私立開南工業學校，目的在培養更多利於日本「開」拓「南」洋的工商人才。

臺灣文庫閉館

　　1906 年（明 39）總督府實施臺北城內外「市區（街）改正」〔重新區劃〕，淡水館面臨拆除，8 月 7 日臺灣文庫以房屋腐朽為由暫時休庫（休館），8 月 16 日拆毀淡水館（1913 年＝明 46，始興建陸軍偕行社）。該年臺灣文庫藏書計有和漢書 4,415 種（部）13,599 冊，洋書 654 種 737 冊，合計 5,069 種 14,336 冊。1909 年（明 42）3 月 31 日東洋協會臺灣支部所保管的「私立臺灣文庫」藏書計有和漢書 4,503 種（部）13,783 冊，洋書 654 種 737 冊，合計 5,157 種 14,520 冊（臺灣總督府民政部總務局學務課）。先藏於臺北公園天后宮（原址即今國立臺灣博物館）廢廟樓上，後天后宮遭拆除，1911 年（明 44）10 月又將藏書 5,236 種 15,280 冊，移到大稻埕六館街（今南京西路底）「林本源商號」〔板橋林家第 3 代林國華商號「本」記與弟國芳商號「源」記，合稱「林本源」，自此成為林家公號〕所有的房屋

內（臺灣日日新報社，1911.10.19）。但因一直未重新開放，又典藏環境太差，囤置圖書遭受蟲害和潮濕的破壞。（臺灣日日新報社，1914.12.20）

（二）籌備經過

　　1912 年（明 45）5 月 6 日東洋協會臺灣支部總會假鐵道旅館舉行。支部長內田嘉吉（1910.08.22－1915.10.20 任總督府民政長官）於會中提到臺灣文庫因有礙市區改正，當即拆去，是所以現在不得已閉庫。而熱望開庫的人日益加多，本支部注意此事，將成立「臺灣文庫開設實行委員會」，另行商議臺灣文庫開設的方法。當日由支部長推薦經選舉今井周三郎（總督府土木部事務官）、片山秀太郎（總督府參事官）、瀧本美夫、武藤針五郎（臺北廳事務官）、野呂寧（總督府技師）、隈本繁吉（總督府國語學校長兼總督府視學官、民政部內務局學務課長）、木村匡（總督府事務官）、木下新三郎（《臺灣日日新報》主筆）等為文庫開設委員（東洋協會臺灣支部，《臺灣時報》，1912.05.30），5 月 14 日該委員會在支部事務室開會，決議建議由東洋協會臺灣支部長向臺灣總督府提請設立文庫（東洋協會臺灣支部，《臺灣時報》，1912.05.30）。1912 年 6 月，東洋協會臺灣支部長內田嘉吉提〈臺灣文庫開設實行委員會の答申せる決議の趣旨に本づき〉，建議臺灣總督府設立官立圖書館。建議文：

> 本島改隸以來，我政府當局為銳意勵精圖治，建設各種設施，結果使臺灣的政績日漸昌隆，耳目一新。諸如島內治安良好，各種產業日益勃興，島民的福利也日漸增進。在此時，本島一般居民，最渴望有更完善的教育機關，進而設立官立的圖書館設施。東洋協會臺灣支部與圖書館經營有密切的關係，今日鑒於時勢的要求及支部總會之決議，茲請設立官立圖書館，至今公開陳情本建議，願臺灣總督府儘速做詮議決定之。

　　並聲明建議若被總督府採行，經協會保管所有原臺灣文庫圖書，以及文庫基金會與捐贈金 2,221 圓和書架、閱覽檯、桌椅等家具，還有一份「應購藏圖書書目」，全部無償捐出。（臺灣日日新報社，1912.05.08）總督府對此請願，乃順勢而為，順水推舟利用該建議，予以採納。總督府認為：「鑒於本島開發的情況，在學校以外的教育機關設立圖書館，以協助教育的推廣，助長社會良好風氣的提升，是為必要的措施。」隨即著手調查及企劃。（木母浮浪，1915.01.20；山中樵，1935.09）

　　終於在 1914 年（大 3）年度預算正式編列圖書館建設費（山中樵），4 月 13 日，日本政府（天皇勅裁）以勅令第 62 號公布《臺灣總督府圖書館官制》（全 8 條與附則），4 月 14 日創立。內田嘉吉以「官設圖書館之憶，現已決定。因以為是如同本支部多年所望之目的完成者，何則由支部之創立，不若政府開設之為愈，故以，擬以所有圖書寄贈之官設圖書館（東洋協會臺灣支部，《臺灣時報》1914.12.15）。」同年 8 月 6 日總督府任命「視學官隈本繁吉〔為〕臺灣總督府圖書館長」。案隈本繁吉（1873－1952）是日據時期臺灣教育史上最重要的學務官僚，統轄全島學事行政〔教育行政〕事宜長達 9 年（1911.02＝明 44－1920.05＝大 9），為「執掌教育行政實權，實地教育的關鍵人物（陳培豐）」。9 月 12 日隈本繁吉聘請日本東京帝國圖書館司書官太田為三郎（1864－1936）任「圖書館事務囑託」〔顧問〕，以隈本、太田兩氏為中心籌備開館事宜。11 月 2 日在臺北城外艋舺（萬華）清水祖師廟（原國語學校的一部）內設立臨時事務所，先將原臺灣文庫本自大稻埕六館街倉庫運出整理。籌備人員有館長隈本繁吉，書記荒木藤吉、松山捨吉，囑託太田為三郎、平澤平七，雇員神田貢介、小田部鶴壽，傭員市村榮、篠原勇、當間重清、波多野賢一郎（其後，1921 年（大 10）6 月 1 日文部省設置「圖書館員教習所」，為第 1 回生）等 11 人。（〈1915.05.28＝大 4 祖師廟內總督府圖書館〉，《臺灣總督府圖書館寫真帖》；臺灣總督府，《臺灣總督府文官職員錄》）

　　1915 年（大 4）3 月 5 日總督府府令第 11 號公布《臺灣總督府圖書館

規則》（全 12 條與附則），6 月 12 日訓令第 77 號發布《臺灣總督府圖書館長職務規程》（全 2 條與附則），6 月 14 日隈本繁吉遷事務所於臺北廳大加納堡臺北城內 49 番地（1922.04.21＝大 11 臺北市町改正為臺北州臺北市書院町），臺灣總督府後方（位於總督府西北角街廓，今長沙街一段、桃源街口附近）的原彩票局內辦公，同年 6 月 30 日隈本繁吉以圖達第 1 號訂定《臺灣總督府圖書館處務細則》（全 26 條），7 月 16 日總督府圖書館制定《臺灣總督府圖書館細則》（國史館臺灣文獻館），圖書館經營的法令完備。

　　1915 年（大 4）8 月 6 日總督府以告示第 96 號公告「臺灣總督府圖書館於大正 4 年 8 月 9 日於左列時間開放。自 5 月至 9 月上午 8 時開館下午 9 時閉館，自 10 月至 4 月上午 9 時開館下午 9 時閉館」公布了圖書館開館日期及閱覽時間。

　　1915 年（大 4）8 月 9 日為開館首日，一般民眾均可免費進入圖書閱覽，《臺灣日日新報》該日 6 版刊載〈圖書館及館長〉新聞：「本島住民所渴望圖書館，前經發布官制，設在臺北，爾來當道銳心準備，已於 6 日任命隈本學務部長為該館長，關於該館事務，在館長室辦理。」（臺灣日日新報社，1915.08.09）8 月 10 日 6 版刊載〈總督府圖書館開館〉報導 8 月 9 日開館消息：「總督府圖書館，係新設於書院街，經昨日上午 8 時開館，聽公眾入館閱覽，其前門即向之博物館入口。閱覽時間，每日定自上午 8 時至下午 9 時，不收閱覽費。（下略）」（臺灣日日新報社，1915.08.10）

　　隈本繁吉是具有教育行政及殖民地經驗的學務官僚，擔任館長時間僅 1 年 10 個月，但又任學務部長、總督府國語學校長等職，實無法專務於圖書館實務，完全仰賴「圖書館事務囑託」太田為三郎的推動。可以說太田為三郎負責籌劃開館事宜，推動館務，是府圖書館的奠基者。

　　惟開館甫 8 個月，暫行閉館 3 個月。緣起於 1916 年（大 5）4 月 10 日至 5 月 15 日，為慶祝「臺灣始政 20 週年」，宣揚總督府在臺治績，特舉行

「始政 20 週年臺灣勸業共進會」，是為第 1 次在臺北舉辦的大型勸業博覽會。第 1 會場在已完工尚未啓用的總督府廳舍 1 樓至 4 樓（共 5 層樓），第 2 會場在臺北苗圃（1921 年改稱植物園）殖產局臺北商品陳列館。府圖書館為第 1 會場附屬場地〔分館〕，展出日本內地的美術工藝品。府圖書館暫時封館 3 個月，回清水祖師廟棲身。石坂莊作（1870－1940；1909.10.01＝明 42 於基隆堡基隆街義重橋 47 番地創辦石坂文庫為全臺第 1 所具近代性質的圖書館，免費開放供眾閱覽）對此有感而發，稱述：試以 1914 年末（大 3）臺灣總督府調查課編纂的統計書，臺灣人口 365 萬，僅總督府圖書館和石坂文庫 2 個圖書館，臺灣共進會舉行大規模博覽會以總督府圖書館為預定會場，將正開館的圖書館關閉，藏書送艋舺祖師廟幽閉，深以為憾。（石坂莊作，1921.10）波多野賢一郎也認為：這是總督府圖書館史上一大污點，內田嘉吉如在任，將不會讓圖書館充用共進會會場。（波多野賢一）

（三）設立目的

通俗圖書館兼用參考圖書館

日本因教育及圖書館思想的普及，圖書館的種類分為國立圖書館、參考圖書館、通俗圖書館、簡易圖書館等 4 種（並河直廣）。依據 1914 年（大 3）4 月 13 日所頒布的《臺灣總督府圖書館官制》，首條開宗明義，臺灣總督府圖書館（「府圖書館」）隸屬於臺灣總督府，其設立宗旨係在「掌理圖書之蒐集保存及供眾閱覽有關事務」。

復根據總督府民政部學務部於 1919 年（大 8）印行的《圖書館・臺灣學事要覽》載該圖書館創立的旨趣：

> 冀能資助一般教育的普及，給予精神上的慰藉，同時提供學術研
> 究的參考資料，特別是鑑於本島的位置，關於南支、南洋的研究

資料應廣泛蒐集，俾能對一般讀者以外的特殊專門家、實業家等的研究調查有所助益。

案日本人稱「南支」是指中國華南，用詞並不合適，但本文為了求得與當時的文獻史料一致，仍沿襲該稱。

「府圖書館係為通俗圖書館兼用參考圖書館，故一面備有平易通俗之圖書，一面備有高尚〔高深〕參考之圖書，以供為人閱覽研究之用也（東洋協會臺灣支部，《臺灣時報》，1915.09.20）。」依此，府圖書館具有蒐集圖書資料，一方面為「供眾閱覽」的通俗圖書館，一方面為「專門目的」的參考圖書館的雙重功能。時為圖書館事務囑託的太田為三郎解釋「專門目的」圖書館的意義，特別以他先前在任職的上野圖書館〔帝國圖書館〕為例，在日俄戰爭期間，負責將所有當時國內外的新聞雜誌進行剪報工作，並整理分析世界輿論給相關單位參考。太田認為未來府圖書館也要扮演著政府蒐集南洋方面資料的重責大任。（臺灣日日新報社，1914.09.30）1915 年（大 4）8 月 9 日圖書館正式開放閱覽，翌日太田說明關於閱覽的注意事項：（臺灣日日新報社，1915.08.10）

圖書館有通俗圖書館及參考圖書館兩種。通俗圖書館平易多趣，範圍甚廣，能使一般人增長知識，養成讀書樂趣。參考圖書館更設備關於高尚〔高深〕圖書，供諸種研究調查之用。本館以通俗圖書館兼參考圖書館。故一面具平易通俗之圖書，一面具高尚參考之圖書，供人調查。現下暫時之間，藏書不富，此去當更搜羅關於本島及東南南洋方面圖書，以供當地人士研究。不愧為帝國南藩臺灣之圖書館也。

第 5 任府圖書館長山中樵（1882－1947）在 1935 年（昭 10）因逢該年係府圖書館開館 20 週年、《公立私立圖書館規則》頒布第 12 年，為回顧臺

灣圖書館事業的發展以策將來，特撰〈臺灣圖書館事業的現在與未來〉（〈臺灣に於ける圖書館の現在及將來に就て〉）乙文，文中提到（略以）府圖書館成立時閱覽對象以成人為主。接收「臺灣文庫」藏書外，選購各種參考書及高深圖書，也接收了總督府藏書，還有熱心人士的捐贈等，尤其著重蒐集臺灣、南支及南洋相關圖書資料。開館目的在培養成人教養，並兼顧學術研究。其後，臺北增設初等中等學校，州市卻沒有成立圖書館，因此所有的圖書館業務便歸於唯一的府圖書館。在此情形下，成立了兒童閱覽室，為眾多的中學生準備青少年讀物，購升學考試用書，如此發展成今日的狀況，這使當初的「參考圖書館」的性質變得十分稀少，而演變成為「通俗圖書館」。

殖民地圖書館

府圖書館還被賦予政治性的目的。溯自第一次世界大戰結束後，全球瀰漫著民族自決及民主主義的潮流，日本也受其影響。1919年（大8）10月29日田健治郎出任第一位文官總督，提出漸進的「內地延長主義」政策，強調臺灣為日本領土的延伸，應同化為日本人，標榜「內臺融合」、「一視同仁」的施政方針。依據日本平凡社《世界大百科事典》，對於「同化政策」所下的定義：「殖民地領有國對於殖民地原住民固有的語言、歷史、文化、生活樣式等加以壓抑抹殺，使其同化成自己國民所採取的種種政策。」（蔡錦堂）日本的殖民統治重點在擴張領土，所以強烈地在所佔領的土地上施行同化政策，意欲消滅當地的語言、文化，同化當地為日本國土的一部分。這在日本侵占北海道、沖繩兩地可以看出端倪。日本採取以同樣的模式將臺灣歸入日本，欲將臺灣人既有的語言、文化消滅，是一種刨根式的同化政策。（林振中）

1926年（大15）10月，改革總督府組織，將原由內務局學務課所管轄的社會教育行政，移轉給新設的文教局社會課。1927年（昭2）文教局社會課設置「社會教育係」〔係相當於「組」〕掌管全臺圖書館、博物館、青年團、少年團等教化團體，負責推動成人教育、推廣日語、生活改善、

民眾娛樂〔休閒〕，以及其他關於社會教育事項。同化政策的首要在消除「土語」〔指臺灣語，包括福建語（福佬語）、廣東語（客家語）、蕃語（原住民語）〕，推行「國語」〔日語〕。日本積極展開社會教育，在使臺灣人民的思想、語言、習俗等都「日本化」，達到「內臺一元化」的理想。從在臺灣推行社會教育的內容來看，不外乎是推行國語和訓練皇民。（林振中）

　　1927 年（昭 2）12 月 12 至 13 日在總督府會議室召開第一回「全島（臺灣）公私立圖書館長、圖書館事業關係者協議會」（「全島圖書館協議會」），推舉山中樵為議長，總督府內務局長豐田勝藏代理總務長官〔後藤文夫〕蒞臨訓示：（臺灣教育會，1928.02；張圍東，1998.01）

> 本島圖書館較之內地圖書館大異其趣，肩負有「內臺融合」基本的普及國語〔日語〕的重大使命。亦即經由圖書館注入內地的文化，同時使多親近國語的機會。

　　可知府圖書館是具有殖民地圖書館的性質，冀經由日語的普及與日本文化的注入，來達成「內臺融合」的社會教育使命。1934 年（昭 9）3 月總督府制定《臺灣社會教化綱要》，圖書館亦被列為教化設施之一。案「1897 年（明 30）以後明治政府為社會教育賦予了『教化』的外衣，『思想善導』成為圖書館最為重要的社會功能」。（李易寧）

臺灣公共圖書館的中央圖書館

　　1923 年（大 12）4 月總督府頒布了《公立私立圖書館規則》（全 6 條），為臺灣設置公共圖書館的法源，使公共圖書館得以普遍設立。首條揭示：「各州、廳、市、街庄或聯合兩個以上之街庄，乃至於私人為蒐集圖書，提供民眾閱覽，得設置圖書館。」明定設置圖書館的目的。第 5 條又明定「圖書館得徵收圖書閱覽費」，因地方財源往往貧乏，以配合實行需要。1927 年（昭 2）12 月「臺灣圖書館協會」在臺北成立。此後，臺灣各

地方圖書館紛紛成立。1934 年（昭 9）除府圖書館外，臺灣全島有公立圖書館 72 所、私立圖書館 6 所，共計 79 所。1937 年（昭 12）依據 1933 年（昭 8）《修正圖書館令》（《改正圖書館令》）的規定，府圖書館被指定為臺灣全島公共圖書館的中央圖書館，使得府圖書館擁有全島地方公共圖書館設立指導、良書〔優良圖書〕普及，圖書館業務的聯繫和協調等方面的權限，確定了該館居臺灣公共圖書館界的領導地位。

二、組織和人員

（一）組織

館長的職責

　　府圖書館直隸臺灣總督統轄，根據 1914 年（大 3）年 4 月 13 日上開《臺灣總督府圖書館官制》，「館長受臺灣總督任命，掌理館務以及監督所屬職員。司書官受館長任命，掌理圖書之蒐集保存及閱覽有關事務。」；「司書受上司指揮，從事圖書蒐集保存及閱覽有關事務。書記受上司指揮，從事庶務之事宜。」「臺灣總督認為必要時，得設臺灣總督府圖書館商議委員會」，備供諮詢。1915 年（大 4）6 月 12 日訓令第 77 號公布《臺灣總督府圖書館長職務規程》，及 1923 年（大 12）5 月 2 日訓令第 70 號公布《修正臺灣總督府圖書館長職務規程》（《臺灣總督府圖書館長職務規程中ヲ改正ス》）（國史館臺灣文獻館），館長受命於臺灣總督，必須擔任下列事項：1.訂定館內處務細則；2.規定職員擔任的業務；3.處理簡易事項及例行規定事件事宜；4.核准預算在 1,500 圓以內範圍的工事及物品買賣、借貸、搬運勞力等事宜，並處理簡易締結契約有關事項（第 1 條）。館長如遇到下列事項，必須向臺灣總督府提出報告：1.重訂或變更館內處務細則；2.變更圖書館閱覽開放時間；3.訂定休館及曝書日期；4.說明

臨時休館的事由及日期（第 2 條）。

內部組織

又依據 1915 年（大 4）6 月 30 日圖達第 1 號訂定的《臺灣總督府圖書館處務細則》，該館的組織架構，館長之下，分司書係、目錄係、圖書出納係、巡迴書庫係、會計係、庶務係等 6 係〔組〕，各係置主任。並設有囑託，為圖書館顧問，策劃圖書館業務的發展。各係職掌如下：

司書係：掌理圖書的接受整理及保管，圖書的登錄，圖書的裝訂，書庫整理，保管藏書印，藏書統計，整理保管委託圖書，整理保管主管業務所需物品等有關事項。

目錄係：掌理圖書的採購、報廢及調查，圖書的分類及編製發行目錄，調製及整理書標，整理保管主管業務所需物品等有關事項。

圖書出納係：掌理圖書出納，館外借出圖書，整理閱覽室的設備，整理及裝訂報紙、雜誌、議事錄，指導閱覽者如何使用圖書館及取締違規，統計閱覽人數及閱覽圖書，約僱及監督出納人員，整理保管主管業務所需物品等有關事項。

巡迴書庫係：掌理巡迴書庫的編成發送及統計，保管巡迴書庫專用的複本圖書，整理巡迴書庫有關文書，整理保管主管業務所需物品等有關事項。

會計係：掌理編列預算及決算，各種收入及支出，購買、出借及保管圖書物品，修繕，整理保管會計帳簿及會計報告，給水、點燈、電扇、電話，監督巡視技工、工友、約僱人員、職工，並負責館內外警衛及環境衛生，整理保管主管業物所需物品等有關事項，及處理其他有關會計事項。

庶務係：掌理保管館印及館長印，整理及保管公文檔案，文書業務的收發及保管，編纂年報、指南及各種報告，整理及保存日誌、其他規程，命令及通告，保管職員的履歷書、名簿、住所簿，監督職員的出勤缺勤，寄宿值勤，商議委員會事項，對於寄贈圖書、報紙、雜誌者發送謝函，辦理優待券及特別券，保管主管業務所需物品等有關事項，及處理其他有關庶

務事項。

（二）人員

　　日本圖書館學認為圖書館 3 要素，館員（事務員）、圖書、建物，3 者之中以選任具服務熱心且適任的人員最為重要。日本圖書館員的養成，在圖書館裏，重師徒制，再經透過舉辦各種圖書館講習會、圖書館（專題）講演、圖書館見習等活動，來增進館員的圖書館專業知識和技能。

文官編制員額

　　依據上開《府圖書館官制》，所置人員如館長、司書官（以上為臺灣總督府高等官）、司書、書記（以上為臺灣總督府判任官），都「受臺灣總督之命聘任之。」在總督府圖書館發展過程中，歷經 5 任館長，先後為隈本繁吉（任期：1914.08.06 － 1916.05.16）、太田為三郎（1916.05.16 － 1921.07.08）、並河直廣（1921.07.08 － 1927.07.09）、代理館長若槻道隆（1927.07.09 － 1927.08.30）、山中樵（1927.08.30 － 1945.08.15）。

　　復據 1923 年（大 5）5 月 16 日又以勅令第 131 號公布《修正臺灣總督府圖書館官制》（《臺灣總督府圖書館官制中ヲ改正ス》）（國史館臺灣文獻館），主要的修正部分是將館長確認為高等官中的奏任官和明定圖書館文官編制人員和員額。館長之下置司書專任 2 人、書記專任 1 人，都列為判任官，但不置司書官。同日勅令第 134 號再公布館長特別任用，即「臺灣總督府圖書館館長的任用，準用帝國大學司書官的相關任用規定」，任命太田為三郎為館長。依此，府圖書館文官編制員額為 4 人。1921 年（大10）年 4 月 23 日，勅令第 140 號公布《修正臺灣總督府圖書館官制》，司書 2 人改 3 人，增列 1 人。

司書的任用

　　隈本、太田主政時期，府圖書館所置司書2人，其中一位仍採沿襲1895

年（明 28）6 月 17 日臺灣總督府舉行「始政式」以來「軍人佔缺」的陋
習。在艋舺清水祖師廟府圖書館籌備之初，平澤平七自 1914 年（大 3）9 月
25 日任職府圖書館囑託。1920 年（大 9），「圖書館司書陸軍步兵中尉從
七勳 6 功 5 平澤平七任臺灣總督府編修書記兼臺灣總督府圖書館司書」2 月
3 日生效。平澤平七投入研究俗民文化與文學，編有《臺灣の歌謠と名著物
語》（臺北：新高堂書局，1914）、《臺灣俚諺集覽》（臺北：臺灣總督
府，1917）等。至「1922 年（大 11）1 月 17 日離職。1922 年（大 11）1 月
29 日上森大輔接任司書並兼書記」（府圖書館，《臺灣總督府圖書館要
覽：開館 20 周年記念》，1935.08）。

　　另一位司書缺，1920 年（大 9）3 月 18 日太田館長呈報「市村榮任臺
灣總督府圖書館司書」，5 月 11 日生效。市村榮（1893－?）福岡縣人，
1906 年（明 39）4 月 1 日〔福岡〕縣立中學明善校入學，1909 年（明 42）
3 月 23 日退學，1914 年（大 3）9 月 10 日渡臺，同年 10 月 1 日入學私立臺
灣土語〔臺灣語〕專門學校，1915 年（大 4）9 月 30 日土語專門學校畢業。
1915 年（大 4）2 月 6 日始為府圖書館傭員。他在太田館長指導下編纂印行
府圖書館《和漢圖書分類目錄》、《洋書目錄》等。

　　還有一位司書缺，太田館長自帝國圖書館延攬小長谷惠吉（1865－
1944）來館擔任，「1916 年（大 5）5 月 30 日到職，1921 年（大 10）12 月
12 日離職」。（國史館臺灣文獻館；府圖書館，《臺灣總督府圖書館要
覽：開館 20 周年記念》，1935.08）小長谷曾於「1916 年（大 5）8 月 7 日
將《臺灣日日新報》第 1 號至第 5630 號（73 冊）、《臺灣新報》第 1 號至
第 489 號（5 冊）、《漢文臺灣日日新報》第 2156 號至第 4077 號（25 冊）
寄贈帝國圖書館」；（小林昌樹等，2012.03）返回日本後，1936 年（昭
11）、1937 年（昭 12）在東京商科大學（今一橋大學）附屬圖書館，編
《日本國見在書目錄詳說稿》、《日本國見在書目錄索引》。

　　案總督府官制是比照日本國內制定的，將文官分為高等官和判任官兩
種。高等官在日據初期分為 8 等，後期分 9 等；除了親任官以外，又分

勅任官（1－2 等）、奏任官（3－9 等）。判任官（9 等以下）算是最基層的文官。上述「官吏」以外的是囑託、雇員等。「戰前，有志於官吏者大體希望達成的目標據說是勅任官（高等官 1、2 等；〔各省〕次官以及局長級）。本省（廳）的局長乙職平均數較今日少，平均只有 5、6 個職位，因此多數官吏僅止於高等官 3 等 1 級（再進一步就是勅任官），不少人因此揮淚『退官』（李惠玉）」。臺灣親任官祇有臺灣總督 1 人。「官吏」雖是規定「仕進須考試」，但日據初，1895 年（明 28）7 月 18 日實行軍政，8 月 6 日公布《臺灣總督府條例》，總督府官僚體系中充斥著出身自陸軍省雇員。

總督府官廳是十分排擠臺灣人的，據教授吳文星研究「1945 年 9 月總督府各級官吏中，勅任官 161 人，臺人僅有臺北帝大教授杜聰敏〔1943 年 1 等 5 級，從四勳 3 等〕1 人。奏任官 2,120 人，而臺人僅 29 人，含行政、司法高等官、教師、校長、公立醫院院長等。判任官 21,198 人，臺人僅 3,726 人，以公學校教師為主。」

依《總督府圖書館官制》，總督府圖書館長為奏任官，屬中階主管級，相等於我國公務人員薦任。

員額編制

在編制人員方面，該館自開館以來，歷年編制員額均維持在 26 至 34 人之間。府圖書館每年出版《臺灣總督府圖書館概覽》（或稱《臺灣總督府圖書館一覽表》、《臺灣總督府圖書館一覽》、《臺灣總督府圖書館要覽》），內容計有沿革、敷地及建物、經常費預算、館員、藏書、閱覽人數、閱覽冊數、巡迴書庫、規則，共計 9 種統計資料，並有附錄〈島內公私立圖書館表〉。為一業務（公務）統計，是為圖書館自 1915 年度（大 4）至 1942 年度（昭 17）簡要的施政紀錄。茲列舉 1918（大 7）、1926（昭 1）、1931（昭 6）、1936（昭 11）、1941（昭 16）年度編制情形如表 2：

表 2　臺灣總督府圖書館員額編制一覽表

單位：人

年度 職稱	1918	1926	1931	1936	1941
館長	1	1	1	1	1
司書	2	3	3	3	3
書記	1	1	1	1	1
囑託	1	2	－	2	2
商議委員	1	－	－	－	－
雇員	9	4	4	9	9
小計	**15**	**11**	**9**	**16**	**16**
出納手	7	7	－	8	7
小使	3	2	－	3	3
職工	3	2	－	3	3
守衛	2	3	－	3	2
給仕	－	1	－	1	1
常傭夫	1	1	－	－	－
小計	**16**	**16**	**17**	**18**	**16**
合計	31	27	26	34	32

說　　明：1.日本年度係當年 4 月 1 日至次年 3 月 31 日。

2. 1931 年依據《島內公私立圖書館一覽》列，除文官編制員額外，載：「傭員 17 名」。

3.標示「－」符號者，係「無數值」。

資料來源：臺灣總督府圖書館編，《臺灣總督府圖書館一覽表（1917＝大

8.07.31）》（臺北：編者，〔1919〕）。

臺灣總督府圖書館編，《臺灣總督府圖書館一覽（自 1926＝大
15.04.01 至 1927＝昭 2.03.31）》（臺北：該館，1927.07），頁
10。

臺灣總督府圖書館編，《島內公私立圖書館一覽（1932＝昭 7.03.31
現在）》〔臺北：該館，1932.03〕，頁 2。

臺灣總督府圖書館編，《臺灣總督府圖書館概覽附島內圖書館表
（1936＝昭 11 年度）》（臺北：該館，1937.10），頁 3。

臺灣總督府圖書館編，《臺灣總督府圖書館概覽附島內圖書館表
（1941＝昭 16 年度）》（臺北：該館，1942.11），頁 2。

　　試就編制表館員職稱作說明，館長、司書，屬於圖書館專業人員；書
記辦理庶務（總務）；囑託、商議委員，即顧問；雇員輔協助辦理館務；
出納手承辦圖書流通；小使負責打掃清潔工作；職工擔任圖書裝訂修護；
守衛，即門禁管理，著制服；給仕，即工友；常傭夫協助辦事。

　　曾為商議委員者有財政局長中川友次郎、參事官廣瀨吉郎、臺北廳長
加福豐次。還有商議委員及囑託〔臺灣勸業共進會協贊會副會長〕中川小
十郎。

　　1935 年度（昭 10）7 月時，全館人員有 29 人，時臺籍人員已有雇員劉
金狗（任職年月 1918.07.25）、陳墩厚（1926.03.06）、許德旺
（1932.03.16）、田大熊（1935.04.08）等 4 人（臺灣總督府，《臺灣總督府
職員錄》）。同年 8 月 9 日「開館 20 周年記念式」，表彰在館服務滿 15 年
以上績優人員：「司書市村榮、囑託今澤慈海〔1915 年（大 4）3 月 2 日起
為府圖書館囑託〕、製本工岩澤司一、雇劉金狗、小使李阿成等 5 位（臺灣
教育會，1935.09）。

三、經費

　　臺灣總督府為日據時期臺灣的最高權力機關，是日本設置來統制臺灣的綜合政府機關；臺灣總督統轄臺灣地域的一切政務。明治初期，1895（明 28）、1896（明 29）兩個會計年度，總督府的財政支出都是由日本國內直接提供。先後「日本負擔的『臺灣關係費』總額各為 2,789 萬日圓、1,814 萬 3,000 日圓，相當於日本國內一般會計歲出會計總額各為 8,571 萬 7,000 日圓、1 億 688 萬 6,000 日圓的 33%、11%（（日）小林道彥、李文良）」，日本國內各黨爭論補助金縮減。1897 年（明 30）2 月 24 日律令第二號公布《臺灣總督府特別會計法》（全 3 條），依該法規定臺灣總督府會計為特別會計，「其歲出以其歲入及一般會計補助金（國庫補助金）充之」，而「關於收入及支出之規定以勅令定之」，「本法於 1897 年 4 月 1 日施行」，首次建立以臺灣為主的歲入歲出預算制度。同年 2 月 29 日勅令第 27 號制定《臺灣總督府特別會計規則》，依該規定每年預算書由主管大臣（拓務大臣或內務大臣）編製送大藏大臣列提日本議會審議。同年 11 月 12 日總督府成立財務局，並設置專管預算的主計課，由祝辰巳（1868－1908）主導，建立臺灣的主計制度，臺灣的財務開始逐漸進入正軌。

　　「臺灣總督府在開府初期，百務創始之際，由於臺灣歲入尚未發達，歲出膨脹迅速，負擔沈重。日本中央政府總預算編列臺灣經費補充金科目，長期補助臺灣總府財政的缺口，直到 1905 年度（明 38），總督府的歲入歲出預算〔臺灣總督府特別會計法歲入歲出預定計畫書〕達成歲計獨立的目標（林煒舒）」，結束了日本中央政府補助臺灣經費事宜。其後，「不但財政已獨立，而且更將臺灣特別會計歲入的一部分，編入本國〔日本〕一般會計之中，送去本國應用」（1924 年 8 月 6 日蔣渭水「違反治安警察法事件的答辯」）。

　　總督府的歲入端賴政府專賣收入（發展公營及專賣事業）及課稅（整頓租稅體制）兩大支柱。案 1906 年（明 39）度，總督府的歲入預算，「經

常收入 25,656,672 圓，其中田賦 2,983,551 圓（11.6%）；糖稅 2,399,987 圓
（9.4%）；鴉片稅〔政府專賣〕4,433,862 圓（17.3%）；鹽、煙〔菸草〕
8,621,307 圓（33.6%）；樟腦 7,217,965 圓（28.1%）（楊碧川）」，以政府
各項專賣收入為大宗。

　　「總督府採綜合式行政，預算統一編成（蘇瑤崇）。」其預算採總預
算制，賦稅及其他一切歲入與一切經費歲出，都必須編入歲入歲出總預算
中；但如有特殊原因時，亦得設置特別會計，另行編特別會計。至於預算
年度係採一年制，以每年 4 月 1 日為預算年度開始日期，次年 3 月 31 日為
年度結束日期。每一年度歲入歲出的出納事務，必須在下年度 7 月 31 日以
前辦理完結。

　　府圖書館的各年經費，端賴總督府預算支應，計分經常部和臨時部兩
大項。茲從中每隔 5 年列舉一年，如 1916（大 5）、1921（大 10）、1926
（大 15／昭 1）、1931（昭 6）、1936（昭 11）、1941（昭 16）年編列經
常部預算，以資參考，見表 3。至於臨時部分新營費和營繕費，僅 1916 年
編列新營費 1,797 圓，及 1918 年、1919 年、1924、1926 年各編列營繕費
1,996 圓、22,290 圓、1,246 圓、300 圓外，其餘各年均無編列。

表 3　臺灣總督府圖書館經常部預算一覽表

單位：日圓

年度 經常部	1916	1921	1926	1931	1936	1941
俸給	5,781	11,838	11,865	12,815	11,901	14,362
雜給	4,072	10,009	9,175	8,840	9,000	11,709
圖書及印刷費	3,471	18,286	15,805	10,454	9,830	15,330
其他諸費	5,714	12,646	8,077	8,301	10,202	13,708
合計	19,038	52,779	44,922	40,410	40,933	55,109

說　　明：1.日本政府會計年度以每年 4 月 1 日為預算年度開始日期，次年 3 月
　　　　　　31 日為年度結束日期。
　　　　　2.俸給＋雜給＝給料費（薪水）。
資料來源：依據臺灣總督府圖書館編，《臺灣總督府圖書館一覽（1928＝昭
　　　　　3.04.01 至 1929＝昭 4.03.31）》（臺北：編者，1929.09），頁 11－
　　　　　12。
　　　　　臺灣總督府圖書館編，《臺灣總督府圖書館要覽：開館 20 週年
　　　　　記念》（臺北：編者，1935.08），頁 11－12。
　　　　　臺灣總督府圖書館編，《臺灣總督府圖書館概覽附島內圖書館表
　　　　　（1936＝昭 11 年度）》（臺北：編者，1937.10），頁 3。
　　　　　臺灣總督府圖書館編，《臺灣總督府圖書館概覽附島內圖書館表
　　　　　（1941＝昭 16 年度）》（臺北：編者，1942.11），頁 2。

四、館舍建築

（一）建築和內部配置

　　隈本繁吉於 1915 年（大 4）6 月將清水祖師廟所設府圖書館臨時事務所，遷原彩票局，籌備開館事宜。

　　案 1908 年（明 41）耗資 2,880 萬圓，全長 297.3 公里的縱貫鐵路竣工，同年 10 月 25 日本皇室閑院宮載仁親王（1865－1945）將蒞臨臺中主持儀式，舉辦竣工紀念祝賀會，接待內外地的貴顯仕紳，總督府決定藉此機會廣為介紹臺灣情形。1906 年（明 39）在臺北城內書院町投資 12 萬 5 千圓動工的總督府彩票局廳舍（由總督府營繕課技師近藤十郎設計）也在本項活動規劃之列，可是 1907 年 3 月 20 日因逢總督府被迫中止發行彩票，頓然失去了使用的目的，工程一度中斷，可是為了應付盛典的舉行，彩票局暫且

為博物館之用，爰於 1908 年竣工（明 41）著手準備開館，該年 10 月 23 日「臺灣總督府民政部殖產局附屬博物館」（「附屬博物館」）啟用。另者，1906 年（明 39）12 月，民政長官祝辰巳發起成立「兒玉總督及後藤民政長官記念館」（「記念館」），由全島官民「1 人 1 圓」捐資。選址於在臺北公園內（因第 1 座公園是 1897 年＝明 30 開園的圓山公園，所以臺北公園俗稱「新公園」。今二二八和平紀念公園），將天后宮（臺北天后宮，1888＝光緒 14 臺灣巡撫劉銘傳所建）拆除原址籌建，由總督府營繕課長野村一郎與技手荒木榮一設計。1913 年（大 2）4 月 1 日舉行上樑式；1915 年（大 4）3 月 25 日建築竣工，4 月 18 日落成，為古典風格的建築體採對稱長條型，中央有挑高的圓頂，正面則為仿希臘多力克式列柱，莊嚴典雅。建築完工之後隔月，由新海竹太郎所製作的兒玉及後藤銅立像，置入一樓大廳兩側的西式壁龕中。當時，兒玉銅像置於東側壁龕，後藤置於西側壁龕。6 月該建物贈送轉移予「附屬博物館」。

　　1915 年（大 4）8 月 9 日府圖書館在彩票局開館；附屬博物館於 8 月 20 日搬遷至臺北公園該嶄新的紀念館，更名為「臺灣總督府民政部殖產局附屬記念博物館」（今國立臺灣博物館）。府圖書館館舍原係預定作為彩票局的抽籤會場之用，當時刻意參考西洋劇場的建築樣式，將彩票局 1 樓規劃可放置抽籤器與容納許多觀眾的寬闊大廳，2 樓則是設有挑高的迴廊以便民眾觀察大廳抽籤的過程，以凸顯彩票抽籤的公正性。

　　這棟煉瓦（紅磚）起造 2 層樓方形西式建築〔無地下室〕作為圖書館館舍，建地面積為 1,292.72 坪，館舍面積（包括附屬建築物木造平屋和式建築物）坪數為 794.07 坪。其中閱覽室 268.90 坪、書庫 311.94 坪、事務室（辦公）28.41 坪、其他 184.82 坪。「仿石造外牆，在門窗開口處皆有石砌造型裝飾，淺色外觀加上馬薩式屋頂（Mansard Roof），帶有濃厚的法國〔拿破崙三世法蘭西帝國巴黎〕風格（凌宗魁、鄭培哲）。」這種建築樣式創造出宏偉高聳的外觀，帶來象徵日本帝國威儀（權力、壯觀）的視覺效果。

　　圖書館空間配置，乃將 1 樓供閱覽、辦公和會議之用，保留了大舞臺。

自玄關進大廳，出入口兩旁分置新聞閱覽臺。佇立遠望盡頭是出納臺（中央舞臺），館員站立其上綜觀全閱覽區。毗臨出納臺的臺階下，大廳正中則設有普通閱覽席（略低於四周的水池狀），兩側（略高於普通閱覽席的迴廊下）各為特別席、婦人席；2 樓為羅馬列柱式的空間作為閉架書庫（311.94 坪），沿著原觀眾席排列。另 1916 年（大 5）7 月 1 日開設兒童閱覽室，在 1 樓後方辦公區挪出房間，夾於館長室和事務室之間。11 月 21 日增築小使室。

　　彩票局廳舍挪作圖書館，無論建築規模、空間配置等方面皆與當時圖書館運作方式有嚴重的衝突。（陳柏良）彩票局所設計的建築，自不適合充作圖書館。

（二）新建築規劃

　　並河直廣就任館長以來即希望興建圖書館新建築用符所需，雖年年編列預算爭取，但總督府以財政困難為由，終未能同意。（山中樵）

　　1935 年（昭 10）山中樵鑒於館舍老舊及典藏空間已達到飽和狀態，各地方已有公共圖書館新館建築，如臺中州立圖書館、新竹州立圖書館等，新建府圖書館也是時勢的需要，以發揮圖書館功能，輔導全島圖書館事業，爰提出新建圖書館計畫。依府圖書館編，《圖書館新建築理由書》（油印本）（全 8 頁）載：（略以）

　　1.目前的館舍係 1906 年（明 39）所建造，作為彩票局之用。自 1915 年（大 4）充作圖書館以來，在管理上、使用上造成諸多不便，不能發揮圖書館應有的功能及整體發展。例如（1）閱覽室採光不良；（2）館內無休憩室及食堂設備，對閱覽者造成很多不便；（3）婦人席與普通閱覽席主要通道干擾，設備簡陋；（4）官廳學校職員及實務者來館調查研究資料，卻無法提供完善的服務及設備。

　　2.本館藏書包括古今珍貴的臺灣資料和南洋資料等，價值甚大，而內地

圖書館所藏此類資料甚少，因此東京與京都兩所大學經常來館作專門研究，但書庫並無防火設施。

　　3.閱覽空間狹隘，容納的閱覽人數有限，無法滿足民眾的需求。

　　4.圖書館的 3 大要素，人員、圖書、建築，本館都無法達到要求及標準，使圖書館功能無法發揮到預期的效果。

　　新建府圖書館，建地坪數 1,500 坪，估需經費達 108 萬日圓（「總督府圖書館新營預算內譯書」），費用龐大，總督府幾經考量，終未通過此一提議。

　　其後，因藏書驟增，利用 1 樓走廊靠壁的地方設置書架，及在特別閱覽席區劃一部分，設置書架充作書庫救急。1940 年（昭 15）山中樵在該館前庭建造兒童圖書典藏及閱覽的場所，為 72 坪的新建築和 7 坪的走廊（渡り廊，即連接兩個建築物的走廊），支用經費 11,616 日圓，將館內原兒童閱覽室移作書庫，以疏解日益增加的圖書。這也使得該館建地面積擴增為 1,300 坪，館舍坪數為 867 坪。（臺灣省行政長官公署、山范交接〈總督府圖書館兒童室新營預算內譯書〉，1945.11.01）

（三）館舍被燬

　　雖然以美國為首的同盟國（Allies of World War II）最後取消登陸臺灣的計畫，但是為了掩護菲律賓登陸作戰，仍以空軍對臺灣發動空襲。1943 年（昭 18）11 月 25 日美國駐中國第 14 航空隊（Fourteenth Air Forces）從江西遂川基地出動，飛越臺灣轟炸新竹機場及周邊設施，這是盟軍首度戰術性突襲臺灣。1944 年（昭 19）年初，府圖書館開始疏散圖書，「戰時汽車調度困難，只能雇牛車搬運，過程艱鉅。16 萬冊書籍須分散各地藏放（高碧烈、趙瑜婷）」，「牛車每趟載運 2 至 3 千冊，至 1945 年 2 月才大致完成搬遷，歷時約 2 個月（高碧烈、陳世芳、郭婷玉）」，分別存置在新店大崎腳、大同區大龍峒保安宮、萬華龍山國民學校、中和庄南勢角簡大

厝等 4 處，而辦公室也疏散在南勢角。

　　1945 年（昭 20）1 月 11 日美國第 5 航空隊（Fifth Air Force）開始對臺灣進行戰略轟炸。由於日軍航空隊迅速被擊潰，喪失制空權及日機為了保存實力亦迴避與盟軍交戰，致自 1945 年（昭 20）1 月 11 日起，盟軍幾乎每天不分晝夜毫無顧忌地以轟炸（Bombing）、掃蕩（Sweep）、打擊（Strike）等方式催毀臺澎地區飛機場（飛行場）、港口、城市和其周邊鄉鎮、房屋建築物、工業生產設施、交通（鐵路、公路）運輸設施、煉油設施、補給設施等陸上目標。總計盟軍發動了 15,908 架次的轟炸，投下總重量為 20,242 噸的各式炸彈。依據杜正宇引用《美國戰略轟炸調查》（USSBS）索引第 6 冊第 32-a（1）號報告〈福爾摩沙轟炸損害調查〉：「1944 年 10 月、1945 年 1-8 月，全臺因轟炸而全燬全燒燬的房屋建築物有 29,191 棟、半燬半燒燬的有 17,127 棟，合計 46,318 棟；影響民眾 277,383 人；死亡 6,100 人、輕重傷失蹤者 9,672 人，合計 15,772 人」。工廠被炸燬 202 座，而在電力、供水、電信、交通方面也都蒙受了慘重的損失。（張建俅、張維斌、杜正宇）1945 年 5 月是臺灣遭受空襲最為密集的月份，「5 月的攻擊中，建築物取代了機場，成為最大的目標，總計發起 754 架次，投下 1,688.1 噸炸彈，最為著名的事件為 5 月 31 日的臺北大空襲（杜正宇）。」

　　依據臺灣總督府警務局防空課《臺灣空襲狀況集計：1945 年（昭 20）5 月中》記載：「5 月 6 日府立圖書館全燒、總督府遞信部全燒」（第 5 表 官衙）及「臺灣電力會社本社及附屬建物構內變電所全燒」（第 8 表 電力關係）。劉金狗曾先後提到：「5 月初旬的某一天，盟軍飛機大舉轟炸，在總督府後面的建築炸得體無完膚，圖書館也夷為平地。」（劉金狗、黃得時）「府圖書館之隔壁臺灣電力會社遭美軍飛機投下燒夷彈，發生火災，波及圖書館」（王世慶）。館舍全部炸毀。該館「巡迴書庫、兒童圖書、裝訂中或修復中圖書雜誌、外借的圖書，共約 4 萬 5 千冊，炸燬而燒燬（臺灣省行政長官公署、「山范交接」移交清冊〈工作報告〉，1945.11.01）」，其中「未疏散之一部分《臺灣總督府報》及《官報》亦被

燒燬而不全（王世慶）」；「閱覽、裝訂等設備均蕩然無存。分類卡片目錄毀去 2/3，計 10 萬餘張，書架卡片目錄〔排架目錄〕毀去 1/3，約 7 萬張（臺灣省文獻委員會編纂組）。」戰後，中山樵在總督府博物館暫借 1 樓作為臨時辦公室運作，等待長官公署派員接收。

　　府圖書館雖遭炸毀，但所幸疏散圖書，得以保全，但也形成日後有藏書而無館舍的窘境。

五、圖書的蒐集保存

（一）普通圖書的蒐集

圖書館的任務

　　根據《臺灣總督府圖書館官制》首條揭示設立的宗旨：「臺灣總督府圖書館受臺灣總督之管理，掌理圖書之蒐集保存及供眾閱覽有關事務。」復依《臺灣總督府圖書館規則》首冠「臺灣總督府圖書館以蒐集保存古今中外圖書以及供大眾閱覽為目的。」確定了府圖書館的兩大任務為圖書的蒐集保存及提供民眾閱覽。

服務對象

　　圖書館除了服務一般民眾外，也對機關學校團體提供服務。依據《臺灣總督府圖書館規則》第 15 條的規定：「官立、公立學校及官署申請借覽參考圖書，經館長特許，始可借出館外閱覽。」

基本藏書及館藏發展

　　1914 年（大3）12 月府圖書館接收東洋協會臺灣支部保管「臺灣文庫」和漢洋圖書全部 18,663 冊，經過選擇、整理、修補後，採用 7,673 冊（另，山中樵，〈臺灣から（二）〉稱：經清點整理、修補後，僅餘 6,681 冊）；

1915 年（大 4）又接收總督府官房文書課的圖書 5,701 冊，新購圖書 6,015 冊及各界贈與圖書約 858 冊，總計在 1915 年（大 4）8 月 9 日開館當日藏書為 20,247 冊。（臺灣總督府民政部學務部，《臺灣學事要覽》，1919.07）

　　在籌備開館期間，總督府民政長官內田嘉吉非常關心，經常邀囑託太田為三郎到其官邸，商議圖書館的營運情事。太田表示府圖書館以當時所接收的圖書內容，實際上不符開館的需求，因為臺灣文庫轉移的圖書，大部分皆為漢文古籍，例如《古今圖書集成》〔上海善隣印書館印行〕、《淵鑑類函》、《資治通鑑》等，這些典籍除非特別從事研究者，一般民眾不可能會有興趣閱讀。其次，從總督府官房文書課轉移的圖書，則為「臨時臺灣舊慣調查會」所採集與利用的資料，或是官僚們所參考法制類經濟類的資料，這些都非民眾有興趣閱覽的書籍，建議應緊急採購大量新出版圖書。內田特別由總督府提撥一筆特別基金目標 1 萬冊，指示太田立即回東京進行圖書採購。

　　依據 1935 年（昭 10）8 月印行的《臺灣總督府圖書館要覽：開館 20 周年記念》載：「1915 年度（大 4）已有館藏（基本藏書）22,709 冊，其中和漢書 19,996 冊，洋書 2,713 冊。」其後，自「開館 10 週年的 1925 年（大 14），藏書已達 95,000 冊，到 1933 年（昭 8）成果來看，則每年以增加 4,000 冊的速度在成長，藏書已超過 14 萬冊（山中樵，1935.01）」。茲將圖書館徵集圖書，每 5 年列舉一年，如 1916（大 5）、1921（大 10）、1926（大 15／昭 1）、1931（昭 6）、1936（昭 11）、1941（昭 16）年的圖書藏書總數，見表 4。1916 年太田為三郎出任館長，時有藏書 36,332 冊，歷經 10 年，1926 年並河直廣任內，始達 10 萬冊（100,901 冊）。再隔 10 年，1936 年山中樵任內藏書邁 15 萬冊，山中認為已達該圖書館建築物最極限的館藏容量（山中樵），爰於 1939 年（昭 14）提出新建兒童閱覽室計畫，將館內原有的兒童閱覽室充作書庫，以紓解日益增加的藏書。

表 4　臺灣總督府圖書館圖書藏書總數一覽表

單位：冊

年度	和漢書	洋書	合計
1916	32,386	3,946	36,332
1921	65,085	8,454	75,539
1926	90,343	10,558	100,901
1931	120,864	11,225	132,089
1936	142,433	12,042	154,475
1941	175,489	12,584	188,073

資料來源：依據臺灣總督府圖書館編，《臺灣總督府圖書館一覽（1928＝昭3.04.01 至 1929＝昭 4.03.31）》（臺北：編者，1929.09），頁 13－15。

臺灣總督府文教局編，《臺灣總督府學事第 28 年報》（臺北：編者，1932.02），頁 30、362－363。

臺灣總督府文教局編，《臺灣總督府學事第 29 年報》（臺北：編者，1933.02），頁 372－374。

臺灣總督府文教局編，《臺灣總督府學事第 36 年報》（臺北：編者，1940.03），頁 284。

臺灣總督府圖書館編，《臺灣總督府圖書館概覽附島 內圖書館表（1941＝昭 16 年度）》（臺北：編者，1942.11），頁 3。

　　依據 1942 年度（昭 17）《臺灣總督府圖書館概覽附島內圖書館表》載：「截止於 1943 年（昭 18）3 月 1 日，藏書已累增至 195,948 冊，其中和漢書 183,344 冊（94%），洋書 12,604 冊（6%）」。「館藏以總類圖書為最多，計 51,947 冊（26.5%）；其次歷史、地誌類 31,510 冊（16.1%）；文學、語學類 30,590 冊（15.6%）；法制、經濟、社會、統計、殖民類 25,769 冊（13.2%）」。1945 年（昭 20）5 月圖書館被炸燬前，擁有藏書 200,067

冊，其中和漢書 187,359 冊，洋書 12,708 冊（詳見第二章〈臺灣省圖書館〉，表 11），為當時全臺灣藏書最豐富的公共圖書館。

館藏發展重點

府圖書館並沒有明文條列的館藏政策。日本戰前尚無圖書館制定「館藏發展政策」（稍早也稱「採訪政策」）的概念，總督府圖書館目錄係，掌理圖書的採購、報廢及調查等事項；當時日本圖書館學專著，圖書採購方面載有圖書選擇原則及選購圖書的參考工具書。以府圖書館所處的時代及大環境，發展館藏的方向，是以圖書館的性質、功能、任務為取向，館長本身的專長與興趣也有影響，從而有一些館藏發展重點。

「館藏發展政策」的概念源起於 1950 年代美國圖書館學會（ALA）訂定的公共圖書館標準（Standards for Public Libraries）及大學圖書館標準（Standards for College Libraries）。「館藏發展政策」乃是以書面文字敘述圖書館的任務和服務對象、館藏概述、館藏發展重點、館藏深淺程度、館藏選擇、館藏採訪、館藏評鑑與維護等，作為館員建立合適館藏的依據。

依據學者張圍東的研究，他從該館編印的館藏臺灣資料目錄和線裝書目錄，及專訪資深館員高碧烈等資料予以整理，臚列府圖書館的採訪政策，〔或可視為「館藏發展重點」〕如下：（張圍東，2006.01）

1.蒐羅官方出版品；

2.凡古刻名鈔、珍本書籍、寫本、墨帖、古地圖均盡量蒐集；

3.蒐集私人藏書的珍貴圖書；

4.蒐集中國各省地方志；

5.蒐集有關臺灣文獻資料及鄉土資料；

6.蒐集參考圖書及通俗圖書。

復依郭冠麟，「臺灣總督府圖書館館藏政策之研究」（碩士論文；指導教授盧荷生），他用館藏分析的方法，一方面將府圖書館各種出版品的〔館藏〕統計資料加以整理，以了解各年度各類圖書數量增減情形；另一方面則分析該館〔書本式〕館藏目錄中所收錄各類圖書資料，分析出該館

的「核心館藏」，以了解館藏強度的變化。然後，以本館藏分析的結果及相關文獻的研判何種（主、客觀）因素影響該館館藏政策。再以《國立中央圖書館臺灣分館館藏發展政策》乙書的框架，蠡測府圖書館館藏政策的項目及內容。分別臚列府圖書館館藏範圍、不納入範圍、館藏深淺程度、館藏資料採訪、圖書交換與贈送、複本處理、中央圖書館制度的職責等項目。其中關於館藏範圍為：1.官方出版品；2.古刻名鈔、珍本、寫本、墨帖、古地圖等；3. 珍貴私人藏書；4.中國各省地方志；5. 有關臺灣文獻資料及鄉土資料；6.參考圖書及通俗圖書；7.南洋資料。〔因為也利用了該館館藏目錄為工具，館藏發展重點與上開張圍東的研究結果相同。〕關於館藏深淺程度，分 3 種架構，1.基礎館藏：「歷史、地誌」類可稱為主體館藏，在館藏深淺程度列屬一般級，蒐集廣泛的基本圖書、重要著作、全集、次要著作的代表作品；2.重點館藏：臺灣文獻資料及中國各省地方志，屬研究級，蒐集廣泛的圖書資料；3.一般館藏：配合政府政策或依據各種活動而採購的圖書（如府圖書館選定圖書目錄、推薦認定圖書目錄等），屬基礎級，為一般讀者提供的為學習提高所用基礎書刊，以及豐富讀者精神文化生活而提供的文學藝術欣賞性讀物。

　　黃慈怡，「日治時期臺灣總督府圖書館之研究——以閱覽者為中心」（碩士論文；指導教授呂紹理），她用該館和漢書歷年度藏書總量分析的方法，觀察館藏重點。假設 10 大類門重要性相等，藏書量應相等。若某類門實際藏書量大於平均藏書量，則為館方熱門藏書方向。平均量的計算方式為歷年藏書數除以類門數目。發現該館歷年度藏書主要以「總類」、「文學、語學」、「歷史、地誌」、「法制、經濟、社會、統計、殖民」為主；其次「產業、家政」、「哲學、宗教」以及「理學、醫學」藏書量較少，但是成長率尚算穩定，可視為館內次要藏書方向。至於「藝術」、「教育」、「工學和兵事」類別，其藏書量於一開始即遠低於其他類別，為冷門藏書方向。然而，依照歷年借閱累計總量排序，最受館內成人閱覽者愛好的分類，依次為「文學、語學」、「總類」、「理學、醫學」和

「歷史、地誌」，其次為「法制、經濟、社會、統計、殖民」、「產業、家政」、「工學和兵事」、「藝術」、「哲學、宗教」和「教育」。可發現藏書方向與閱覽者使用方向，呈現略為差異的結果。

採訪途徑

　　總督府圖書館以採購、傳抄（謄寫）、寄贈、委託保管等方式，來增加館藏。採購如直接向當時臺灣最大的書店「新高堂書店」（今重慶南路、衡陽路交叉口的東方大樓）洽購普通圖書及日本內地刊行的線裝書，採「長期訂購」（Standing Order）方式，由書店將新書送到圖書館書櫃中，館內負責採購的人員挑選需要的圖書買下，不需要者再通知書店載走。對於無法蒐購原本的圖書如方志、線裝書等即予以商借，聘請書法專長人士抄寫蒐藏。另在《臺灣總督府圖書館規則》規定圖書寄贈（贈送）和委託保管（寄存）。原則上需要的運送費及其他費用由寄贈者、委託者自行負擔，但必要時由圖書館支出全部或一部分費用。委託保管的圖書，如遇到水災、火災、盜難及其他無法避免情事，而遭到毀損、遺失，圖書館本身不負任何責任。

　　該館所採訪徵集入館的圖書，大部分以日文圖書為主，中西文圖書次之。總督府圖書館圖書來源，除府圖書館自行徵集的館藏圖書外，為1.臺灣文庫藏書；2.臺灣總督府藏書；3.臨時臺灣舊慣調查會藏書；4.學租財團藏書；5.淡水會（原登瀛書院）藏書；6.「臺灣縱貫鐵道全通式」紀念圖書；7.姉齒（松平）文庫圖書；8.內田（嘉吉）文庫藏書；9.後藤（新平）文庫藏書；10.福州東瀛學校（委託保管）藏書；11.個人及其他團體寄贈圖書，如隈本繁吉、角源泉、栗日武、松本卓爾、村崎長昶、荒井惠、吳德功等。還有守屋善兵衛捐款購書（山中樵，1935.09；張圍東，2006.01）。

（二）發展特殊主題館藏

　　總督府圖書館圖書的蒐集政策之一，自應配合總督府的施政，蒐集臺

灣相關資料。其中與臺灣資料蒐集有關施政其犖犖大者有三：臺灣舊慣調查、臺灣修史、實施鄉土教育。

臺灣舊慣調查

　　「舊慣調查事業一言之，是係如何統治臺灣可也之問題之一部分，乃最重要者也（本文 3 大事業指理蕃事業、舊慣調查事業、林野調查事業）」。（東洋學會臺灣支部，1914.11.20、1914.12.15）全盤西化的日本，許多政治家服膺達爾文「優勝劣敗」、「弱肉強食」的《進化論》，對一些政策的論述，好用生物學的現象來加以佐證。後藤新平所謂「鯛魚跟比目魚的眼睛」是不可等同看待，表現在治臺政策的就是「重視舊慣」。後藤認為殖民地統治，需先知悉民眾心理狀態，再依此為基礎展開舊慣古制科學應用調查，然後才有可能展開各項經營設施。日人要統治臺灣，需因時因地制宜，斷不可採強壓方式或一廂情願的看法，全盤移植日人律法或他國慣例進行殖民，需要先了解臺灣舊俗，配合全面性調查，如此才能制訂適當的統治方針。

　　1896 年（明 29）12 月 1 日總督府民政局參事官室置「臨時調查掛」〔相當於課、股〕，辦理有關臺灣制度、文物、風俗習慣調查及查閱各種法令加以翻譯。1900 年（明 33）成立民間團體「臺灣慣習研究會」，共設委員 33 人，以兒玉總督為會長，後藤新平為副會長，伊能嘉矩等為幹事。於 1901 年（明 34）1 月 15 日發行《臺灣慣習記事》雜誌，前後共刊行 7 卷。

　　總督府於1901年（明34）4月1日成立「臨時臺灣舊慣調查會」（「舊慣會」），以調查關於法制及農工商經濟的舊慣為旨，同年10月25日頒布《臨時臺灣舊慣調查會規則》（全 13 條），會長由民政長官（後藤新平）兼任。根據舊慣調查會的看法，舊慣包含舊慣官府法與民間具有法效力的習慣。「舊慣調查事業為新領土統治的基礎工事」，為總督府對臺調查掀起一個高潮。

　　本項調查第一部與法制、行政、蕃族〔日本人稱「蕃族」是指原住

民，並不合適。但本文為了檢索及引用當時的文獻史料，仍沿襲當時日本用語〕有關的舊慣調查，部長為京都帝大教授岡松參太郎，第二部與農工商經濟有關的舊慣調查，部長為愛久澤直哉（1868－？；後藤新平心腹），部長下置若干名委員、補助委員。1910 年（明 43）第二部廢止，改為第三部立法部門，為法案起草審議，仍由愛久澤直哉主持，及至 1919 年（大 8）3 月 31 日報請中央廢止舊慣調查會，5 月 6 日廢止《調查會規則》，結束了舊慣調查。舊慣調查在為了解臺人舊俗，制定適用臺民的法律，以利行政與律法施展。「除了將存在於過去臺灣的某種舊有秩序轉化為國家法律規範之目的，同時還有在新的國家體制下，繼續引導社會秩序改造之作用（曾文亮）。」

　　舊慣會以文獻蒐集、耆老訪談、實地調查和海外調查等方法，進行各種舊慣調查，希望能有效立法。雖然大正年間，受「內地延長主義」政策的影響，加上日本國內律師對臺立法的反彈，以致舊慣立法遭到否決，但是所出版各種調查報告書成為有關研究的史料，臺灣舊慣調查也促進日本國內對鄉土史與民俗學研究的重視。日本將本調查的模式和結果移植到滿鐵舊慣調查及華北農村調查。臨時臺灣舊慣調查會及解散後另外設置的「臺灣蕃族調查會」編印下列主要出版品（例示）：

　　1.臨時臺灣舊慣調查會第一部調查第一回報告書臺灣私法，3 冊（1903.03）。

　　2.臨時臺灣舊慣調查會第一部調查第二回報告書臺灣私法，5 冊（1906.03－1907.03）。

　　3.臨時臺灣舊慣調查會第一部調查第三回報告書臺灣私法，13 冊（1910.02－1911.08）。

　　第一部以土地、親屬和繼承為調查對象。分臺灣北、南、中部共 3 期進行調查。自 1901 年（明 34）4 月起，至 1903 年（明 36）3 月北部調查完成，第一回報告書分上下兩卷及附錄參考書 1 卷刊行。同年 9 月進行南部調查，1906 年（明 39）至 1907 年（明 40）第二回報告書上下兩卷 3 冊附錄

參考 2 冊刊行。1906 年（明 39）4 月進行中臺灣調查，1907 年（明 40）調查終了，第三回報告書第 1 卷上下兩卷附錄參考書 3 卷、第 2 卷上下兩卷附錄參考書 2 卷、第 3 卷上下兩卷附錄參考書 2 卷刊行，共 13 冊。

　　4.臨時臺灣舊慣調查會第一部報告清國行政法，6 卷 7 冊及索引 1 冊（1905.05－1915.03）。

　　本書岡松參太郎推薦京都帝大教授織田萬負責，自 1903（明 36）起，在京都帝國大學法科大學開始編纂《清國行政法》。該書分為汎論和分論。從 1905 年（明 38）5 月起刊行第 1 卷，至 1913 年（大 2）10 月刊行最後的第 6 卷。「10 年逐次刊報汎論 1 卷各論 5 卷。」刊行後因第 1 卷內容錯漏甚多，而重新訂正，分上下兩冊刊行，至 1915 年（大 4）完成，共有正文 6 卷 7 冊及索引 1 冊。1936 年（昭 11）10 月又再版刊行。

　　5.臨時臺灣舊慣調查會第一部蕃族調查報告書，8 冊（1913.03－1921.01）。

　　6.臨時臺灣舊慣調查會第一部蕃族慣習調查報告書，5 卷 8 冊（1915.02－1922.03）（第 5 卷分成 4 冊）。

　　《調查報告書》由補助委員佐山融吉主導，偏重日常生活紀錄；《慣習調查報告書》由補助委員小島由到、河野喜六主編，重在社會組織與親屬關係、法制習慣等。岡松參太郎參考該兩部書，著《臺灣蕃族慣習研究》，3 編 8 卷 8 冊（1914－1921）。

　　7.臺灣蕃族志第 1 卷泰雅族篇，1 冊（1917.03）。

　　8.臺灣蕃族圖譜第 1 卷第 2 卷，2 冊（1915.08、1915.09）。

　　兩書為姊妹篇，舊慣會蕃族科囑託森丑之助（1877－1926）調查編纂，舊慣會印行。圖譜兩冊各收錄 100 件寫真／圖版，記錄泰雅、布農、曹族、排灣、阿美、雅美等 6 族有關體質人類學及土俗狀態照片（森氏不列賽夏族）。森氏在圖譜末，提及中井宗三、橫尾善夫、佐佐木舜一攝影。依照森氏原構想，將出版志、圖譜各 10 卷。其後，為紀念「臺灣始政 40 週年」，總督府警務局理蕃課編，《臺灣蕃界展望》（1935.11），收錄人類

學、土俗 354 張，史蹟、景勝 114 張，理蕃 126 張，共 594 張照片。

　　9.臨時臺灣舊慣調查會第二部調查經濟資料報告，2 冊（1905.03、1905.05）。

　　因為部長愛久澤直哉長期在廈門，致由宮尾舜治、持地六三郎等主持，僅由委員平田德治郎等編纂本報告。分 4 編：上卷 1.產業：米、茶、砂糖、煙草、胡麻、姜黃、龍眼、金及砂金；2.地方產業一斑，依廳分；下卷 3.交通：通信、港灣、航海、船舶；4.一般經濟資料：勞銀、生計費、保險、通商及航海條約、鹽制。末為附錄：1.支那鹽制；2.調查項目。

　　本項調查事業早已自 1896 年（明 33）12 月開辦，至 1901 年（明 34）4 月立定本制度，及至 1910 年（明 43）舊慣調查略告完成。又前後致力於應用於法律的制定，至 1915 年（大 4）大體告成。

　　舊慣會除上列編印報告書外，還刊行其他起草臺灣總督指定的法案書類及翻譯書類圖書。「前者如臺灣合股令案（第一、二、三草案）、寬限令假案、臺灣祭祀公業令案、臺灣公業令別案、臺灣親族相續令案（第一、二草案）、不動產法權總則案、臺灣不動產權舊慣法要目等；後者如獨逸不動產總則及不動產登記法、佛蘭西殖民法綱要、支那ニ於ケル所有權ノ觀念、法律上ヨリ見ヌル支那ノ婚姻等（東洋學會臺灣支部，《臺灣時報》1914.10.15）。」

　　臺灣舊慣調查主要在法令的制定與施行，尤其屬於私法的民法、商法部分，都有賴考察臺灣舊慣處理。基於認知「在法律未形成前，習慣與道理乃是裁斷萬事之依據，此為古今東西所相同者。」但日本為殖民母國，當臺灣舊習與日本法律有所抵觸時，勢必要有一番取捨。日人當務之急，在需針對臺灣風俗習慣制定一套有別於母國，又無損日人的統治地位與威嚴，通用於日本殖民地臺灣的法律。

　　臺灣舊慣調查的進行在私法與法律，蒐集資料的重點在於「有關清代律令、會典、則例、省例、政典、諭告、碑記、公文書、舊契字、帳簿，以及一般民間通行的慣例（黃秀政）。」

舊慣會蒐集了相當多的文獻，以第三回報告書《臺灣私法》為例，調查期間自 1901 年（明 34）至 1907 年（明 40），全書分正文 6 冊，附錄參考書 7 冊。其中正文是對臺灣民事習慣的分析研究，分不動產、人事（人、親族、婚姻、親子、親孤、繼承等）、動產、商事及債權等 4 篇；附錄參考書則是調查蒐集所得文書資料，依照正文的先後次序排列。本書以近代法律概念來整理臺灣的民間習慣，附有豐富的參考資料，是研究臺灣史或私法與法治史重要的寶庫。再以《清國行政法》來說，內容包括行政法規、行政組織、官吏法、審判制度、內務、司法、財政等清朝政治制度。首冊冠〈清國行政法引用書目錄〉（全 15 頁），分漢、和、洋書。漢書又分法令、政書、歷史地誌及雜著。

臺灣修史

1922 年（大 11）4 月 1 日臺灣總督府成立的「臺灣總督府史料編纂委員會」實有助於總督府圖書館蒐集及保存臺灣歷史資料。吳密察〈臺灣總督府修史事業與臺灣分館館藏〉乙文，從總督府圖書館所編的館藏目錄觀察到「1917 年（大 6）至 1925 年（大 14）間，該館的臺灣資料收藏數量的大幅增加」的現象，提出「1920 年代初期的臺灣總督府修史事業，其實才是臺灣總督府圖書館大量入藏臺灣歷史資料的機會。由於修史事業所蒐集的諸多臺灣歷史資料，使臺灣總督府圖書館有了具有特色的臺灣歷史資料蒐藏。」

歷任總督府圖書館長（太田、並河、山中）對於臺灣資料的蒐集都很積極，對清修志書、采訪冊或清人有關臺灣著作及中文線裝書，蒐集莫不遺餘力，不惜重貲到各地蒐購，無法購得者，即雇人傳抄謄寫。對有關西文臺灣資料，亦多方搜求。劉金狗提到蒐集臺灣資料的採訪原則：（劉金狗、黃得時）

當時採取五種目標，一是搜集現有的資料，無論報章雜誌、單行本，凡是有關臺灣的，不管內容如何，一律收藏。二是日本據臺

灣以後的資料。三是清領時代的資料。四是鄭氏時代的資料。五是荷蘭西班牙時代的資料。其中，收藏最多而且最為珍貴的，是清領時代的資料。

　　依 1922 年（大 11）5 月訓令第 100 號發布《臺灣總督府史料編纂委員會規程》，該委員會設置目的在「調查、編纂臺灣總督府史料」，7 月 24 日該「史料編纂委員會」首次開會，正式展開工作。委員會分庶務和編纂兩部。由總務長官賀來佐賀太郎擔任委員長兼庶務部長，持地六三郎為史料編纂部長，負責史料調查、編纂的一切相關業務。根據總督府機關刊物《臺灣時報》第 37 號（1922.08）在〈卷頭言：今が史料編纂の時期〉得知該委員會最重要的工作在編纂一部可資宣揚日本在臺灣施政事蹟的「新臺灣史」。在該期也披載了〈新臺灣史の目錄草稿〉及〈史料編纂に關する持地編纂部長の演述〉兩文，揭示為編纂「新臺灣史」，圖書資料的蒐集應進行：1.蒐集關於臺灣公私既刊、未刊著作物；2.蒐集關於臺灣的外國（中、英、法、德、荷、西）著作物；3.自官府保存的文書紀錄，摘錄必要的史料；4.對於當時當局可信人士，進行調查訪談；5.蒐集得為本史料的文書、相片。「各方面蒐集而來的史料，應甄別、選擇、分類、整理，將之保存」，並編製「臺灣圖書總目錄」、「臺灣圖書解題」。

　　本編纂部除持地六三郎外，另有編纂委員田原禎次郎、尾崎秀真，翻譯官法水了禪、小川尚義，以及囑託數名。但部長持地長期在東京監修，實際上只有田原、尾崎從事「編纂資料的調查」。1 年後，1923 年（大 12）田原、持地兩主事者相繼去世。1924 年（大 13）臺灣總督田健次郎辭去總督職位轉任農商務大臣兼司法大臣，賀來佐賀太郎辭總務長官職。總督府雖曾增聘木村增太郎、隈本繁吉、村上直次郎等人，但終未能在規劃的 3 年期限完成「新臺灣史」的編纂，修史事業停頓，半途而廢。

　　伊能嘉矩（1867－1925）於 1922 年（大 11）至 1924 年（大 13）先後任「史料編纂委員會」編纂顧問、編纂委員，負責撰寫清朝統治下的臺灣

歷史。1924 年史料編纂委員會告一段落，1925 年（大 14）9 月 30 日伊能因病去世，有關臺灣史的寫作未能於生前完成，留下了遺稿，在其弟子板澤武雄與日本農政學民俗學家柳田國男（1875－1962）協助下，1928 年（昭3）出版了《臺灣文化志》3 冊（東京：刀江書院，1928.09）。該書第 8 篇〈修志始末〉分 3 章〈府縣廳志〉、〈臺灣通志並州廳縣志采訪冊〉、〈臺灣輿圖の測繪〉，係伊能嘉矩自 1897 年（明治 30）以來在「踏查」臺灣的旅途中，就留意臺灣方志、采訪冊等資料的蒐集與研究；1902 年（明 35）他將「踏查日記」中的〈巡臺日乘〉、〈南游日乘〉、〈澎湖踏查〉等，整理為〈臺灣の修志事業〉附於所編撰《臺灣志》（東京：文學社，1902）：1904 年（明 37）他又予以整理，以「臺史公」為名，發表〈臺灣修史始末〉乙文，在《臺灣慣習記事》刊物 4：10－4：12（1904.10－1904.12），分 3 期連載；本《臺灣文化志》著錄他再將該文修正。伊能嘉矩逝世留下的「臺灣館」，所藏在臺灣期間所蒐集的臺灣歷史文獻資料與臺灣漢人與原住民的物質文化資料等，在臺北帝大文政學部土俗人種學講座教授移川子之藏的斡旋下，1928 年透過臺灣總督府東京出張所，臺北帝大從伊能的遺族〔伊能清〕購入其大部分的蒐藏。其中臺灣原住民器物部分，由擔任講座助理宮本延入加以整理，成為土俗人種學講座標本室的收藏；圖書手稿和藏書等文獻，包括伊能原稿、抄本、藏書、原稿、地圖、照片、拓片、史料等，則入臺北帝大圖書館，是為「伊能文庫」。到了1984 年臺大圖書館應歷史系的建議，開始將分散四處的舊藏臺灣關係圖書滙集工作，集中到臺大圖書館總館特藏組臺灣史資料室。1990 年臺大進行「臺灣史檔案、文書調查計畫」，1997 年由吳密察主編出版《臺灣史檔案．文書目錄．3.國立臺灣大學藏伊能文庫目錄：附著地開發調查報告書》（臺北：臺大，1997），正式將伊能文庫全貌公諸於世。

　　1929 年（昭 4）4 月再度成立「臺灣總督府史料編纂會」，4 月 26 日調令第 29 號發布《臺灣總督府史料編纂委員會規則》，重新運作。因為 1928年臺北帝國大學已成立，所以自臺北帝大獲得了人力的支持。總務長官人

見次郎擔任會長，文教局長杉本良為庶務部長，臺北帝大南洋史學講座教授村上直次郎為編纂部長。編纂員有臺北帝大東洋文學講座教授久保得二、助教授神田喜一郎，臺北高等學校教授波多野清太郎，及豬口安喜、尾崎秀真、鹽見平之助，以及幹事、書記等。編纂的方略分為「領臺前」、「領臺後」。「領臺前」的史料雜纂分日本、西洋及中國3部分，日本和西洋史料由村上擔任，中國史料由久保負責。「領臺後」的部分，有陸軍刊行及總督府保存大量古文書。全書體裁一改「新臺灣史」體例，仿效《大日本史料》的編年史風格。具體成績如下：

改隸前的臺灣史料部分：村上自荷蘭印行的《巴達維亞城日記》中譯注有關日本、臺灣部分（《抄譯バタビヤ城日記》）；久保、神田自中國、臺灣有關史志典籍，摘錄出臺灣關係史料。改隸後的臺灣史料部分：尾崎、豬口、鹽見等依據《日清戰史》、《臺灣總督府陸軍幕僚歷史草案》、《臺灣總督府公文類纂》、《臺灣總督府民政事務成績提要》、《平臺紀念錄》、《治匪誌》等書籍，及公文書、報章雜誌，編製了1895年（明28）至1919年（大8）間的日誌長編。這樣組成的《臺灣史料》編製27冊，《臺灣史料雜纂》7冊，包括《臺灣史料雜纂》1冊；《巴達維亞城日記》（《バタビヤ城日記》）3冊；《柯爾尼里斯‧賴耶魯仙（Cornelis Reijersen）司令官日記》（《司令官コルリネス‧ライエルセン日誌》）、《賴耶魯仙艦隊決議錄》（《ライエルセン艦隊決議錄》）、《馬爾基奴司‧遜克（Martinus Sonck）評議會決議錄》（《ソンク評議會決議錄》）、《遜克之書翰》（《ソンクの書翰》）1冊；《改隸前支那史料》2冊，《臺灣史料綱文》25冊，合計59冊稿本，共打字複寫3部，分藏今國立臺灣圖書館（分類號碼074.1－213）、臺灣大學（有殘缺）（原藏歷史系第二研究室）、日本京都大學。

1933年（昭8）5月1日調令第33號廢止「臺灣總督府史料編纂會規則」。

實施鄉土教育

日本實施的鄉土教育，源自 1880 年代學校教育所提倡的直觀教學，特別是地理科強調同心圓的規劃，由內而外、由近及遠的教學方式。1891 年（明 24）所制定的《小學校教則大綱》，首度出現「鄉土」乙詞。臺灣鄉土教育起於 1897 年（明 30），最初僅限日人學童就讀的小學校。然而，「鄉土」，在不同的年代有其不同的內涵。及至 1920 年代後期，日本國內鄉土教育蓬勃發展，流風所及，不久也傳入臺灣。

昭和年代最初 10 年，日本「皇國史觀」的初等教育盛行鄉土教育，以培養小學生愛國愛鄉的精神。許多小學校在學區（行政區劃）範圍有關歷史、地理、政治、經濟、自然環境等各方資料，進行調查編輯刊行鄉土資料目錄，並融入教學。所謂「皇國」即以天照大神為皇祖的「萬世一系」的天皇所統治的國家。「皇國史觀」認為日本國是皇國，將日本的歷史看做皇國的歷史的史觀。溯自 1867 年（清同治 6；日應慶 3）明治天皇即位，經江戶幕府戊辰戰爭，推翻德川幕府的統治，並實行「王政復古」，建立君主立憲專制的國家。1868 年（同治 7；應慶 4）改元「明治」，採取「一世一元制」。「明治」取自《周易》「聖人南面聽天下，向明而治」。1872 年（同治 11；明治 5）明治天皇頒令 2 月 11 日為神武天皇（660－585B.C.）即位之日，翌年更為「紀元節」。天皇的皇族譜系可追溯到遙遠的神話時代。天照大神便以皇祖神的身份支配著「高天原」（宇宙開闢時居住高天原上 3 位「始祖神」），並命其子孫以神授的「黃泉」降臨塵世，統治日本，其皇統萬世一系，綿延不絕。「所謂日本國體的確定，就是在這樣的〔建國神話〕故事中得到正當性，也就是「皇國史觀」（周德望）」。「皇國史觀」與政治上國家近代化結合，源自 1889 年（光緒 15；明治 22）2 月頒布《大日本帝國憲法》，其中第 1 條：「大日本帝國乃萬世一系的天皇統治之」；第 3 條：「天皇神聖不可侵犯」。1890 年（光緒 16；明治 23）10 月 30 日頒布《教育敕語》，臺灣總督府特譯為中文：（臺灣協會，（教育に關する勅語の漢譯文〉，1900.07.31）

朕惟我皇祖皇宗，肇國宏遠，樹德深厚。我臣民，克忠克孝，億兆一心，世濟厥美。此我國體之精華，而教育之淵源，亦實存乎於此。爾臣民，教于父母，友于兄弟，夫婦相和，朋友相信，恭儉持己，博愛及眾，修學習業，以啓發智能，成就德器。進廣公益，開世務，常重國憲，遵國法。一旦緩急，則義勇奉公，以扶翼天壤無窮之皇運矣。如是，不獨為朕之忠良臣民，亦足以顯彰爾祖先之遺風矣。斯道也，實我皇祖皇宗之遺訓，而子孫臣民，所宜俱遵守焉。通之古今不謬，施之中外不悖，朕與爾臣民拳拳服膺，庶幾咸一其德。

同時在各學校建御真影奉安殿，供奉天皇、皇后的畫像及《教育敕語》並要求學生背下該《敕語》全文。學生放學經過此地都得整理衣帽。在紀元節、天長節（天皇生日）、明治節、四方節（元旦）等 4 大節日，學校都會舉行儀式，由校長向全校學生朗讀《教育敕語》。「天皇制」透過《教育敕語》與教科書的潛移默化，深入人心。1943 年（昭 18）文部省以「皇國史觀」編纂《國史概說》，向民眾展示了「正統國史」。「皇國史觀」是教化的一種手段，要讓少年兒童加深盡忠報國的信念。

第一次世界大戰結束後，世界上瀰漫著民族自決及民主主義的潮流，日本也不例外。1918 年（大 7）夏，林獻堂在東京成立「六三法撤廢期成同盟」，旋而結合東京臺灣留學生成立「啟發會」，是為臺人最早成立的團體，進行各種觀念思想的交流。惟成立後不久，因人事紛爭，經費不足等原因解散。1919 年（大 8）1 月 11 日林獻堂、蔡惠如與臺灣留日學生的中堅者在日本東京再成立「新民會」，主要目標為推動臺灣的政治改革，啓發島民，刊行《臺灣青年》機關刊物。新民會結合了散佈在日本本土與臺灣島內臺人的知識份子和社會菁英，展開臺灣議會設置請願運動。該運動喚起了臺灣民眾政治、社會乃至文化意識。1921 年（大 10）10 月 17 日由蔣渭水發起，林獻堂領銜，結合青年學生，成立「臺灣文化協會」，原來

的目的是在於文化啓蒙，舉行文化演講等活動。日本政府認為這些活動都有激發「民族意識」、「臺灣意識」之虞，所以決定在臺灣人民身上實施「以日本為祖國」的鄉土教育。學校教育與社會教育乃是日據時期的兩大教化事業。1922 年（大 11）臺人學童就讀的公學校開始推行部分科目的鄉土教育。國語（日語）、修身〔公民與道德，或倫理〕、歷史、地理為殖民教育初等教育培養國家意識和民族認同的主要學科，以教科書提供系統的、普及的、權威的知識及塑造「集體意識」。

　　日本殖民統治初期，為了調查臺灣各地的特殊民情風俗，以為施政的參考，因此非常鼓勵地方修志。1920 年（大 9）7 月 27 日臺灣總督府調整行政區劃為州廳、郡市、街庄三級制，各地方政府為因應地方制度的改革，藉以方便施政的參考，紛紛展開調查當地人文風俗，並編纂有關地方街庄的志書，包括案內、大觀、記略、要覽、一覽、鄉土、風土、沿革等，多達 200 多種，其書名雖未稱街庄志，內容則有街庄志之實，都是由「街庄役場」纂修出版可視為官修之始。各鄉土志內容詳略雖有不同，但都保存了大量的鄉土史料。1930 年代，各街庄小、公學校為鄉土教學的需要，動員中小學教師、教育會、文教團體等，從事鄉土調查，編寫各種鄉土史讀本、概要等資料。直到 1937 年（昭 12）7 月中日戰爭爆發，接著 1941 年（昭 16）12 月太平洋戰爭爆發，為了戰爭動員的需要，總督府開始推行「皇民化運動」，鄉土教育漸受限制。

　　日本圖書館認為鄉土資料的蒐集是地方公共圖書館重要的職能。公共圖書館的使命之一，在蒐集鄉土資料、協助鄉土研究、普及鄉土知識。1915 年（大 4）日本圖書館協會編印《圖書館小識》乙書，在（圖書の選擇）章，提到「鄉土關係資料」，是指蒐集公共圖書館所在地方有關的圖書，如：1.當該府縣市町村相關書籍（刊本、寫本）；2.相關繪畫、地圖之類；3.當該地方印刷書籍；4.當該地方出身者著書及其傳記、肖像；5.當該地方發行的新聞、雜誌；6.當該地方著名建築、街衢、人物、事件的照片（寫真）；7.當該地方官公廳等出版物。1918 年（大 7）10 月大阪府立圖書

館長今井貫一（1870－1940；1925 年曾到臺灣考察圖書館事業）發表《地方圖書館と鄉土資料》乙文。館長山中樵特別注意蒐集鄉土資料。依據 1935 年（昭 10）1 月該館館員谷川福次郎在《臺灣教育》發表的〈鄉土史料の取扱に就いて〉乙文，認為鄉土資料為圖書館館藏中特殊的蒐藏，依圖書館所在地鄉土資料的蒐集是圖書館重要的任務之一。他將鄉土資料的蒐集內容與範圍，略述如下：（谷川福次郎，1935.01；張圍東，2006.01）

1.印刷紀錄：

（1）屬於鄉土資料的印刷紀錄：包括著者是鄉土人〔當地人〕，在鄉土出版的資料，如報紙及連續性出版品、公共資料（如議會、法律及市政等有關資料）、商業資料、劇場、映畫（電影）、演藝館及音樂會等簡介和海報資料。

（2）有關鄉土的印刷資料：包括地方誌、歷史、傳記（鄉土人）、公共資料（如議會、法律等）、小說、詩（在鄉土的地方演劇方式）、報紙及連續性刊行的參考出版品。

2.手寫紀錄：市街庄的手寫紀錄，是鄉土史料最重要的資料，其中包括教學紀錄、鄉公所的紀錄、私人商業紀錄、寫本（原稿）筆記等。

3.繪畫紀錄：繪畫的資料代表鄉土色彩最濃厚，也最能表現出鄉土資料的特點，其中包括描寫物、印刷物、寫真類、地圖類。

4.雕刻紀錄：雕刻也具有鄉土的特色，其中包括鄉土的印章、飾章、貨幣、私鑄貨幣等。

根據 1940 年（昭 15）3 月（日）《縣立佐賀圖書館鄉土圖書分類目錄》，將館藏鄉土資料分為：070 鄉土史料；071 宗教；072 哲學；073 法律；074 教育；075 文學；076 理學；077 產業；078 美術、諸藝；079 歷史、地誌，10 類排列。同年 4 月《小田原町圖書館鄉土資料目錄》，依該館鄉土資料分類表，分第 1 門 形式科學〔Formal Sciences〕及自然科學；第 2 門 精神科學及宗教；第 3 門 社會科學；第 4 門 有要技術〔如工學〕及產業；第 5 門 藝術及娛樂；第 6 門 文學；第 7 門 歷史及地誌；第 8 門 一般圖書

（叢書、雜誌、新聞、書誌、書目）。

館藏臺灣資料的特色

　　總督府圖書館所藏臺灣資料中文以臺灣方志、日文以據臺時期所編纂的圖書資料為特色。

　　館藏中文臺灣資料約 300 餘種、1,000 多冊，大部分屬清治時期的資料。依類型分，有方志、采訪冊、輿圖、雜記、記事、公牘、文集、族譜、傳記、遊記、詩文集等。其中以臺灣地方志、采訪冊收藏最全，版本亦珍貴。山中樵撰，〈清朝官撰本島府縣志類解題〉；演講〈臺灣三百年の史料〉，撰〈清朝時代の臺灣地方志〉，分別載於《臺灣教育》；《續臺灣文化史說〔演講集〕》；《臺灣風土記》；《文藝臺灣》。前者，〈解題〉乙文，因祝賀上開的「史料編纂會」，重新運作而作。對 1922 年（大 11）臺灣經世新報社刊行《臺灣全誌》（全 8 冊）的苦心表示敬意和感謝，另則就府圖書館近年因「內地圖書館的援助及島內諸氏盡力」得到「高志」、「周志」及其他府縣志，漸趨完備，爰作本文，備供參考。演講在「臺灣文化三百年紀念會暨文化資料展覽會」（臺南市辦理，1930.10.26＝昭 5）會場舉行。市村榮撰〈清朝官撰臺灣府縣志類著錄〉、〈臺灣關係誌料小解〉，分別載於《圖書館雜誌》、《愛書》雜誌。兩氏分別將館藏清代方志做整體的介紹。教授黃得時有感府圖書館清治時期臺灣資料蒐藏豐富，曾說：（劉金狗、黃得時）

　　　　我曾經對於這些資料，作一次總調查，覺得當時搜集的苦心，令人肅然起敬，無論府縣志，無論奏議，無論私人集子，無論刊本寫本，應有盡有，真是琳瑯滿目，美不勝收。

　　教授楊雲萍在〈文獻的接收〉乙文也提到：府圖書館「府縣志類的蒐藏不只是臺灣關係而已，關係福建、廣東兩省的，也頗有可觀」。

　　館藏日文臺灣資料，為日據時期所出版者，以官方出版品蒐集甚全，

坊間出版品，遺漏亦甚少。其中除未印行的稿本、抄本及油印本約 80 餘種，大半屬孤本外，餘在當時亦不過通常發行於本島及日本內地的出版品，取得並不困難，其他各州等圖書館亦應有收藏，但因臺灣光復後，他館頗多散佚，或因係日文惟其毀棄或查封，迄今能蒐集豐富，整理妥善維持完整和有系統，且集中庋藏者，亦僅有該館。

就其圖書資料較有特色者，如（例示）：

1.官方出版品（公刊圖書）：日據時期，臺灣總督府暨所轄各局、各縣廳州郡市街庄的出版品，府圖書館典藏，大致周全，所缺有限，其中饒富價值者：

（1）政府公報：館藏臺灣總督府暨各縣廳州市公報約 50 種。此類公報皆自設置之初即開始創刊編印，未嘗中斷。其內容主要是發布法令規章、預算、彙報、人事陞遷異動（敘任及辭令）等政府的施政紀錄。〔具有現代法律的公布，採用「公報公布」法的性質〕以總督府為例，自 1896 年（明 29）8 月 20 日，以《臺灣新報》第 13 號附錄方式，印行《臺灣總督府報》創刊號起，至 1942 年（昭 17）3 月 31 日止，接著，1942 年 4 月 1 日起，改為《臺灣總督府官報》繼續發行至 1945（昭 20）10 月 23 日第 1027 號結束。

　　日據時期的行政規劃，略可分 3 期，初設 3 縣 1 廳，其後在縣廳的數目上增減。1901 年（明 34）廢縣改廳。1920 年（大 9），地方行政制度大規模變更，創設了州廳，州下轄郡市，郡下轄街庄，全島劃分為 5 州 2 廳，下轄 3 市 47 郡，47 郡下轄 263 街庄。自 1896 年（明 29）起，各縣廳就有縣報、廳報的發行，如《臺北縣報》等。

（2）統計資料館藏官方統計資料約 200 種。1896 年（明 29）3 月 31 日總督府撤廢軍政，實施民政，展開殖民地臺灣的統治工作，在草創中逐步建立統計制度。於是設立統計機關，製定統計事務規

程，確定中央和地方的統計分工與統計資料由地方的傳送方式，展開各種統計活動。總督兒玉源太郎時，民政長官後藤新平主張透過科學調查確實掌握資源，1898 年（明 31）11 公布《臺灣總督府報告例》，規定報告種類（分即報、日報、週報、旬報、月報、季報、半年報、年報、臨時報）和報告期限，及應回覆（付）單位（即末端回報統計機關）。1899 年（明 32）2 月出版《臺灣總督府第一回統計書》。經順應行政和法規興革不斷修正，成為總督府各官廳實施調查、登記，以及提交統計資料的依據。因此，各機關每年依據執行業務（職務）經過與結果而辦理的業務（公務）統計（定期編報統計報表）為最多。

官方統計資料多自 1898 年（明 31）前後開始逐年編印，止於1942 年度（昭 17）。除定期出版《臺灣總督府統計書》外，還有特別實施的臨時臺灣戶口調查、國勢調查、資源調查、家計調查並出版相關報告；每年出版《臺灣人口動態統計》、《臺灣犯罪統計》等。各式各樣的統計報告，自總督府至地方政府所出版各種統計書、統計要覽、概況，莫不收藏。1946 年臺灣省政府行政長官公署統計處編印《臺灣省五十一年來統計要覽（1894 –1945）》取材皆來自是項統計資料。

（3）施政紀錄：館藏總督府暨各地方行政機關所編印施政紀錄約 780餘種，一般稱為概要、概況、要覽、一覽、案內、大觀、事情等，或逐年或不定期編印。

（4）調查報告：館藏約 250 種。除臨時臺灣舊慣調查會、臨時臺灣土地調查局外，總督府暨所屬各局及各研究單位與個人，亦有從事各類事項調查工作，各編有調查報告書。

（5）地方史志：包括全臺史志、縣廳史志、郡市史志、街庄志等 4 大類（王世慶）。館藏全臺史志類，除上開《臺灣史料》（稿本）外，如《臺灣誌》、《臺灣形勢一斑》、《臺灣歷史考》、《臺

灣史料》（1900 年日本臺灣守備混成第 1 旅團司令部編印）、《臺灣總督府陸軍幕僚歷史草案》、《臺灣統治綜覽》等；縣廳史志類，如《臺南略志》、《臺南縣志》、《新竹廳志》、《桃園廳志》、《臺北廳志》、《南部臺灣志》等；郡市史志類，如《苑裡志》、《臺北市十年志》、《臺中市史》等；街庄志類，以 1932 年（昭 7）中和庄役場聘請任職原總督府的劉克明纂修出版《中和庄志》為官撰第一部街庄志書，流風所及，以北部地方為例，有《板橋庄志》、《蘆竹庄志》、《龜山庄全志》、《大園庄志》、《三峽庄志》等，蔚成鄉土志的編印風潮。

（6）各種職員錄。

2.報刊雜誌：館藏日據時期所編印的期刊與報紙 324 種、1,363 冊。以《臺灣日日新報》最具價值。

3.輿圖：館藏不少輿圖包括地形圖、市街庄圖、里程表或圖等。

4.寫真帖（アルバム＝照片集＝Album）：館藏寫真帖有 93 種，亦屬當時官方出版品，依其內容可分為「1.政治宣傳類（16 種）；2.軍事類（8 種）；3.產業與建設類（12 種）；4.名勝、風俗與民情類（28 種）；5.地方之紹介類（9 種）；6.植物類（6 種）；7.其他類（14 種）」。（黃國正）總督府以寫真（照片＝photo）為宣傳的工具，直接或間接地彰顯政府的政績。日人資料收集，對寫真頗為專注。如 1914 年（大 3）12 月民政長官內田嘉吉指示土木局長高橋主持蒐集有關顯示本島開發及介紹的寫真，公開陳列展覽，擇優印刷臺灣寫真帖（東洋協會臺灣支部，《臺灣時報》，1914.12.15），1915 年（大 4）3 月 13 日舉行寫真展覽會（東洋協會臺灣支部，《臺灣時報》，1915.04）。館藏中最早的寫真帖是 1896 年（明 26），（日）遠藤誠編，《征臺軍凱旋紀念帖》（東京：裳華房，1896.05）。本書內容，前半部係隨軍寫真師遠籐誠，隨近衛師團登陸臺灣與民軍戰爭（乙未之役），沿途所拍攝 127 幅相關照片，後半部為所撰〈征臺記〉。2001 年臺灣分館就館藏寫真帖共 86 冊重製捲盤式縮影捲片：正片；16 毫

米，《臺灣寫真帖》5 捲問世。

　　館藏西文臺灣資料館藏舊西文臺灣資料約 150 種，皆係排印本。所收藏
17 世紀至 20 世紀初所印行的荷、德、法、英書籍，現以絕版者較多，彌足
珍貴。

六、圖書的整理

（一）制定分編標準

奠基者太田為三郎

　　太田為三郎（1864－1936）於 1891 年（明 24）8 月 16 日任職東京圖書
館司書。1907 年（明 40）5 月 14 日任職帝國圖書館司書官。公餘研究目錄
學，是日本圖書館界的先驅者之一。1914 年（大 3）9 月 12 日任臺灣總督
府「圖書館事務囑託」，1916 年（大 5）5 月 16 日接任第二任府圖書館長，
1921 年（大 10）7 月 8 日退官回日本，任館長 5 年又 2 個月。太田為三郎
在府圖書館任內，憑藉著帝國圖書服務的經驗，在圖書的蒐集、整理、目
錄編纂、設備家具配備等方面的經營，奠定了府圖書館的基礎。特別是藏
書的整理及編印目錄方面，皆有顯著的績效。太田返日，1921 年至 1928 年
（昭 3）任職東京商科大學（今一橋大學）教職兼圖書館囑託。1922 年（大
11）5 月 5 日起仍擔任臺灣總督府圖書館囑託（《臺灣總督府圖書館要覽：
開館 20 周年記念》，1935.08）。

　　緣起 1892 年（光緒 18；明 25）3 月 26 日日本文庫協會成立，1908 年
（明 41）改稱日本圖書館協會。太田為三郎主持編纂了協會《和漢圖書目
錄編纂規則》，嗣於 1910 年（明 43）經協會修訂為《和漢圖書目錄編纂概
則》，印刷發送各會員參考，成為日本圖書館圖書編目準則。

　　爾後，太田編纂了《日本醫事雜誌索引》（明治 28 年分）（富士川游

校訂，東京：吐鳳堂、日本醫事年報社，年刊，1896－）、《日本隨筆索引》（東京：東陽堂，1901）、《帝國地名辭典》3 冊（上、下冊、索引，東京：三省堂書店，1912）、《日本隨筆索引增訂版》（東京：岩波書店，1916）、《續日本隨筆索引》（東京：岩波書店，1918）等。太田也是文部省圖書館講習所講師，其授課講述曾被整理，編印了《圖書整理法》（千葉縣圖書館叢書；4）（千葉：千葉縣圖書館，1931.11。32 頁）、《和漢圖書目錄法》（芸艸會叢書；1）（東京：芸艸會，1932.05）等。

日本標準圖書分類法的演進

溯自 1872 年（同治 11；明 5）8 月日本文部省在湯島聖堂大講堂成立了「書籍館」。該館先後更名「淺草文庫」、「東京書籍館」、「東京府圖書館」、「東京圖書館」，直到 1897 年（光緒 23；明 30）4 月確定其名稱為「帝國圖書館」，是為日本國立國會圖書館的前身。

日本施行出版品呈繳制度（Legal deposit），始於 1869 年（同治 8；明 2）5 月 13 日所布告《出版條例》。依該《條例》規定書刊應於發行 10 日前呈繳文部省准刻課 3 本製本審查，〔此即所稱「納本」〕（〈准刻事務〉，《文部省第一年報》，1875.08）。1875 年（光緒 1；明 8）3 月文部省將其藏書及納本，交付東京書籍館，同年 8 月此項「准刻事務」由文部省移內務省主管，內務省圖書局仍繼續將納本交付（移管）該館（通稱「內交本」）。

1876 年（光緒 2；明 9），中村謙編，《東京書籍館書目‧和書之部漢書之部》，圖書採和書、漢書各六門類分；久保讓次編、中村謙校，《東京書籍館書目‧內國新刊和漢書之部第 1 輯》，圖書類分採和漢書六門分類法，為近代圖書館藏書目錄。1887 年（光緒 13；明 20）東京圖書館發行《東京圖書館季報：從 20 年 7 月至同 9 月》，揭載八門分類法。第 1 門.神學及宗教；第 2 門.哲學及教育；第 3 門.文學及語學；第 4 門.歷史、傳記、地理、紀行；第 5 門.國家、法律、經濟、財政、社會及統計學；第 6 門.數學、理學、醫學；第 7 門.工學、兵事、美術、諸藝及產業；第 8 門.類書、

叢書、雜書、雜誌、新聞紙（日本圖書館協會，《圖書館小識》，1915.10）。1900 年（明 33）8 月起，至 1907 年（明 40）12 月，帝國圖書館編《帝國圖書館和漢圖書分類目錄》分 8 門陸續出版，其中第 1、2 門合輯，第 4 門分兩冊，共 8 冊問世。

自 1876 年（光緒 2；明 9）（美）杜威（Melvil Dewey，1851－1935）發表《杜威十進分類法》（*Dewey Decimal Classification*），採學科觀點劃分人類知識，影響日本圖書館界頗大，1910 年代有多種十進分類法出現。山口縣圖書館館長佐野友三郎（1864－1920）參考東京圖書館及東京帝國大學圖書館分類表為基礎，初亦設 8 門，依據山口縣立山口圖書館於 1904 年（明 37）12 月編印《山口縣立山口圖書館和漢圖書分類目錄》，分第 1 門.神書及宗教；第 2 門.哲學及教育；第 3 門.文學及語學；第 4 門.歷史、傳記、地誌、紀行；第 5 門.法制、經濟、財政、社會及統計學；第 6 門.數學、理學、醫學；第 7 門.工學、兵事、美術、諸藝及產業；第 8 門.類書、叢書、隨筆、雜書、雜誌、新聞紙。1909 年（明 42）3 月作成《山口縣立山口圖書館分類表》，將 8 門改作 10 大類，類號採用數字標記，為十進分類法。依該館 1910 年（明 43）6 月編印《山口圖書館和漢圖書分類目錄》，末附〈圖書分類綱目〉，載：000 總記；100 哲學；200 教育；300 文學、語學；400 歷史、地理；500 法制、經濟、社會、統計；600 理學、醫學；700 工學、兵事；800 美術、諸藝；900 產業。每大類再細分 10 小類。1918（大 7）6 月文部省召集全國府道縣立圖書館長會議，討論「設定標準圖書分類法」的議題，1919 年（大 8）4 月會議決定「山口圖書館分類表的百區分標準分類表」為標準，此項決定普及了《山口圖書館分類表》。

及至 1928 年（昭 3）4 月、7 月，森清（1906－1990）根據《杜威十進分類法》和卡特（Charles Ammi Cutter，1837－1903）《展開式分類法》（*Expansive Classification*）及日本實際需要，編制（和洋圖書共用十進分類表案）、（和洋圖書共用十進分類表案 II 相關索引），發表在青年圖書館員聯盟的機關報《圖研究》1 卷 2 號（頁 121－161）、3 號（頁 380－

426）。1929 年（昭 4）8 月，《日本十進分類法：和漢洋書共用分類表及索引》（*Nippon Decimal Classification*）由大阪圖書館家具用品公司「合資間宮商店會社」予以出版（菊判，216 頁）。該個人著作問世後的 10 年中即已陸續被圖書館所採用，直到戰後。其間，間宮商店發行第 1 至第 5 版。1948 年日本圖書館協會設置分類委員會，負責該分類法的修訂和出版工作，使漸漸成為日本的「標準圖書分類法」；2017 年 4 月推出新訂 10 版。

制定圖書分類編目的規範

　　太田在總督府圖書館任內，以編纂館藏目錄著稱，奠定了臺灣圖書館界圖書分類編目的規範（標準）。太田採用《山口縣立山口圖書館分類表》為基礎，再依和漢圖書內容性質及配合臺灣實際需要，編定《臺灣總督府圖書館和漢圖書分類表》，首先將人類的知識分為 10 門（大類）：0.總類；1.哲學、宗教；2.教育；3.文學、語學；4.歷史、地誌；5.法制、經濟、社會、統計、殖民；6.理學、數學、醫學；7.工學、軍事；8.藝術；9.產業、家政。各門之下復分 10 類，必要時各類之下再分 10 綱目，每一大綱之下，再分為 10 細目。每個細目再分 10 小細目。係「門－類－綱」的分類體系。日後，該《分類法》成為日據時期臺灣各公共圖書館的主要分類標準。臺灣各州立及市立圖書館雖採用《臺灣總督府圖書館和漢圖書分類法》，但綱目可依據個別需要調整。各街庄圖書館館藏目錄，因藏書不多，分類以類分至綱目的類號為止，大都未再細分。臺灣總督府圖書館重視臺灣文獻的蒐集，為將與臺灣有關資料，集中在一起，特歸為一類。即有關臺灣資料置分類法「總類」，以「070」為其專屬分類號。類下分 10 綱目〔實具「總論複分表」的概念；也可以視同臺灣鄉土資料分類表之用〕。

070 臺灣　　　　　　　　　　071 哲學、宗教

072 教育　　　　　　　　　　073 文學、語學

074 歷史、傳記、地誌、紀行　075 法制、經濟、統計、社會、風俗

076 理學、醫學　　　　　　077 工學、兵學
078 藝術　　　　　　　　　079 產業

　　總督府圖書館在編目方面，則採用上開協會《和漢圖書目錄編纂概則》。《概則》分別說明書名項、著者項、出版項（出版及書寫に関スル諸件）、目次備考及其他附註項（目次備考及雜件）、排卡5大項及附錄等著錄規則。館內備有「公用目錄卡」分類卡片乙種，提供讀者檢索館藏圖書之用。

　　總督府圖書館的圖書索書號碼係由《和漢圖書分類法》分類號和書號組成。書號是按各同類號圖書到館次序的流水號，如某類第1本到館，書號為1，第2本到館則為2，依次類推。複本號係在書號後再加片假名（50音為序），如第1本圖書有兩本複本，則分為1ア、1イ。作品號係在書號前冠作者姓氏的片假名首字（50音為序），如作者姓「山中」（ヤマナカ），圖書到館同音的作者ヤ發音的第1位，書號為ヤ1。

（二）編輯各種目錄

普通圖書目錄

　　臺灣總督府圖書館編，《臺灣總督府圖書館和漢圖書分類目錄（1917＝大6年末現在）》1冊（臺北：編者，1918.12）。

　　本目錄使用該館所編《和漢圖書分類法》，收錄截止於1917年（大6）底入藏圖書分類排列，每書著錄書名、著編者、出版日期、冊數、類號。末附書名索引。正文有916頁，書名索引有179頁。本目錄係太田為三郎在府圖書館任內編印的第1部書本式館藏目錄，該館日後出版的其他館藏目錄也多遵循本目錄的體例。在〈凡例〉提及該館《和漢圖書分類法》源自美國杜威的十進分類法，杜威法是現今歐美最廣泛實施的分類法。

　　本目錄有關「273圖書館學」著錄植松安《教育と圖書館》、日本圖書

館協會《圖書館雜誌第 1 號─.》，「2731 圖書館管理法」收錄了文部省《圖書館管理法》、日本圖書館協會《圖書館小識》、佐野友三郎《通俗圖書館の經營》（山口縣立山口圖書館報告；20），「2732 圖書館報告、一覽」著錄《帝國圖書館年報摘要》、《東京圖書館一覽》、《東京市立日比谷一覽》等，忖度以當時讀者圖書館利用情況，應屬圖書館員參考用書。

臺灣總督府圖書館編，《臺灣總督府圖書館增加和漢圖書分類目錄》5冊（臺北：編者，1924.03－1929.03）。

昭和年間刊行者，版式由直排改為橫排。每書著錄著者、書名、卷號版數、發行年、版式、叢書註記、冊、分類、番號。各冊末附書名索引。

本目錄係著錄繼《臺灣總督府圖書館和漢圖書分類目錄（1917＝大 6 年末現在）》之後所增加圖書，各冊部門別和（著錄年月起迄）（出版年月）如下：

1. 《教育、文學、語學之部》（1918＝大 7 年－1923＝大 12 年）（臺北：編者，1924.03）。

2. 《歷史地誌、法制、經濟、社會、統計、殖民之部》（1918＝大 7 年－1923＝大 12 年）（臺北：編者，1925.08）。

3. 《總類、哲學之部》（1918＝大 7 年 1 月－1926＝昭元年 12 月增加）（臺北：編者，1927.03）。

4. 《藝術、產業、家政之部》（1918＝大 7 年 1 月－1927＝昭 2 年 3 月增加）（臺北：編者，1928.03）。

5. 《理學、醫學、工學、兵事之部》（1918＝大 7 年 1 月－1928＝昭 3 年 3 月增加）（臺北：編者，1929.03）。

臺灣總督府圖書館編，《臺灣總督府圖書館和漢圖書分類目錄·臺灣之部》（1925＝大 14 年末現在）（臺北：編者，1926.06）。

臺灣總督府圖書館編，《臺灣總督府圖書館和漢圖書分類目錄（1935＝昭 10 年末現在）》2 冊。

第 1 冊《000 總類》（臺北：編者，1937.03）。本目錄不包括「070 臺灣」、「080 兒童用圖書」。

第 2 冊《100 哲學、宗教、200 教育》（臺北：編者，1940.03）。

館藏目錄著錄 1.著者；2.書名；3.卷號、版數；4.發行年；5.版式；6.叢書註記；7.冊數、分類、番號。同一類別再依著者姓名五十音順排列。

臺灣總督府圖書館編，《臺灣總督府圖書館新著圖書目錄》第 1 號（1916＝大 5 年 1 月）－1944（昭 19 年）1 月中（1944＝昭 19 年 6 月）。

每月出版乙號（小冊子）。1916（大 5）7－9 月份另增印行「號外」第 1－3，載「淡水會（舊淡水館）寄贈本」目錄；1917（大 6）4、6 月份各增印行「號外」第 4、5，分別載「民政部ヨリ保管轉換分（舊慣調查會本）」目錄（複本不計）、「臺灣鐵道全通式紀念圖書目錄」。

第 158 號附錄：〈臺灣總督府圖書館備付新聞雜誌一覽（1929＝昭和 4 年 6 月現在）〉（依 50 音順排列）。

臺灣資料目錄

臺灣總督府圖書館編，《臺灣總督府圖書館解題目錄》（臺北：編者，1929.10）。

本目錄係參考 1925 年 6 月並河館長時，因逢始政 30 年及值該館開館 10 週年，特舉辦紀念展覽會，展出有關臺灣史料的珍貴圖書，所編的「臺灣關係和漢書目錄」，著錄有關臺灣關係資料的和漢書、洋書。

方志目錄

臺灣總督府圖書館編，《臺灣總督府圖書館所藏支那地方志目錄》（1938＝昭 13 年末現在）》（臺北：編者，1939.01），16 頁。

以清刊為主。按省分，依省志、通志、府志、州志、縣志、鄉土志序排列。著錄書名、卷數、著編者、發行年、冊數、類號。

南洋資料目錄

臺灣總督府圖書館編，《南方關係總合資料目錄》（臺北：編者，

1943）。

著錄總督府圖書館、臺北帝國大學、臺北高等商業圖書館、南方資料館及總督府外事部所藏資料。

臺灣總督府圖書館編，《臺灣總督府圖書館所藏臺灣、支那、佛領印度支那、暹羅、緬甸、印度、大洋洲、馬來半島、蘭領東印度、比律賓羣島及植民關係洋書目錄（1920＝大 9 年 10 月末現在）》（臺北：編者，1920）。

每書著錄款目：著者（編者）、書名、出版日期、冊數、類號等。依分類方式排列，末附著者索引。

推薦圖書目錄

臺灣總督府圖書館編，《臺灣總督府圖書館選定圖書目錄》第 1 冊（1921＝大 10 年）－第 30 冊（1942＝昭 17 年）（臺北：臺灣總督府圖書館，1922.04－1943），小冊子，年刊。

自總督府圖書館購入新刊通俗圖書中選定刊行，供地方公共圖書館及小公學校參考。著錄書名、著編者名、發行地、發行年、冊數、大小、發行所、價格。其中「大小項」採用一般稱呼，如四六判（縱 19 糎 6 寸 2 分、橫 13 糎 4 寸 2 分）、菊判（縱 22 糎 7 寸 3 分、橫 15 糎 5 寸）、三五判、四六倍判、菊字截。

臺灣總督府圖書館編，《最近多く讀まれた良書二百種》（臺北：編者，1932），21 頁。附兒童讀物（こども本）50 種。

臺灣總督府圖書館編，《臺灣總督府圖書館選定圖書目錄（1921 年＝大 10 年分》（臺北：臺灣總督府圖書館，1922.04），〔5〕25 頁。

該館就 1921 年（大 10）自日本購入圖書選定。依該館圖書分類表為序，末列「兒童用圖書」。

臺灣總督府圖書館編，《推薦認定圖書目錄.1938 年＝昭 13》－《1943 年＝昭 18）（臺北：臺灣總督府圖書館，1939.01－1944.01），年刊。

原題名及出版者為《臺灣教育會推薦認定圖書目錄》，該會在 1932 年

　　（昭 7）第 1 回全島圖書館週間新設少年讀物調查委員會，每月開會乙次，
調查新刊圖書，選擇良書推薦、認定，刊載於《臺灣教育》，並彙編出版
《推薦認定圖書目錄》，提供選購的參考。後改由臺灣圖書館協會接辦
《推薦認定圖書目錄.1935 年＝昭 10》－《1937 年＝昭 12》，（臺北：臺
灣圖書館協會，1935.12－1937.12），年刊。其後，仍由臺灣圖書館協會
「圖書調查委員會」推薦認定，由總督府圖書館印行。

　　本目錄旨在為中小學生、青少年推薦課外讀物。著錄各書書名前標明
「＊」者，為臺灣教育會、臺灣圖書館協會、總督府圖書館「推薦」的必讀
圖書；未標明者，屬「認定」的圖書，為圖書館、青年文庫、兒童文庫中
必須具備。

展覽目錄

　　臺灣總督府圖書館編，《臺灣關係資料展觀目錄》（臺北：編者，
1929.09），71 頁。

　　和漢書部分收錄官撰府縣志、一般志類、治臺及治匪關係、漂流記、
琉球蕃民遭難竝征臺關係資料、古地圖、現在ノ臺灣ヲ說明スルモ等 110 種
／件；洋書部分主要係 17、18 世紀出版有關在本島居留者的航海記手稿及
與日本、中國有關書籍等 51 種，共計 161 種／件。

　　臺灣總督府圖書館編，《明治七年征臺役關係資料展觀目錄》（臺
北：編者，1932），16 頁。

　　本目錄係配合第 1 回全島圖書館週間（1932＝昭 7 年 1 月 11 日－17
日）展出的展覽目錄。收錄有關當時日本據臺原始資料 50 種及良書 200
種。前者著錄各書書名、刊或寫本、冊數、分類號、提要。

　　臺灣總督府圖書館編，《日本精神に關する圖書展觀目錄》（臺北：
編者，1934），22 頁。附：〈良書百種兒童青年讀物目錄〉。

　　臺灣總督府圖書館編，《臺灣文獻展觀目錄》（臺北：編者，
1934）。

　　本目錄著錄府圖書館及臺北帝大所藏的臺灣關係文獻資料 420 種，包括

日文圖書 299 種，滿文 51 種，西文 70 種。

　　臺灣總督府圖書館編，《南洋關係誌料展觀目錄》（臺北：編者，1937.01），30 頁。

　　本目錄係配合第 6 回全島圖書館週間（1937＝昭 12 年 1 月 16－17 日）展出的展覽目錄。

　　臺灣總督府圖書館編，《南支那關係誌料展觀目錄》（臺北：編者，1938.01），42 頁。

　　本目錄係配合第 7 回全島圖書館週間（1938＝昭 13 年 1 月 15－16 日）展出的展覽目錄。總督府官房外事課、井出季和太提供中日西文圖書展出。分南支那一般、南支那各地。後者下分福建省（閩）、兩廣（粵）、廣東省（海南島、香港）、廣西省、雲南省（滇）。各書條列書名、著者名、發行年、冊數、分類號或季和太藏。

　　臺灣總督府圖書館編，《南洋關係誌料展觀目錄》（臺北：編者，1941.01），59 頁。

　　本目錄係配合第 10 回全島圖書館週間（1941＝昭 16 年 1 月 15－17 日）展出的展覽目錄。分南洋一般，下分 1.一般事務；2.紀行；3.南進論策；4.歷史；5.宗教、教育；6.言語；7.博物、衛生；8.經濟、產業；9.華僑。及南洋各地，下分 1.比律賓；2.佛領印度支那〔越南〕；3.泰國；4.海峽殖民地〔馬來半島、新加坡〕；5.新幾內亞；6.婆羅洲；7.蘭領東印度〔印尼〕。各書著錄書名、著者名、發行年、冊數、分類號。另雜誌類 18 種。

七、閱覽服務

　　館長並河直廣（1865－1927）在閱覽服務方面，開創多項新猷，修訂圖書館規則細則，提升讀者服務的層次。1922 年（大 11）8 月開始實施館

外閱覽，9月實施巡迴書庫。1924年（大13）2月開設「圖書相談部」〔參考諮詢服務〕。另1923年（大12）10月開辦「圖書館講習會」。拓展了該館的讀者服務及推動地方圖書館員的養成教育。

並河館長於1905年（明38）7月畢業於京都法政大學法律科，1911年（明44）擔任石川縣立圖書館長，並任文部省圖書館委員、金澤市社會事業調查委員的囑託，「任內提倡『簡易圖書館』，全縣成立300個，名稱為『○○庄簡易圖書館』、『○○庄○○文庫』、『（學校名）○○文庫』」（（日）翠林坊），曾撰《簡易圖書館十一則》乙篇（並河直廣），用以推廣。1921年（大10）7月擔任總督府圖書館長，曾任日本圖書館協會評議員，1927年（昭2）7月9日在任內因腦溢血逝世，於1928年（昭3）2月1日合祀於芝山巖神社（「芝山巖事件」6名日籍教師及其他在臺死亡的教師合祀）。

閱覽規則

府圖書館初期僅提供館內閱覽服務，1915年（大4）3月5日總督府府令第11號公布《臺灣總督府圖書館規則》（全12條），宣布該館旨在「蒐集古今中外圖書，以供閱覽」，舉凡有關該館開放閱覽時間、休館日、閱覽者應注意與遵守事項、違規處理辦法及圖書館的圖書寄贈、保管（書刊贈送、寄存）的措施等諸多事項，皆有原則性的規定。爾後，隨著各項閱覽服務的展開，1922年（大11）6月28日總督府以府令第139號廢止原規則，另新定公布《臺灣總督府圖書館規則》（全6章30條），分總則、館內閱覽、館外閱覽、圖書寄贈、圖書委託、巡迴書庫6章，明定館外閱覽、巡迴書庫等各有關事項，頗為詳備。其後，1936至1938年（昭11-13）《規則》連續3年每年修正乙次，都是調整開放時間，一直到日本戰敗，法條都沒有異動。

此外，根據《規則》制定施行《細則》。開館初期，1915年（大4）7月1日報奉總督府核定《臺灣總督府圖書館細則》（全8條），臚列開放時間、一次可調閱圖書的冊數、讀者（閱覽人）應注意與遵守事項等。1922

年（大 11）8 月 9 日報奉核定《臺灣總督府圖書館細則》（全 3 章 29 條），分館內閱覽、館外閱覽、巡迴書庫 3 章。又於 1938 年（昭 13）7 月 14 日報奉修正公布該《細則》，修正了開放時間，刪除贈與優惠券和特別券、及圖書外借保證人等規定。這些《規則》和《細則》都是館員處理閱覽〔及推廣〕服務時有所依據，也是讀者在圖書館享有閱覽服務時應遵循的規章。

館內閱覽

日據時期，總督府引進了西方「星期制」，改以日、週、月、年為時間作息規範，另頒訂星期日為例假日和 13 天國定假日。1895 年（明 28）12 月 27 日總督府又頒布標準時間制，以東經 120 度子午線時間為標準時間，自 1896 年（明 29）1 月 1 日實施，從此臺灣進入格林威治世界標準時間系統，與日本國內時差 1 小時（1937 年以後曾調整與日本本土相同）。官廳、學校、工廠等依此規定訂立時間作息規範，且形成規律，嚴格要求民眾守時。

圖書館開館時間依季節白晝長短有所不同。依據 1915 年（大 4）7 月 1 日《圖書館細則》，圖書館開放時間是 5 月至 9 月上午 8 時至下午 9 時；10 月至 4 月上午 9 時至下午 9 時。1922 年（大 11）6 月 28 日《圖書館規則》規定圖書館開放時間自 6 月至 9 月係上午 8 時至下午 9 時；10 月至 5 月上午 9 時至下午 9 時，變動甚微。及至 1937 年（昭 12）9 月 29 日修正《規則》將開放時間作了大幅度的調整，為自 4 月至 5 月，上午 9 時至下午 10 時，6 月至 9 月，上午 8 時至下午 10 時；10 月上午 9 時至下午 10 時；11 月至 3 月，上午 10 時至下午 10 時。1938 年（昭 13）11 月 3 日又修正《規則》將開放間改回自 6 月 1 日至 9 月 20 日係上午 8 時至下午 10 時；9 月 21 日至 5 月 31 日上午 9 時至下午 10 時。

圖書館休館日為祝紀日（紀元節日、天長節祝日、始政紀念日、臺灣神社例祭日）及每月底清潔日、曝書日（每年 9 月至 10 月中約 10 日間）、年末年始（12 月 29 日至翌年 1 月 5 日）。此外，有必要時則臨時休館，由

館長另行訂定，但必須經總督認可。

圖書館不徵收閱覽費，提供館內閱覽，採閉架式經營。民眾不能將館藏圖書攜出館外，只可在限定的閱覽席位閱讀，離館即應交還所借閱的圖書。

適用對象（讀者資格）必須年滿 12 歲以上者始能進入館內閱覽圖書，7 歲以上而未滿 12 歲者得進入兒童閱覽室閱覽。但患有傳染性疾病者、酗酒者、服裝不整者或認為有妨害館內秩序者以及屢勸不聽者，禁止入館閱覽。

館內設置普通閱覽席、特別閱覽席、婦人閱覽席、兒童閱覽席等。一般閱覽圖書的民眾，須由入口守衛處索取「圖書閱覽請求券」〔索書單〕（有特別券者出示守衛），在紙牌型圖書目錄〔卡片目錄〕（備有分類目錄、書名目錄、著者目錄）查檢，就其所需閱覽圖書，將書名、冊數、類號及讀者姓名、地址、職業記入該券，交給出納臺出納人員（出納系）到書庫取書。圖書閱畢後，還書取回「圖書閱覽請求券」；若欲再閱覽他書則再次申請「圖書閱覽請求券」。普通閱覽席一次可借閱圖書 3 冊，特別閱覽席為 5 冊。此「圖書閱覽請求券」在離館時，須交回給守衛不可遺失。

1926 年（大 15）3 月底閱覽席位共有 358 席，其中包括普通席位 150 席、特別席位 12 席、婦人席位 24 席、新聞雜誌席位 34 席、優待席位 8 席、兒童席位 130 席。1943 年（昭 18）3 月底閱覽席位共有 422 席，包括普通席位 186 席、特別席位 16 席、婦人席位 24 席、新聞雜誌席位 44 席、優待席位 8 席、兒童席位 144 席。

各閱覽席和兒童閱覽室內不得音讀、談話及妨害他人閱覽；不得污損破壞圖書或在圖書中記入任何記號；不得妄將桌椅或其他物品移動或汙損等，如有違反圖書館規定及不從館員制止者，則將使之離館，並永遠不許再入館內閱覽。

兒童閱覽室

自 1916 年（大 5）7 月 1 日起開設兒童閱覽室，平日於星期六下午、星

期日及祝紀日開放給學童；夏季學校休業〔暑假時間〕則每日上午 8 時至下午 5 時開放，分開為男、女兒童閱覽席。每日開架陳列兒童圖書 200 部，逐月更換。閉架圖書，兒童借閱以 1 冊為限，在兒童閱覽請求券記入書名、學校名稱、學年及姓名、地址等，提交出納臺人員取書。每逢週六下午 2 時有童話會，及談話時間〔講故事；Story hour，通例 20-30 分鐘〕，以促進兒童讀書的興趣。

兒童室自該館創立以來至 1936 年（昭 11 年度末），先後購入兒童書總計 4,919 冊，若依年度分；1916 年（大 5 年度末）688 冊；1917 年（大 6 年度）至 1921 年（大 10 年度）689 冊；1922 年（大 11）至 1926 年（大 15/昭 1）1,445 冊；1927 年（昭 2）至 1931 年（昭 6）1,267 冊；1932 年（昭 7）至 1936 年（昭 11）830 冊。

按 1930 年（昭 5）藏書 2,200 冊，其中約半數為童話。各類圖書依所占比率高低分：（上森大輔）

童話	59.5%	雜書	19.2%	修身讀本	6.7%
歷史地理	6.1%	圖畫	4.0%	理科算術	2.8%
準備書	0.4%	其他	2.3%		

該館司書上森大輔自 1922 年（大 11）來館以來，除增購兒童書外，也開展下列服務：1.編輯兒童圖書目錄，取材自館藏兒童書，如新著圖書目錄，每月 1 回，分送各圖書館、官署、學校等，及選定圖書目錄，每年 2 回，分就 1－6 月、7－12 月入藏者，選定通俗優良圖書（良書）〔時臺灣圖書館通常以該選定圖書目錄、日本圖書館協會選定新刊圖書目錄及新聞雜誌廣告為選購圖書的工具〕；2.提供「圖書相談」，針對兒童用書的質疑（reference question）予以答覆；3.電臺廣播，1929 年（昭 4）在總督府與臺北放送局（臺呼 JFAK）合作，每週二開播的「圖書館新聞」，於節目裏每隔週推介優良兒童書；4.圖書館講習會，開設「兒童室經營」課程，講授兒童書的選擇、兒童書的設備、學校文庫與學級文庫等。（上森大輔）

　　1918 年（大7）該館囑託、東京市立日比谷圖書館長今澤慈海與該館兒童部囑託竹貫直人合撰《兒童圖書館の研究》（東京：博文館，1918.12），分前編 7 章、後編 9 章，分述有關營運（1924 年上海商務印書館出版由陳逸譯《兒童圖書館之研究》）；1928 年（昭3）今澤慈海撰〈兒童圖書館の設備及經營〉，分兒童圖書館員、兒童圖書、公民的訓練、兒童室的設計和設備、誘導兒童讀書的方法、管理等 6 節；1935 年（昭 10）該館上森大輔撰〈兒童文庫的經營〉，分圖書的選擇、圖書的整理、閱覽及活用與讀書的指導、文庫的設備、其他等 5 節，以資兒童室經營管理者的參考。

館外閱覽

　　1922 年（大 11）8 月 21 日起實施圖書外借制度，凡是年齡在滿 12 歲以上，居住在臺北市及臨近街庄者，如持有借出圖書實價以上的 6 個月的郵局存簿或銀行儲蓄簿寄託在館內者，經館長許可，可將圖書借出館外閱覽，並即發給借書證。借出圖書不收任何費用。借書證有效期間一年，無效時立即歸還。借書證及借出圖書不得轉借他人。借書時間：自 6 月至 9 月為上午 8 時至 12 時，10 月至 5 月為上午 9 時至下午 4 時，但星期六至中午 12 時止，週日及例假日停止辦理。一次憑借書證可借出 3 冊，期限以 10 日以內，到期後可依規定辦理續借。借出圖書圖書館將整理「卡片袋」〔書後卡〕，並用「代書板」插入被借出圖書的位置，俾便日後還書歸架。圖書逾期歸還者，每冊圖書每逾期一日停止借書權利 3 日，逾期歸還圖書 10 日以上者，其借書證便無效。借出圖書如遇遺失、汙損或毀棄，以原書或相當金額賠償。圖書借出者及其同居者，如罹患傳染性疾病即告之圖書館。

　　下列圖書不得借出館外：1.珍貴圖書、寫本及墨帖、目錄類；2.政府官公報；3.辭書及其他參考圖書；4.報紙及未裝訂的雜誌；5.新著圖書；6.館內閱覽次數高的圖書；7.未經委託者同意的託管圖書。

　　官公署、學校、會社及其他團體，如有調查研究或其他特別情事，經

館長特許，參考圖書始可借出館外閱覽。

　　圖書館設有閱覽統計，可分為閱覽人數統計（細分為「內地人」、「本島人」、「外國人」）、閱覽人職業別統計、圖書借閱統計、開館日數等。另經常按月刊載〈圖書館狀況〉於《臺灣總督府報》「彙報（學事）欄」。茲將各年閱覽服務，自 1916 年度（大 5）起，每隔 5 年列舉一年，如 1921（大 10）、1926（大 15／昭 1）、1931（昭 6）、1936（昭 11）、1941（昭 16）年度的閱覽服務統計，見表 5。

表 5　臺灣總督府圖書館閱覽服務統計一覽表

年度 　　項目	1916	1921	1926	1931	1936	1941
閱覽人數（人）	63,188	134,285	171,755	177,295	184,974	111,657
成人	48,434	112,778	147,385	147,177	141,181	80,673
兒童	14,754	21,507	24,370	30,118	43,793	30,984
成人一日平均	183	330	449	443	428	248
兒童一日平均	105	134	179	91	133	95
閱覽圖書數（冊）	216,085	359,361	357,544	263,267	220,268	202,809
成人	129,974	252,050	271,190	－	－	113,385
兒童	86,111	107,311	86,354	－	－	89,424
成人一日平均	922	737	827	793	667	348
兒童一日平均	105	667	640	－	－	274

年度 項目	1916	1921	1926	1931	1936	1941
開館日數 成人	265	342	328	332	330	326
開館日數 兒童	141	161	136	—	—	—

說　　明：1. 1915 年（大 4）8 月 9 日開館，即實施館內閱覽。1916 年（大 5）
7 月 1 日開設兒童閱覽室。1922 年（大 11）8 月 21 日起實施館外
出借圖書制度。

2. 1916 年度（大 4）至 1930 年度（昭 5）「開館日數」統計分成人
（本室）及兒童（兒童室）兩部分，各有不同。本表各該年「成
人一日平均閱覽人數」、「成人一日平均閱覽圖書數」、「兒童
一日平均閱覽人數」、「兒童一日平均閱覽圖書數」，由筆者分
就「閱覽人數」、「閱覽圖書數」除以「開館日數」，並採四捨
五入計。

3. 標示「—」符號者，係「數值無統計」，如 1931 年度（昭 6）、
1936 年度（昭 11）「閱覽圖書數」統計成人與兒童併計。本表由
筆者據以除以開館日數，並採四捨五入計。

資料來源：臺灣總督府圖書館編，《臺灣總督府圖書館要覽：開館 20 周年記
念》（臺北：編者，1935.08），頁 17－18、19－20。

臺灣總督府民政部學務部，《臺灣總督府學事年報第 15 年》（臺
北：編者，1918.01），頁 28－29、190。

臺灣總督府內務局學務課，《臺灣總督府學事第 20 年報》（臺北：
編者，1923.07），頁 30－31、143。

臺灣總督府文教局，《臺灣總督府學事第 25 年報》（臺北：編者，
1927.07），頁 28。

臺灣總督府文教局，《臺灣總督府學事第 30 年報》（臺北：編者，

1933.09），頁32、380－381。

臺灣總督府文教局，《昭和11年度臺灣總督府學事第35年報》（臺北：編者，1938.10），頁31、284－285。

臺灣總督府圖書館編，《臺灣總督府圖書館一覽（自 1926＝大15.04.01至1927＝昭2.03.31）》（臺北：該館，1927.07），頁10。

〔臺灣總督府圖書館編〕，《島內公私立圖書館一覽（1932＝昭7.03.31現在）》（臺北：該館，1932.03），頁2。

臺灣總督府圖書館編，《臺灣總督府圖書館概覽附島內圖書館表（1936＝昭11年度）》（臺北：該館，1937.10），頁3。

臺灣總督府圖書館編，《臺灣總督府圖書館概覽附島內圖書館表（1941＝昭16年度）》（臺北：該館，1942.11），頁4－5。

館長太田為三郎曾為日本帝國圖書館司書官，府圖書館開創之初，經營理念受帝國圖書館及其館長田中稻城的影響。如圖書館功能導向及圖書借閱管理方法。前者，圖書館的類型依性質分，為國立圖書館、普通（通俗）圖書館等 2、3 種。國立圖書館以參考圖書館的功能為主，其他圖書館兼具普通（通俗）圖書館與參考圖書館的雙重功能。後者，認為「避免書籍丟失的基本方法是將讀者的姓名和住址記錄下來，在其初次到館的時候，要記錄 1 個或 2 個保證人的名字，調查其真偽錯訛後向讀者提供外借特許票（李易寧）。」

圖書相談部

1876 年美國麻省伍斯特（Worcester）公共圖書館館長格林（Samuel Sweet Green，1839－1918）在美國圖書館學會（ALA）第一屆大會首先提出「參考工作」的理念。1883 年波士頓公共圖書館首先設有專職參考館員的職位和參考室。

1889 年4月（光緒15；明22）勅令第21號公布《帝國圖書館官制》，第 1 條揭櫫了該館的成立旨在蒐集保存內外古今圖書紀錄，及提供民眾的閱

覽參考之用。〔當時參考工作（參考事務；Reference work）的核心是編製文獻目錄。〕太田擔任總督府圖書館囑託來臺以前，自 1889 年（明 22）4 月 10 日以來即任帝國圖書館職員、司書、司書官等職。太田以公務餘暇就館藏江戶末期隨筆 200 餘種，編輯《日本隨筆索引》（《帝國圖書館一覽》）。1912 年（明 45）5 月 27 日太田在日本圖書館協會第 7 回全國圖書館大會講演中提到美國圖書館「圖書指導部門」的參考工作。（太田為三郎）緣起於 1920 年代美國公共圖書館為配合成人教育計畫，推展「讀者諮詢顧問服務」（Readers'advisory services），是一項聯絡圖書與讀者間的閱讀指導服務。透過了館員與讀者之間的對話，共同探究讀者的閱讀經驗與需求，進而給予讀者的閱讀建議，以節省讀者的時間，使其免於找尋資料的挫折感，並讓館藏能夠充分為讀者利用。（陳書梅、王佳琍）美國流風所及，正逢日本大正年間知識大眾化的大眾文化時代，使日本圖書館新興「讀書相談」參考工作。1920 年（大 9）東京市日比谷圖書館為便利閱覽者研究與調查，置圖書館調查係，設專任值勤目錄室 1 人辦理參考工作，提供閱覽人參考書「問合與應答」〔質問＝reference question 與答覆〕，俾予閱覽人所需圖書館藏書中最適當者，備「圖書問合用箋」乙種，閱覽者「問合」部分列有姓名、住所、研究事項（一次限兩件以內），圖書館「應答」部分列問合件名、參考書名、著者名、冊數、類號。（《東京市立圖書館一覽》，1926）今澤慈海（1882－1968；1907 年（明 40）東京帝大哲學倫理科畢業，入東京市立日比谷圖書館任職，1912 年（大 2）為東京市立日比谷圖書館長；1915 年（大 4）為全東京市立圖書館館頭＝統轄東京市立 20 個館）在 1924 年（大 13）於《圖書館雜誌》發表〈參考圖書的使用法及圖書館參考服務〉、〈市民生活的要素與圖書館〉，該館小谷誠一撰〈日比谷圖書館的參考事務〉等（（日）渡邊雄一）〔這是日本「圖書相談」理論與實務早期相關文獻。〕

　　1923 年（大 12）9 月 1 日關東大地震，圖書遭受損壞，災後一時依賴帝國圖書館、東京市日比谷圖書館研究及調查圖書的閱覽者激增。1924 年

（大 13）帝國圖書館新設相關「圖書相談」部門。大正時期大都市（府縣立圖書館所在的市）開展「圖書相談」工作，如 1923 年（大 12）11 月 20 日岡山縣立圖書館（岡山縣中央圖書館）設圖書相談所，依《岡山縣圖書相談所規定》（全 3 條），圖書選擇相談，須紀錄研究事項、研究目的、本人學歷或讀書能力、職業年齡住所（岡山縣立圖書館）；1925 年（大 14）11 月市立名古屋圖書館目錄係兼辦讀書相談。

　　1924 年（大 13）2 月 1 日臺灣總督府圖書館開設圖書相談部。圖書相談部服務即今參考諮詢服務，主要在協助民眾選擇及檢索所需要的圖書文獻及諮詢相關事項。（《臺灣總督府圖書館一覽，1928＝昭 3 年度》，1929.09）〔深信今澤慈海擔任總督府圖書館囑託，引進了此項服務〕。由於詢問優良圖書及相關圖書的問題日益增多，所以總督府圖書館開設了通訊回信的參考諮詢服務來解答問題，但是民眾以書信方式向圖書館查詢資料，則須自行負擔通訊回信費用。（《臺灣總督府圖書館一覽，1942＝昭 17 年度》，1943.11）

巡迴書庫

　　巡迴圖書館（itinerating libraries）在 1817 年（清嘉慶 22；日光格天皇文化 14）起源於蘇格蘭，首先由（英）牧師布朗（Samuel Brown，1779－1839）在東羅西安（East Lothian）的哈丁頓（Haddington）興辦，把圖書分到 Aberlady、Saltoun、Tyninghame、Gravid 等 4 個圖書館巡迴。1893 年（光緒 19；明 26）2 月，（美）杜威（Melvil Dewey）在紐約州首府阿爾巴尼市（Albany）實施巡迴圖書館（traveling libraries）並倡議推行，而在美國盛行。日本以 1903 年（明 36）佐野友三郎自秋田縣轉任依山口縣立山口圖書館長，1904 年（明 37）1 月 14 日在山口縣創設巡迴書庫為嚆矢。「佐野曾與杜威通信。（李易寧、雷菊霞）」依據「山口縣圖書館巡迴書庫第一期計畫」，有 10 郡 1 市 3 巡迴線（國立印刷局，1904.02.17）。其他如京都、熊本、佐賀、新潟、山形等各地也有推動。

　　太田為三郎在〈圖書館と讀書〉（臺灣日日新報社，1914.08.08）乙文

提及，在臺灣實施巡迴文庫〔巡迴書庫〕實在必行，但在尚未準備齊備之前，可先在各地推動「讀書俱樂部」，培養更多閱讀人口，日後一旦實施巡迴文庫，各地才會有基本的讀者。並河館長首先在夏季休業期間〔學校暑假〕實施兒童巡迴書庫，將兒童用巡迴書庫分送全島各州廳，此項措施獲得地方當局及學校的贊同與支持。

1922 年（大 11）9 月 22 日起府圖書館開辦圖書巡迴書庫，將所選圖書館箱（用麻繩捆的草木箱，每箱限 80 公斤）發送各州、各廳驛站（閱覽所），讓館藏圖書推廣至館外，廣為各地方利用。需要申請巡迴書庫的單位可申請作巡迴書庫的地點有：1.郡役所、市役所及支廳；2.經營完善的公共圖書館或經認可的私立文庫〔圖書館〕；3.其他圖書館長認為有必要設立巡迴書庫的地點。申請者備妥有關閱覽及出借設施，由郡守或市尹、支廳長在其管轄地區內找出適當地點，設置巡迴書庫閱覽所，選出一人來管理；經由州、廳向總督府圖書館長申請。府圖書館將巡迴書庫的圖書目錄及閱覽簿一同寄送給申請者，巡迴書庫的圖書閱覽者必須在閱覽簿中詳細記入其姓名、職業等資料。巡迴書庫的管理人將巡迴書庫的圖書目錄複製副本乙份分送給民眾，並在短期內（5 日以內）訂出獎勵出借圖書辦法。運送費通常由申請者負擔，必要時府圖書館可支出一部分或全部費用。府圖書館曾請求鐵道局減免巡迴書庫的運費，「鐵路部（鐵道局）對於巡迴書庫的運費，也特別減價全部打對折。（劉金狗、黃德時）」圖書如遇到遺失、汙損及毀壞時，由申請者以原書或相當金額賠償。巡迴書庫在巡迴期間，有時圖書館長也會派人視察其閱覽狀況。

巡迴書庫的巡迴期間屆滿，管理者直接將各閱覽所的「閱覽狀況書」及巡迴圖書送回圖書館。「閱覽狀況書」的記載事項：1.閱覽所名稱；2.開庫日數；3.閱覽獎勵的方法；4.閱覽人種族（內地人、本島人、高砂族）及男女別、類別（如學生、兒童、官員及軍人、農工商、會社（公司）職員、銀行人員、無職業及其他類）統計、閱覽冊數統計；5.對巡迴書庫將來的期望及其他建議參考事項。送回的巡迴書庫經府圖書館全部重新整理

後，再行送到另一個閱覽所。

　　巡迴書庫分為定期及臨時兩種。定期書庫大別分成人用、兒童用及圖書館專用 3 類。其中成人用、兒童用是依州選定管轄的市郡和支廳作巡迴書庫；圖書館專用是支廳交互巡迴成績優良的圖書館。臨時書庫是應學校、講習會等其他公署之申請而發送。茲將圖書巡迴書庫開辦的 1922 年度（大 11）及自 1926（大 15／昭 1）起，每隔 5 年列舉一年，如 1926（大 15／昭 1）、1931（昭 6）、1936（昭 11）、1941（昭 16）年度的巡迴書庫與閱覽統計，見表 6。

表 6　臺灣總督府圖書館巡迴書庫與閱覽統計一覽表

年度　項目	1922	1926	1931	1936	1941
閱覽所	166	496	303	273	—
巡迴書庫數	46	126	124	119	85
巡迴圖書冊數	3,096	7,974	7,414	6,890	5,087
閱覽人數	55,585	167,769	18,623	14,819	73,124
平均一日數（人）	14.5	13.0	1.4	1.3	—
閱覽圖書數	74,325	202,812	21,963	17,808	90,450
平均一日數（冊）	19.4	15.7	1.7	1.6	—
開庫日數	3,836	12,931	13,291	11,278	—

說　　明：1.巡迴書庫於 1922 年（大 11）9 月 22 日開始實施。

　　　　　2.臺灣總督府自 1938 年度（昭 12）至 1942 年度（昭 17）的圖書館相關統計，未見披載巡迴書庫「閱覽所」、「開庫日數」資料。本表各該年「平均一日閱覽人數」、「平均一日閱覽圖書數」，

由筆者分別依「閱覽人數」、「閱覽圖書數」，除以「開庫日
數」，並採四捨五入計。

3.標示「－」符號，係「數值無統計」。

資料來源：臺灣總督府內務局文教課，《臺灣總督府學事第 21 年報》（臺北：
編者，1925.03），頁 30－31。

臺灣總督府文教局，《臺灣總督府學事第 25 年報》（臺北：編者，
1927.07），頁 28。

臺灣總督府文教局，《臺灣總督府學事第 30 年報》（臺北：編者，
1933.09），頁 382－383。

臺灣總督府文教局，《昭和11年度臺灣總督府學事第35年報》（臺
北：編者，1938.10），頁 286－287、288－289。

臺灣總督府圖書館，《臺灣總督府圖書館概覽附島內圖書館表
（1941＝昭 16 年度）》（臺北：該館，1942.11），頁 6－7。

製本室

　　隈本繁吉館長重視圖書裝訂維護，乃自日本延聘技師本多久次郎到館
擔任職工，帶領臺籍職工進行。依據上開《處務細則》：裝訂業務由司書
係負責，人事及管理則歸會計係監督。實際從事修補裝訂者為職工。本多
久次郎於1917年（大6）3月31日退休，臺籍裝訂職工開始獨當一面。「日
據時期臺籍裝訂職工先後有杜昆明、李體、林新田、余景祝、王金棟、陳
金彩、莊木奇、陳蚶目、林連東、呂阿助、楊建財等（楊時榮；蔡燕
青）。」

　　1915 年（大 4）總督府圖書館正式對外開館，於 1 樓角隅，緊鄰兒童
室，置製本室。製本室於 1937 年（昭 12）移至 2 樓目錄區一隅，1945 年
（昭 20）亦隨圖書館燬於戰火。山中樵乃將裝訂職工，暫遷往南方資料館
工作，圖書館借用新公園內博物館上班。（楊時榮）

　　館藏報紙每兩個月裝訂乙冊，如《臺灣新報》、《臺灣日報》、《臺
灣日日新報》、《臺南新報》、《臺中新聞》、《臺中每日新聞》、《中

部臺灣日報》、《漢文臺灣日日新報》、《全臺日報》、《臺灣新聞》、《臺灣新民報》等 11 種。

八、推廣及輔導服務

　　館長山中樵（1882－1947）曾任日本圖書館協會新潟支部長（案日本圖書館協會於 1913 年（大 2）由德川賴倫侯爵任總裁。1915 年（大 4）設九州支部；1917 年（大 6）設山口支部；1918 年（大 7）設新潟支部，1931 年（昭 6）遭廢止），先後擔任宮城縣圖書館司書（1911）、新潟縣立圖書館司書（1915）。是從新潟縣立圖書館長轉任臺灣，於 1927 年（昭 2）9 月 7 日接任，在職凡 19 年，任期最長。（案馬宗榮，《現代圖書館序說》稱：全日本圖書館事業最發達之區，首推山口縣，其次為新潟與宮城二縣）任內推動臺灣圖書館事業發展，致力於臺灣本土文化、民俗、考古的研究，保存臺灣歷史古蹟及文物。舉舉舉其大者：1.廣泛蒐集臺灣文獻（特別是鄉土資料），臺灣官方出版品，華南、華中方志，及南洋資料，充實館藏內容；2.編製多種圖書目錄，除持續編印《臺灣總督府圖書館和漢圖書分類目錄》外，特別重視發行有關臺灣文獻及南洋資料目錄；3.提升閱讀品質，推廣書香風氣，繼續實施巡迴書庫制度等推廣服務，在館內設立「臺灣愛書會」，發行《愛書》雜誌；4.推動對公共圖書館輔導業務，謀求地方圖書館的發展；5.二次大戰末期時，1944 年疏散府圖書館館藏，圖書分散市郊各處，避免了燬於戰火。1945 年臺灣光復後，山中樵仍被繼續留任，協助范壽康、吳克剛館長發展館務。1947 年 5 月始離臺返日（仙台市），旋（11 月 11 日）病逝，葬於輪王寺。

臺灣公共圖書館事業

　　1923 年（大 12）4 月 6 日總督府以府令第 43 號公布《公立私立圖書館規則》（全 6 條），為謀求普遍設立臺灣公共圖書館（州廳市街庄圖書館）

有了法源，這也是日據時期唯一的公共圖書館法規。其中，第1條揭示公共圖書館設置的目的是「為蒐集圖書提供民眾閱覽」；第5條「圖書館得徵收圖書閱覽費」以資助圖書館的財源。1926年（大15）10月12日總督府內務局新設文教局，下設有社會課，將原學務課所管轄的社會教育行政業務移入，才開啓了社會教育專責機關。1927年（昭2）12月「臺灣圖書館協會」在臺北成立，此後臺灣各地方圖書館紛紛成立。1933年（昭8）1月1日日本正式施行中央圖書館制度，臺灣總督府圖書館被指定為臺灣的「中央圖書館」。

　　並河館長一方面親臨參與和指導地方圖書館的設立，一方面以總督府圖書館為臺灣地方圖書館輔導及館員訓練中心，推動臺灣圖書館事業的發展。1922年（大11）並河氏發表〈簡易圖書館經營11則〉，認為簡易圖書館的成立，應細心瞭解當地實況、財力，一開始就規劃較大規模的圖書館的想法並不妥當。毋寧先成立小規模的簡易圖書館較宜，使一般居民認同，再逐步擴大規模。爰定簡易圖書館設立方針及順序，條陳為11條，以供參考（並河直廣，1922.03）。1925年（大14）3月12日並河館長應邀在總督府第2回地方改良講習會演講，會後整理為〈圖書館の經營〉乙文，附載於《臺灣總督府圖書館一覽（自1925.04.01＝大14至1926.03.31＝大15），1926.08》，提供島內圖書館界參考。文中在〈創立〉乙節提及（略以），圖書館往往以皇室慶事（皇室の御慶事盛典）、攝政宮皇太子裕仁訪問臺灣的出行（攝政殿下の行啓）等為紀念而募款成立。依賴募款是一時的，要永久經營則成立之初須規劃維持及擴張費，俾免數年後有名無實。

　　1935年（昭10）山中樵撰〈臺灣圖書館事業的現在與未來〉（〈臺灣に於ける圖書館の現在及將來に就て〉，1935.01）乙篇，提到當時的地方圖書館共有78所，其中州立者2所、市立者5所、街庄（鄉鎮）立者65所、私立者6所。臺灣各圖書館成立的時間都不長，而藏書實在太少。78所的平均藏書量為2,100冊。藏書在1萬冊左右的只有4所。有35所藏書不

到 1,000 冊。如此狀況，即使有心成為社會教育中心，依然是心有餘而力不足。因此，普及與充實不得不同時並進。圖書館的發展端賴適任的職員以及投入相當的經費始能有成。

根據統計截至 1943 年（昭 18），臺灣全島公共圖書館除府圖書館外，共有 93 所（其中公立 89 所，私立 4 所）。各館藏書自數百冊至萬餘冊不等，總藏書量在 32 萬冊左右（曾堃賢）。（日）宇治鄉毅撰〈近代日本圖書館之變遷・臺灣圖書館篇〉指到：（宇治鄉毅、何輝國）

> 除州立、市立以及一部分街立圖書館在活動方面比較活潑之外，而大多數的街庄立圖書館，則在各方面存在一些問題（如經費不足、設備不全），故較為不振。關於這點，總督府圖書館館長山中樵曾感嘆的提及，「為數不少的公私立圖書館中仍本著 10 年前、5 年前的典藏內容設施，仍然一成不變者，則被批評只是茫然掛著圖書館招牌者，也是事非得已。」

圖書館講習會

並河館長任內，自 1923 年（大 12）10 月 23 日至 27 日開辦「第 1 回圖書館講習會」起，逐年辦理了 4 回。

山中館長接任後，於 1928 年（昭 3）10 月 22 日至 25 日辦理第 5 回講習會，主要課程的講師為該館館長和司書，有圖書館管理法（山中樵）、圖書館閱覽事務梗概（山田恒）、兒童室經營及巡迴書庫（上森大輔）、臺灣誌料（市村榮）等，並參觀海山郡三峽庄三峽通俗圖書館（臺灣教育會，1928.05）此後，仍每年持續，直至 1942 年（昭 17）11 月止。講習對象以全島各地從事圖書館事業者及新開設圖書館館員為主，兼及青年團文庫、兒童文庫、部落文庫相關人員，偶收州廳、郡市、街庄從事教育事業者。依《臺灣總督府圖書館要覽：開館 20 周年記念》〈沿革の大要〉所載，予以加總，1923 年至 1934 年（大 12－昭 9）第 1 至第 12 回講習會頒

發講習證書者共 310 人。講習日數 3 至 7 日不等，以 6 日者、7 日者居多。講師係總督府圖書館長山中樵和司書如山田恒、上森大輔、市村榮、百濟孝四郎、豐島魁、西宮正義等。也曾邀總督府事務官為講師，如高橋秀人、慶谷隆夫、立川義勇（文教局社會課長）、王野代活郎、關川保（文教局社會教育官）等講課 2 小時。研習會書記以府圖書館書記擔任，如黑川實助、伊舍堂孫堅、矢澤秀夫、瀧下榮治郎等。上課地點多為總督府圖書館內，也有在外地（講習日數 3 日）者，如臺中州立圖書館（1936.02.05-07＝昭 11）、新竹州立圖書館（1938.02.16-18＝昭 13）高雄市立圖書館（1939.11.08-10＝昭 14）等。

　　課程安排以實務為主，除講授外，輔以實習。課程方面以 1937 年（昭 12）2 月 23 至 27 日「1936＝昭和 11 年度圖書館講習會」、1938 年（昭 13）11 月 16 至 20 日「第 16 回圖書館講習會」、1939 年（昭 14）11 月 8 至 10 日「1939＝昭 14 年度圖書館講習會」（在高雄市立圖書館舉辦）及 1941 年（昭 16）2 月 3 至 8 日「1940＝昭和 15 年度圖書館講習會」（國史館臺灣文獻館）為例：

　　（1937 年）
　　社會教育與圖書館（2 小時）　　　　　慶谷隆夫
　　地方圖書館經營（8 小時）　　　　　　山中樵
　　兒童讀物與兒童文庫（3 小時）　　　　上森大輔
　　圖書館整理實務（3 小時）　　　　　　市村榮
　　鄉土志料解說（2 小時）　　　　　　　市村榮
　　簡易圖書修理法（4 小時）　　　　　　山下隆吉〔館員〕
　　圖書整理實習（6 小時）
　　（1938 年）
　　國民精神總動員運動（2 小時）　　　　關川保
　　地方圖書館經營（8 小時）　　　　　　山中樵
　　兒童文庫經營（3 小時）　　　　　　　上森大輔

圖書館整理實務（3 小時）	市村榮
鄉土志料解說（2 小時）	市村榮
簡易圖書修理法（4 小時）	山下隆吉
圖書整理實習（6 小時）	
（1939 年）	
街庄圖書館經營	山中樵
兒童文庫經營	山中樵
圖書館整理實務	市村榮
圖書館整理實習	百濟孝四郎
（1941 年）	
本島的社會教育	立川義勇
街庄圖書館經營	山中樵
圖書館整理法	市村榮
兒童室及巡迴書庫實務	豐島魁
圖書館整理實務	百濟孝四郎
簡易圖書修理法	百濟孝四郎

　　舉辦圖書館講習會將使圖書館從業人員能有機會習得圖書館學專業訓練與技能，促進全島圖書館事業的發展。

全島圖書館協議會

　　山中館長積極鼓吹仿日本圖書館協會模式，在臺灣成立圖書館專業組織，以謀求圖書館事業的發展。山中建議以 1928 年（昭 3）將舉行昭和天皇登基大典，為配合大典應大力推動普及圖書館，振興本島圖書館事業，迎接本島圖書館事業的新紀元，獲得總督府文教局當局贊同。

　　1927 年（昭 2）12 月 12 日至 13 日在總督府會議室，召開「全島〔臺灣〕公私立圖書館館長、圖書館事業關係者協議會」〔第 1 次「全島圖書館協議會」〕，14 日往新竹視察圖書館及其他社會事業。與會人員有府圖書

館長、司書、州廳教育課長、教育社會課長、州視學、公私立圖書館長、司書或代表 37 人；蒞臨圖書館業務主管機關長官，如總督府內務局長、總務長官代理、警察局理蕃課長、文教局長代理、視學官、編修官、囑託、屬員等 12 人臨席〔列席〕，推舉山中樵為議長。內務局長豐田勝藏代理總務長官訓示。本次會議「協議事項」〔「討論事項」〕有 7 案，其中，第 1 案總督府圖書館提案「御大典記念本島圖書館振興方案（10 項）建議案」，如下：1.頒布設立及充實圖書館的獎勵措施；2.訂定街庄立圖書館營運標準；3.獎勵各州廳對市街庄圖書館的經費補助；4.總督府補助州廳立圖書館巡迴文庫經費；5.總督府對成績優良的公私立圖書館頒發獎勵金；6.發布公立圖書館職員令；7.總督府舉辦圖書館講習會，請文部省館員教習所派遣講師來授課；8.派遣公私立圖書館員至內地圖書館見學；9.在師範學校最高年級開設圖書館管理課程；10.總督府文教當局應每年至少一次至各圖書館視察指導。決議由臺灣圖書館協會長向總督府建議。另「打合事項」〔「會議事項」〕有議題 18 件，如有關圖書館事務講習會、總督府圖書館巡迴書庫、普及巡迴書庫、島內發行圖書館雜誌、實施圖書館週、寄贈島內官公署發行圖書等。第 2 天 10 時開會前先參觀府圖書館，府圖書館展出：1.鄉土史料臺灣通志府縣廳志及珍貴史料16種；2.圖書館事務參考書雜誌20餘種；3.本島人愛讀的圖書等 3 類圖書。（《臺灣總督府圖書館一覽（1927.04.01＝昭 2 至 1928.03.31＝昭 3）》），〈附錄：全島圖書館協議會概況〉，1928.10）；（臺灣教育會，1928.01）；（臺灣日日新報社，1927.12.12、1927.12.14、1927.12.16）嗣後每年召開全島圖書館協議會。

　　1929 年（昭 4）10 月 11 日臺灣圖書館協議會在臺灣總督府會議室召開了「第 2 回全島圖書館協議會」，出席者 26 人，由協議會議長山中樵主持，協議〔討論〕事項有建請從速發布臺灣公立圖書館職員令；制定街庄立圖書館設置經營要項並準則等案。打合〔會議〕事項有普及及獎勵島內圖書館、實施圖書館週相關意見等談話議題 6 件（臺灣教育會，1929.10）。

　　1931 年（昭 6）11 月 2 日「第 4 回全島圖書館協議會」通過，每年 1 月 11 日起至 17 日實施全島圖書館週活動，為期 1 週。

臺灣圖書館協會

　　1927 年（昭 2）12 月 12 日在上開「全島圖書館協議會」「協議事項」第 5 案，府圖書館提案「成立臺灣圖書館協會案」，經討論決議通過成立「臺灣圖書館協會」的正式社團專業組織。由總督府文教局長石黑英彥擔任會長；文教局社會課長坂口主稅擔任副會長；山中樵擔任幹事長，承會長之命，處理會務。協會成立之初，設有幹事 17 人，以各州廳視學為主，及總督府所屬 2 人、府圖書館所屬 1 人（司書山田恒），分別處理庶務與會計等業務。另有評議委員 25 人，於召開總會時，在會員中選出，任期為兩年，決議預算及其他重要事項。協會辦公室設置在府圖書館內。嗣後各年常上午召開「全島圖書館協議會」，下午兼開「臺灣圖書館協會」總會（臺灣日日新報社，1931.10.23）。

　　依據「臺灣圖書館協會規則」（全 6 章 24 條），協會「以透過圖書館及圖書有關事項的調查研究，促進臺灣圖書館事業發展為宗旨」。會員分通常會員〔普通會員〕及特別會員兩種。通常會員的資格：1.從事圖書館業務者；2.與圖書館事業相關者；3.由會員介紹而經協會認可者。通常會員於每年 4 月中旬繳納會費壹圓。特別會員係對協會有功勞者，或協助協會事業發展有特別助益者，得予以推薦。

　　協會主要會務：1.召開年度總會及臨時總會；2.發行《協會會報》；3.舉辦研究會；4.舉辦展覽會、演講會；5.舉辦圖書館員講習會等項目。如 1928 年（昭 3）5 月 7 至 8 日假府圖書館舉行「圖書修理法講習會」，邀大阪專營圖書館用品的間宮商店員森清主講簡易圖書修理方法及器具使用法，參加人數 37 名（臺灣教育會，1928.06）；1929 年（昭 4）10 月 12 日假建成小學舉行「簡易圖書修理講習會」，由間宮不二雄講授，參加人數 33 名等。（日本圖書館協會，1929.12）

　　1936 年（昭 11）12 月 4 至 5 日舉行「〔第 1 回〕圖書館事務研究會」，

假臺北教育會館舉行，出席人數 50 名。（日本圖書館協會，1937.02）。主要內容有：1.報告，如巡迴書庫（新竹州立圖書館，北野嘉重）、讀書會及家庭文庫（臺中州立圖書館，細野浩三）、圖書館後援會（彰化市立圖書館，長崎浩）、內地人本島人閱覽狀況的比較（臺南市立圖書館，菅虎吉）、新著圖書目錄（府圖書館，市村榮）、青年讀書會（北校圖書會）、青年團巡迴文庫（淡水圖書館）等；2.研究事項，包括圖書選擇和購入、圖書分類和目錄、寄贈圖書的整理、新聞雜誌的整理、圖書的撤銷和處理、閱覽事務、統計、青年團和圖書館、部落集會所和圖書館、附帶設施、其他等 11 項；3.內外圖書館的近況，由上森大輔主講；4.講演，由山中樵主講；5.見學，臺北帝大圖書館、府圖書館。

臺灣圖書館協會曾於 1928 年（昭 3）10 月編印《選定兒童用圖書目錄》（28 頁），從府圖書館兒童室藏書（1924 年（大 13）至 1928 年（昭和 3）6 月入藏者）中選擇圖書，計選定適合低年級程度 119 冊、中年級 117 冊、高年級 345 冊，共 581 冊，及附錄：雜誌 10 種；1931 年（昭 6）12 月與臺灣教育會編印《少年讀物選定目錄》（27 頁），計選定適合低年級程度 84 冊、中年級 86 冊、高年級 224 冊，共 394 冊，提供地方圖書館、小型公學校兒童文庫、青年團選購書刊的參考。其後接辦臺灣教育會圖書推薦工作，制定「青少年讀物推薦認定規則」（全 8 條），組織「圖書調查委員會」（委員有府圖書館山中樵及司書市村榮、豐島魁及其他單位人員共 19 人）。首先配合圖書館週，發行《推薦認定兒童青年讀物目錄（1935＝昭 10）》（臺北：臺灣圖書館協會，1935.01，15 頁），彙編教育會圖書調查委員會於 1932 年（昭 7）至 1934 年（昭 9）發表在《臺灣教育》介紹圖書 164 種、221 冊。繼之每年編輯《推薦認定兒童青年讀物目錄（1935＝昭 10）》－《目錄（1937＝昭 12）》，均於當年 12 月印行。接著，將《目錄（1938＝昭 13）》開始由府圖書館印行，各年《目錄》皆於翌年 1 月出版。

協辦「日本第 23 回全國圖書館協議會」

1929 年（昭 4）日本全國圖書館協議會組團共 26 人來臺進行「視察旅

行」，包括日本圖書館協會理事長（帝國圖書館長）松本喜一、東京帝大圖書館囑託植松安、青年圖書館聯盟書記長間宮不二雄、東北帝大圖書館司書官田中敬等，分 9 月 24 日、9 月 27 日兩批抵達基隆，一路南下到各地訪問，最後北上參加 10 月 9 日至 10 日，由臺灣圖書館協會協辦，日本圖書館協會主辦的「日本第 23 回全國圖書館協議會」，假臺灣總督府會議室舉行，有來自日本、朝鮮、關東州及臺灣等地有關人員 64 名參加。（臺灣教育會，1929.10）總督府圖書館特別展出臺灣關係資料。見上開〈六、圖書的整理（二）編輯各種目錄・展覽目錄〉《臺灣關係資料展觀目錄》。

全島圖書館週

　　世界最早的「圖書館週」活動，源起於 1923 年（大 12）日本圖書館協會定每年 11 月 1 日至 11 月 7 日為「圖書館週」，係以鼓勵讀書，普及國民文化及推薦好書為目的的推廣事業。1924 年（大 13）開始舉辦了第 1 回圖書館週活動。1937 年（昭 12）蘆溝橋事變後，8 月 24 日日本內閣決議為應對現下的時局，發起官民一體的大國民運動，制頒「國民精神總動員實施要綱」及「實踐事項」，確定了「舉國一致、盡忠報國、堅忍持久」的 3 大指標推動，為全面戰爭預作準備。1938 年（昭 13）3 月公布施行「國家總動員法」以適應戰爭的需要。1939 年（昭 14）文部省國民精神總動員深化國民自覺讀書，認識時局，「讀書報國」，爰廢止了「圖書館週」的名稱，改稱「讀書普及運動」，是為「思想善導」的一環。

　　1931 年（昭 6）11 月 2 日臺灣圖書館協議會「第 4 回全島圖書館協議會」通過，每年 1 月 11 日起至 17 日實施全島圖書館週活動，為期 1 週。

　　1932 年（昭 7）1 月 11 日起實施「第 1 回全島圖書館週」，由臺灣圖書館協會（幹事長山中樵）和臺灣教育會主辦，總督府、各州廳、各報社後援。其目的在喚起民眾讀書興趣及養成讀書習慣；普及良書；瞭解圖書館使命和既有圖書館的利用；促進新成立圖書館及學校文庫。爾後每年舉行，至 1945 年（昭和 20）共舉辦 11 回圖書館週。山中館長認為圖書館週最重要的目的在養成民眾的讀書習慣。（山中樵，1933.01）

　　案臺灣教育會於 1901 年（明 34）3 月成立，1931 年（昭 6）2 月改組為社團法人，事務所設龍口町教育會館內。該會總裁為臺灣總督，會長為總務長官，副會長為文教局長，理事 18 人，監事 2 人，職員書記以下 18 人，會員 13,649 人。業務分庶務、會計、學校教育、社會教育、出版、寫真等 6 部。（臺灣總督府文教局，1942.03）

　　全島一齊實施圖書館週間，臺灣圖書館協會、臺灣教育會、總督府圖書館、臺北帝大附屬圖書館、州廳郡市街庄圖書館、學校、青年團及其他各教化團體紛紛辦理各項相關活動，如「圖書館」及「讀書」相關標語懸賞募集、製作張貼宣傳海報（如張貼市內主要商店及市營公車）及配送書籤、電臺廣播節目（如 JFAK、JFBK）、展覽會、講演會、講習會、座談會、映畫會〔電影欣賞會〕、童謠童話會、製作圖書目錄（如優良圖書目錄、兒童文庫圖書目錄等）、各種調查（如圖書館利用狀況、家庭購讀新聞雜誌等）、參觀或團體見習圖書館等。（臺灣教育會，1932.03、1932.04、1932.06；山中樵，1932.10）。1938 年（昭 13）第 7 回全島圖書館週間，《臺灣日日新報》還特闢「讀書週間特輯號」，披載文部大臣木戶幸一〈圖書と人間生活〉及山中樵〈戰時體制下の圖書館週間〉兩文（臺灣日日新報社，1938.01.11）。

　　臺灣教育會在第 1 回全島圖書館週間，在其機關刊物《臺灣教育》該月發行的第 354 號特載：帝國圖書館長松本喜一〈圖書館週間に際して〉、原東京市立圖書館頭今澤慈海〈學校內設置圖書館經營上の諸問題〉、文部省圖書館講習所講師（原府圖書館長）太田為三郎〈圖書館と學校との聯絡〉。此外，新設少年讀物調查委員會，每月開會乙次，調查新刊圖書，選擇良書推薦、認定，刊載於《臺灣教育》，並彙編出版《推薦認定圖書目錄》，提供選購的參考。

　　茲記第 1 至 8 回總督府圖書館、臺灣教育會、帝大圖書館所辦主要展覽會如下：

　　1. 1932 年（昭 7）明治 7 年征臺役關係資料展覽會、良書二百種兒童書

五十種展覽會（府圖書館）。

2. 1933 年（昭 8）滿洲事變與滿洲建國資料展覽會（臺灣教育會館）、滿洲上海事變關係資料展覽會（展出事變以後出版文獻）、良書百選展覽會（日本圖書館協會推薦）、臺灣教育會推薦認定圖書展覽會（府圖書館）、滿洲資料展覽會（帝大圖書館）。

3. 1934 年（昭 9）日本精神圖書展、良書百選、臺灣教育會推薦認定圖書展覽會（府圖書館）。

4. 1935 年（昭 10）良書百選、臺灣圖書館協會推薦認定圖書展覽會（府圖書館）。

5. 1936 年（昭 11）第 1 回裝幀展（臺灣愛書會）。

6. 1937 年（昭 12）南洋關係誌料展、版畫與圖書展（府圖書館）。

7. 1938 年（昭 13）南支那關係資料展、支那事變關係資料展（府圖書館）。

8. 1939 年（昭 14）現代日本限定本展、南支那地方志展（府圖書館）。

圖書館紀念日

緣起於 1931 年（昭 6）4 月 2 日昭和天皇召見帝國圖書館長松本喜一（1881－1945；該館第 2 任館長），由松本報告「圖書館的使命」（「圖書館の使命」）。日本圖書館界認為天皇關心圖書館事業的發展，感到無上的光榮。1932 年（昭 7）5 月 11 日至 13 日第 26 回全國圖書館大會假上野公園東京科學博物館講堂舉行，田中敬與松本喜一提案以松本「御進講」日定為「圖書館記念日」，獲得與會者一致決議，從 1933 年（昭 8）起每年 4 月 2 日為「圖書館記念日」，共同奮發努力圖書館的發展，以回報天皇的關心與厚愛（山中樵；大場鑑次郎）。

山中樵決定臺灣圖書館界跟進，經 1933 年（昭 8）11 月 4 日臺灣圖書館協議會「第 6 回全島圖書館協議會」決議，每年 4 月 2 日為「圖書館記念日」。1934 年（昭 9）4 月 2 日全島各公私立圖書館舉行「第 1 回圖書館記

念日」慶祝典禮及有關活動。（山中樵，1932.08）嗣後每年持續舉行。

廣播節目

溯自 1925 年（大 14）3 月以後，日本東京、大阪、名古屋等地相繼成立電臺廣播節目。10 月總督府「始政」30 年紀念活動，總督府交通局遞信部於 6 月 17−26 日進行「試驗性播音」（「試驗放送」）10 天，每天上午、下午、晚間播出節目，以音樂節目居多（北見隆）。

1926 年（大 15）1 月頒布《臺灣廣播收聽規則》（臺灣ラヂオ聽取規則）。其後，總督府交通局遞信部規畫於1928年（昭3）設置臺北放送局。1928 年（昭 3）11 月 10 日轉播昭和天皇登基大典，12 月 22 日臺北放送局（「臺放」）（臺呼 JFAK）正式成立，下午舉行開播（局）典禮。當時收聽廣播是需要申請執照，臺放成立之初，是採取免費的。臺放初設於遞信部廳舍（光復後為交通部，今為國史館臺北館區）2 樓的一部分。時總督川村竹治希望透過廣播在殖民地運作，能達到文化融合，鞏固國家認同的目標。遞信部長深川繁治認為臺灣廣播事業應朝向完成內地延長主義，促進內臺融合的目標前進。（（日）深川繁治）初播音時間分早（8 時至 11 時）、中（下午 2 時至 5 時）、晚（下午 6 時 30 分至 11 時）3 個時段。整個節目編製分為新聞報導、教育、娛樂 3 大項，總時段約 4：3：3 的比例。

1929 年（昭和 4）3 月 19 日府圖書館以「婦女與讀書」為題播出廣播節目（張圍東）；4 月 13 日總督府與臺放合作，在教育性節目，開播「圖書館新聞」（「圖書館ニュース」），定每週二為廣播日，由山中樵擔任首播主持人，在節目裏推介優良圖書（良書），倡導讀書風氣。

惟 1929 年（昭和 4）2 月透過官方許可的收音機數量為 7,074 部，4 月 17 日始超過 8,000 部，8 月底達 9,481 部（北見隆）。在聽取者數，若以普及率（以戶數為計算基準）觀之，相較於在臺日本人在 1930 年代已超過 50%，臺灣人部分在 1943 年的最高峯也僅逼近 5%，臺灣人收聽廣播太低。使得當時以收聽費來維持營運的廣播事業經營相當困難（李承機）。

總督府營繕科技師栗山俊一主持設計規畫臺放板橋放送所、淡水受信

所、臺北放送局演奏所。後者在臺北公園，斥資 66 萬圓，於 1929 年（昭 4）2 月動工。1931 年（昭 6）臺放演奏所落成（光復後曾改稱臺灣廣播電臺、中國廣播公司，今臺北二二八紀念館），2 月「社團法人臺灣放送協會」成立，遞信部將廣播業務移轉該會。協會開始收取一個月 1 圓的收聽費（聽取料），盜聽者將科 50 元罰金。因為收聽廣播需要購買收音機並定期繳納收聽費，一般人難以負擔。其後又絡續成立臺南（JFBK）、臺中（JFCK）、嘉義（JFDK）、花蓮（JFEK）放送局。

臺灣愛書會

　　緣自 1933 年（昭 8）實施「第 2 回全島圖書館週」間，1 月 13 日下午 6 時 30 分臺北帝國大學文政學部教授植松安、臺灣日日新報社（「臺日社」）社長河村徹出席由山中樵主持的廣播節目《讀書的傍晚》（JFAK 廣播節目《讀書の夕》），分別由植松、河村主講〈關於日本的古典〉（〈日本の古典について〉）、〈書籍的趣味〉（〈書物の趣味〉）。在河村跟山中的對談中起意先辦一個聚會，邀請愛書同好各自攜帶珍貴圖書，齊聚一晚，相互欣賞討論，於是決定 3 人分別邀集各自的部屬同僚來相會。2 月 13 日臺日社河村徹、大澤貞吉（主筆），府圖書館山中樵、市村榮，臺北帝大植松安、瀧田貞治、田中長三郎、澤田兼吉、武田虎之助等 9 人在臺北鐵道旅館集會，河村以「書誌學為中心的各種研究及大眾教化為目標」提案創會，集會中倡議結合帝大文政學部 1929 年（昭 4）成立以來的「書籍會」（「書物の會」）組織。4 月 12 日第 2 次鐵道旅館會議，加入了帝大矢野禾積、島田謹二，決議將會名定為「臺灣愛書會」並決定「臺灣愛書會會則」（全 4 章 17 條），製作「趣旨」文稿。眾人公推帝大總長（校長）幣原坦擔任會長，河村徹為副會長。4 月 25 日幣原坦召集第 3 次會議，又加入帝大神田喜一郎，決議第一回書誌關係展覽與演講〔5 月 6 日舉行〕，將會誌取名為《愛書》（武田虎之助）。依《臺灣愛書會趣旨》載：（臺灣愛書會，1933.06）

　　書籍係智德的寶庫，提供修養的資源。書籍對現代人而言，比一般日常生活中的茶飯同等重要。換言之，書籍是最親近之物，是提升社會一般文化普及與讀書風氣的表徵。（中略）但在臺灣趣味性與知識性的讀書會僅有 2、3 個小型聚會，從未有大型的讀書會。為達成上述讀書目的，特以組織臺灣愛書會，以期結合各界人士的智慧與奉獻，共同投入心力，以達成設置愛書會的宗旨。

　　臺灣愛書會「以調查研究東西方書誌學等有關事項，並兼普及提高讀書興趣為目的」（「會則」第 2 條）。有關總務會計業務，辦公室設置於府圖書館內；有關編輯會誌業務，設置於帝大附屬圖書館內（第 4 條），有關會誌的印刷及活動聚會場地的提供，則由臺日社負責。「凡支持愛書會成立趣旨，及繳納所規定會費者，得為會員」。普通會員年費應繳納 2 圓，特別會員則為 5 圓。其中普通會費 1934 年（昭 9）後漲為 2 圓 50 錢，1938 年（昭 13）又漲為 3 圓。創會之初，依據《臺灣愛書會會員名簿（1934 年（昭 9）3 月末現在）》（臺灣愛書會），會員共 115 名，其中特別會員 34 名，普通會員 81 名。會員幾乎全為在臺日人，臺灣人寥寥無幾，分別為特別會員大成火災海上保險株式會社社長林熊光（1897－1974）及普通會員府圖書館雇員許德旺、陳鐵厚、劉金狗（1904－1989），嘉義中埔信義組合張文正等 5 名。每年都在會計年度結束（3 月底）之後的 4 月舉行年度會員大會（每年 1 回的集會）。

　　愛書會的主要會務為舉辦：1.演講會；2.展覽會；3.會員集會；4.發行會誌。如 1933 年（昭 8）5 月 6－7 日在臺日社講堂舉辦「第 1 回書誌關係展」，展出圖書 416 種，為帝大、府圖書館館藏及會員植松安、矢野禾積、神田喜一郎、瀧田貞治等人珍藏書，編印展覽目錄乙冊，《書誌に関する展覽會出陳目錄》，（臺北：臺灣愛書會，〔1933.05〕，31 頁）；5 月 7 日並舉辦「愛書演講會」，分由帝大教授田中長三郎主講「愛書與富國」，及植松安主講「川柳‧狂歌之讀書子」（「川柳、狂歌に見ゆる之讀書

子」）。

　　1934 年（昭 9）11 月 2 日下午 7 時舉行「鷗外紀念演講會」，分別由
瀧田貞治、島田謹二主講「關於鷗外展覽」、「森鷗外之事」；3 日下午 1
時公開展出陳列品 300 種，分 1.著作；2.有序跋的作品；3.關係雜誌；4.原
稿；5.尺牘；6.參考品等 6 類，瀧田編纂裝幀《鷗外書志》（臺北：臺灣愛
書會，1934，49 頁）乙冊。森鷗外（1862-1922；森林太郎）是軍醫、翻
譯家、小說家。1881 年（明 14）東大醫學院畢業，留德學習陸軍衛生學及
醫療制度，1885 年（明 28）曾短暫（1895.05-1895.10）出任臺灣總督府陸
軍局軍醫部長，旋返日任陸軍醫學校長。1917 年（大 6）12 月轉為文官，
任帝室博物館總長兼圖書頭，1918 年（大 7）9 月任首任帝國美術院長（今
日本藝術院）。業餘致力於文學，翻譯了不少小說、詩歌、童話、戲劇等
作品，從事短篇、長篇、歷史小說創作，是為二次世界大戰前與夏目漱石
齊名的文豪。

　　1934 年（昭 9）12 月 23-26 日，日本學術協會第 10 回大會在臺北帝
大舉行，這是該會自 1925 年（大 14）10 月 30 日第 1 回大會在東京帝大舉
辦以來，首次在「外地」召開大會，多位日本學術重量級人物雲集於此，
《臺灣日日新報》特於 12 月 23 日以兩版〈日本學術協會第 10 回大會記念
號〉報導，稱「臺灣科學史上空前的豪華版」（新聞標題）來形容這次會
議。第 1 天總會（Plenary Session）在臺北帝大附屬圖書館（今校史館）中
央展廳舉行，隨後，以自然史、理、工、醫、人文和特殊議題等領域為主
題的演講會在帝大各個教室展開。如該會第 4 部人文科學演講會 24-25 日
假文政學部史學科土俗人種學教室舉行，所發表的文章除 1 篇涉及琉球（沖
繩）外，其餘 6 篇都為臺灣原住民的研究。臺灣愛書會於 12 月 23-25 日假
臺日社講堂特舉辦「臺灣文獻展覽」，展出臺灣關係文獻資料 420 種 1,200
餘冊，展本主要來自府圖書館、帝大所藏，及會員小川尚義、岩生成一提
供。依語言別，和、漢、洋書各予以分類展出，如漢籍分 1.文學；2.歷史；
3.地誌；4.統治；5.番族番政。西川滿編《臺灣文獻展觀目錄》（臺北：臺

灣愛書會，1934.12，51 頁），贈與學術協會出席會員以作紀念。山中樵於
24 日學術大會中解說六十七的《番社采風圖》。案六十七，字居魯，滿洲
鑲紅旗人，以戶科給事中受任巡臺御史。使臺期間（1744－1747 年＝乾隆 9
－12）曾命工繪製《海東選蒐圖》、《臺海采風圖》、《番社采風圖》
等，為有關原住民平埔族群民情風俗的畫冊。係太田為三郎於 1921 年（大
10）在東京南陽堂書房購得 24 幅殘存摹本。1934 年山中樵撰《六十七與兩
采風圖》，認為所購 12 幅風俗圖係《番社采風圖》，12 幅風物圖係《臺海
采風圖》。這為今國立臺灣圖書館館藏稱《采風圖合卷》所本。

　　1936 年（昭 11）為響應「全島圖書館週」，1 月 17－19 日假臺日社講
堂舉辦「第 1 回裝幀展」，展出 150 種手工書。臺灣愛書會編，《第 1 回裝
幀展目錄》（臺北：編者，1936.01，10 頁）。

　　「臺灣愛書會定期聚會討論古文書的蒐藏與閱讀心得。因此內容多為
文獻介紹及深入研究的成果，經常企畫特輯。」（柳書琴）

《愛書》雜誌

　　1933 年（昭 8）6 月 1 日發刊《愛書》第 1 輯。自 1934 年（昭 9）8 月
第 2 輯起由西川滿（1908－1999）任編輯人及發行人。《愛書》不定期共發
行 15 輯（1942 年＝昭 17.08）。封面自第 4 輯（1935.09＝昭 10）起為彩
色，多由藏書票及裝幀製作名家設計，如西川滿、宮田彌太郎（1906－
1968）、立石鐵臣（1905－1980）等。縱觀《愛書》的內容，多為書籍相
關研究，包括讀書心得；書籍的專題研究，如善本書籍、古籍保存法、裝
幀技術、插畫、藏書票藏書印等；及介紹書籍的專題研究（張谷源）。

　　《愛書》披載有關研究考證書籍和臺灣文獻專輯（專號）多起，如第 4
輯〈裝幀特輯號〉（1935.09 出版）、第 5 輯〈圖書保存特輯號〉
（1936.01）和第 10 輯〈臺灣特輯號〉（1938.04）、第 14 輯〈臺灣文藝書
誌號〉（1941.05）。

　　有關臺灣文獻專輯部分，第 10 輯披載移川子之藏撰〈荷蘭的臺灣關係
古文書〉；淺井惠倫撰〈荷蘭與蕃語資料〉（〈和蘭と蕃語資料〉）；神

田喜一郎撰〈存在牛津的臺灣古文書〉（〈牛津に存在する臺灣の古文獻
に就いへ〉）；尾崎秀真撰〈清朝統治下的臺灣文藝〉（〈清朝治下に於
ける臺灣の文藝〉）；市村榮撰〈臺灣關係誌料小解〉等。第 14 輯刊載神
田喜一郎、島田謹二合撰〈就臺灣文學而言〉（〈臺灣に於ける文學につ
ぃへ〉）；黃得時、池田敏雄撰〈臺灣文學書目〉（〈臺灣に於ける文學
書目），敘荷西至日據時期臺灣文學發展與出版狀況。

　　另者，西川滿也有意藉藏書票推動讀書風氣，他承接第 1 輯刊登河村徹
發表乙篇〈書籍的趣味〉的文章，文中介紹了藏書章與藏書票的關係；在
第 2 輯的扉頁，正中央刊載河村徹自用的藏書票〈蒂美特〉（Demeter；希
臘神話中象徵穀及財富的女神）。第 3 輯（1934.12）首頁載宮田彌太郎為
西川滿作藏書票「城門」，即以林本源捐輸興築，於 1882 年（光緒 8）竣
工的臺北城重熙門（今中華路與延平南路口小南門）為主題設計。（楊永
智）第 6 輯（1936.04）的封面載教授禿徹作「虎」藏書票。第 8 輯
（1937.01）的封面和卷首載西川滿設計繪製〈神將〉和〈門神〉。第 9 輯
（1937.05）載禿徹撰〈書籍漫談──就藏書票而言〉（〈書物漫談──藏
書票に就て〉）及其自用藏書票 2 種。同輯西川滿「日孝山房童筆」專欄，
載〈藏書票的趣味〉提到「隨著臺灣愛書會努力推動，已經逐漸打開全島
的愛書風氣，喜愛藏書票的人口也持續的增加。」

　　西川滿大學畢業後再度來臺，同時擔任《臺灣日日新報・文藝欄》和
《愛書》編輯，喜鑑賞精緻手工書與書籍裝幀，耽緬於自製「限定本」的
製作圖書事業，重視裝幀藝術（製書藝術），在自撰《年譜》嘗稱：對我
而言，書本的裝幀材料都比書的內容來得重要。西川滿裝幀的代表物件：
封面、插畫、藏書票，在《愛書》都能見到。

募集慰問皇軍圖書雜誌

　　1937 年（昭 12）中日戰爭全面爆發，府圖書館於 1937 年至 1940 年
（昭 12－15）每年 12 月、1942 至 1943 年（昭 17－18）各該年 1 月，主辦
了第 1 至第 6 回募集慰問皇軍圖書雜誌活動。（《臺灣總督府圖書館概覽附

島內圖書館表（1942＝昭 17 年度）》，1943.11）6 回共募集〔筆者累加〕
圖書 17,563 冊，雜誌 144,003 冊，總計 161,566 冊。其中第 4－6 回發送陸軍
宛部隊、海軍宛部隊。〔「宛」係部隊「通稱號」，如第 50 師團通稱號為
「蓬」，第 66 師團為「敢」〕

　　臺灣圖書館協會也於 1937 年募集圖書雜誌 14,328 冊，現金日元 400 圓
61 錢（現金〔購買〕書籍 400 冊），於 12 月 24 日發送到陸軍臺灣軍司令
部和海軍武官府。（臺灣日日新報社，1937.12.24）1942 年（昭 17）1 月及
12 月又辦理第 5 及 6 回公開募集雜誌活動。（臺灣日日新報社，
1942.01.17；國史館臺灣文獻館）

九、財團法人南方資料館

（一）南進國策與南方調查

日本南進國策

　　日本近代（明治、大正、昭和）的對外侵略擴張，有所謂「北進」與
「南進」兩個國策。北進是指以朝鮮、中國東北（滿蒙）為主要擴張路
線。南進則有兩條主要的路線，一是指東京南方的小笠原群島，經由「南
洋羣島」（裡南洋＝內南洋，今太平洋羣島）或菲律賓往太平洋的路線，
主要是向太平洋中的各島嶼發展；一是自日本本土，經由琉球、臺灣、中
國華南（福建、廣東），指向「外南洋」（表南洋）的方向。自 1894 年
（明 27）甲午戰爭日本獲勝後，日本教科書才開始有了「東南亞」（「東
南アジア」）之名，指稱今日一般通稱的東南亞地區，也包括在內。明治
維新後，北進征韓，南進竊臺，北進與南進路線互有競爭。陸軍主張北
進，海軍重視南進。

　　日本自 1874 年（同治 13；明 7）5 月爆發了出兵征臺的「牡丹社事

件」，1879 年（光緒 5；明 12）強佔琉球為沖繩縣以來，對臺灣領土，懷抱著野心。甲午戰爭後，1895 年（明 28）6 月 2 日（光緒 21.05.10）清政府欽差大臣二品頂戴前出使大臣李經芳在外海船上（基隆口外的三貂澳）與首任臺灣總督海軍大將樺山資紀完成臺灣交割手續，日本獲得了臺灣全島及所有附屬各島嶼、澎湖羣島，為南進揭開了序幕。「大日本主義」者認為臺灣是日本國力向西方（中國華南）與南方（南洋）地區延伸的墊腳石。依據陳小沖主編，《廈臺關係史料選編：1895－1945》〈後藤新平文書廈臺關係資料〉所載：

> 臺灣僅是帝國國力不斷向南挺進之跳板。在此跳板之上凝神眺望，西方為南清廣闊沃野，南方漂浮於雲坡上的是南洋諸島。於臺灣島短暫停留休整鯤鵬之翼，終有一天翱翔於此片大陸和汪洋頂上之日必將到來。

第一次世界大戰時，日本趁著歐洲各國全力投入大戰，無暇他顧之際，藉機奪取英法荷等國在南洋的市場及礦產資源。1914（大 3）8 月 23 日日本對德宣戰，10 月藉口基於「英日同盟」的關係，進軍佔領了馬紹爾群島（Marshall Isls.）、加洛林群島（Caroline Isls.）、馬里安納群島（Mariana Isls.）等德屬南太平洋殖民地，將這三地稱為「內南洋」。巴黎和會時，列強將這三地委任日本託管，使日本經略南方獲得國際承認，日本在帛琉群島的科羅爾島設「南洋廳」（其下設 6 支廳）作為管轄機關，開啓了「內南洋」擴張的開端，並得以快速向「外南洋」（指今東南亞）邁進。

臺灣總督府的經略「南方」，約可以 1936 年（昭 11）8 月 7 日廣田內閣的首相、外、藏、陸、海「五相會議」，策定南（海）北（陸）併進及軍備擴張的「國策之基準」為分水嶺。在此之前係總督府的海外事業，即總督府的「南支南洋」政策。自總督桂太郎以來，經營重點偏重在「南

支」（中國華南地區），「兒玉・後藤」在「廈門本願寺事件」後，藉由
民間經營，先是成立國策會社「三五公司」，繼由「善隣協會」經營；而
1919 年（大 8）10 月由田健治郎出任總督之後，重點轉為偏重於「南洋」。
五相會議後，總督府因應中央政府的南進國策，及 1937 年（昭 12）蘆溝橋
事變爆發，中日戰爭的擴大，原先獨立進行的南支南洋措施，也成為國策
的一環。

　　1939 年（昭 14）5 月 11 日至 9 月 16 日在中國內蒙境內海拉爾接壤的
蒙古諾門罕爆發日俄軍事衝突事件，日軍戰敗，北進的戰略策略，漸形擱
置。1940 年（昭 15）春夏之交，日本確定「北守南進」政策，4 月 15 日外
相有田八郎發表聲明，宣稱日本與東亞諸國和南洋地區「相依相援」、
「共存共榮」。1941 年（昭 16）12 月 7 日太平洋戰爭爆發，臺灣成為日本
「大東亞共榮圈」的中心，臺灣總督府已是軍方獲取南方地域軍事資源的
重要機關。

總督府的南方調查事業

　　日本對南洋的興趣始於明治維新時期，1895 年（明 28）6 月 17 日臺灣
總督府舉行「始政」典禮。總督府利用臺灣與中國華南隔著臺灣海峽，並
接近東南亞各國，這一特殊的地理優勢，順應日本南進的國策，使臺灣與
南支南洋的經濟合作更形緊密。在邁進南支南洋的同時，為了增進「南進
政策」、「殖民統治」參考的需要，總督府乃設置調查機關從事調查活
動。

　　1918 年（大 7）6 月 6 日總督府將官房統計課（原 1908 年＝明 41 所
設）組織擴大，特設官房調查課，業務分南支南洋業務、統計業務兩大
項。前者專責「調查南支南洋等海外的制度及經濟事項」，開始有組織的
調查活動。調查所得資料可作為統治臺灣的參考資料及促進海外發展的契
機，與臺灣南方任務更加緊密結合。「因主其事的片山秀太郎、鎌田正
威、東鄉實等 3 位課長都具有豐富的調查經驗，也是深具經綸南支南洋意識
的人物，因之得以建立調查課的基礎。」「調查課被認為成果最輝煌時期

是原口竹次郎〔1882－1951；原早稻田大學教授〕主掌期間，他在招聘擅長各國語文的人才，培訓基層調查人工作上煞費苦心。在培訓工作上，基層調查人員的例行工作是在各自擔當的區域內，以剪報、翻譯等方式，用來熟悉當地的情況，並提供長官參考。」（鍾淑敏）

　　臺灣總督府官房調查課運用上開剪輯資料，1920 年（大 9）1 月（與外事課）發行《外調週報》，11 月改刊名《外事週報》。1921 年創刊《內外情報》刊物，乃係合併原《外事週報》、《統計週報》。1927 年（昭 2）1月再與《臺灣時報》合併成為雜誌的附冊，2 月編印《內外情報記事總索引》（南支那及南洋調查書；133）（61 頁），11 月改為單獨發行，每月刊行 2 回，由《臺灣時報》社發行。1931 年（昭 6）11 月又改名《南支那及南洋情報》發刊第 1 年第 1 號，至 1938 年（昭 13）3 月第 8 年 6 月號（153號）止，4 月又改刊名《南支南洋》月刊自 154 號至 1941 年（昭 16）9 月第 195 號為止（1940 年 4 月號起，改由「臺灣南方協會」印行）。

　　另發行《南支那及南洋調查》系列（不定期刊行），自 1914 年（大 3）8 月印行第 1 號（松岡正男，《南洋視察復命書》）起，一直到 1939 年（昭14），共計刊行 240 號（輯）（另有別卷 3 卷）。其間，調查課於 1929 年（昭 4）6 月編纂了《南洋年鑑》（昭 4 年版＝第 1 回版）及 1932 年（昭7）10 月的第 2 回版。繼之，由總督府外事部於 1937 年（昭 12）11 月編纂了第 3 回版及 1943 年（昭 18）9 月第 4 回版。後者分 2 冊，《上卷大東亞東南大陸篇》、《下卷大東亞海洋島嶼篇》及附錄《大東亞共榮圈南方廣域圈要圖》1 冊。上開年鑑由南洋協會臺灣支部印行。該臺灣支部於 1922 年（大 11）12 月起發行《南洋叢書》，以譯著為主。

　　1935 年（昭 10）7 月原總督府官房外事課、調查課合併並擴大為外事部，作為南進政策的中樞機關，南方調查業務移交至外事部，另出版《南方資料》系列。原統計業務仍穩定進行。

臺灣拓殖株式會社

　　1935 年（昭 11）10 月 19 日至 23 日總督中川健藏應日本拓務省大臣兒

玉秀雄（兒玉源太郎總督長子）之命，在臺北召開「熱帶產業調查會」，目的在「為達成本島對『南支南洋所抱持的使命，而進行各種方案的樹立』」，討論6大項議案。其中第2案「企業及投資事業的援助案」，議決通過了第5項「設置臺灣拓殖株式會社」。1936年（昭11）9月2日海軍大將小林躋造就任總督，臺灣又恢復了武官總督治理。同年11月25日依據該「熱帶產業調查會」的決定，假東京都明治生命保險大樓正式成立了臺灣拓殖株式會社（「臺拓」；The Taiwan Development Company Ltd.），12月5日臺拓總社在臺北帝國生命館（榮町三丁目一番地）開辦業務。社長和副社長要經過日本拓殖大臣的認可，而由臺灣總督府任命。首任社長由三菱商事加藤恭平擔任。臺拓是落實總督府南進政策的實際拓殖機關，經營重心以南支南洋為主，臺灣為副，為日本時代後期全臺規模龐大的國策會社。總資本額3,000萬圓，由總督府提供價值1,500萬圓，以官租地14,000多甲及官有未墾原野、山林等現物出資；日本糖業聯合會、三井、三菱等財閥共同出資1,500萬圓，官方的資本佔一半之多。1942年（昭17）總督府再以阿里山及其他營林所及官租地2,600甲增資，臺拓以總督府的出租地，即所謂「社有地」為基礎，進行全臺開墾與干拓（かんたく；指海濱築地排水開墾，造成耕地）事業，進而將利益所得，挹助其他島外事業（何鳳嬌）。

　　臺拓會社的目的在於配合日本的南進政策，發展臺灣拓殖事業，進而利用內外各種事業基金，加強日本在南支南洋各種事業的統籌經營。「臺拓，非拓殖臺灣，而係以臺灣為基地，南進拓殖全東南亞地區（姚鶴年）。」「總督府在南進政策上能發揮的空間並不多，主要是補助與臺灣沒有直接關係的日本人企業（鍾淑敏）。」「到了日本戰敗時，臺拓轉投資的公司已經多達40家，投資總額超過5億日圓。」（遠流臺灣館）

　　1937年（昭12）7月日本發動對中國的侵略戰爭；為因應國防國家體制，總督府設「府政調查會」。1938年（昭13）9月府政調查會倡議總督府在檯面下，設立一個南方文化團體，作為總督府的「代行團體」，以經

費支助的方式，來協助臺拓的活動及達成臺灣本身南方發展的使命，乃有「臺灣南方協會」之設。

（二）財團法人南方資料館（1940.09－1945.11）

緣起

　　1939 年（昭 14）鹽水港製糖株式會社（日）槇哲（第 2 任社長）捐贈總督府 50 萬圓，作為成立「臺灣南方協會」之用，11 月 14 日，在總督府官邸發起創立協會，得總督府外事部南方重要資料 39,077 冊，並在外事部〔執行總督府南進政策的主要機關〕分室掛牌營運。該協會是以總務長官森岡二郎為會長，由總督小林躋造、臺灣軍司令官兒玉友雄（兒玉源太郎總督三子）等擔任名譽顧問，滙集臺灣官、軍、民所組成的總督府外圍團體。南方協會的目的主要是：1.南方調查研究，對農業、水產業、畜產、工業等展開實地調查，以供有志開展事業者的參考；2.開辦訓練所、講習會及提供獎助學金，以培養拓展南方事業所需各項人才；3.蒐集南方相關資料，為達此目的，決定建立一個以南方資料為中心的專門館舍。

　　1940 年（昭 15）總督府接受來臺發跡日人實業家後宮信太郎（1873－1940；臺灣煉瓦株式會社、高砂麥酒珠式會社、金瓜石鑛山株式會社等多家會社社長。案煉瓦，即紅磚）捐贈 100 萬圓，於 9 月 6 日設立「財團法人南方資料館」。該館《設立趣意》載：（南方資料館，〈南方資料館概況・設立／趣意〉，1943.01；張圍東，1994.04）

　　臺灣為南方諸地方，無論在沿革、人種、經濟及其他一切人文自然環境上，彼此都有相關與聯繫。自臺灣改隸四十餘年來，統治島民的政績實收到很好的成果，以此為據點，共同暨全面發展南方經營。七七事變後，使南方帶能夠擴張起來，亦即所謂東亞新秩序的建設。茲快速的發展推展南進政策，臺灣的使命甚為重

要。此時，臺灣出身實業家後宮信太郎捐貲私財壹百萬日圓，寄
存於臺灣總督府，以供發展南方事業之用。冀望臺灣總督府，以
此基金為基礎，創設財團法人南方資料館，指導輔助南方有關之
一般事務，並蒐集整理南方有關的圖書資料與調查研究，此設施
必能提供南方發展之基礎，實得豐碩的成果。

　　南方資料館設立的最主要目的，即蒐集整理南方有關的圖書資料及南
方調查研究。成立初期，是由臺灣南方協會經營管理，先接管南方協會所
蒐集的南方關係圖書，負責編譯南方資料工作。1941 年（昭 16）11 月 30 日
改組，脫離南方協會而成為獨立的研究機構。翌年 7 月 30 日下午 2 時臺灣
總督長谷川清來館視察。

　　1942 年（昭 17）11 月 19 日天皇侍從戶田康英自空路來臺視察，各級
官員競競以對，總督府特別安排於 20 日下午 2 時 10 分視察南方資料館。理
事素木得一作業務概況報告，理事長齋藤樹和素木理事陪同巡視藏書。該
館提出乙份「南方關係印刷物目錄」（南方資料館，〈侍從へ奉呈せる
「南方關係印刷物目錄」〉，1943.01），收錄總督府外事部及南方資料館
發行的出版物。同年 12 月 12 日上午 9 時 25 分昌德宮李王垠殿下（1897－
1970；朝鮮王朝英親王，為純宗立為皇太子）視察該館，聽取常務理事峰
谷輝雄業務概況報告，由素木理事陪同巡視藏書，10 時 5 分離去。（南方
資料館，〈南方資料館概況・主要事項〉，1943.01）

組織和人員

　　南方資料館成立之初，置理事長 1 人，由總督府總務長官兼任（齋藤
樹）；理事 6 人，其中 1 人為總督府外事部長兼任（峰谷輝雄；常務理事）
及素木得一、遠藤壽三（臺北高等商業學校長）、白鳥勝義（臺北帝大理
農學部教授）、白水洋（海軍武官輔佐官）、田中清（臺灣軍報道部
長）；監事有田勉三郎（華南銀行副總理）、菊池門也（臺灣南方協會常
務理事）。

　　首任館長為臺北帝大理農學部長素木得一（1882－1970）教授。素木得一於 1907 年（明 40）9 月擔任臺灣總督府農事試驗場昆蟲部長。1908 年（明 41）7 月為農事試驗場技師兼總督府技師。1921 年（大 10）9 月至 1926 年（大 15）4 月任殖產局附屬植物檢查所長。1928 年（昭 3）擔任臺北帝大「昆蟲學‧養蠶學」講座教授，兼總督府中央研究院技師任農業部應用動物科長。1938 年（昭 13）擔任帝大理農學部長，1942 年（昭 17）4 月 30 日屆齡退休，4 月獲聘為臺灣南方協會常務理事兼南方資料館專務理事、館長，9 月被授予帝大名譽教授。1947 年 5 月返回日本。1948 年 5 月至 1951 年任聯合國軍司令部天然資源局技術顧問。1948 年至 1949 年擔任日本應用昆蟲學會長。其後，先後獲聘日本昆蟲學會、日本衛生動物學會、日本應用昆蟲學會、日本應用動物昆蟲學會名譽會員。臺大圖書館特藏有素木文庫，藏素木的手稿及其蒐藏的期刊抽印本。

　　依《財團法人南方資料館規程》（全 4 章 25 條）（南方資料館，〈財團法人南方資料館諸規程〉，1943.01），該館設總務部，下設總務係、庶務係、會計係及資料部，下設文獻資料係、標本資料係。其員額編制，有參事若干人、主事 1 人、副參事若干人、書記 30 人。復依〈資料館近況〉載：總務部 11 人，資料部 34 人；兩部專兼任總計包括置參事 2 人、主事 1 人、副參事 3 人、書記 10 人、囑託 7 人、雇員 22 人，共 45 人。見表 7。

表 7　南方資料館職員一覽表

單位：人

職稱	參事	主事	副參事	書記	囑託	雇員	合計
總務部	（2）	（1）	（2）	2	（1）	（3）	2（9）
資料部			1	8	6	19	34
合計	（2）	（1）	1（2）	10	6（1）	19（3）	36（9）

說　　明：1.（　）括弧內數字係指兼任職員數。

　　　　　2.標示「空白」者，係「無數值」。

資料來源：財團法人南方資料館，〈資料館近況·人事〉，《南方資料館報》
　　　　　2：2＝14（1944.04），頁50。

建築

　　南方資料館原位於臺北市的中心表町 1 丁目 2 番地，後遷圓山町 86 番地（今臺北市立美術館後方），基隆河畔，佔地 2,355 坪，建坪 530 坪。主要建築是本館（2 層樓，1940 年建）為煉瓦建造二層長形洋房乙座，1 樓係各部室辦公室，2 樓為書庫；別館（原板橋林柏壽住宅改建）為木造平房乙座。依查閱〈南方資料館平面圖〉，本館包括燻蒸室、製本室與食堂；別館還有複印室與車庫（南方資料館，〈財團法人南方資料館平面圖〉，1943.01）。

藏書與整理

　　「館藏多西文書，荷文最多，法文英文次之，中文日文較少。」（范壽康）依據上開〈南方資料館概況〉載：該館截止於 1942 年（昭 17）11 月，藏書 42,877 冊，包括洋書 28,399 冊、和漢書 14,478 冊，見表 8。除其中有 39,077 冊，係向總督府外事部〔自 1913 年（大 2）即已著手蒐集南方資料及發行有關南方的書刊〕借用代為保管外，該館自行蒐集僅 3,800 冊。（〈財團法人南方資料館概況·事業內容（ㄅ）藏書〉，1943.01）

　　素木得一重視件名（標題）目錄，認為「能充分發揮圖書館利用價值的，除了件名目錄的編成外，再也沒有別的了」。（素木得一）

　　該館自訂「南方資料館資料分類基準表」（南方資料館分類法），為仿《杜威十進分類法》分為 10 大類，每一大類下分 10 大綱，每一大綱下分 10 細目，每一細目又分不同等的小細目。還有複分表「共同區分記號」（以數字來區分）即「總論複分表」、「地區代碼表」（大寫英文字母來區分）即「地區複分表」兩種。該館爰依該分類法分類。

　　目錄的編製有分類、件名、著者名、書名、地域別等，完成各種卡片目錄的製作。至所藏期刊報紙均擇要者，編有索引，〔頗具有現代圖書館規模，可稱完善。〕

　　究其「藏書類別」，依該「資料分類基準表」分，以「700 歷史、傳記、地誌類」8,364 冊為最多，「400 農業、林業、水產業類」7,528 冊，「600 商業、交通、通信類」5,291 冊，「200 經濟、社會類」5,208 冊分別居次。見表 8。

表 8　南方資料館藏書分類統計一覽表（截止 1942 年 11 月底）

單位：冊

類　　　　　　　別	洋　　　書	和　漢　書	合　　　計
000 總記	1,815	2,083	3,898
100 政治、法律、軍事	3,247	1,234	4,481
200 經濟、社會	3,116	2,092	5,208
300 殖民	481	439	920
400 農業、林業、水產業	5,105	2,423	7,528
500 工業、礦業	1,355	879	2,234
600 商業、交通、通信	4,549	742	5,291
700 歷史、傳記、地誌	5,090	3,274	8,364
800 理學、醫學	1,931	561	2,492
900 宗教、哲學、教育、文學、語學、美術	1,710	751	2,461
合　　　計	28,399	14,478	42,877

資料來源：財團法人南方資料館，〈南方資料館概況‧事業內容（イ）藏書：藏書部門類別〉，《南方資料館報》第 1 號（1943.01），頁 3。

表 9　南方資料館藏書地域別統計一覽表（截止 1942 年 11 月底）

單位：冊

地　　　　　　　　域	西　文　書	中 日 文 書	合　　　　計
太平洋及東洋一般	236	124	360
臺灣	29	1,398	1,427
中國	1,279	3,294	4,573
南洋一般書	154	1,778	1,932
比（菲）律賓	2,165	287	2,452
佛領印度支那	1,853	216	2,069
泰國	462	478	940
馬來	1,148	210	1,358
東印度	4,832	542	5,374
緬甸	423	31	454
印　度	914	76	990
濠洲及新西蘭太平洋諸島	351	28	379
合　　　　計	13,846	8,462	22,308

資料來源：財團法人南方資料館，〈南方資料館概況．事業內容（ㄅ）藏書：
　　　　藏書南方地域別〉，《南方資料館報》第 1 號（1943.01），頁 4。

　　該館藏書中有關中國及南方諸地域（區）的圖書有 22,308 冊，按地區
分，以東印度（今印尼）5,374 冊為最多，中國 4,573 冊、比（菲）律賓
2,452 冊、佛領印度支那（包括今越南、柬埔寨、寮國）2,069 冊居次。與臺
灣相關者也有 1,427 冊。見表 9。

　　復據該報第 9 號〈本館備付支那及南方各地發行新聞雜誌目錄〉載：館
藏包括各地發行的報刊，有菲律賓 9 種、北婆羅洲 1 種、爪哇 2 種、馬來 7
種、泰國 5 種、佛印 13 種、南支（華南）14 種、中支（華中）3 種。（南

方資料館，1943.09）

　　此外，南方資料館尚蒐集關於南方諸地域標本。該項標本分自然、人文兩大類。前者分動物、植物、礦物 3 項，後者分土俗、產業、教育 3 項。

　　南方資料館是當時臺灣唯一的以蒐藏與研究南方文獻（南方關係）為主的專門圖書館。1943 年（昭 18）之後，戰局轉趨激烈，素木館長曾計畫將館藏移往東京，但因美機轟炸日益猛烈，時有船隻被擊沈，航運相當危險，因而作罷，館藏遂疏散至郊區，避免因遭受戰火波及而損失。（素木得一；歐素瑛）

編輯各種目錄

　　南方資料館館編，〈南方關係印刷物目錄〉，載於：《南方資料館報》第 1 號（1943.01），頁 7－40。

　　本目錄應 1942 年（昭 17）11 月天皇侍從戶田康英來館視察而編製。究其內容為外事部（包括其前身官房調查課、外事部、外務部時期者）與南方資料館（包括臺灣南方協會時期者），「自 1913 年（大 2）以來發行書刊地圖目錄。依地域分，發行種數（外事部；南方資料館）如下：南方一般 152 種（77；75）；南支那 119 種（114；5）；佛印 37 種（23；14）；泰國 17 種（6；11）；英屬緬甸、印度、錫蘭 19 種（9；10）；馬來 27 種（13；14）；菲律賓 54 種（32；22）；荷屬東印度 92 種（67；25）；澳洲及南太平洋羣島 6 種（6；0）合計共 523 種，其中，外事部有 347 種，南方資料館 176 種（以上發行總數係筆者依該目錄自行計算）。」（（日）臺灣經濟年報刊行會編，《臺灣經濟年報（1943＝昭 18 年版）》）各書著錄著者名、發行年、冊數、發行所。

　　〔南方資料館館〕編，《新著資料目錄（1940 年＝昭 15 年 4 月至 1941年＝昭 16 年 7 月）》（〔臺北：編者，1941〕），〔156〕頁。

　　按月收錄入藏圖書，分日文（邦文）部、西文（歐文）部。按南洋諸島、臺灣、中國、南洋、比律賓、佛印、泰國、英領馬來（包括今馬來西亞、新加坡）、蘭印（今印尼）、緬甸、印度（包括今印度、巴基斯坦、

斯里蘭卡＝錫蘭）、澳洲、一般書等排列。每書著錄著者名、資料名、卷
號版次、發行地、發行所、發行年、冊數（頁數）、註記事項、分類號。
末附〈新刊雜誌南方關係邦文記事索引〉1-5 號，收錄 1941 年（昭 16）1 至
7 月入藏日文雜誌。款目著錄標題（著者名）、雜誌略名、發行年月、頁數
起迄。

南方資料館館編，〈新著資料目錄（1942 年＝昭 17 年 12 月分至 1944
年＝昭 19 年 5 月分）〉，載於：《南方資料館報》第 1 號（1943.01）至 2
卷 7/8/9 號＝第 19/20/21 號合刊（1944.09）。

依該館「資料分類基準表」排列的分類目錄，分日文部、西文部。每
書著錄著者名、書名、卷號版次、發行地、發行者、發行年、冊數（頁
數）、註記事項、分類號、綱目。

南方資料館館編，〈新刊雜誌南方關係記事索引（1942 年＝昭 17 年 12
月分至 1944 年＝昭 19 年 5－7 月分）〉，載於：《南方資料館報》第 1 號
（1943.01）至第 2 卷 7/8/9 號合刊（1944.09）。

收錄當月入藏日文、西文雜誌所載南方相關資料，分南方一般、比
（菲）律賓、佛印、泰國、馬來、東印度、緬甸、印度錫蘭、澳紐、太平
洋東南太平洋羣島、大東亞、臺灣、南洋羣島、南支那、海南島、香港等
地理區域排列。各款目著錄題名、雜誌名、卷號（發行年月）、頁數起
迄。

南方資料館館編，〈備附和漢文雜誌目錄（1943 年＝昭 18 年 2 月現
在）〉，載於：《南方資料館報》第 3 號（1943.03），頁 31－38。

收錄截止於 1943 年（昭 18）3 月底館藏中日文雜誌〔250 餘種〕。著
錄雜誌名、刊別（發行回數）、發行地、發行所。

南方資料館館編，〈本館備附支那及南方各地發行新聞雜誌目錄〉，
載於：《南方資料館報》第 9 號（1943.09），頁 37－38。

收錄截止於 1943 年（昭 18）9 月底館藏雜誌。著錄雜誌名、刊別（發
行回數）、語文別（記載語）、發行地。同號載：書記山下隆吉（別號：

山下太郎），〈南方現地の新聞に就て〉，頁 39－40，可資參考。

　　南方資料館館編，《洋書著者目錄：1941 年＝昭 16 末現在》（臺北：編者，1942），301 頁。

　　南方資料館館資料部編，「南方關係文獻綜合目錄」（未刊稿）。

　　南方資料館奉總督府之命，在理事素木得一指導下，由資料部集島內各官衙及銀行、會社等 30 個機關（構）收藏所有的南方關係文獻西文部分，予以整理，編製綜合目錄（南方資料館，〈資料館近況〉）。將於 1944 年（昭 19）6 月上旬完稿付梓。收錄總種類 12,872 種，其中包含連續性及不定期刊物 1,465 種。以單行書計 9,077 種，其中以南方資料館收藏 4,012 種（占 39%）最多，次為臺北帝大 2,806 種（30%）、總督府圖書館 645 種（10%）（素木得一）。

羅斯文庫

　　南方資料館有一批館藏來自購買（意）羅斯（Giuseppe Ros，1883－1948；藏書票稱：那不勒斯人 G 羅斯藏書＝ExLibris. G. ROS. Neap）藏書。羅斯是意大利派駐中國的職業外交官、漢學家。他於 1908 年（明 41）起擔任意大利駐華領事館副領事，先後擔任駐漢口、北平、廣州領事，1942 年（昭 17）升任意大利駐華總領事，直到 1945 年第二次世界大戰結束後離開外交界為止，他僅在 1918/1919 年間回國一年多外，總計在華約 37 年。在他的外交生涯中，同時也從事漢學研究和收藏，而以「蒐羅宏富，其中頗多罕見之書，至足珍貴」聞名。1947 年出任私立海南大學教授兼任圖書館長，教授昆蟲學及拉丁語。1948 年 6 月 18 日病逝於海南。

　　羅斯隨著「職務變動和時勢動蕩等原因」（胡素萍），曾經將其蒐藏的一部分讓售。如在 1928 年 12 月讓與北平北海圖書館（今中國國家圖書館）「皆西人〔多為傳教士和開放口岸的職員〕研究中國問題之著作」2,100 餘種、2,700 餘冊，和「定期刊物約 80 種，均屬不易購得者。」（彭福英）他如 1929 年（昭 4）4 月南滿州鐵道株式會社大連圖書館向他購入中國地圖 600 多張（幅），包括南懷仁《坤輿全圖》、清朝初期的寫圖、西域

地圖等及 360 種中國回教圖書繪畫等，1930 年（昭 5）該館編印了《支那地圖目錄》（49 頁）。

　　羅斯自 1936 年之後便一直在廣州任職，又蒐集了大量的圖書。1943 年（昭 18）7 月，臺北高等商業學校〔1944 年改稱臺北經濟專門學校〕助理教授兼總督府囑託香坂順一（1915－2003）、總督府出張所稻岡參訪羅斯居處，將見聞撰「羅斯的藏書（ロス氏の藏書）」、「羅斯與中國語文（ロス氏と支那文）」兩篇短文披載於〈廣東通信〉，記所見羅斯的藏書有 3 個特色：「1.以華南（南支）地區為主，達 8 萬冊；2.更多的是民國以來的出版品、雜誌、研究報告、西文書，甚至傳單更多；3.質或量較之舊書肆（骨董店）毫不遜色」（香坂順一；郭明芳）。

　　1944 年（昭 19）2 月底，南方資料館派遣任教於臺北帝大神田喜一郎（1897－1984；1929－1945 年任該帝大文政學部東洋文學講座，任內曾參與該校購入烏石山房文庫、久保文庫兩藏書）來到廣州調查，造訪羅斯的藏書。神田將羅斯 30 多年的蒐藏分為：1.圖書，約 7、8 萬冊，多為漢文書籍；連同一些小冊子和零散的單頁裝訂本，合計約 10 多萬冊，因為沒有目錄，因此難以弄清正確數目。2.標本，約 4、5 千個，包括動植物標本及考古學、風土學的標本，甚至陶器、漆器、玉器標本。神田認為標本並非價值連城的藝術品，羅斯書庫的主要價值在圖書。（張力）

　　於是總督府外事部決定收購「羅斯文庫」圖書舊藏，充裕館藏。依據《南方資料館報》第 2 卷第 2 號（1944.04）〈南方資料館近況‧人事〉載，1944 年（昭 19）2 月，該館派遣資料部副參事樋口末廣至廣州處理羅斯文庫出售事宜，預定 7 月中歸臺。胡素萍稱：「羅斯欲將部分藏書轉讓給臺北總督府」（胡素萍），范壽康「以 50 萬臺幣向羅斯買來，錢已付清」（范壽康）。劉滿子也稱：「向羅斯氏購得所徵集的圖書 4 萬冊」、「以 50 萬臺幣向羅斯買來，錢已付清」（劉滿子）。〔另有：50 萬元軍票、150 萬元軍票等不同的說法。案臺灣在日據時期的流通貨幣有臺灣銀行券、日本銀行券、臺灣銀行背書的日本銀行券等；日本在佔領地強制使用軍票（軍用

手票）。羅斯文庫既由臺灣總督府購進，自是使用臺灣銀行券的概率
（Probability）為高〕。

　　1944 年（昭 19）4 月，復依上開〈人事〉載，派遣書記官山下隆吉前
往整理羅斯文庫相關藏品。「包括中文、西文、標本」，並準備在 1944 年
（昭 19）5、6 月間視整理情況分批運臺（財團法人南方資料館，〈中國を
識の貴重な資料ロス文庫の整理進む〉，《臺灣日日新報》）。但「所購
羅斯文庫有四分之一裝運到臺，其餘 3 萬冊被香港政府扣留」（劉滿子）。
「運臺的第 1 批，大部分是有關政治、經濟、民俗方面的小冊子或報告書，
又有不少民藝品」（劉金狗、黃得時）。

　　總督府外事部所購羅斯文庫僅運臺一部分，其餘在香港待運之際，日
本投降，英國政府重返香港，並凍結原來日本所有資產，包括該羅斯文庫
在內。

閱覽服務

　　南方資料館除蒐集與整理藏書外，主要服務為：「1.開設閱覽研究室；
2.設置出版品販賣部；3.完成件名目錄；4.編製南方關係圖書目錄；5.刊行
南方關係調查書；6.發行《南方資料館報》；7.發行印刷物」（南方資料
館，〈1942 年（昭 17）業務狀況其他報告書〉）。該館服務的對象係其內
部職員，兼及機關學校研究者。根據該館資料載：「1941 年度（昭 16）閱
覽統計：開館日數 290 日，閱覽總人員 1,257 人，其中包括職員 993 人，部
外者 264 人，1 日平均人數為 4 人。閱覽總冊數 4,029 冊，其中包括職員
2,778 冊，部外者 1,251 冊，1 日平均冊數為 14 冊。此外，雜誌閱覽 476 人，
閱覽冊數 1,327 冊」（南方資料館，《1942 年度（昭 17）業務狀況其他報
告》，1942）。「1943 年度（昭 18）閱覽人數 1,294 人，其中包括職員 995
人，部外者 299 人。閱覽冊數 3,729 冊，其中包括職員 2,974 冊，部外者 755
冊。」（南方資料館，〈資料館近況〉，1944.02）

　　綜觀南方資料館「設備完善，目錄、分類，均頗美滿。對所藏期刊、
報章，亦均摘要編為索引。且大事蒐集南方各地的標本。該項藏書，為日

人加意蒐集，以配合其南下政策之進行，當時極受重視。」（王潔宇）
「惜在戰時疏散，幾經遷徙，致藏書及設備方面，均頗有損失。」（臺灣
省文獻委員彙編纂組）

出版刊物

　　1943 年（昭 18）1 月創編月刊《南方資料館報》第 1 號（「版權頁」
為 1943 年（昭 18）2 月 20 日發行），以介紹有關「南方」資料為旨。每期
有連載的目錄索引，如〈新著圖書目錄〉、〈新到雜誌南方關係記事索
引〉。其他還載有〈南方文獻資料解題〉、〈南方地域文獻資料目錄〉、
森下薰編〈極東熱帶醫學會〔Far Eastern Association of Tropical Medicine〕
報告論文目錄〉、〈南ボルネオ〔南婆羅洲〕地質鑛產文獻目錄〉、〈熱
帶農業雜誌所載南方關係文獻目錄〉、〈南洋經濟研究所發行「研究資
料」主要記事索引〉、〈雜誌「太平洋」南方關係記事索引〉、〈南方勞
務問題文獻〉、"The Philippine Joural of Science（v.1（1906）－v.76
（1941）論文索引"等專題目錄索引。1944 年（昭 19）9 月（2 卷 7/8/9 號
＝第 19/20/21 號合刊）即因戰事吃緊而告停刊。

第二章　重建期──臺灣省圖書館 （1945.11－1947.05）

前　言

　　1943 年 11 月 23 日羅斯福、邱吉爾與委員長蔣中正在埃及首都開羅舉行會議，12 月 1 日向外界公布了「新聞公報」（Press Communiqué），發表了概括的聲明（general statement），其中有關臺灣議題者，（略以）：

　　　三國之宗旨，在剝奪日本自 1914 年第一次世界大戰開始以來，在太平洋所奪得或佔領之一切島嶼，在使日本所竊取於中國之領土，例如滿洲、臺灣澎湖羣島等歸還中華民國。日本亦將被逐出於其以武力或貪慾所攫取的所有土地。（中略）我三大盟國將堅持進行為獲得日本無條件投降所必要的重大的長期作戰。

　　此「新聞公報」即 1945 年 7 月 26 日中英美三國「波茨坦宣言」（The Potsdam Declaration）（全 13 條）中所稱「開羅宣言」（The Cairo Declaration）。案「波茨坦宣言」第 8 條：「開羅宣言之條件必將實施，而日本之主權必將限於本州、北海道、九州、四國及吾人所決定其他小島之內。」第 13 條：「吾人警告日本政府，立即宣布所有日本武裝部隊無條件投降。並對此種行動有意實行，予以適當之各項保證。除此一途，日本即將迅速完全毀滅。」（何應欽）日本拒絕。

組建臺灣省行政長官公署

委員長自開羅返國後，1944 年 4 月 17 日在國防最高委員會所屬中央設計局之下設立「臺灣調查委員會」（位於重慶棗子嵐埡彝園），作為收復臺灣的籌畫機關。由陸軍上將陳儀（1883－1950；振武學堂 5 期砲科、日本士官學校 5 期砲兵科、日本陸軍大學第 1 期畢業）主持，對日據臺灣進行調查與接收規劃。

臺灣調查委員會，擬訂簽報「臺灣接管計畫綱要草案」，和分項接管計畫「臺灣教育接管計畫草案」、「臺灣警政接管計畫草案」、「臺灣金融接管計畫草案」、「臺灣地政接管計畫草案」4 種。其中，「臺灣接管計畫綱要草案」經 1945 年 3 月 14 日國防最高委員會侍奉字第 15493 號總裁（34）寅元侍代電修正核定，3 月 23 日頒發《臺灣接管計畫綱要》（全 16 大項 82 條）（中央設計局；臺灣省行政長官公署法制委員會），分 1.通則；2.內政；3.外交；4.軍事；5.財政；6.金融；7.工鑛商業；8.教育文化；9.交通；10.農業；11.社會；12.糧食；13.司法；14.水利；15.衛生；16.土地等 16 大項。作為接收臺灣的最高指導原則，「用以行知政府機關遵照此條文，以頒布法令者」，是為有關機關立法及編擬復員計畫的準則。

1945 年 8 月 29 日國民政府令「特任陳儀為臺灣省行政長官」，9 月 7 日又令「特派陳儀兼臺灣省警備總司令」。期間，8 月 30 日公布臺灣省行政長官公署的幕僚長（秘書長葛敬恩）以及各處處長名單（國民政府令）。8 月 31 日核定施行《臺灣省行政長官公署組織大綱》。9 月 1 日臺灣省行政長官公署（「長官公署」）、臺灣省警備總司令部成立，假重慶國府路 140 號為臨時辦公處，開始辦公，籌備一切。9 月 20 日國民政府經完備立法程序再行公布《臺灣省行政長官公署組織條例》（全 10 條）作為收復臺灣後重建臺灣政制的法律依據。長官公署的組織與其他行省的省政府不同，不採用「委員合議制」，而採用了「長官制」。根據該《條例》，「臺灣省行政長官公署受中央之委任，得辦理中央行政」、「臺灣省行政長官依據法令綜理臺灣全省政務，對於在臺灣省的中央各機關有指揮監督

之權」。〔此為利於接收，統一事權，賦予行政長官公署便宜行事的權力〕長官公署設秘書、民政、教育、財政、農林、工礦、交通、警務、會計等9個處，必要時得設置專管機關或委員會。

日本芷江洽降

　　1945年8月6日及9日美國分別在日本廣島和長崎投下原子彈，8月15日日本正式宣布接受「波茨坦宣言」無條件投降。國民政府為使日軍投降事權統一，委員長蔣中正指示由中國陸軍總司令一級上將何應欽負責處理中國戰區全部日軍投降事宜。蔣中正以中國戰區最高統帥之銜電令南京日軍駐華〔中國派遣軍總司令部〕最高指揮官〔總司令官〕陸軍大將岡村寧次指示其6項投降原則，要求迅速答覆。8月17日岡村寧次回覆將派總參謀副長〔副總參謀長〕少將今井武夫代表至江西玉山機場晤談。8月18日將地點改為湖南芷江機場。8月21日下午岡村寧次全權代表總參謀副長今井武夫及隨員參謀長中佐橋島芳雄和少佐前川國雄，譯員木村辰南，抵芷江會場，向中國戰區中國陸軍總司令部參謀長中將蕭毅肅、副總長中將冷欣、中國戰區美軍作戰司令部參謀長准將柏德諾（Haydon LeMaire Boatner）洽降及遞交在華兵力部署圖。蕭將軍取出「中國戰區中國陸軍總司令部備忘錄中字第壹號」，通知岡村寧次由他代表接受中華民國（遼寧、吉林、黑龍江3省除外）、臺灣及越南北緯16度以北的日軍投降，並規劃各區的代表受降主官。（馬有成）經由協助人員以中、日、英語宣讀後，交由今井武夫簽收。原文：

　　　　今謹收到
　　　　中國戰區中國陸軍總司令一級上將何應欽致駐華日軍最高指揮官
　　　　岡村寧次將軍之中字第壹號備忘錄中文本一份日文本一份（但以
　　　　中文本為準）並已充分瞭解本備忘錄之全部內容當負責轉達
　　　　　　　　　駐華日軍最高指揮官
　　　　　　　　　岡村寧次將軍　代　表　陸軍少將今井武夫

總 參 謀 副 長

中華民國三十四年八月二十一日

公　曆一九四五年八月二十一日

　　　地點

中華民國湖南省芷江縣

　　1945 年 8 月 26 日發出「中字第十二號備忘錄」，告知岡村寧次需要求臺澎日軍全權代表參加南京投降，並於 8 月 28 日指派陳儀為臺澎地區受降主官。（馬有成）

日本向同盟國投降儀式

　　1945 年 9 月 3 日 9 時許，日本在停泊於日本東京灣的密蘇里號軍艦上舉行向同盟國全體（美、中、蘇、英、澳、加、法、荷、紐等）的投降儀式。分別由外務大臣重光葵代表日本天皇及日本政府、日本陸軍參謀長梅津美治郎代表日本帝國大本營簽署《日本向聯合國降伏文書》，第二次世界大戰戰事正式全面結束。

　　《日本向聯合國降伏文書》，首先敘明本文書所稱「聯合國」，是指參加波茨坦宣言的美利堅合眾國、中華民國、大英帝國、蘇維埃社會主義共和國聯邦等 4 國，所以譯稱「聯合國」應作「同盟國」或「盟國」，並非日後成立的「聯合國」（United Nations）。

　　盟軍最高統帥五星上將麥克阿瑟（Douglas MacArthur）接受日本簽署無條件投降文書後，隨即發布予日方代表「聯合國最高司令官總司令部（Office of the Supreme Commander for the Allied Powers）第 1 號指令（Directive Number 1）」，伴著「指令」之後有一附件（incl.），名稱為「一般命令第 1 號 陸、海軍 （General Order No.1,　Military and Naval）」（全 13 條）。其主要的內容為命令日本在各地區受降應遵行事項的指示，並為了施行正式的投降，要求各地日軍司令官立即聯繫各指定的同盟成員

國司令官或其代表，並對彼等所頒發的命令，亦當立即完全履行。根據第 1
條第 1 項載：

> 日本帝國大本營遵奉日本天皇之指示，下令所有日本軍隊，向盟
> 軍最高統帥投降。茲令所有日本國內外之司令官，使在其指揮之
> 下之日本軍隊以及日本管制之軍隊，立即停止戰鬥行為，放下武
> 器，駐在其現時所在之地點，並向代表美利堅合眾國、中華民
> 國、大不列顛聯合王國、蘇維埃社會主義共和國聯邦之司令官，
> 如下列指定或如盟軍最高統帥追加指定者，無條件投降。應立即
> 聯繫指定之司令官或其指定之代表，並接受盟軍最高統帥對於詳
> 細規定之指示變更，各司令官及其代表之命令應馬上完全地執
> 行。

在該項（a）－（e）款規範了日本各司令官的受降範圍。：其中（a）
款載：

> 在中華民國（東三省除外）、臺灣與越南北緯十六度以北地區內
> 之日軍高級將領及所有陸海空軍及輔助部隊應向最高統帥蔣中正
> 投降。

二戰中國戰區受降儀式

　　1945 年 9 月 9 日 9 時在南京中央陸軍軍官學校大禮堂舉行第二次世界
大戰中國戰區受降儀式。日本駐華日軍最高指揮官陸軍大將岡村寧次在
「降書」（全 9 條）上簽字用印，呈遞中國戰區最高統帥特級上將蔣中正特
派代表中國陸軍總司令一級上將何應欽。

　　何應欽接受後隨即授與岡村寧次「中國戰區中國總司令部命令軍字第 1
號」，指示日軍投降應行準備事項；及「中國陸軍總司令部，為迅速辦理

受降事宜，恢復全般秩序起見，當即遵照最高統帥的指示，策定分 16 個區受降，指派就近之最高軍事長官分別接受日軍之投降」。其中「臺灣澎湖列島陳儀為受降主官，日軍投降代表安藤利吉。」（何應欽）除岡村寧次外，臺灣越南兩地日軍亦派參謀長參加本項受降儀式。

中國戰區臺灣省受降典禮

　　1945 年 9 月 9 日長官公署秘書長中將葛敬恩（1889－1979；畢業於北京陸軍大學、日本陸軍大學）奉派赴南京出席中國戰區受降儀式。日軍在臺第十方面軍〔原稱「臺灣軍」，於 1944 年 9 月 22 日改稱〕參謀長中將諫山春樹也出席了受降儀式，並與葛敬恩進行會談，「葛敬恩要求日方先需準備有關在臺日軍的相關簿冊、在臺日軍集中 3 處靜候繳械並可自行從事給養生產事宜。」（楊護源）

　　1945 年 9 月 25 日葛敬恩電臺北空軍地區林司令〔上校林文奎。案林氏等 17 人於 1945 年 9 月 14 日搭乘由李福遇駕機自南京明故宮機場飛往臺灣，進行空軍接收的準備事宜〕：「密譯轉臺灣軍參謀長諫山中將竝轉林獻堂先生，本前進指揮所不日赴臺，請先代辦下列各件」，其中第 1 件即為「呈供官 50 人兵 30 人之辦公住所（租用旅社或借用公共建物）等事宜」。（葛敬恩；楊護源）9 月 28 日，臺灣省行政長官公署、臺灣省警備總司令部、美軍總司令部聯絡組（American Liaison Group）合組的「前進指揮所」成立，主要係「為求與臺灣日軍司令部及總督府取得確實之聯絡，及準備總部與部隊之輸臺事宜，調查臺灣實況以利接收起見」而設，作為實施臺灣軍事占領接收的先遣單位。爰任命長官公署秘書長中將葛敬恩為主任，臺灣省警備總司令部副參謀長少將范誦堯（1908－？；黃埔軍校 5 期生、陸軍大學 10 期）為副主任，於 10 月 5 日率領長官公署及警備總司令部各單位指派專門委員、專員及參謀人員，與憲兵第 9 團派兵 1 排、無線電臺官兵等一行 81 人（臺灣警備總司令部；臺灣前進指揮所），及美軍聯絡組 34 人，分搭 5 架美軍運輸機，7 時由重慶起飛，經上海於當日下午 6 時到達臺北，分住原預定地點。前進指揮所臨時辦公室設在圓山町南方資料館。自 1945 年

10月6日起展開工作（長官公署警備總司令部前進指揮所公告，1945.10.06）。

　　1945年10月24日下午2時3刻，臺灣省行政長官兼臺灣省警備總司令陳儀率同隨行人員一行自上海虹橋機場飛抵臺北松山機場。（臺灣民報社，1945.10.25）

　　1945年10月25日上午10時在臺北公會堂舉行「中國戰區臺灣省受降典禮」，除我方軍政官員出席外，尚有美國代表參加。日方由總督兼陸軍第十方面軍司令官安藤利吉大將、參謀長中將諫山春樹、總務長官代理農商局長須田一二三、高雄海軍警備府中將參謀長中澤佑等人參加。陳儀當面交付安藤利吉署部字第1號命令1件（全5條），茲錄第3條、第4條如下：

　　三、貴官自接奉本命令之時起，即改稱臺灣地區日本官兵善後連
　　　　絡部長，受本官之指揮，對所屬除傳達本官之命令、訓令、
　　　　規定、指示外，不得發布任何命令，貴屬對本官所指定之部
　　　　隊長官及接收官員亦同。

　　四、自受命令之日起，貴官本身併通飭所屬一切機關部隊人員，
　　　　立即開始迅確準備隨時候令交代，倘發現有報告不實，及盜
　　　　賣隱匿損毀沈滅應移交之物資文件者，予究辦治罪。

　　《民報》報導：「這是臺灣歸還祖國之歷史性典禮」。（臺灣民報社，1945.10.25）同日臺灣省行政長官公署正式開始運作。1945年10月29日長官公署令該署各處會室局：（長官公署訓令，1945.10.29）

　　原臺灣總督府及其所屬各機關文件、財產及事業等項，應自即日
　　起，由本署分別接收。該應行接收部分，希隨時秉承葛秘書長趕
　　速準備，斟酌緩急，分別進行接收，並將辦理情形，隨時據報！
　　此令。

　　臺灣的接收分軍事接收、行政接收兩大部分。軍事接收在先，行政機關的接收，分省屬機關及地方機關的接管。此時的國民政府係處於國父孫中山《建國大綱》國家建設程序「以黨治國」的訓政時期。

　　1945 年 10 月 21 日長官公署秘書處函通知臺灣地區日本官兵善後連絡部代理部長須田一二三，長官公署將於 1945 年 11 月 1 日指派第 1 批人員前往接收原臺灣總督府所屬各部，依據該函所附「指派第 1 批接收前臺灣總督府各部分名單」，其中，「由范壽康接收總督府圖書館，趙迺傳接收〔文教局〕教育部分，陳兼善接收總督府博物館」等。定接收時間為 11 月 1 日 9 時。

一、接收接管

　　依據《臺灣接管計畫綱要》有關戰後臺灣文化的接收和重建的基本原則及措施，即「第一通則」第（1）條：「臺灣接管後一切設施，以實行國父遺教、秉承總裁訓示，力謀臺民福利，剷除敵人勢力為目的」；第（4）條：「接管後之文化設施，應增強民族意識，廓清奴化思想，普及教育機會，提高文化水準」及「第八教育文化」第（46）條：「各級學校、博物館、圖書館、廣播電臺、電影製片廠、放映場等之設置、地點與經費，接管後以不變動為原則，但須按照分區設校及普及教育原則妥為規劃」；第（51）條：「日本占領時印行之書刊、電影片等，其有詆毀本國、本黨或曲解歷史者，概予銷毀。一面專設編譯機關，編輯教科參考，及必要之書籍圖表」。

　　爰依該《綱要》第（46）條「圖書館之設置、地點與經費，接管後以不變動為原則」，「臺灣省前由總督府直屬辦理者，僅圖書館及博物館，現仍直屬長官公署直轄，教育處擬依法籌設省立各社教機關，以資示範輔導。臺灣省前由州廳市郡設有圖書館，現依我國教育制度，分別改組，俾

為實施該縣市區內各項社會教育工作的領導機關」（長官公署，1946.03）。又依「第一通則」第（5）條：「民國一切法令，均適用於臺灣，必要時得制頒暫行法規。日本佔領時代之法令，除壓制、箝制臺民，牴觸三民主義及民國法令者，應悉於廢止外，其餘暫行有效，視事實之需要，逐漸修訂之。」

1945 年 10 月 25 日臺灣省行政長官公署令「派范壽康為長官公署圖書館（原名總督府圖書館）館長」（長官公署，1945.10.25）。1945 年 11 月 1 日范壽康接收總督府圖書館，成立臺灣省圖書館，直隸屬於臺灣省行政長官公署。」同時接收南方資料館改設為南方資料研究室，自圓山舊址遷至明石町現址。」（臺灣省圖書館，1947.04.03）

1945 年 11 月 1 日上午 9 時，范壽康與山中樵在原臺灣總督府博物館內一樓總督府圖書館臨時辦公室，辦理總督府圖書館交接事宜（長官公署，「山范交接」）。山中氏已備妥「日本臺灣總督府圖書館移交清冊」，共有 5 號，第 1 號〈職員名錄〉；第 2 號〈財產目錄〉；第 3 號〈會計帳據清冊〉；第 4 號〈公用財產目錄〉；第 5 號〈工作報告〉。「移交人臺灣總督府圖書館長山中樵、接收人臺灣省圖書館館長范壽康」。接收人雖係載明為臺灣省圖書館，但另依據長官公署宣傳委員會編印的《臺灣省行政長官公署三月來工作概要（1945.10.25－1946.01.24）》載：「圖書館，原直屬於前總督府，現已接收，改為臺灣省行政長官公署圖書館。」（長官公署宣傳委員會機要室）因原總督府圖書館館址遭炸燬，但主要藏書因疏散分散市郊各處而保存，若鳩工建造，實非一時所能濟事，臺灣省圖書館爰暫借臺灣省博物館一樓為館址（襄陽路 2 號，臺北公園，俗稱新公園內），並將原南方資料館的圖書資料，移至市區明石町作為臺灣省圖書館的南方資料研究室。

1945 年 11 月 14 日長官公署秘書處通報：「奉臺字第 23 號長官通知，內開『圖書館博物館均直隸長官公署，但公事應發主管處承辦』」（長官公署秘書處，1945.11.14），明定了臺灣省圖書館和臺灣省博物館直屬長官

公署。〔此處「主管處」係指長官公署秘書處〕1946 年 2 月 5 日長官公署公布《臺灣省圖書館組織規程》、《臺灣省博物館組織規程》。案臺灣省博物館原係臺灣總督府博物館，原館舍及設備經接收、整竣、修復，於1946 年 4 月 1 日始開館。臺灣省圖書館亦於同日開放。

　　1946 年 1 月 16 日教育處處長趙迺傳因任立法委員原職請辭，陳儀派范壽康代理教育處處長仍兼臺灣省圖書館館長（長官公署令，1946.01.16）。1946 年 3 月 19 日行政院〔在渝〕第 736 次會議決議：處長趙迺傳遺缺任命范壽康繼任，除轉請先行派免，希補送任審表件以憑送〔銓敘部〕審〔查〕。此後，范壽康又被長官公署多項任命，包括 1946 年 4 月 19 日派任臺灣省立師範學院籌備主任、6 月 24 日派為臺灣紙業公司董事、8 月函聘為學產管理委員會副主任委員、9 月 24 日派任臺灣省公民訓練委員會委員、10 月 13 日派為設計考核委員會教育文化專門委員會主任委員、11 月 13 日派為接收「臺灣印刷株式會社，並即改組為公署印刷廠」。

　　1945 年 10 月 25 日長官公署「派吳克剛為臺灣省行政長官公署參事」，1946 年 10 月 12 日長官公署復派「參事吳克剛兼任省立圖書館館長」。1946 年 11 月〔28 日〕，吳克剛與范壽康在臺灣省圖書館，辦理交接事宜（「范吳交接」）。范壽康備妥「臺灣省圖書館移交清冊」，共有 7 項：1.〈關防及各種公用章戳清冊〉；2.〈卷宗清冊〉；3.〈會計帳簿書冊傳票及原始憑證清冊〉；4.〈圖書清冊〉；5.〈公用財物清冊〉；6.〈經管存款及現金清冊〉；7.〈職員名錄〉。清冊封面、目次、各分項清冊首頁均加蓋「臺灣省圖書館關防」字樣關防。「移交人前任臺灣省圖書館館長范壽康、接收人新任臺灣省圖書館館長吳克剛、監交人臺灣省行政長官公署秘書處處長張延哲」。「1946 年 11 月 1 日吳克剛到館接收視事」。1946 年 11 月 28 日臺灣省圖書館呈「為造具本省圖書館移交清冊，請鑒核備案」，略以：「茲查本館印信暨總務主計業務各項，均按照移交清冊由前任壽康點交，並由延哲監交，經克剛逐一點收清楚，除原接收圖書一項，因數量甚多，整理需時，須待清點完竣再行會報，理合先行造具移交清冊一份，會銜呈報」。

（臺灣省圖書館）經報奉 1946 年 12 月〔4 日〕長官公署指令：「呈及清冊均悉，准予備查。仍希造具圖書清冊會報為要。清冊存。」（長官公署指令，1946.12.04）

1946 年 12 月 3 日「參事吳克剛呈請專任臺灣省立圖書館館長辭去參事一職」：（吳克剛）

竊職奉令派兼圖書館館長，事務繁多，並須抽出時間前往臺灣大學教課，對原任參事職務，勢難兼顧，擬請准予辭去，俾得專心工作，實為德便。

1946 年 12 月 5 日「長官公署派免人員一覽表」載：本公署參事吳克剛「辭去本署參事職，專任省立圖書館館長」。（長官公署秘書處編輯室，1946.12.07）

1945 年 11 月臺灣省圖書館從日人手中接收原府圖書館和南方資料館，即開始籌備開館事宜。緣起於府圖書館館舍遭炸燬，暫借總督府博物館辦公。臺灣省行政長官公署成立，臺灣省圖書館仍暫借臺灣省博物館一樓，而南方資料館館舍因長官公署另有他用，所藏圖書資料，移至明石町庋藏。籌備之初，主要藏書分散各處，需要集中整理，日籍館員待命遣返，需要及時羅致新進，臺灣處於大戰後百廢待舉之際，臺灣省圖書館毅然決然於 1946 年 4 月 1 日開館，展開服務，為該館歷史揭開了新的一頁。

二、組織和人員

（一）組織

臺灣省圖書館組織規程

　　1945 年 11 月長官公署接收府圖書館，先行簽奉行政長官核准《臺灣省行政長官公署圖書館組織暫行規程》，便宜行事。依據 1946 年 2 月《臺灣省行政長官公署接收詳報》載：「臺灣省圖書館接收之機關，為前臺灣總督府圖書館及日本臺灣財團法人南方資料館。」（長官公署呈，1946.03.09）1946 年 5 月編印的《臺灣省行政長官公署提出省參議會第一屆第一次大會施政報告》亦載：「原有總督府圖書館改為臺灣省圖書館，原館址炸燬，暫借博物館樓上為館址，並將前南方資料館的圖書接收，作為該館的南方資料研究室，已於 4 月 1 日開館。」（長官公署秘書處編輯室）

　　1946 年 4 月 25 日長官公署訓令：「奉令臺灣省各機關經費已列入 1946 年度國家總預算者，其組織法規應儘於 1946 年 5 月 20 日以前趕擬送核。」（長官公署訓令，1946.04.25）1946 年 8 月 22 日長官公署致未養署人字第 18311 號代電發全省所屬各機關，限期擬具組織規程報核，略以：（長官公署代電，1946.08.22）

> 查各機關人員及經費，依照規定應先將組織規程確定後，始得委派與核銷。本省前為便利接收起見，暫准由各機關先行派員任事，動支經費，但仍須依規定從速訂組織規程報核。（中略）統限本年 9 月底前，擬訂呈署核辦，如再滯延，所有各項經費，不予核銷。合亟電希遵照辦理具報為要。

　　根據 1946 年 2 月 5 日長官公署公布《臺灣省圖書館組織規程》（全 13 條）（長官公署令，1946.02.05）。首條揭示：「臺灣省行政長官公署，為

儲集各種圖書及地方文獻，供眾閱觀，並輔助各種社會教育事業起見，特設臺灣省圖書館。」

　　依該館《組織規程》規定，圖書館置館長 1 人，綜理館務，其下分設 4 部辦事，分掌各項事務：

1. 總務部：掌理文書，人事，會計，庶務，及不屬其他各部事項。
2. 採編部：掌理選購，徵集，交換，登記，分類，編目事項。
3. 閱覽部：掌理閱覽，參考，互借，特藏事項。
4. 研究輔導部：掌理調查，統計，研究，實驗，視察，輔導工作人員的進修訓練及各項推廣事項。

　　「各部各設主任 1 人，幹事 8 至 12 人，助理幹事 8 至 18 人，書記 3 至 5 人，並得酌用雇員」。「主任承館長之命，分掌各該部主管事務；幹事、助理幹事、書記、雇員分承上官之命，辦理應辦事務」。人員編制包括館長在內有 24 至 40 人。

　　另因接收南方資料館，爰附設南方資料研究室，「設主任 1 人，由館長兼任；研究員 3 人，幹事 4 至 6 人，助理幹事 3 至 5 人，書記雇員各 4 人，掌理國內南部及南洋一帶資料之蒐集保存及研究事項」。人員編制有 18 至 22 人。

　　臺灣省圖書館及其附設南方資料研究室，人員編制合計為 42 至 62 人，通常人事任用都維持在 50 人左右，其中屬於簡任（派）官職者有館長、研究員，可為薦任（派）或委任（派）官職者有副研究員、組主任，其餘幹事、助理幹事、會計員、人事管理員都是委任官，另外還有一部分雇員協助推動館務。（蘇俊豪）

　　臺灣省圖書館「為謀事業的發展，得聯絡地方黨政機關、社會團體及熱心圖書館事業人士，組織各種委員會」，以推行實際必要的事業；對縣市及地方自治機關公私立圖書館，應分別取得密切的聯繫及輔導推行有關圖書館事項，並另訂定輔導辦法，使輔導或協助各圖書館推行圖書館事項時有所依據，增加工作效能，促進事業普及與便利成績考核。

　　《臺灣省圖書館組織規程》係根據教育部於 1939 年 7 月頒布的《修正圖書館規程》制頒。其第 12 條載：「本規程未規定事項，依修正圖書館規程之規定」。另依首條要旨明定了該館正式名稱為「臺灣省圖書館」，在功能定位上列為公共圖書館。

請更正通知書內本館名稱

　　1946 年 6 月 28 日臺灣省圖書館箋函長官公署人事室：「貴室署人字第 6714、6899 號任免人員通知書 2 件，其『委任新職』欄均填列機關名稱為『本省省立圖書館』，查本館係長官公署直屬單位而非省立機構，相應函請查照分別就原件予以修正為荷。」7 月 31 日長官公署人事室覆「准更正登記」。（臺灣省圖書館）〔案長官公署人事室任免人員通知書，填列「臺灣省圖書館」的機關名稱，常簡稱為「本公署圖書館」、「省立圖書館」字樣。（見臺灣省行政長官公署人事室，1945.11.13-1946.05.21）〕

修正臺灣省圖書館組織規程

　　1947 年 2 月 24 日長官公署《修正臺灣省圖書館組織規程》（長官公署令，1947.02.24），增第 5 條：「本館各部視事實需要，得分組辦事，組設組長，由館長就幹事中資深者派兼之。」（長官公署令，1947.02.24）於是，總務部設文書組、庶務組，採編部設徵選組、中日文編目組、西文編目組，閱覽部設閱覽組、典藏組、特藏組，研究輔導部設研究組、視導組、出版組。南方資料研究室設研究組、採編組、閱覽組。另設會計員、統計員、人事管理員。

臺灣省立圖書館章程

　　1946 年 6 月 10 日及 10 月 31 日長官公署先後公布《臺灣省立圖書館章程》（全 17 條）及《臺灣省各縣市立圖書館章程》（全 13 條）（長官公署核准，1946.06.12、1946.10.31），提供了臺灣省各省立、縣市立圖書館設置應遵循的規範。這兩項章程分別規定了各省立（時臺灣省立圖書館僅臺灣省立臺中圖書館乙所，隸屬於長官公署教育處）及各縣市立圖書館的內

部組織，圖書館工作人員數額、資格及任免程序，圖書館應舉行（的內部）會議，圖書館應設置的委員會，經費分配等。前者，由長官公署〔教育處〕簽奉長官 1946 年 6 月 10 日核准。茲錄法條數則，或全文或節錄，以資參考。

　　第 1 條依據，「本章程依《修正圖書館規程》第 28 條之規定訂定之」，案該《規程》係 1939 年 7 月 22 日教育部所修正公布。第 2 條圖書館設立宗旨，「臺灣省立圖書館遵照中華國教育宗旨，及其實施方針，與社會教育目標，以儲集各種圖書與地方文獻，供民眾閱覽，舉辦各種社會教育事業，以提高文化水準為宗旨」，案本條係《修正圖書館規程》的首條全文，揭示了設立省立圖書館的方針與目標及施教準則。第 4 條至第 6 條為人員的任用資格與員額配置，館長、部主任、幹事應分別遴選合於《修正圖書館規程》第 13 條、第 14 條、第 15 條規定資格者，館長由長官公署派任；各部主任由館長遴選，呈報教育處委派；幹事由館長聘任。另增列助理幹事（應中等學校畢業）、書記均由館長雇用，呈報教育處核准備查。第 12 條圖書人員待遇，「臺灣省立圖書館職員薪俸，依『臺灣省社會教育機關服務人員任用及待遇規程』之規定支給之」。其餘各條條文，大抵與《修正圖書館規程》規定相符，茲不贅述。

　　綜觀《臺灣省立圖書館章程》的內容，係根據 1939 年中央圖書館籌備處奉令先後草擬，並由教育部於 1939 年 7 月、11 月分別頒布的《修正圖書館規程》（全 33 條）、《圖書館工作大綱》（全 4 章 18 條）、《圖書館輔導各地社會教育機關圖書教育辦法大綱》（全 15 條）等所訂定。蔣復璁提到：「《修正圖書館規程》較 1930 年《圖書館規程》實為顯著的進步，其重大成就，有（1）規定各級圖書館館長、主任及館員等在公務上及社會上的地位及其資格；（2）規定各級圖書館分組辦事，省立圖書館分 5 部，縣立圖書館得分 4 組，並各為制定工作大綱，羅列工作要項，俾便遵循；（3）縣市立圖書館設置推廣組，並得設立分館、巡迴文庫、圖書站及代辦處，使圖書館服務範圍擴充及於

館址以外，實為公共圖書館另闢蹊徑。」於是全國各省立、縣市立公
共圖書館的設置與營運有了全國一致的規範。

（二）人員

根據上開《臺灣省行政長官公署接收詳報》〈人員之接收〉載：「臺
灣總督府圖書館及南方資料館職員甚少，二者共為 22 人，內臺籍 4 人，日
籍 18 人，因均為技術人員，全部留用。」復根據 1946 年 8 月，劉滿子撰
〈本館成立經過及概況〉乙文，稱：「現有人員除館長外包括南方資料研
究室，共計 41 人，內徵用日籍工作人員 17 人。」各組室人員，「計總務部
6 人、採編部 8 人、閱覽部 9 人、研究輔導部 6 人、南方資料室 12 人。」。
在臺灣省圖書館時期，歷經 2 任館長並兼南方資料研究室主任，先後為范壽
康（任期：1945.11.01－1946.11.01）、吳克剛（1946.11.01－1955.05.17）。

館長簡歷

范壽康（1896－1983）留學日本，先後就讀高等師範學校、東京帝國
大學文學部，專攻教育哲學。1934 年 10 月游彌堅（1897－1971）結合林呈
祿、范壽康等人創辦臺灣東方出版社股份有限公司（位在新高堂書店舊
址，3 層樓），「1945 年冬，范壽康曾努力促進商務、中華、世界、開明等
幾大書局來臺設店（范岱年）。」

1947 年 5 月臺灣省政府成立，校長陸志鴻任內，轉任臺灣大學哲學系
教授兼系主任，10 月 13 日起並兼任臺大圖書館館長（前任：校長羅宗洛聘
代理館長于景讓，1946 年 6 月 1 日到館任事）。其後，校長莊長恭新聘方
東美任哲學系系主任，1949 年 1 月 20 日校長傅斯年改聘蘇薌雨任館長，范
氏專任哲學系教授。1970 年從臺大退休後赴美，1982 年 4 月自美回歸中國
大陸，1983 年 2 月 27 日逝世於北京。

吳克剛（1903－1999）畢業於巴黎大學，來臺除擔任長官公署參事
外，還參加「臺灣文化協進會」（1945 年 11 月成立，理事長游彌堅）為發

起人、常務理事及《現代週刊》（1：1－3：8；1945.12.10－1946.12.15，凡32期）主編。自1955年4月臺灣省圖書館館長離職後，曾任師範大學社會教育學系社會事業組教授，1956年8月至1968年7月，擔任法商學院合作系系主任（該系今稱臺北大學商學院金融與合作經營學系）。1992年9月中國合作學社機關刊物《合作經濟季刊》，將吳克剛在夏威夷養病時所寫傳真稿〈一個合作主義者見聞錄〉，陸續披載於34期至59期（1998.12）；1999年4月又出版了單行本。

徵用日籍員工

依據《臺灣接管計畫綱要》「第一通則」第（10）條：「各機關舊有人員，除敵國人民及有違法行為者外，暫予留用（技術人員儘量留用，雇員必要時亦得暫行留用），待遇以照舊為原則，一面依據法令，實施考試、銓敘及訓練，接管後須補充之各種人選，應預為準備，並應多予臺民以工作之機會。」及「第八教育文化」第（45）條：「各學校教員、社教機關人員及其他從事文化事業之人員，除敵國人民（但在專科以上之學校必要時得予留用）及有違法行為者外，均予留用。但教員須舉行甄審，合格者給予證書。」

溯自1945年10月1日陸軍總司令部頒行《中國境內日籍員工暫行徵用通則》，規定了接收各部門事業時對於原有的日籍員工得應需要酌予徵用。依第2條規定「各事業部門徵用日籍員工標準如下：1.事業不能中斷，其技能無人接替者；2.其技術為我國目前所缺乏者；3.非徵用不能為業務上之清理者；4.情形特殊有徵用之必要者」。10月27日行政長官指示各機關，「接收後對舊有人員如須繼續任用者，其名義、待遇、免職手續應擬定通則辦理。」於是長官公署人事室根據上開《通則》的規定，草擬《臺灣省行政長官公署暨所屬各機關徵用日籍員工暫行辦法》，11月2日經秘書處召開接收委員會議修正通過，簽奉行政長官陳儀核定。依據該《暫行辦法》的規定，以臺灣情形特殊而擴大了徵用的範圍，不限於技術人員，連一般行政機關也以業務的需要而留用日籍行政人員。該辦法以暫時留用

日籍技術人員 5,600 人及其眷屬 24,000 人，合計 28,000 人，以 1946 年 3 月底為實施期限。據教授吳文星，〈戰後初年在臺日本人留用政策〉乙文，稱：

> 接收前，臺灣人即一再建議應就地取材，任用臺灣人，實施完全的地方自治。國民政府的接管計畫中用人構想似乎與臺灣人的期盼相去不遠。然而，當行政長官公署正式接管臺灣後，卻以實際需要為由，採大量留用日本人之政策，以致引起臺灣人的不滿；同時，該政策與美國的盡速遣返日俘日僑政策相違背，美國乃出面干涉；加以 1946 年起大多數在臺日人紛紛決定返國，因此，迫使行政長官公署不得不調整留用政策。後經美國同意，以 28,000 人為上限，1946 年年底必須悉數遣送返日，但 1947 年初行政長官公署並未依約定悉數將在臺日本人遣送返國，直到二二八事件後，始放棄留用政策。

依 1946 年 4 月 4 日各機關已造冊報數，共留用工作人員 6,438 人及其眷屬 18,587 人，合計 25,025 人；其中教育處（包括臺灣大學在內）留用工作人員 394 人及其眷屬 967 人，計 1,361 人。復依 1946 年 12 月臺灣省人事室編印《臺灣省人事行政彙報》，根據日僑管理委員會截止 1946 年 4 月底所送資料的統計，「臺灣省徵用日籍人數 7,139 人，徵用者家屬人數 20,088 人，合計 27,227 人。」其中「學術研究人員徵用日籍人數 456 人，徵用者家屬人數 1,214 人，合計 1,670 人。（長官公署人事室）」

館員留用和新任

自臺灣舉行受降典禮之後，隨即展開了接收工作。接收的進行應將辦理移交的事項各予以分別列冊，由雙方派員交接依冊點收。其中「職員名冊」即為人員移交的依據。依接收至任用程序，先是各機關「暫予留用」包括臺籍與日籍人員，隨即進行內部考核作業，決定「留用」或「不留

用」，就考評結果繕造名冊，送請長官公署備案。

　　根據 1945 年 11 月初 1 日「山范交接」移交清冊第 1 號〈職員名錄〉
載：有原館長山中樵（奏任）；司書市村榮、西宮正義、百濟孝四郎；書
記兼司書劉金狗；雇員佐藤貴市、高碧烈〔1944 年入館任職〕、陳錫金、
龜井冷子、江枝明；臨時雇平島豐次郎；守衛仲木顯德、游景木；職工陳
蚶目；臨時傭呂傳平，共 15 人（長官公署，1945.11.01－1946.11.26）。除
佐藤貴市、龜井冷子不留用外，其餘館員皆被留用，繼續辦理復員館務。

　　依據臺灣省圖書館「1945 年 11 月份職員薪津借支名冊（徵用日人
部）」，除原總督府圖書館的研究員兼圖書組長山中樵，編輯市村榮，助
理編輯西宮正義、百濟孝四郎，事務助理員平島豐次郎外，還有原南方資
料館的研究員兼調查組長素木得一，研究員樋口末廣，事務員江崎光夫，
調查員柳沼金治，技術員松本喜宇悅，書記松山鶴、林幸子、竹下律子、
高本正子。〔依據本項借支名冊，可佐證 1945 年臺灣省圖書館接收之初，
南方資料館已併入。〕

　　茲依據「1946 年 1 月職員薪津造冊」，計新派館長范壽康，留用職員
劉金狗、高碧烈、陳錫金、江枝明，傭工游景木、陳蚶目、呂傳平、李
玉。徵用日人（包括原南方資料館人員）素木得一、山中樵、樋口末廣、
市村榮、江崎光夫、西宮正義、百濟孝四郎、柳沼金治、松本喜宇悅、松
山鶴、平島豐次郎、林幸子、仲木顯德、竹下律子、高木正子、川畑休
五、平山瑞枝。

　　復根據 1946 年 11 月 28 日「范吳交接」「臺灣省圖書館職員名錄」所
載：職員留任和新任，除館長 1 人外，有採編部主任王又亭、閱覽部助理幹
事兼代主任劉金狗、總務部幹事兼代主任胡佾園及書記陳鐵厚、高碧烈、
雇員陳錫金、江枝明、廖玉鶴、陳金益、余景祝、游景木、陳蚶目、呂傳
平、陳定、李阿成、林仁鄉（以下茲不贅述）等共 29 人；及徵用日人共 20
人〔圖書管理技術人員〕，其中原府圖書館 7 人，原南方資料館（〔包括原
臺灣省臺灣拓殖株式會社接收委員會〕）13 人，（長官公署圖書館，

1946.11.28）如下：總務組書記高橋妙子；採編部幹事市村榮，助理幹事中村忠行、稻田尹；閱覽部書記仲木顯德；研究輔導部研究員兼代主任山中樵，助理幹事高山喬；及南方資料室研究員素木得一，助理研究員桑原政夫〔原 1946 年 9 月臺灣拓殖株式會社社長室資料課諮詢員〕、樋口末廣，助理幹事江崎光夫、川崎藤夫、山中正、官田智正〔原 1946 年 9 月臺拓社長室資料課助理員〕、川畑休五、竹下萬吉，書記松山鶴、高木正子，雇員松田フミ、竹下律子。

兹有參加臺灣省圖書館曾舉辦幹事、助理幹事、書記等職員考試，經評定成績及格，錄取在卷，並於 1947 年 1 月 6 日將「任免人員請示單」檢同履歷、資歷、保結及擬支薪額，呈請長官公署核定者：有幹事鮑文清，助理幹事何乃義、林以航、黃華根、黃阿新〔後改名：文新〕、史久華；書記林秀珠。根據乙份公文書臺灣省圖書館角簽申覆，略以：「按本館組織規程編制員額（包括南方資料研究室）得設幹事 12 人至 18 人，助理幹事11 人至 15 人，書記 7 人至 9 人。兹查本館 1946 年 12 月底在職人員計幹事11 人（留用日籍幹事市村榮已解職遣送），助理幹事 6 人，書記 4 人。並無超額」。2 月 3 日又呈報幹事封中定。（長官公署圖書館人事室，1946.12.19）

此外，1947 年 2 月 4 日長官公署「派于震寰為本省圖書館兼任研究員。義務職不支薪。該員對圖書館學有專長經驗豐富，現任臺灣大學圖書館館長，已徵得同意以義務職兼任本館研究員。」（長官公署，1947.02.04）〔案于震寰又名于鏡宇，武昌文華圖書館專科學校第 10 屆圖書館學本科畢業，後任職北平圖書館、北京大學圖書館、中央圖書館籌備處。1946 年 8 月間由美返國，任中央圖書館採訪組主任、中華圖書館協會幹事。1948 年應美國哈佛大學之聘為研究員兼漢和圖書館副主任，直到 1973 年退休。著有《善本圖書編目法》（1933 年刊行）等專著。〕

人員任用資格

依據 1946 年 8 月 14 日長官公署頒布的《臺灣省社會教育機關服務人員

任用及待遇規程》（臺灣省行政長官令，1946.08.14），圖書館的服務人員任用資格分為省立與縣市立圖書館兩個不同層級。省立圖書館部分再細分為館長、部主任、幹事、助理幹事、書記 5 個職級。省立圖書館人員的任用資格（各職級具有下列資格之一者）如下：

館長的任用資格：1.圖書館專科學校或圖書館專修科畢業，曾任圖書館職務 1 年以上，著有成績者；2.師範學校、教育學院或大學教育科系畢業，曾任圖書館職務 2 年以上，著有成績者；3.大學或其他專科學校畢業，並受圖書館專業訓練，曾任圖書館職務 3 年以上，著有成績者；4.在學術上確有特殊貢獻，並對於圖書館學素有研究者。

部主任的任用資格，比照館長任用資格，但不強調過去的工作經驗，資格如下：1.圖書館專科學校或圖書館專修科畢業者；2.師範學校、教育學院或大學教育科系畢業者；3.大學或其他專科學校畢業，並受圖書館專業訓練者；4.中等學校畢業，並受圖書館專業訓練，曾任圖書館職務 3 年以上者。

幹事的任用資格：1.具有前條各款資格之一者；2. 中等學校畢業，並受圖書館專業訓練，曾任圖書館職務 2 年以上者。

助理幹事、書記的任用資格：中等學校畢業，曾任圖書館職務，並有相當學識及經驗者。

至於未有前條所規範的任用資格者，長官公署訂定《臺灣省教育機關工作人員檢定規程》（臺灣省行政長官令，1946.08.14），其中規定圖書館工作人員的試驗檢定科目，計分 1.共同科目：總理遺教暨總裁言論、社會教育概論、國文；2.專業科目：圖書館學、圖書管理、圖書館推廣事業。

這項《服務人員任用及待遇規程》，雖是臺灣省單行法規，但在規範有關各層級圖書館人員的任用資格方面仍與上開《修正圖書館規程》第 13 條至第 15 條規定相同，僅增列助理幹事的任用資格。

在檢定考試方面，與 1944 年 11 月 15 日教育部公布的《省市縣社會教育機關工作人員檢定規程》（全 13 條）第 7 條規定相較，所列共同科

目（必試科目）則相同，專業科目（選試科目）增列圖書館推廣事業
乙科，甚屬特別，可知當時對圖書館推廣服務的重視。

　　長官公署為集中管理該公署暨所屬各機關人事起見，於 1946 年 2 月 18
日制頒《臺灣省行政長官公署人事集中管理辦法》（全 36 條），是為人事
管理業務通則。該辦法適用於：1.長官公署各處會室；2.長官公署附屬機
關；3.長官公署各處會附屬機關；4.本省各縣市政府；5.本省各省營事業機
關；6.本省各公立國民以上學校及社教機關。凡各機關人員任免、就職或離
職、薪俸、調派服務、差假出勤、報告單表，及附各類人事報告單和報表
樣式等，均須依照辦理。（長官公署，1946.03.11）

館員進修

　　1947 年、1948 年該館辦理館員進修：1.國語講習。自 1947 年 2 月起開
辦，內容以國語發音及會話為主，每日講授 1 小時，3 個月結業；2.語文講
習。與國語講習同時舉辦，課程側重於中文文法、文體的瞭解；3.西文講
習。暫以英文為主，自 1948 年 1 月起開辦，每日講授 2 小時；4.組織讀書
會。將館員分為數組，研讀有關圖書館學的書籍，按月提出讀書報告與心
得，或由各組自行擬定研讀綱目，定期舉行小組討論，有時並請專家講
述。（臺灣省文獻委員會編纂組）

三、經費

臺灣省幣制改革

　　依據 1945 年 10 月 6 日前進指揮所副主任范誦堯，當面交付日本參謀長
諫山春樹長官公署臺政字第 2 號備忘錄，略以：為避免臺灣金融紊亂，暫不
使用中國法幣。在臺灣省幣值尚未整理之前沿用現有幣制。案日本投降
後，中央政府原本有意由中央銀行在臺設立分行，發行與法幣近似，但只

能在臺灣流通的「中央銀行臺灣流通券」，並已印妥待送。但是最後決定尊重臺灣省行政長官陳儀的意向，允許日本統治時期的「臺灣銀行券」繼續流通。

　　為了維持光復初期尚處於過渡當中的臺灣金融秩序，1945 年 10 月 31 日財政部公布了《臺灣省當地銀行鈔票及金融機關處理辦法》（全 6 條），准許「臺灣銀行券」暫時一律照舊行使，流通臺灣省地區，並準備於次年發行新貨幣收回「臺灣銀行券」。可是「臺灣銀行券」在臺灣被正式接收前，出現近 30 億圓的發行量，價值有浮濫的疑慮。接收之初，即實施緊急處置，凍結臺灣銀行千圓券及日銀券，計日本珠式會社臺灣銀行、日本勸業銀行、三和銀行、臺灣商工銀行、彰化銀行、臺灣貯〔儲〕蓄銀行、華南銀行，共凍結臺灣銀行千圓券 688,984,000 圓，日銀券 56,606,865 圓。1946 年 5 月 20 日長官公署接收日本臺銀、三和、貯蓄，合併重組成立新的「臺灣銀行」，並於同年 5 月 22 日起奉准發行「台幣」（其後俗稱「舊台幣」、「老台幣」），收兌當時仍在臺灣流通的「臺灣銀行券」。首先發行壹元、伍元、拾元券 3 種面額，同年 9 月又發行伍拾元、壹百元券。自 1946 年 9 月 1 日至 11 月 30 日間完成「臺灣銀行券」兌換「台幣」的作業（以同等價收兌），臺灣全面以「台幣」為流通貨幣，自此「臺灣銀行券」落幕。

政府會計年度

　　中國自古以來的會計制度，大抵以曆年制居多。民國紀元，政府會計年度的變更頗為頻繁，始終在 7 月制與曆年制兩種會計年度間互為變異。臺灣光復時，《預算法》規定的會計年度採曆年制，「政府會計年度於每年 1 月 1 日開始，至同年 12 月 31 日終了」，「其年度依民國紀元年次為名稱」。

　　而日本自 1886 年度（明 19）起，即將財政年度改為每年 4 月 1 日開始，次年 3 月 31 日結束。

編製年度概算

　　臺灣接管伊始，預算制度自 1945 年 11 月 1 日至 1946 年 12 月 31 日，曾經 3 個階段轉變。第 1 時期為沿用舊制期，1945 年 11 月 1 日至 1945 年 12 月 14 日，沿用舊臺灣總督府預算；第 2 時期為新舊預算交替期，總督府特別會計於 12 月 14 日起予以廢止，12 月 15 日開始長官公署普通會計；1945 年 12 月 15 日至 1946 年 3 月 31 日，會計年度沿用日制，為保持行政效能及維持財政秩序，預算內容以不多變更舊總督府特別會計 1945 年度（昭20）的預算為原則，僅作必要的修正；第 3 時期為長官公署普通會計預算期，1946 年 4 月 1 日至 1946 年 12 月 31 日，改照國民政府會計年度及會計制度辦理。（長官公署財政處）

　　因為國民政府會計年度係自 1 月 1 日起至 12 月 31 日止，所以臺灣 1946 年歲入歲出預算編製起訖是自 1946 年 4 月 1 日至 12 月 31 日止，凡 9 個月。「各機關的概算先送設計考核委員會審核，再移會計處滙編，共經過 3 次的修正，於 1946 年 3 月底滙編完成（長官公署秘書處編輯室、民政處秘書室）」。經過 3 月 15 日的省政務會議議決通過並奉行政長官核定後，即分別報送行政院中央主計處、中央設計局及財政部察核備案。而省總預算的編製，是經由省各機關先行各自編製其主管的概算，遵照中央規定，務期經費與工作計畫配合，根據省的施政計畫，各機關所擬定的各機關的工作計畫同時併製。

臺灣省圖書館年度概算

　　臺灣省圖書館接收時，值處臺灣戰後復員，百廢待舉，又逢通貨膨脹，經費雖然增加，但是經營仍然困難。「1945 年度（昭 20）府圖書館的全年預算為 55,438 圓，至 1945 年 10 月 31 日已支出 48,645 圓，餘額 6,793 圓」。（長官公署，「山范交接」）臺灣省圖書館是長官公署直屬機關，預算編列在長官公署一級單位年度預算中。「1946 年該館普通歲出經常門預算數 1,169,100.00 元，決算數 1,160,241.84 元，餘數 8,858.16 元；普通歲出臨時門預算數 150,000 元，決算數 148,948 元，餘數 1,052 元（臺灣省政

府會計處）。」依據 1945 年 12 月 15 日長官公署圖書館呈報長官公署秘書
處 1946 年度工作計畫，並附經費預算。該工作計畫分為「圖書館工作」、
「南方資料研究工作」兩大項，前者，為「1.整理全部圖書；2.修建房屋購
置用具；3.辦理公眾閱覽事務；4.重新編印圖書目錄；5.設立巡迴文庫；6.
指導各地圖書館發展業務」；後者，為「1.圖書之搬遷與整理；2.圖書標本
之蒐集；3.圖書標本之調查研究；4.未裝訂圖書裝訂；5.辦理公眾閱覽；6.
南方大系之編纂」。復依據 1946 年《臺灣省行政長官公署工作計畫》，該
館工作計畫為「1.整理全部圖書；2.修建房屋購置用具；3.重新編印圖書目
錄；4.設立巡迴文庫；5.搜集並研究有關南洋的資料；6.編纂南方大系 40
篇」。1947 年《臺灣省行政長官公署工作計畫》〈行政部門計畫提要〉，
該館工作計畫為「1.分類圖書目錄；2.特藏書編目；3.採購圖書；4.編印圖
書月刊；5.舉辦巡迴文庫；6.輔導各縣市圖書館；7.組織圖書審查委員會；
8.組織徵募圖書委員會」。茲列該圖書館 1946、1947、1948 年度預算如表
10，以資參考。

表 10　臺灣省圖書館年度預算一覽表（1946 年 4 月－1948 年 6 月）

單位：台幣（舊台幣）元

項目		年　　　　　　　　　　度		
		1946 年 4－12 月	1947 年 1－12 月	1948 年 1－6 月
經常費	俸給費	124,560	124,608	77,040
	辦公費	360,000	462,000	710,328
	購置費	540,000	98,200	153,000
	特別費	144,540	70,560	153,000
	事業費			5,235,600
	小計	1,169,100	755,368	6,328,968
	設備	150,000	565,156	

項目		年 度		
		1946 年 4－12 月	1947 年 1－12 月	1948 年 1－6 月
臨時費	小計	150,000	565,156	
事業費	圖書購置費		2,400,000	
	圖書整理費		480,000	
	圖書月刊編印費		480,000	
	館舍修繕費		400,000	
	電燈設備費		100,000	
	小計		3,860,000	
合　　　計		1,319,100	5,180,524	6,328,968

資料來源：臺灣省文獻委員會編纂組、〔黎澤霖纂修〕，《臺灣省通志稿卷五教育志文化事業篇》（臺北：編者，1958.02），頁 188。

圖書館移交日本銀行券案

臺灣省圖書館於 1946 年 6 月間有日本銀行券參萬元解繳國庫，被臺灣銀行認為「逾期繳存，拒絕存儲」。經查該日本銀行券款項為前財團法人南方資料館財產之一，臺灣省圖書館接收後，經 1945 年 11 月 29 日造具清冊連同原款送請長官公署機要室核收。旋於同年 12 月 6 日機要室原件簽復「附件擬交教育處存查，其中現金後另案處理」。經查明上述原因致輾轉逾期，長官公署財政處准予暫繳臺灣銀行保管，虞彙案報請財政部向日政府交涉掉換。（長官公署）〔依據本案，佐證 1945 年臺灣省圖書館接收之初，南方資料館已併入。〕

四、館舍建築

建築

　　臺灣省圖書館暫借臺灣省博物館館舍第 1 樓全部為館址。博物館是位於臺北公園（俗稱「新公園」，今二二八和平紀念公園）內的 2 層樓宏偉建築，前身為原「臺灣總督府民政部殖產局附屬記念博物館」，而該「記念博物館」係將原位於書院町的「臺灣總督府民政部殖產局附屬博物館」於1915 年 8 月 20 日遷入「兒玉總督及後藤民政長官記念館」並重新命名。

　　緣起於 1906 年兒玉源太郎及後藤新平離任，臺灣官方籌劃大興土木以紀念兩人治臺功績。「雖是由總督府啓動記念前總督和民政長官的建設，但也認為不宜使用公款，因此舖陳由本島仕紳發起捐款的輿論形勢（國立臺灣博物館）。」「記念館」於 1913 年 4 月 1 日正式動土開工，1915 年 3月 25 日竣工，4 月 18 日落成，6 月贈送轉移予博物館。職此之故，博物館建築原係為紀念目的而設，自塑造出莊嚴典雅、肅穆神聖的權威意象。整體建築平面配置座南朝北，以中央棟全棟為主（鋼筋混凝土構造），左右翼（磚及鋼筋混凝土混構）對稱呈「一」字形的長條型，總建坪 510 坪（1,688 平方公尺）。正前方為臺北車站前廣場，北面道路為表町通（今館前路），南面面向臺北公園，使博物館可收攬園內自然景光。

　　博物館建築採希臘神殿外型，以穹頂列柱，上圓下方，造型均衡對稱，屬於新古典主義建築。正面六柱式門廊，源於古希臘式，粗大雄偉且沒有柱基；中央穹窿外覆銅瓦，高進 30 公尺，多屬多立克柱式列柱（Doric order）。正面上方有山牆，有捲曲花草紋飾、盾牌勳章裝飾，南面山牆桂花飾，「塑造古典時代，強調知識、啓蒙、理性、文明的意涵。」館舍大廳由 32 根柱廊柱組合而成，是博物館最為華麗的空間。大廳上方有透光的鑲崁玻璃，大廳廊柱屬複合柱式（composite columns），柱頭是莨苕葉形態飾，與羊角渦捲式的組合，形成盛滿花草的花籃，裝飾精美，柱頭華麗。大廳門楣具巴洛克風格的勳章飾。中央樓梯與扶手、腰板，正廳牛眼窗

飾，都費心設計，展現出古典優美的雕刻工藝。

大廳兩側的西式壁龕，東側、西側分別矗立兒玉、後藤銅像。並採用兒玉、後藤兩家家徽圖案，做為柱身壁燈座的雕刻裝飾及融入圓頂採光鑲崁玻璃圖案。（國立臺灣博物館）博物館展示空間在 1 樓及 2 樓左右兩翼延伸的長廳。落成時館員就已經「覺得狹窄，為此連地下室的準備室也充當陳列室。」（國立臺灣博物館）

設置臺灣光復文化館之議

臺灣省圖書館所暫借的博物館館舍，因博物館設計之初，使用目的已如上述，旨在紀念性，為便利展覽，原無圖書館之設；且館舍有限，光線不足，閱者擁擠，致各種業務無法展開，必須覓地建設新館舍。

1946 年 4 月，《民報》報導長官公署有修繕原總督府廳舍並改立為臺灣省文化館之議，分 4 年計畫加以修改；5 月又批載，改為科學館，第 1 層為圖書館，第 2 層博物館，第 3 層理化研究室，第 4 層技術室，預算需 3,000 萬元的修繕費；10 月再報導，祝蔣主席六秩，改修舊總督府大廈，充為文化事業機關總殿堂，總經費按 1 萬萬元。（民報社，1946.04.14、1946.05.17、1946.10.13）1946 年 10 月，《臺灣新生報》也報導林獻堂等人擬發動全省人民及各社團各機關學校等獻金台幣 1 億元，將前臺灣總督府舊址改為介石館，倡導文化事業並永垂紀念。10 月 14 日成立「臺灣籌建介壽館祝壽獻金委員會」，通過獻金計畫，決定各界獻金數額。（臺灣新生報社，1946.10.14、1946.10.15、1946.10.16）。

1946 年 8 月 2 日長官公署政務會議通過「臺灣省五年經濟建設計畫總綱」，其中有「設臺灣光復文化館（就舊總督府於 3 年內修築完成），內設圖書館、博物館、藝術館、編譯館。另設體育館。」（長官公署編，1946.08.02）臺灣省圖書館該館南方資料研究室日籍助理研究員樋口末廣提到：「長官公署支出甚大的費用來修築舊總督府廳舍收容圖書館等以及其他機關建設一個綜合的科學館，確是一個進步的計畫。完成以後的壯觀是可以預卜的。作者以一個圖書館員的資格，特予提出今後一個希望，對於

這個新設書庫與博物館的標本室最好能有溫濕度的調整裝置（Air Conditioning）使書籍及標本的保存完全，俾成名實相符的綜合科學館（（日）樋口末廣作、周炳鑫譯）。」爰在該館機關刊物《圖書月刊》披載〈書籍之保存與溫濕度的調整裝置〉乙文。但是「獻金委員會籌資不易，工程始終未能進行，1947 年省主席魏道明決定由省府提撥專款改建為『省府大廈』，由建設廳公共工程局承辦，7 月整修工程方始」（廖文碩）。」1948 年大修完成，10 月 25 日至 12 月 5 日假省府大廈舉辦了「臺灣省博覽會」，並為慶祝總統蔣中正 60 大壽稱為介壽館。隨著 1949 年 12 月政府遷臺，介壽館則作為總統府使用。

公有財產

依據 1946 年 10 月 14 日「臺灣省圖書館請撥公用房地產清冊」有 2 筆。一為基地，臺灣省圖書館、臺北市書院町一丁目二番地；一為房屋，千代田生命保險會社、臺北市明石町二丁目六番地。1946 年 11 月 28 日「范吳移交」列入臺灣省圖書館移交公有財物清冊，計「土地 0.4406 甲（1,293 坪），接收前本館館址；房屋 1 幢，0.08 甲，本館南方資料研究室公用」。

1.基地

日本發動侵略戰爭以潰敗無條件投降告終。溯自 1945 年（昭 20）1 月起美國第五航空隊開始對臺灣進行戰略轟炸，5 月 6 日盟軍飛機大舉轟炸，在總督府後面的建築被炸得體無完膚，圖書館也夷為平地，已無法使用。館長范壽康撰〈關於臺灣省圖書館〉乙文提到：

> 臺灣省圖書館館址現暫設新公園內博物館的樓下。博物館也曾遭受轟炸，惟損失不太嚴重，復承財政處提前趕修，1 月底前業以修理完畢。4 月 1 日本館即正式開放。（中略）南方資料館未遭毀壞，今改南方資料室，在北門街前「千代田生命」屋內，存書已全部整理完畢。

　　該項基地經簽奉行政長官批准保留重建該館之用，爾後，以參玖寅東府綱地丁字第 397 號代電核准登記在案。（省府，1950.06.03）

　　2.房屋

　　案南方資料館在第二次世界大戰時，館長素木得一為了保護珍貴的南方資料，曾數度將館藏疏散至郊區保存。第二次世界大戰結束後，1945 年 10 月 5 日長官公署、警備總司令部前進指揮所臨時辦公地點〔住所〕設在圓山町南方資料館，臺灣省圖書館簽奉長官公署撥給明石町原千代田生命保險相互會社房屋作為南方資料館館藏庋藏所，因而遷至明石町。

　　1945 年 10 月 25 日長官公署正式成立，前進指揮所也於該日宣告撤銷結束。長官公署秘書處接收圓山町南方資料館館舍建築，委託中國旅行社代辦臺北招待所。原定 1946 年 12 月 15 日開幕，茲因接待外賓，提前開始營業，共有大小房間 20 餘間，可容納旅客 39 至 45 人，並備有西餐部（臺灣省行政長官公署秘書處，1946.11.29）。1955 年 11 月 1 日又改為美國協防臺灣司令部總部（U.S.Taiwan Defence Command）。1979 年 1 月 1 日中美斷交，4 月 26 日美方撤離，該處土地上建築物拆除，現為臺北市工務局公園路燈工程管理處圓山管理所民族苗圃，一部分作為中山計程車服務站。

　　原千代田生命保險相互會社臺灣支社（光復後改名為臺灣省人壽保險股份有限公司，原位於明石町 2 丁目 6 番地，1946 年 2 月街名改為北門街 2 之 6 號，其後，門牌先後改為中正西路 26 號、中正路 1730 號，在已拆除原《中央日報》社對面，今則為忠孝西路）據 1958 年資料顯示，該「房屋為 4 層樓房 1 棟，平房 2 間，總面積 367 坪，計 1 樓 136 坪，2 樓 133.5 坪，3 樓 76.1 坪，4 樓 5.5 坪，平房 16.2 坪。」（省府教育廳，1958.06.16）

　　1945 年長官公署成立臺灣省保險會社監理委員會，接管日本在臺 14 家人壽保險公司及 12 家產物保險公司。前者，1946 年 6 月 16 日由省屬銀行公庫等投資設立臺灣人壽保險股份有限公司籌備處，開始接收在臺日本各生命保險會社。1947 年正式開業。開始限期登記核驗，前向損害及生命各保險會社的保單（契約），俾繼續有效。依據曾耀輝「日治時期臺灣所遺

留壽險契約（1945）」載：「千代田生命保險相互會社臺灣支部有效契約
115,114 件，有效契約金金額 247,799 千日圓，其中臺灣人占 89,789 件
（78%）；契約金金額 185,601 千日圓（75%），在臺日本人占 25,325 件
（22%）；契約金金額 62,198 千日圓（25%）。」

　　1945 年 11 月 6 日臺灣省圖書館（圖總財字第 457 號）代電，發文臺北
市政府：為明石町原千代田生命保險相互會社房屋係本館接收使用。嗣後
貴府對於該房屋有關事項電請逕行通知本館以便洽辦。臺灣省圖書館將該
房屋作為南方資料研究室辦公室，並依法咨請日產處理委員會撥歸公用。
〔依據本項發文，可佐證 1945 年臺灣省圖書館接收之初，南方資料館已併
入。〕

　　1946 年 8 月 1 日臺灣省接管委員會日產處理委員會代電，「規定接收
日人公私房地產應納土地及租稅。」1946 年 8 月 5 日臺灣省人壽保險股份
有限公司籌備處代電臺灣省圖書館稱：本公司奉令接收之前各生命保險會
社所屬保戶多係本省人士應付賠償款額，為數甚鉅。而前各會社收入之保
費及責任準備金於日人統治時代悉被匯往日本總社，所贍房屋數座損益相
差不敷甚大。將接收房屋依照《臺灣省接收日人房地產處理實施辦法》
（1946.06.29 長官公署產（35）處字第 1202 號令）由本處出租以資挹注，
業經簽奉長官批准。爰洽訂租約，並檢附租賃契約（全 7 條），以該洋房乙
座，建築 3 樓共計 243.36 坪，依照臺北市日產處理分會租賃決定辦法，承
租人（臺灣省圖書館）每月願繳納租金 25,055.28 元，並於每月終之前 2 日
交付出租人（臺灣省人壽保險股份有限公司籌備處）。除租金外，臺灣省
圖書館還需繳納地租房屋稅，如 1946 年第 1 期地租代金金額 24,672.90 元，
分家屋稅代金金額 1,272 元〔1949.06.15 始正式發行新臺幣〕。臺灣省圖書
館十分困惑。經臺北市政府 1947 年元月 20 日代電復文：「查 貴館房屋雖
奉長官指定撥用，但土地及房屋合帳之原權利人為千代田保險會社，在名
義未正式變更前該項稅款仍應由原權利人員負責繳納至建充驛。」1946 年 8
月 1 日臺灣省接收委員會日產處理委員會產（35）處字第 1590 號代電：

「規定接收日人公私房地產應納土地及租稅」。〔臺灣省圖書館爰後續辦
理租用〕

五、圖書的蒐集保存

（一）接收舊藏

接收總督府圖書館藏書

　　根據 1945 年 11 月初 1 日「山范交接」移交清冊第 2 號〈財產目錄〉
載：「和漢書、洋書 160,000 冊」，作為移交的總冊數。依上開「日本臺灣
總督府圖書館移交清冊——別紙第 1 號」，列該館在未遭轟炸前，分 10 大
類統計，館藏和漢書 187,359 冊，洋書 12,708 冊，總計達 200,067 冊。藏書
分類統計，見表 11。〔意謂轟炸損失 4 萬多冊，在大火中燒燬〕復依該移
交清冊第 5 號〈工作報告〉載：略以「1945 年（昭和 20 年）4 月藏書量 20
萬 2 千冊，5 月戰災損失約 4 萬 5 千冊，今日約 16 萬冊（含內田文庫、柳
生文庫、後藤文庫、姊齒文庫等圖書）。」〔因為館藏圖書疏散在郊外 4
處，並未全部運回，山范移交並未實際加以逐一清點，爰按清冊移交約略
數，暫列 160,000 冊〕

表 11　日本臺灣總督府圖書館藏書分類統計一覽表（1945 年）

單位：冊

類　　　　　別	和　漢　書	洋　　　書	合　　　計	占總冊書比例（%）
0 門 總類	48, 501	2,796	51,297	26
1 門 哲學、宗教	13, 508	544	14, 052	7
2 門 教育	6, 342	516	6, 858	3

類　　　別	和　漢　書	洋　　　書	合　　　計	占總冊書比例（%）
3 門 文學、語言	30, 246	1, 533	31, 779	17
4 門 歷史、地誌	30, 691	1, 914	32, 605	17
5 門 法制、經濟、社會、統計、殖民	23, 595	2, 863	26, 458	14
6 門 理學、數學、醫學	8, 377	1, 038	9, 145	4
7 門 工學、軍事	5, 059	443	5, 502	2
8 門 藝術	7, 079	212	7, 291	3
9 門 產業、家政	13, 961	849	14, 810	7
合　　　計	187, 359	12, 708	200, 067	100

資料來源：臺灣省行政長官公署（1945.11.01－1946.11.26）。臺灣省行政長官
　　　　　公署、山范交接案（日本臺灣總督府圖書館移交清冊──別紙第 1
　　　　　號）。國發會檔案管理局，A309020100E/0034/104.01/1/1/1-2。

接收臺灣省拓殖株式會社藏書

　　茲為順利接管臺灣拓殖株式會社（臺拓）業務，避免造成生產中斷，
採取兩階段的接收，即先監理後接管。監理是指在接收初期，各事業仍歸
原業主主持經營或保管，惟受監理委員會的指揮監督；接管則是指監理一
段時期後，確定經營權為國營、省營或民營，再由主辦單位經營。1946 年
11 月 1 日起臺拓由農林處、工礦處會同監理。但隨著日僑遣送的進行，臺
拓日籍員工急於回國，無法待經營方針定案，才進行接管，鑒於臺拓規模
較大，與本省各種重要產業均有密切關係，遂先設臺拓接收委員會進行實
際接收。（何鳳嬌）1946 年 3 月 5 日由負責監理的農林處與工礦處合組接

收委員會。7月10日長官公署成立臺拓接收委員會清理處，準備進行清算，結束臺拓業務。9月1日決定解散臺拓。於是，臺拓不再繼續綜合經營，其業務分別歸併各機關，結束了臺拓業務。1946年11月15日清理處解散。

在1944年（昭19）臺拓的組織分為15課。1946年有關圖書與檔案的交接，前者移交給臺灣省圖書館，接收資料課藏書；後者先歸接收委員會保管，再交長官公署秘書處文書科，迄1959年7月14日始由臺灣省文獻委員會接收。此即日後文獻會整理並開放閱覽利用的《臺灣拓殖株式會社檔案》，共有2,989卷，年代自1936年（昭11）至1946年（昭21），按年依照業務課別分類。

圖書部分，依「臺灣省拓殖株式會社清理處移交冊（1946年8月）」「社長室資料課移交目錄」載，有圖書資料分類表、新聞記事分類表、圖書目錄、疏開〔疏散〕圖書目錄、平間文庫目錄、事務用圖書目錄資料目錄、疏開資料目錄、未整理圖書目錄等。「移交人：臺灣省拓殖株式會社接收委員會清理處主任王雍皞 副主任朱其爔，經交人陳棟 宮田智正；接收人臺灣省圖書館總務部代理主任胡佾園，經收人何泉 樋口末廣；監交人傅敏中 吳子華。」雙方於1946年9月交接。（國立中央圖書館臺灣分館）

國發會檔案管理局典藏該份「移交目錄」祇是數頁移交項目清單，並未見到圖書資料分類表、各該目錄的實物圖書及記移交冊數等。幸上開國史館臺灣文獻館《臺灣拓殖株式會社檔案》典藏了臺拓會社資料課於1945年9月1日所造具「圖書目錄」，首冠「（特）日本皇室．詔勅（附忠臣錄）」，次為各類圖書分類目錄；及1946年8月造具「事務用圖書目錄」、「圖書目錄」、「疏開圖書目錄」、「平間文庫圖書目錄」、「疏開資料目錄」、「平間文庫資料目錄」等分類目錄。各目錄著錄書名、著編者名、出版處、編號。編號由分類號與書號組成。分類號依據該批目錄所載「圖書資料分類表〔大類〕」，分10大類，書號則是按各同類號圖書到館次序的流水號：（國史館臺灣文獻館）

010 產業（一般）　　　　100 農業

200 林業　　　　　　　　300 水產、畜產業

400 工業　　　　　　　　500 鑛業

600 經濟、財政、社會、殖民　700 商業、貿易、倉庫、交通

800 歷史、地誌、宗教、統計　900 一般

　　據〈臺灣省圖書館 1946 年 5 月至 11 月工作〉載「接管拓殖會社書籍雜誌資料 12,596 種（長官公署）」，及《臺灣年鑑（1947 年度）》載，接收該會社圖書「約 1 萬 2 千冊。」（臺灣新生報社叢書編纂委員會編）

接收南方資料館藏書

　　臺灣省圖書館接收原南方資料館的圖書，作為該館的南方研究室。若依 1943 年《南方資料館報》第 1 號所載（請見〈臺灣總督府圖書館〉章）：有西文書 28,399 冊，中日文書 14,478 冊，總計 42,877 冊。戰前為避空襲，該藏書也曾疏散郊區。〔因未見移交清冊，暫列如數。另本節不包括羅斯文庫在內〕

接收廣東省魚鱗冊

　　南方資料館館藏有一批來自總督府外事部所購羅斯文庫，係購自意大利駐華總領事羅斯（Giuseppe Ros，1883－1948）藏書。錢已付清，但僅運到臺灣一部分，其餘在香港待運之際，逢日本投降，英國香港政府將其視為敵產而予以扣留，不准運臺。正當交涉取回之際，突然獲知廣東省政府將移轉臺灣省圖書館中文圖書約 5,000 冊不日起運，長官公署於 1947 年 4 月 13 日代電臺灣省貿易署〔局〕轉請香港辦事處，請洽辦提前協運來臺（長官公署，1947.04.13）。有一天接到廣東省政府運來圖書一批，經開箱審視，查並非羅斯文庫，而是 1933 年至 1938 年「廣東省各縣土地調查冊」（一般稱：魚鱗冊、魚鱗圖冊），屬廣東省 59 縣 1,450 鄉鎮的田畝調查清冊的一部分，共 3,333 冊。

由上得知，臺灣省圖書館接收圖書計 231,340 冊及南方資料標本 3,400 餘件，包括：1.總督府圖書館藏書160,000冊，內含「070 臺灣」資料在內；2. 臺灣省拓殖株式會社藏書 12,596 冊；3. 南方資料館藏書 42,877 冊（《南方資料館報》）；4. 廣東省魚鱗冊 3,333 冊；5. 南方資料館購得羅斯文庫估 12,534 冊及標本約 3,400 餘件（見下節〈交涉羅斯文庫〉）。由於該館自二次大戰末期以還，20 多年來藏書分藏數地，一時不克清點及整理。直至1968年12月臺北新生南路館舍落成，始將藏書全部運回集中管理。

（二）採訪書刊

依據 1946 年 11 月 28 日「范吳交接」「圖書清冊」載：因「原接收圖書一項，因數量甚多，整理需時，須待清點完竣再行會報。」故僅列藏書 3 筆：1.中西日文圖書 33,274 冊（向臺大教授購入）；2.中文書 7,625 冊（新置）；3.日人贈書 1,682 冊（伊藤、淺野贈）。〔3 項合計共 42,581 冊，這也可視為臺灣省圖書館第 1 年（1945.11.－1946.11）新增加藏書數。〕

「本省光復後，圖書館經營之主要課題，為大量購買中文書籍，使本省同胞了解祖國文化。另為蒐集地方文物，保存地方史料。（陳青松）」1946 年 10 月，臺灣省圖書館研究輔導部黃德福撰，〈臺灣省各縣市圖書館近貌〉乙文提到：

> 有一個共同問題亟待解決，那就是書本問題。各地所藏的，差不多都是日文，中文書籍很少，簡直沒有。在光復了已有 1 年的今日，這個問題倒是殊堪重視的。他們雖都想去購置些中文書籍，而卒因經費的据拮無法可想。

臺灣公共圖書館的中文館藏都是光復以來自行逐年建設，始有今日的

基礎。

上海購書

自 1937 年至 1945 年，日本挑起蘆溝橋事變，爆發了中國全面抗日戰爭，日據時期的臺灣與中國大陸因而斷絕了交通，也就阻隔了臺灣一些中文書在大陸出版及書業的往來；又因戰爭期間各種物資缺乏，由日本軍方管制一切，在殖民政策下，禁止漢文書刊的出版，復推動皇民化運動，這都使得臺灣光復伊始，中文圖書極度缺乏。戰爭結束之初，印刷中文鑄字模、紙張、油墨等皆缺，民間出版書籍十分困難。中文圖書只能仰賴從中國大陸運來。

「由上海輸入到臺灣的圖書雜誌價格非常昂貴，書價過高的原因，是幣值差異與運費昂貴。由大陸運來的圖書大概是照原訂價（法幣）加乘 34倍計價，使得一般人根本買不起圖書，而 1946 年公定匯率是 1：25，34 倍計價遠超過公定匯率，一般人當然買不起」。（臺灣民報社，1946.10.07；蔡盛琦）

臺灣財政在 1949 年 6 月 15 日改制實行新臺幣前，「幾與大陸法幣及金元券同轍，惟其膨脹〔惡性通貨膨脹〕現象則較緩，影響亦略輕耳。」（謝然之）

臺灣省圖書館因所藏中文圖書少，時臺灣出版中文書幾無，該館「為了解決館藏問題，特別撥購書經費每月 5 萬元，赴上海採購中文圖書」。（臺灣新生報社，1946.06.13）

1946、1947 兩年內派員赴滬購書，該館幹事劉滿子撰〈本館成立經過及概況〉乙文，稱：「第 1 批購書經費為法幣 2 百萬元，第 2 批更高達法幣5 百萬元。」「兩年內，購入的大部叢書，計有：《四部叢刊》、《叢書集成》、《萬有文庫》、《中學生文庫》、《大學叢書》等。其他在抗戰前出版的名著，及勝利後出版的新書，亦均大部分蒐羅購用，前後總計達 2 萬餘冊。此外經常訂購報紙計中文 29 種，西文 3 種。經常訂購雜誌計中文 151種、西文 8 種。」（臺灣省文獻委員會編纂組、〔黎澤霖纂修〕）也有文獻

記載，臺灣省圖書館曾委託臺灣書店向滬各書局購置中外圖書計台幣 120 萬元。（臺灣省圖書館，1947.04.03）

遣送日僑與購日籍教授藏書

　　日本戰敗後，隨即而來的是大規模的遣返作業。在臺灣的日俘日僑基於《海牙公約》（*Convention de La Haye*）（包括了 13 項公約和文件的總稱），「戰俘應人道對待」，光復後即予遣返日本。自 1945 年 12 月 25 日起至 1946 年 4 月 26 日止完成遣送工作，1946 年 4 月美軍聯絡組也離開了臺灣。查應遣總數 491,521 名，包括日俘（日、韓、琉球、印尼籍戰俘）167,424 名、日僑（日、韓、琉球籍僑民）324,097 名；實際遣送（基隆港、高雄港、花蓮港）總數 458,351 名，包括日俘 165,638 名（有潛逃、死亡、戰犯等原因而稍減）、日僑 292,713 名（有留用等原因而略減）。此外，運回臺胞數 53,468 名。

　　1946 年 1 月 25 日長官公署秘書處通報：「關於日俘僑歸國攜帶行李，規定重量，因與東京麥克阿瑟將軍總部所規定每人限於一挑，以能自行攜帶之原則不符。業經中美雙方在滬會議決定仍照原計畫規定，每人准予其能自行攜帶之行李為限，不另規定重量，以前規定每人准帶 30 公斤，應予取消。（中略）惟不准分二次搬運上船及不准僱用苦力幫助搬運。」（長官公署秘書處通報，1946.01.25）1946 年 2 月 15 日長官公署公布《臺灣日僑遣送應行注意事項》（全 16 條）規定：「遣送回國之日僑，每人准攜帶物品一挑，以自能搬運者為限」，包括「盥洗具類、寢具類、衣履類、炊具類、日用品類、行李袋、藥品類、食糧」。「但若殘廢、患病、攜帶幼兒者，得酌准備人代搬，有幼兒者，並酌准多帶」。

　　待遣日僑只能「一挑自行搬運上船」回日本，也迫於生活困難，因此許多在臺期間的收藏，難以攜帶回國的書籍、字畫、古董等，便就地擺攤拋售或以物易物。「整個臺北火車站附近以及西門鬧區〔西門町街道〕幾乎全是待遣日人擺設的大小攤子」（陳柏羽）。「1945 年 10 月中旬以後，通貨膨脹日益惡化，遣返前必須設法在當地自立生活，尤其是丟了官職的

日本官員只能打發家屬出外工作，小孩去賣香煙，婦女去街頭擺攤出售各物品，或從事苦力工作」（歐素瑛）、（吳濁流）。「1946 年 10 月，《民報》記者走訪延平路一帶的書店時，發現店內新書很少，陳列的多是舊書、日文舊書，記者問書店老板的結果是：日人遣送前他拋售他們的藏書，一本只要 5 元、10 元（臺灣民報社，1946.10.07；蔡盛琦）。」此外，傅月庵（林皎宏）〈臺北舊書街滄桑〉也談到：

> 1945 年以前的臺北佐久間一帶，原是臺灣總督府宿舍區，包括軍司令、高等文官等都散居這塊今牯嶺街所貫穿的區域，庭園官邸，街巷修然。二次大戰後，日人遣返在即，乃紛紛整理家當，將字畫、古董、藏書等就地擺攤，低價出售。日本人走後，市集隱然成形。

這形成了牯嶺街舊書攤的雛型，而於 60 到 70 年代全盛時期，迄於 1974 年 3 月牯嶺街舊書攤移到八德路臺北工專旁的光華商場而止。

二次大戰日本投降後，山中樵留用在臺灣省圖書館，協助處理館務。1946 年 4 月，全臺第 1 批日籍人員被遣送回日時，大多將書籍拋售市上，善本頗多散佚。（國立臺灣大學出版組）山中樵「勸請待遣送回國之日籍教授或藏書家，勿將藏書丟棄或燒燬，也盡量不要運回日本，捐獻或價售給臺灣省圖書館，一方面減輕其運費，另外又增加其返鄉盤纏，一方面也為圖書館增加不少藏書。」（黃淵泉）根據「范吳交接」載，共購得中西日文圖書 33,274 冊。其中山中樵曾於 1946 年代辦以當時台幣 297,812 元（由馮寶和主任分兩次交付），共購得水越幸—等 44 位返日的前臺北帝國大學日籍教授藏書（代辦買回原臺北大學教授藏書收支簿）。

日人伊藤贈書

依據范吳交接「圖書清冊」載伊藤、淺野贈書 1,682 冊。惟根據 1946 年 8 月，劉滿子撰〈本館成立經過及概況〉乙文，載：「伊藤贈書約 400 餘

種，計 2 千餘冊」。同年 12 月〈臺灣省圖書館 1946 年 5 月至 11 月工作〉（見長官公署，《臺灣省行政長官公署施政報告》），亦載「伊藤贈書 2 千冊。」伊藤氏是誰？根據郭明芳，〈國立臺灣圖書館藏《八千卷樓藏書目》初稿複印本考述〉乙文，提到國立臺灣圖書館藏《八千卷樓藏書目》〔依該館 1991.06 編印《線裝書目錄》載為：（清）丁丙《八千卷樓書目》8 冊手抄本〕，「鈐有『國立中央圖書館臺灣分館藏書章』與『伊藤賢道』捐獻之章，故可知，是本或為戰後（1945－46）間圖書館所收之伊藤賢道舊藏」，注釋稱「伊藤氏藏書於 1946 年贈『臺灣省圖書館』」，並引劉滿子文，「約有 400 種、2 千餘冊」。

　　案 1876 年（明 9）東本願寺（淨土真宗大谷派）在清國布教，於北京設別院，內設語學學校。伊藤賢道（1872－？），筆名壺溪，日本淨土真宗僧出身，1898 年（明 31）東京帝國大學漢學科第 1 名畢業。1899 年（明 32）1 月 20 日，伊藤賢道在杭州忠清巷創設杭州日文學堂（別院的教育事業），擔任堂長兼浙江布教監理。1904 年（明 37）因發生 25 間中國寺院集體歸附淨土真宗的「杭州事件」，引起中國官紳疑慮和警覺。1906 年（明 39）8 月 13 日，日本領事以「妨害地方安寧」命他退出，杭州日文學堂結束，杭州開教史頓挫。伊藤賢道來臺任《臺灣日日新報》漢文欄編輯長，亦曾擔任總督府總督官房調查課囑託，臺北帝大圖書館等職。伊藤精通漢學與佛經，雅好漢文言詩歌，參加淡社、瀛社、南雅吟社等。著有《最新支那時文類纂》，另《瀛洲詩集》（林欽賜編，1933 年（昭 8）刊）、《環鏡樓唱和集》（顏國年發行，1920 年（大 9）刊）、《南雅集》（1－4 輯，1931-1934 年（昭 6-9）刊）等，均有收錄他的詩作。伊藤賢道贈書臺灣省圖書館，「伊藤藏書無鈐其藏書印記，但歸館後有一『伊藤賢道捐贈』印記可資分辨」「其藏書有《八千卷樓書目》、《楹書隅錄》、《烏石山房簡明目錄》、《葉氏觀古堂藏書目錄》、《山海經箋疏》、《春秋說略》等（郭明芳）。」

蒐藏省文獻擬議

　　該館閱覽部特藏組組長昌少騫（1919－1994）撰〈本館特藏工作之展望——省文獻之搜藏〉，稱：在一個省立圖書館的特藏工作部門，它除了擔負將善本者加以搜集與審訂的任務而外，還需要負起更重要而更有意義的工作，那就是關於本省地方文獻的搜藏。地方文獻的範圍是什麼？其搜求的中心又為何？我們根據美國圖書館學家布朗氏（J.D.Brown）的研究，可以分為兩大類，一類是屬於地方的文獻（Literatures of the Locality）；一類是關於地方的文獻（Literature on the Locality）。前者如本地人的著作，本地的出版品，本地的報紙和期刊等均屬之；後者如本地的方志和歷史，本地人士的傳記，以及記載本地政治，軍事，教育，法律，交通，建設，經濟，科學，社會等的專書或論文等均屬之。今後本館擬從事蒐集者，有以下數種：

　　1.本省先賢遺著和時賢大作；2.本省各縣市鎮刊行的報紙和期刊；3.有關本省人文地文的專著；4.本省各級政府機關各種社團各級學校的報告統計，以及定期或不定期發行的刊物；5.散見於各項書報雜誌中論涉本省的篇章或其專載，一本以寧濫無缺的態度，悉心以求，即使是單張零片，甚或是斷簡殘編，亦必網羅無遺，蓋往往一種資料，在當日實不足以重視，而在千百年後，其被人珍惜的程度，有出乎當日意料之外者。（昌少騫）

　　〔案昌少騫於 1946 年 6 月在重慶文華圖書館專科學校第 6 屆圖書館學專科畢業，1947 年 8 月來到臺灣省圖書館工作，先後擔任該館特藏組組長、採編部主任、總務部主任，1949 年 10 月返回大陸。〕

（三）交涉羅斯文庫

　　溯自 1894 年（光緒 20；明 27）甲午戰爭以來，日本政府即制定《戰時清國寶物搜集方法》（全 9 條），公然叫囂在戰爭中，掠奪中國的圖書文物。1941 年（昭 16）12 月 22 日又公布《敵產管理法》（全 11 條）及其

《施行規則》，要求搜集被占領國家的圖書文物。1937 年 7 月 7 日，日本在蘆溝橋發動「七七事變」，抗日戰爭全面爆發。鑒於「九一八事變」東北淪陷，日本憲兵闖進瀋陽故宮，掠走清文溯閣《四庫全書》及其他東北大量古物古籍珍貴文獻的教訓，各圖書館或規劃疏散館舍，或採取措施，緊急轉移。國民政府決定西遷重慶，為避免國家珍貴典籍遭損，開始了艱苦的疏散播遷歷程。於是全國性的圖書館或移西南、西北大後方，地方性圖書館或就近移西部山區，以高山為屏障，開展戰時圖書館服務工作，保護我珍貴的文化遺產不受損失。西遷途中極其艱難，也有大批圖書在輾轉遷徙中損失。抗日戰爭期間，圖書館設施毀於日軍炮火及空襲中，和被劫奪者不計其數，大量珍藏圖籍散失。在淪陷區，日本派出所謂「科學調查團」，瘋狂掠奪我國珍貴文物圖書（謝灼華）。日本軍特務部、滿鐵、東亞同文書院、上海自然科學研究所等，火速派出「圖書整理員」，根據《接收圖書文物整理要件》，對我圖書文物進行肆意的搜集、鑑定和竊掠搶奪。

在太平洋戰爭爆發以前，北平、上海、南京、廣州等地，大量圖書館所藏圖書文物疏散於香港，俾便內遷大後方或他處。尤其是國立中央圖書館的善本古籍，及國立北平圖館、中華圖書館協會等所藏，疏散於馮平山圖書館。廣東省立圖書館、嶺南大學、中山大學圖書等也都疏散至香港。

日本戰敗投降，1945 年 11 月 1 日長官公署開始接收接管臺灣總督府暨所屬各部。長官公署暨其圖書館在接收後，即於 11 月 30 日向外交部請求協助將留在香港所購錢已付清的羅斯文庫運回事宜（長官公署，1945.11.30）：

外交部王部長勛鑒：案據本省圖書館館長范壽康本年 11 月 14 日簽呈稱「竊職奉命接收南方資料館書籍雜物等件已在積極進行中。惟據該館〔南方資料館〕常務理事素木〔得一〕博士聲稱：該館曾向前意大利廣東總領事羅斯（J. Ros）以臺幣伍拾萬元購入「羅

斯文庫」（Ros Collection）全部計中西文書籍約肆萬冊之譜。其中四分之一業已運到，其餘四分之三連同押運人山下隆吉（Yamashita Ryukueui）俱在香港被英國香港政府扣留。敬祈鈞長設法電請外交部商請英國香港政府予以發還與釋放，庶可候輪運臺，以免職館之損失，而利研究工作之進行」等情，附清單一紙，據此查所稱屬實。除指復外，相應電請貴部向英國政府交涉，准予發還上開書籍並釋放押送員山下隆吉一名，以利教育工作之進行為禱。臺灣省行政長官陳儀戌陷教一。附清單一紙。

所附清單載：「被扣留書籍計 347 包，收包人寫明為臺灣總督府外事部，寄包人寫明為臺灣總督府廣東出張所，運送店為東亞海運株式會社廣東支店。又其中 1944 年 11 月 25 日由廣東省運出者為 117 包，1944 年 12 月 17 日運出者為 106 包，1945 年 2 月 12 日運出者為 124 包。」

外交部於 1945 年 12 月 29 日請該部駐廣東廣西特派員公署香港辦事處特派員郭德華「向香港政府交涉，並將辦理情形報部為要」（外交部，1945.12.29）。郭德華於 1946 年元月 28 日呈報「關於臺灣圖書館書籍事辦理經過」。外交部爰據以於 1946 年 2 月 15 日回復：

臺灣省行政長官公署公鑒：關於貴省圖書館所購羅斯文庫之一部分被香港政府扣留交涉發還事，貴公署 1945 年 11 月 30 日署教字第 296 號代電敬悉，經即轉飭本部駐香港特派員辦理。去後，頃據該員本年 1 月 28 日代電復稱：「經向香港當局查詢，頃接署理財政管理專員復稱臺灣圖書館書籍計 220 包存九龍 Holts Wharf〔尖沙咀藍煙囪貨倉碼頭，又稱太古倉碼頭〕，請前往領取等語。至押運人山下隆吉據查已於戰事結束前離港」等情。特電覆請查照為荷。外交部。

根據 1946 年 6 月 15 日出版的《中華圖書館協會會報》（20：1/2/3 合刊，1946.06），披載了范壽康〈關於臺灣省圖書館〉乙文（略以）：（中華圖書館協會會理事會，1946.06）

羅斯一生蒐集了 4 萬冊關於中國南部的各國文字的著述。日本在未投降以前，以 50 萬臺幣向羅斯買來，錢已付清，四分之一已裝運到，其餘部分因戰事關係，被香港政府扣留在港。現經萬秘書長〔案：行政長官公署秘書長葛敬恩〕設法向英方交涉已可取回。這批書籍取回以後，南方資料室當更充實了。關於南方的書籍，南方資料室的所藏可稱東亞第一。

這裏我要說明的，所謂「南方」，不單指南洋一帶，凡華南各省，海南島，臺灣等地都包括在內。

湊巧的是該期〈圖書館界〉欄也刊載國內消息「廣東省立圖書館及中山大學圖書近在香港查獲」乙則：（中華圖書館協會會理事會，1946.06）

該二館於 1938 年寄存香港圖書數百箱，在太平洋戰爭以後即陷敵手。

抗戰勝利後，該二館主任及館長杜定友氏〔時任廣東省立圖書館長、中山大學教授兼圖書館主任及廣州市立中山圖書館籌備委員會主任委員〕返廣，曾三次派人到港尋查此批圖書，均因寄存時之原經手人已離去，無從查獲。最近香港政府公報載九龍倉庫有書籍 300 箱由港敵產管理處招商開投〔拍賣招商投標〕，該二館聞訊即前往調查，開箱檢驗，發現多係省市圖書館之物。隨後又在永源貨倉發現書籍 170 餘箱，係中山大學圖書館之圖書。查中大此批圖書中，有善本書 1 萬 2 千餘冊，志書 1 萬 3 千餘冊，碑帖 3 萬張，均係無價之國寶。現該二館正派人前往接洽收回。聞該批圖

書曾被日敵以150萬元軍票轉售予臺灣總督府，今臺灣政府要求港
政府准予提取運臺，故該二館接收尚有困難，正在交涉中。

　　臺灣省圖書館在得知羅斯文庫存九龍可望領回之際，廣東省立圖書館
長杜定友為恢復廣東省舊藏，也在明查暗訪，四處奔走，積極追查去向，
並向馮平山圖書館主任陳君葆接洽。陳君葆為尋查國立中央圖書館、國立
北平圖館等寄存馮平山圖書館圖書下落，自 1945 年 8 月日敵投降，香港光
復，即調查敵日在港掠奪的公私立圖書館所藏圖籍。

　　依郭明芳〈「羅斯文庫」廣州舊藏流散考述〉乙文，引用謝榮滾《陳
君葆日記全集》、王子舟《杜定友年譜初編》等相關紀錄，記載（略
以）：1946 年 1 月 14 日陳君葆見「報紙載物產管理處招人投太古倉貨物兩
批書籍，一批 200 箱日文書，另一批舊書約 100 箱」事，陳氏對這個報導
「謂全無所知，不知消息何來」。於是，陳氏後來幾天，幾乎每天到貨倉
查訪。1 月 16 日、17 日去看〔尖沙咀〕太古倉的書，先後確定那 200 箱整
批都屬於廣東省政府，及另一批認為或許為前年意大利領事羅斯所售買與
日人者。陳君葆立即通知廣東省主席羅卓英（1896－1961；出生於廣東大
埔）派員處理。1 月 22 日再看〔西環〕永源倉，又確認了 171 箱為中山大
學的書。2 月 18 日杜定友給陳氏寫信，「省市圖書館事，已函請教育廳轉
呈省府照會港方政府交涉，並由廳派饒督學士磐辦理外，並請就近協
助。」2 月 22 日陳氏寫信與杜定友，說明關於九龍倉兩批書籍，陳氏主張
宜運粵而不以運臺，希望饒士磐能堅同此主張。2 月 23 日陳氏乃與饒士磐
再往見李宗周〔外交部駐廣東廣西特派員公署香港辦事處秘書〕，李氏已
同意於書籍以寄廣州為宜。經省〔教育廳長姚憲猷〕港雙方交涉，杜定友
赴港進行接收回運，歸廣東省館的有 320 箱，歸中大有 173 箱。3 月 16 日
廣東省館 320 箱，不久轉運廣九路，由同安公司廣昌盛運輸行代運回省。

　　據 1946 年 12 月 15 日出版的《中華圖書館協會會報》（20 卷 4/5/6 期
合刊），披載了何觀澤〈廣州香港各圖書館近況〉乙文（略以）：「廣東

省立圖書館於 1946 年 3 月在香港收回前意大利領事羅斯以軍票 50 萬元售與
臺灣總督府之『廣東專藏』凡 100 箱後，館藏為之充實不少。」同期也披載
了杜定友〈廣東省立圖書館現況〉，在「藏書來源」載：其中「香港 27,466
冊」，並說明：「敵人投降後，留存香港貨倉圖書 300 餘箱，查明內部多為
本省各圖書館原有藏書，係敵人集中售與臺灣總督府者。當由本館在港查
悉，即呈請教育廳暨教育部特派員向港府交涉取回。經教育廳派員開點，
除各館圖書分別發還」「其他圖書 27,466 冊則交廣東省館整理供閱。」另
廣東省文獻委員會〔文獻館〕《廣東文獻通訊》第 1 號載（1948.03）有關
羅斯文庫消息，計有〈工作彙報（由 1946.03 至 1948.03 止）〉、〈文獻消
息：本省文獻復員概況〉兩篇，稱：「廣東省館接收敵臺灣總督府經購未
及運出圖書 27,466 冊，內多為南方資料，置廣東史料室。」

　　當時，長官公署暨臺灣省圖書館渾然不知運回羅斯文庫乙事，在粵港
政府共識下，羅斯文庫歸廣東。更不知道該批滯港書刊已然於 1946 年 3 月
16 日運至廣東省立圖書館（1955 年 5 月改名為廣東省立中山圖書館）。據
臺灣省行政長官公署檔案，長官公署教育處曾派主任督學廖鷥揚攜購書清
單副本赴港調查臺灣省圖書館移轉羅斯文庫事宜，其調查費用還先由臺灣
省貿易局香港辦事處暫行墊付港幣 1 千元（臺灣省貿易局，1947.04.18）。
臺灣方面考慮「因交通不便，及所需費用無法估計，未便即刻派員前往運
取」，爰分別於 1946 年 5 月 27 日由臺灣省行政長官陳儀致函〔軍事委員會
委員長〕廣州行營政治部黃主任〔黃珍吾，黃埔一期〕轉黃震中〔案：黃
鎮中〕參議，請求協助。惟並未得覆。同年 7 月 1 日長官公署教育處公函
（處長范壽康）發文臺灣省貿易局（局長于百溪）「為函請協助運回羅斯
文庫」，請該局駐香港辦事處，「就業務之便，賜予協助，設法將該項書
籍運回。」雖于局長 7 月 20 日批示「轉電黃主任鎮中設法代運來臺並函
覆」，但亦未得覆（長官公署教育處，1946.07.01）。其後，據 1947 年 4 月
1 日臺灣省貿易局香港辦事處黃鎮中簽：「香港辦事處業務無法開展，為減
少開支，擬請 5 月 1 日辦理結束」，報奉行政長官陳儀核准。1947 年 5 月

30 日臺灣省貿易局亦遭臺灣省政府裁撤。羅斯文庫乙事，終未獲得臺灣省貿易局暨其香港辦事處回覆。

黃鎮中（1911－1987）係 1946 年 4 月長官公署派在廣州行營政治部的參議，交涉敵偽房屋及協辦遣返羈留在廣州及海南島的臺胞（軍屬和一般商人）歸鄉。1946 年 6 月 26 日臺灣省貿易局于局長又簽呈行政長官陳儀核派參議黃鎮中兼充貿易局香港辦事處主任。1946 年 7 月 9 日黃鎮中赴港籌辦。該辦事處為長官公署駐港惟一對外機構。

茲根據 1972 年 6 月，劉金狗、黃得時《臺北圖書館滄桑談》載：

當時外事部把羅斯文庫的藏書和民藝品〔案：民俗標本〕買進了以後，預定分批從廣東運臺保存於南方資料館。不料只有第 1 批運臺以後，不久日本就投降了。其餘部分臺灣省政府〔臺灣省行政長官公署〕曾向廣東省政府交涉，但廣東省政府認為是敵產（當時日德意是所謂軸心國家）不准運臺。現在不知下落如何。

案羅斯文庫滯港部分圖書運臺抑運粵乙事，廣東占有地利及人和的優勢。長官公署認為臺灣省圖書館係接收總督府圖書館及其館藏之一的該羅斯文庫，日本在未投降前即已向羅斯購得，錢已付清，且有四分之一已裝運到臺，雖其餘圖書被香港政府扣留，但經外交部交涉結果已可運回，將前往領取，對收回該文庫以為已是理所當然之事，殊不料廣東省政府將羅斯文庫認為是敵日不當取得資產，不能運臺，且迅速運回廣東，致臺灣錯失時機，未能據理力爭。該批羅斯文庫多華南地方文獻（特別是廣東、廣西、雲南 3 省），與日軍在廣州「掠奪」、「竊據」圖書館藏書的「敵產」一起儲放於同一貨倉。杜定友（1898－1967；原籍廣東南海）長期致力於搶救和傳承廣東文獻典籍，積極查尋因戰事廣東各圖書館所散失的藏書，尤其是中山大學圖書館館

藏，聯繫了香港馮平山圖書館主任陳君葆（1898－1982；廣東香山人），請求就近協助，由廣東省教育廳長姚寶猷（1901－1951；廣東平遠人）負責與港府交涉。粵方經與陳君葆及外交部駐廣東廣西特派員公署香港辦事處（特派員郭德華，1901－1971，廣東番禺人，出生於上海）協調，很快地達成了本批圖書運粵的共識，卒被廣東省收回。依上開長官公署 1945 年 11 月 30 日向外交部請求協助羅斯文庫運回事宜載「全部計中西文書籍約肆萬冊之譜。其中四分之一業已運到」，及廣東省文獻委員會〔文獻館〕《廣東文獻通訊》第 1 號載工作彙報，稱：「廣東省館接收敵臺灣總督府經購未及運出圖書 27,466 冊」，兩項數字相減，粗略估計南方資料館已收到運臺羅斯文庫圖書 12,534 冊。另《臺灣年鑑（4）》載：羅斯文庫僅運到〔臺灣省圖書館〕1 萬 1 千餘冊（黃玉齋），可供參考。

六、圖書的整理

圖書整理

　　臺灣省圖書館接收之初，原府圖書館所採用分編方法，因館藏多，人力和館舍不足，無力變更，原則上一仍其舊。爰將疏散書籍，選擇急用實用者，陸續運回，加以整理。整理最繁瑣的工作，是將原依《臺灣總督府和漢圖書分類法》日、中文書籍混合編排歸類的書，先行分開，改編分類號，才能使讀者利用中文圖書。至該館所用的分類表，為顧及工作便利與事實需要計，係以前總督府圖書館分類表為藍本所改訂而成。

　　1946 年 4 月至 10 月始試用皮高品（1900－1998）中英對照《中國十進分類法及索引》（1934 年出版）分編中文圖書及改編日文圖書。（臺灣省圖書館，1947.04.03）皮氏所創分類法也是仿美國《杜威十進分類法》。該分類體系分作十類：0 總論、1 哲學、2 宗教、3 社會科學、4 語言文字學、

5 自然科學、6 實業、工藝、7 美術、8 文學、9 歷史。

　　吳克剛主政，臺灣省圖書館引進金陵大學圖書館印行、劉國鈞編的《中國圖書分類法》，改編成該館適用的十進分類法，作為圖書館分類的依據。新購圖書編目全部依據中央圖書館所編《中文圖書編目規則》辦理。西文圖書則改用美國《杜威十進分類法》。凡入藏的圖書，經登記後，均編製卡片目錄，除分類片外，還製著者片、書名片及各種副片。並添置國語羅馬字拼音著者及書名卡乙種。該館在機關刊物《圖書月刊》披載〈本館新到中文書目〉（1946 年 11 月第 1 卷第 4 期起）、〈本館西文書目〉（1947 年 2 月第 2 卷第 1/2 期起）。前者為新購圖書，著錄類碼、著譯者、書名、冊數、出版年；其後增加出版者。「其間所收集的臺灣資料係編在『總類』中『07』之內，『史地類』並無編列臺灣資料（王世慶）。」後者則為「該館所接收的西文圖書，因戰時疏散郊外，零亂不堪，整理需時。為便利閱覽計，將已整理者先行供眾閱覽。惟該項各書，尚待改編，茲僅作分類標題，順次排列刊出。」著錄著者、書名、卷數、出版年。

　　依該館聶錫恩（1946 年 9 月到館，1947 年 1 月任中日文編目組組長，文華圖書館專科學校圖書館學本科第 17 屆畢業）撰〈本館所用索書號碼之說明〉乙文載：索書號碼，簡稱書碼（Call Number），如在該館圖書書脊下端館員所張貼 1 組號碼，同時在館內具備的各種圖書目錄〔片〕的左上方角上，同樣也有如此的號碼，它的功用是在表明每一書的分類號碼，及在排架上的地位〔書架上排列的位置〕。書碼的組成，分上下兩行，上行寫分類號碼，下層寫書號。分類號碼代表書的性質，採用杜威十進分類表。〔依〈本館新到中文書目〉所著錄的「類碼」項，該分類體系分作十類：0 總論、1 哲學、2 宗教、3 社會科學、4 語文學、5 自然科學、6 應用科學、7 藝術、8 文學、9 史地，另 B 傳記、F 小說〕書號，則採出版年代，是用 26 個羅馬字（A－Z）來代表某一段時期，再加上該年代的尾數。如下列年代表：

Q	1900－1909	R	1910－1919	S	1920－1929
T	1930－1939	U	1940－1949	V	1950－1959
W	1960－1969	X	1970－1979	Y	1980－1989
Z	1990－1999				

此法的好處，即可利用書碼，看出各科書籍在歷史上的發展的情形，由書架上自左而右，我們可以一目了然最早出版的書漸至最近出版的書籍，尤其在自然科學及應用技術方面的書為最明顯。如沈鼎三著《化學講話》乙書，分類號 540，但書碼，本館所採用分類號碼最末一『0』字取消，所以書碼上一行就有『54』號碼。沈著初版年代為 1936，書號即 T6（T 代表 1930，再加尾數 6）。此外，尚需包括部號、卷冊號、複本符號等好幾種符號以確定其排架位置（此處係指書脊下端書標上的符號，目錄卡片左角上則不必書寫），部號是代表本館所藏同一出版年代同一性質的第幾部書」，例如有關化學同一年代出版的各書，依到館次序，分別是 T6.2、T6.3。卷冊是一書包括有數冊時，若沈書有上下兩冊，則分別是 T6v1、T6v2。又如該書以後遇有複本時，則此複本書上的書號下端應加上 C.2 符號而為 T6v1c2。「傳記及小說的書號，則不用年代的方法。傳記（Biography）的分類號碼為 B 加上被傳人的學科號碼，如馬君武著《達爾文傳》，其分類號碼為 B57，其書號則用被傳人羅馬拼音頭兩個字母 Da，又如彭國棟著《岳飛評傳》，其分類號碼為 B35，書號 Yu。」小說（Fiction）的分類號碼，則依據國別分成 1 至 9 的阿拉伯數字：

1	中國	2	日本	3	美國	4	英國	5	德國
6	法國	7	意大利	8	俄國	9	其他		

其書號則用著者姓氏羅馬拼音頭兩個字母。如徐仲年著《雙絲網》，其分類號碼為 F1，書號 Sh。他如美國 T. Dreiser 所著《嘉麗妹妹》，其分類號碼為 F3，書號 Dr。俄國 Gorky 所著《不屈的人們》，其分類號碼為 F8，書號 Go。」（聶錫恩）

至於舊有日文和西文圖書仍採用原有的「臺灣總督府圖書館和漢圖書分類法」。

圖書典藏

因為借居博物館一樓，空間有限，不能容納全部藏書，時書庫所藏者約 8 萬餘冊，所以大部分未能提供閱覽的所接收舊籍分別寄存在臺北許多地方，取閱整理，咸感不便。「例如總統府的車庫、臺灣書店的 2 樓、南方資料館〔南方資料研究室（千代田人壽公司原址）〕、成功中學、文山中學等十幾個地方」。寄存的空間若被迫搬遷，又得另找房子搬書。如此，「先後搬出搬入，一共大小搬了 20 次以上」。（劉金狗、黃得時）如「原總統府車庫奉命遷讓給臺灣銀行，乃將圖書搬回省博物館及南方資料研究室，所有走廊和地下室等處，都被用來放書，乃與省政府教育廳洽商臺灣書店徐州路書庫 3 樓存放部分圖書。」（高碧烈、郭堯斌）又如 1950 年 5 月 13 日至 15 日舟山羣島藉夜色掩護撤退，5 月 16 日全數抵臺，撤出居民 2 萬多人，官兵 12 萬 5 千人。國軍撤退來臺需要教室，乃將在成功中學的圖書遷出，劉金狗曾敘述：（劉金狗、黃得時）

> 寄存成功中學的圖書，剛剛搬完了不到 3 天，就接到了教育廳緊急命令，要一晝夜全部設法搬出去，好讓舟山撤退的國軍居住。那時候我們全館動員，到了早上 3 點鐘才好不容易把全部的圖書搬到博物館前面的廣場上堆一大堆書山。哪知道 3 點又開始下雨了。我們又連忙從廣場搬進博物館走廊。這時，因為距離比較近，但是也一直搬到 6 點鐘左右才全部搬完。這不過是其中的一個例子而已。

南方資料室

1945 年 11 月臺灣省圖書館接收南方資料館，並留用臺灣昆蟲分類學奠基者素木得一為研究員兼調查組長，樋口末廣任研究員等（「山范交

接」）。根據〈臺灣省圖書館 1946 年 5 月至 11 月工作〉載：「南方資料研究室完成了『英國南洋殖民地資源文獻目錄』、『南洋史文獻』編目工作；『臺灣文獻總目錄』；『熱帶亞熱帶農林害蟲文獻總目錄稿』（285 頁）（長官公署，《臺灣省行政長官公署施政報告》）。」復依據《中華圖書館協會會報》「圖書館界」有關「臺省館南方資料室」的報導：「其研究工作已完成者有『世界熱帶及亞熱帶農林害蟲文獻目錄』、『世界衛生昆蟲文獻總目錄』、『英國殖民地資源文獻目錄』與『東亞熱帶及亞熱帶昆蟲文獻目錄』，現正刻研究計有『西南沙羣島資料索引』與『臺灣文獻總目錄』（中華圖書館協會理事會，1948.05）。」1946 年 9 月臺灣省編譯館成立，素木得一、樋口末廣轉任該館臺灣研究組服務，分別擔任編纂、編審。「素木得一擔任熱帶、亞熱帶資源及昆蟲相關文獻目錄的編纂和自然科學方面的研究工作（歐素瑛）。」自「臺灣省圖書館調來日籍人員竹下萬吉、竹下律子〔任助理幹事〕擔任素木得一的助理。〔究素木在編譯館與臺灣省圖書館的工作內容，在字面上看來是有重疊的〕樋口末廣擔任世界各處刊行的臺灣關係文獻的綜合目錄的編纂（黃英哲）。」「1947 年編譯館遭撤廢，同年 5 月素木返回日本（歐素瑛）。」依據〈臺灣省編譯館工作概況（1947 年 1 月 18 日編）〉載，關於臺灣研究組的研究概況「1. 臺灣研究組編譯鈔校書目」方面，著錄書名、內容、編譯者、字數、完成時間等項，其中有素木得一「《臺灣昆蟲誌》：以世界所產昆蟲約 40 萬之分類為基礎，關於各目各科的特徵，對於臺灣產的昆蟲每屬記一種，藉以說明全體。」但字數、完成時間等項，空白闕無資料（臺灣新生報社叢書編纂委員會）「1947 年 6 月編譯館由教育廳編審委員會接管後，8 月，楊雲萍對臺灣研究組的工作成果親自作了總結與呼籲：『只將我直接關係的臺灣研究的一些成就的一部分（除素木博士的論文，先前已送寄臺灣大學，餘皆移交教育廳的）列舉於下』，列有 15 種，其中，『《臺灣昆蟲相》素木得一著』〔「相」＝Biota，一區域內所包含的生物種類。素木得一完成臺灣 24 目『臺灣昆蟲相手稿』，1930 年素木將該手稿留存於臺大

昆蟲學教室（今昆蟲學館生態室）及農業部應用動物科圖書館」（吳文哲等）〕。楊雲萍呼籲省府教育廳對臺灣研究組的工作成果要有「誠意的考慮」，似乎也發生了效果。隔年，1948年6月，省政府成立臺灣省通志館，繼續臺灣省編譯館臺灣研究組的工作（黃英哲；許壽裳著、黃英哲主編；楊雲萍）。

上開南方資料研究室已完成的目錄工作，是否正式出版問世，因無史料可稽查，不得而知。

設置裝訂室

裝訂室（原製本室）遷入圖書館地下室，乃將前南方資料館書刊裝訂機具，如切紙機、圓背機（書背壓圓機）、箔押機、裁斷機、壓書機、木捻壓書機（仕上木捻締機）、木板（締板）、裝訂枱、中日英文各號鉛字、鉛字盒及鉛字架等移入，召回前圖書館人員余景祝（主持）、陳蚶目，前南方資料館張玉葉，擔任技工，回裝訂室工作。1947年全年書刊裝訂統計合計 2,822 冊，包括平裝圖書 1,933 冊、精裝圖書 559 冊、雜誌合訂本 244 冊、報紙合訂本 86 冊。

七、閱覽服務

（一）日文出版書刊管理

依據《臺灣接管計畫綱要》第（51）條：「日本占領時印行之書刊、電影片等，其有詆毀本國、本黨或曲解歷史者，概予銷毀。一面專設編譯機關，編輯教材參考，及必要之書籍圖表。」臺灣光復，首在滌除餘毒，查禁與管制既存於臺灣的日本出版品。1946年長官公署教育處編《臺灣一年來之教育》〈毒化思想之清除〉乙節載：〔教育處〕「通飭各社教團體

機關，各級學校對凡含有愚民毒化，侵略，反宣傳等書籍，一律禁止閱讀，其他宣傳性之電影片，含有軍國精神之各種唱片以及有傷社會風化，教化，或富有日本色彩之思想皆嚴令取締，冀能轉換新環境，掃淨污渣而使臺胞煥然一新，成一健全之民主國國民，具有正確思想，公明態度，民主精神。」（長官公署教育處，1946.11）

新聞紙雜誌的管理

　　1945 年 11 月 23 日長官公署宣傳委員會公告，依《出版法》（1937 年 7 月 8 日國民政府修正公布，全 54 條）第 9 條、第 36 條規定，本省各地新聞紙及雜誌出版登記聲請手續，凡在 1945 年 11 月 25 日以前發行的新聞紙或雜誌均應於 20 日內（本年 12 月 15 日以前）向發行所所在之地方主管官署聲請登記，逾期不登記者即停止其發行；凡欲在本月 25 日以後發行新聞紙或雜誌者，均應先行發行所所在之地方主管官署辦理登記，呈經核准後始得發行。（長官公署宣傳委員會公告，1945.11.23）「全省各縣市新聞紙雜誌聲請登記者，計 99 件，現在發行中 50 家，已辦理登記手續可發行者 13 家，已登記發行而因故停刊 36 家。」（長官公署宣傳委員會）

撤除新聞紙雜誌附日文版

　　1946 年 10 月 1 日長官公署公代電「現本省光復，瞬屆週年，為執行國策，自未便久任日文與國文併行使用，特定自本年 10 月 25 日起所有本省境內各新聞紙雜誌所附刊日文版，應一律撤除。」（長官公署公代電，1946.10.01）

取締日文違禁圖書

　　1946 年 2 月 11 日長官公署公告「為查禁日人遺毒書籍，希全省各書店，自行解封，聽候焚燬」。（長官公署公告，1946.02.11）

查本省淪陷 51 年，在文化思想上，中敵人遺毒甚深，亟應嚴予查禁，凡 1.贊揚「皇軍」戰蹟者；2.鼓勵人民參加「大東亞」戰爭

者；3.報導佔領我國土地情形，以炫耀日本武功者；4.宣揚「皇民化」奉公隊之運動者；5.詆毀總理總裁及我國國策者；6.曲解三民主義者；7.損害我國權益者；8.宣傳犯罪方法妨害治安者等圖書，雜誌，書報一律禁止售購。全省各書店書攤，應即自行檢查，如有此類圖書，雜誌，書報者，速自封存聽候交出，集中焚燬，如敢故違，定予嚴懲不貸，除定期舉行檢查並分令外，特此公告週知。

　　臺北市即由長官公署宣傳委員會會同警務處及憲兵隊派員組織檢查隊，實行檢查，並查封數量，限於該年 3 月 30 日以前集中焚燬。其他各市縣抄發查禁原則，轉飭各書店書攤自行檢查封存，由各市縣政府依照上述辦法、時間，實行檢查，集中焚燬。（長官公署宣傳委員會）「臺北市計有違禁圖書 836 種、7,300 餘冊，除一部分由宣傳委員會留作參考外，餘均焚燬。其他各縣市報告處理違禁圖書經過者，計有臺中、花蓮、屏東、高雄、臺南、彰化、基隆等 7 縣市，焚燬書刊，約有 1 萬餘冊。」（長官公署宣傳委員會）

　　1947 年 2 月間，臺灣省圖書館成立圖書審查委員會，聘任本省文化界教育界人士為委員，就所接收的日文圖書分頭抽查審核，如有日人遺毒或不適合我國國情者，另貯別庫，不予流通。此項工作，預定於 1948 年底完成。（臺灣省文獻委員會編纂組）

（二）閱覽及推廣服務

開辦館內閱覽

　　臺灣省圖書館將博物館 1 樓，一半做閱覽室，另一半做為辦公室和書庫，開啓了臺北公園省博物館時期，提供有限的閱覽服務。圖書館雖然外面環境優美，但是內部窄狹得卻難以轉迴。〔由於原府圖書館遭炸燬，但

南方資料館並未被戰火波及，許多圖書館家具和設備移臺灣省圖書館使用。「范吳移交」「公有財物清冊」所列各項公有財物，備註欄均註明係「新置」抑「接收」，凡屬「接收」者，均為原南方資料館財物〕

　　1946 年 4 月 1 日臺灣省圖書館、博物館正式開放，參觀人眾日有千餘人，甚形擁擠，為保持整潔，維持秩序起見，暫收「看覽料」〔入場券〕，規定購券入館，每人 1 次 5 角，略示限制，自 5 月 1 日起改為免費。（臺灣民報社，1946.04.26、1946.04.30）依據該館訂定《臺灣省圖書館閱覽暫行規則》（全 8 條），「凡年齡在 12 歲以上之市民，遵守本館之規則者，方能入館閱覽各種圖書。」閱覽時間每日自上午 9 時至下午 5 時（開放 8 小時），7 月 16 日因電燈業已裝修完竣，又延長至下午 9 時（開放 12 小時）（臺灣民報社，1946.07.17），為便利公眾閱覽起見，11 月 16 日起，星期一及例假日也照常開放。（臺灣民報社，1946.11.17；長官公署，《臺灣省行政長官公署施政報告》，1946.12）據統計 1946 年開放閱覽第 1 年每月「每日平均閱覽人數」如表 12。（臺灣省文獻委員會編纂組、〔黎澤霖纂修〕）

表12　臺灣省圖書館每月每日平均閱覽人數統計表（1946 年 4 月－1947 年 5 月）

年別	月別	每日平均人數	年別	月別	每日平均人數
1946	4	34		11	255
	5	71		12	284
	6	80	1947	1	354
	7	98		2	281
	8	195		3	102
	9	182		4	188
	10	197		5	332

資料來源：臺灣省文獻委員會編纂組，《臺灣省通志館教育志文化事業篇》
　　　　　（臺北：編者，1958.02），頁 191－192。

　　1946 年 12 份起，自閱覽室分出閱報室。該室另設於走廊，座位 32 席，而閱覽室盡量擴充，座位增至 168 席。該館「對於通俗書籍雜誌均分別陳列供眾閱覽，並在《萬有文庫》內選出一部分一併陳列。是項陳列的圖書，只須填具申請書，即可向管理員隨時取閱，每次借閱各書以 3 冊為限，新到書每次以 1 冊為限。日報可不必用上項手續而自由閱覽。（劉滿子）」並在閱覽室增設書櫥添置參考圖書，供讀者參考（臺灣省圖書館，1947.04.03）由於空間較小，且常受各方供作展覽場所的影響，時常停止閱覽。

　　1946 年 11 月 30 日吳克剛簽：「查本館現假博物館樓下為館址，面積狹窄，僅有閱覽室一間，兒童成人，混雜一處，影響閱覽情緒殊深。」1947 年 4 月 1 日又在館內走廊上增設兒童閱覽室，40 席位。開放時間平時為中午 12 時至下午 5 時，星期日、例假日及寒暑假期則改為全日開放。圖書閱覽，該室全部採取開架式。該館當時的服務狀況，據館員王潔宇、高碧烈先後敘述：

> 新公園時期，館址在今襄陽路 2 號，設於名勝之處，交通便利，附近有亭臺之勝，花木四繞，既係遊賞之區，自亦有利閱讀。所以開館之後，閱者四至，室內有擁擠之患，門外有長龍之相。（王潔宇）由於地處市中心，交通便利，環境幽雅，各閱覽室經常滿座。當時吳克剛館長熱心服務，限國定假日外全面開放。連除夕日都開放到下午 6 時，館長親自來巡視，當時盛況，可見一斑。（高碧烈、郭堯斌）

　　臺北市內人口日增，閱覽人數日多，圖書館將走廊空地，也改設為閱覽區域，仍不敷使用。以 1946 年而言，來館閱覽人數共計 58,235 人。1947 年全年圖書閱覽人數為 223,843 人，其中男性 221,381 人（94.2%），女性 12,462 人（5.8%）。

　　南方資料研究室亦酌予開放，在北門街（原明石町）該館 2 樓特闢研究

參考室，供人閱覽。

開辦館外借閱

1946 年 10 月起，開辦館外借閱及巡迴文庫服務。根據〈臺灣省圖書館圖書出借暫行辦法〉（全 13 條）規定，凡年滿 12 歲以上者，得取具舖保，公務員由服務機關主管具保（加蓋鈐印）、學生由學校校長或專任主任具保（加蓋校鈐）及繳納規定的保證金，均可申請發給借書證。保證金暫定台幣 500 元，公務員學生的保證金得酌減為 200 元。借去圖書書價超過保證金時，由保證人連帶負責。借書證有效期限為 6 個月。除善本書、參考書及新到書外，其餘均可出借。每人每次借書以兩冊為限。借閱時間以兩星期為限，可申請續借一次，以 1 星期為限。期滿必須歸還，期滿而不歸還者得徵收過期費每冊每日台幣 1 元。（臺灣省圖書館）

圖書出納方法，初採勃朗尼制（Browne Charging System），旋於 1、2 星期後就改為紐瓦克制（Newark Charging System）。（陳金益）

1947 年全年圖書閱覽冊數（不包括雜誌報紙），館內閱覽，為 86,381 冊，包括中文 66,364 冊、日文 17,816 冊、西文 2,201 冊。館外出借為 26,737 冊，包括中文 23,890 冊、日文 2,847 冊。兩項合計圖書流通 113,118 冊，包括中文 90,254 冊、日文 20,663 冊、西文 2,201 冊。其中以總類、文學、社會科學 3 大類流通為最多。

1947 年 8 月起，兒童圖書開始辦理出借。借書證有效期限為 6 個月，期滿必須重新申請新借書證。每次可借出兩冊，以 10 日為限，期滿必須歸還。

開辦巡迴文庫

1946 年該館〔黃德〕福撰〈本館試辦巡迴文庫緣起〉，提到 10 月起將試辦巡迴文庫：

我們想辦一個巡迴文庫，把書籍巡迴到各處去，使沒有機會到圖書館來的讀者，也有一讀本館圖書的機會。不過，我們自身困難也相當多：第一，適合於臺胞目前閱讀程度的中文書籍本館也並不多，而且不能全部送到外面巡迴，館裏必須留著大部分，以備來館的人閱覽；第二是人手不夠，如果分別出發到各處去，一時難以派遣，於是我們只好這樣做。書籍方面，選擇了比較通俗的兩部分，一部分是給國民學校學生看的，一部分是適合於中學程度的人看的，前一部分包括書籍六百餘冊，後一部分約三四百冊。地區方面，本年度暫限于臺北市各校流通，到明年1月起，再巡迴至各縣市去。

適長官公署於1946年10月31日公布《臺灣省各縣市立圖書館設置巡迴文庫辦法》（全18條）（〔長官公署核准〕，1946.10.31），臺灣省圖書館爰延續巡迴文庫的工作。根據《臺灣省圖書館舉辦巡迴文庫暫行辦法》（全8條）摘錄重點如下：（臺灣省圖書館）

1. 本館為供應文化食糧，普及科學智識，增進閱讀興趣，發展圖書館事業起見，特訂定本辦法。

2. 舉辦巡迴文庫本年度暫以臺北市區各學校巡迴閱覽為限。

3. 巡迴文庫暫分國民學校及中學校兩組。國民學校方面書籍為《小學生文庫》暨通俗平民基本叢書；中學方面書籍為《ABC叢書》、《自然科學小叢書》、《中學生自然研究叢書》、文藝小說等，並為顧全讀者閱讀能力起見，在醫學及實用科學方面酌添一部分日文書籍。

4. 巡迴開始日期定10月1日起，每校巡迴閱覽一星期絕不展延。

5. 本館將巡迴書籍整理後即通知各校依次派員前來領取（須備正式公文）。

6. 甲校巡迴完畢即由本館派員陪同乙校職員前赴甲校領取以省手續。

該館「先以臺北市各中小學為試辦對象，按週巡迴乙次，共巡迴 12

校，計分 2 組，使用巡迴圖書合計 1,061 冊。每校巡迴 1 星期，先後共舉辦 12 個星期」（臺灣新生報社叢書編纂委員會；臺灣省文獻委員會編纂組）。

提供南海諸島政經史地資料

　　1946 年 9 月 16 日及 1947 年 3 月 3 日、7 日，國防部、廣東省政府先後電請長官公署提供南海諸島政經史地資料。國防部請長官公署代為蒐集琉球東沙西沙新南諸羣島有關疆界的歷史證據及政治經濟史地資料，以備於和會〔舊金山和會＝San Francisco Peace Conference〕爭取該羣島等主權。外交部則「請將貴署檔案內有關西沙南沙群島的文卷惠予檢寄。」廣東省政府請提供有關西沙羣島政經史地資料，來文還稱，「查日本佔據期間，西沙羣島劃隸臺灣高雄縣，貴府有關機關及臺灣大學、省圖書館南方文庫藏有是項資料特多，請代為蒐集，先寄示主權資料目式〔目錄〕。」長官公署乃將國防部、廣東省政府兩案交臺灣省圖書館辦理。該館編《西沙羣島政治經濟史地資料目錄附新南東沙羣資料目錄》，收錄 22 筆（日文 17 筆、中文 5 筆），每筆著錄書名附文種（語文別）、頁數（起訖）、編輯及發行者、出版年月，呈長官公署先行電復廣東省。並將所蒐集資料「委託臺灣大學〔圖書館〕攝製照片〔顯微攝影〕共 878 幅，經兩次呈送前長官公署分別轉寄國防部及粵省府（第 1 次兩份共 632 幅，第 2 次兩份共 246 幅），所需影印費合計台幣 79,898 元」。長官公署逕覆外交部：「查本署檔案內，並無有關西沙南沙問題之類文卷。茲就本省圖書館所存有關書籍內摘要選譯，附寄備覽（另有照片一份已寄國防部）」。（長官公署圖書館；長官公署，1947.04.29、1947.10.18；國立臺灣大學出版組）

八、出版刊物

圖書月刊

　　1945 年 8 月 15 日創刊《圖書月刊》第 1 卷第 1 期，至 1947 年 12 月 15 日發行第 2 卷第 11、12 期合刊止。

　　發刊宗旨為研討圖書館學，介紹新出版圖書，溝通各地圖書館消息。依據〈圖書月刊聲請登記表〉稱：「查本館為闡揚學術，提高研究興趣，供應資料，介紹書報，並輔導各縣市圖書館發展事業起見」而編印。館長范壽康〈創刊辭〉，以本刊「來負起溝通傳達的任務，以圖達成融合的目的。」「把內地文化實狀與學術理論介紹到臺灣來，把臺灣文化發展的現狀反映到內地去，使內地與臺灣，能夠由此更融合無間起來。」根據〈圖書月刊徵稿簡約〉，歡迎下列稿件：1.有關學術理論的專著評議；2.有關思想哲學的的闡發論述；3.有關科學發現的介紹研討；4.對於古籍的考證辨註；5.對於文藝理論的糾正批評；6.對於國內外名著的譯述介紹。稿費每千字酬新台幣 100-150 元。自第 2 卷第 1 期起擴大篇幅，徵求有關學術思想的闡發批判；古籍的考證辨註；圖書館學的論述研討；名人著作的介紹翻譯；本省風土習俗的流傳考據等稿件。主編人為幹事兼研究輔導部出版組組長黃德福、幹事劉滿子（1947 年 4 月辭職）。所需費用「月支印刷紙張費約 6 千元，稿費 2 千元，在圖書館經常費項下開支」，每期印行 1,000 冊。出版後除寄贈全國各省市圖書館外，並與國內各出版界交換書刊，國外亦由中央圖書館轉發交換。1946 年 11 月 19 日因變更發行人為吳克剛，重行聲請登記。

　　自 1945 年 11 月 1 日起臺灣開始接管，根據《長官公署 3 月來工作概要》，長官公署為迅速順利接收及營運，前 3 個月（1945.10.25－1946.01.24），可以說是沿用舊制的過渡時期。其中，有關臺灣總督府圖書館的設置、地點與經費，暫未予以變動；圖書館原係由總督府

直屬辦理，仍予直屬長官公署直轄，暫稱為臺灣省行政長官公署圖書館，有「隸屬於長官公署的圖書館」的意思，辦理復員館務。迨 1946 年 2 月 5 日長官公署根據教育部於 1939 年頒布的《修正圖書館規程》，制定公布《臺灣省圖書館組織規程》，正式稱為臺灣省圖書館。

臺灣省圖書館臺北公園時期，王潔宇述：「該地方外邊環境優美，然內部窄狹得卻難以轉迴，當時若干必要的書籍，都有大部擺不開，這時階段的工作，自然十分難以作理想的開展。這種情形直到 1963 年，才得結束。」期間，歷經 1947 年 5 月改名臺灣省立臺北圖書館，1962 年 3 月省北館 4 層樓新廈開工，1963 年 2 月完成 1 樓隨即正式對外開放，1967 年全部工程完成，始結束了在臺北公園沒有館舍寄人籬下的日子。

第三章　成長期——臺灣省立臺北圖書館（1947.05－1973.07）

前　言

臺灣省政府成立

　　1947 年 2 月 27 日上午 11 時臺灣省專賣局臺北分局接到密報，謂淡水區船上有私運火柴、捲煙 50 餘箱，乃派查緝人員（職員）傅學通、葉德根、盛鐵夫、趙子健、劉超羣、鐘延洲等 6 名會同全國警察大隊所派警 4 名，前往查緝；又據密報人再度探悉該項私貨已移至臺北市太平町（三丁目一番地）天馬茶房地方（今南京西路 189 號，2005 年遭拆除改建大樓）出售。〔案長官公署沿襲日據時期專賣制度，專賣項目仍保留樟腦、火柴、菸、酒、度量衡等 5 項〕是日傍晚當查緝人員抵達現場時，私販早已逃散，僅查獲一名中年婦女林江邁（1907－1969）販賣私菸，遂將其私菸和現金悉數扣押。林婦以生活所需，苦苦哀求葉德根發還，圍觀民眾也紛紛加入求情行列，林婦情急下抱住查緝人員不放，遭被槍管敲破頭部出血而昏厥。目睹此景的羣眾轉趨悲憤，以磚石丟擲葉等，並叫打，查緝人員見狀欲速離開。羣眾卻急追不捨，其中傅學通逃到永樂町（今永樂市場）附近，被追逐抱住為求脫身而開槍示警，不幸誤中民眾陳文溪致死。查緝人員輾轉躲至臺北市警察局，激憤的羣眾搗燬緝私卡車，要求交出兇手，羣眾因而包圍憲警單位。2 月 28 日上午，抗議羣眾自大稻埕順著延平北路，沿街敲打鑼鼓，前往臺灣省專賣局臺北分局（今重慶南路一段 25、27 號，彰化銀行臺北分行）抗議，10 時許衝入臺北分局，毆傷分局長及 3 名職員，

焚毀文卷。中午羣眾在臺北火車站前集結，準備前往行政長官公署（今行政院）請願。下午羣眾集結於長官公署前示威，遭公署衛兵開槍，造成了更大的傷害。羣眾在憤怒下，四處追打外省籍人士。下午 2 時佔領臺灣省廣播電臺（新公園原臺北放送局，今二二八紀念館）向全臺播放消息。全市騷動，停工罷課。原來是單純的治安事件，導致羣眾平日積怨一夕潰決。隨著事端的快速擴大，向全省蔓延，各大城市及鄉鎮發生騷動，羣眾攻打官署警局，軍警憲則開槍鎮壓，此為不幸的二二八事件的開端，成為重創臺灣社會的歷史悲劇。（臺灣省專賣局，1947.03.14）國民政府鑒於臺灣民眾對於以陳儀為首的長官公署強烈不滿，於同年 4 月 22 日行政院第 784 會議決議「臺灣省行政長官公署制度應予撤銷，照各省制成立省政府」。臺灣省政府遂於 5 月 16 日成立，長官公署同日撤銷。

行政院遷臺

1947 年 12 月 25 日中華民國憲法生效，開始行憲。1948 年 5 月 20 日蔣中正、李宗仁就任第 1 任中華民國總統、副總統。1949 年 1 月 21 日總統蔣中正宣布引退，由副總統李宗仁代行總統職權。同年 10 月 1 日中華人民共和國成立，11 月 19 日李宗仁發電行政院院長閻錫山，囑其以責任內閣立場全權處理國政，11 月 20 日李宗仁以胃出血棄職飛抵香港。

1949 年 12 月 7 日，在軍事形勢逆轉，戰事頻仍之際，為確保國家領導中樞持續運作，行政院在成都召開遷臺前最後一次行政院會議決議政府遷設臺北，12 月 8 日行政院院長閻錫山、副院長朱家驊率領主要閣員從成都飛抵臺北，隨即舉行中外記者招待會，正式對外宣布「行政院決定自 9 日起在臺開始辦公」，因 12 月 8 日李宗仁自香港包租飛機直飛紐約，滯美不歸，在臺灣的中央政府暫時由閻院長主持。12 月 9 日行政院在臺北賓館舉行中央遷臺第一次行政院政務會議，院長閻錫山主持，決議總統府及行政院設址於介壽館辦公，並將此訊息通電各省及駐外使節。

介壽館原前臺灣總督府，遭美軍轟炸嚴重燬損。1946 年為慶祝國民政

府主席蔣中正 60 壽誕，臺灣各界捐款以修復該建築，由張金鎔、張祖濬、劉漢傑、李重耀為共同修復設計，1948 年 10 月修復，更名為介壽館，10 月 25 日經採用省參議員黃純青建議，作為「臺灣省博覽會」主要展場。1949 年國民政府遷臺作為總統府及行政院辦公廳舍。1957 年行政院搬移。2006 年 3 月 25 日正式更名為總統府。

　　1949 年 12 月 10 日中國國民黨總裁蔣中正自成都飛抵臺北。1950 年 3 月 1 日蔣中正在總統府宣布「復行視事」，繼續行使總統職權。3 月 12 日陳誠繼閻錫山任行政院院長，由程天放繼杭立武為教育部部長。

　　政府遷臺，緊縮編制，教育部只暫設高等教育司、普通教育司（兼管中等教育及國民教育）、社會教育司、總務司、國際文化教育事業處及主計室、人事室。各司處室均暫不分科。原有的委員會均暫停設。為應事實需要，另設特約編纂特約編審選聘及工作審查委員會，暨電化教育推行委員會。1950 年 7 月將電化教育推行委員會擴大範圍，改為社會教育推行委員會，由程部長聘任張道藩、高信、鄭通和、陳雪屏、劉真、王星舟等 21 人為委員，並指定高信（教育部次長）、王星舟（社教司司長）為正副主任委員，下設秘書 1 人，由部長就該部職員調派。迄至 1955 年 6 月以部令取消。

　　1950 年 6 月 25 日韓戰爆發，6 月 27 日美國總統杜魯門（Herry S. Truman）發表「臺灣海峽中立化」宣言，命令美國第七特種混合艦隊（第七艦隊）以協防臺灣的名義巡弋臺灣海峽，阻止來自中國大陸以臺灣為目標的攻擊，並要求中華民國政府海空軍停止對中國大陸作戰，以確保美國在遠東的利益。韓戰使退守臺灣的政府重獲生機。

臺灣省政府教育廳成立

　　1947 年 4 月 29 日，行政院第 785 次會議決議「任命臺灣省政府委員兼主席魏道明」，5 月 11 日陳儀搭機離臺，5 月 15 日魏道明由上海抵臺灣。1947 年 5 月 16 日成立臺灣省政府（「省府」）。是日，魏道明由長官公署

秘書處處長張延哲陪同，從臺北賓館抵達省府（今行政院），長官公署由秘書長葛敬恩率各處處長進行交接，為時 1 年 6 個月的長官公署結束。

依據 1925 年 7 月 8 日國民政府制定公布、1944 年 4 月 28 日修正公布《省政府組織法》，省主席下設秘書處、民政廳、教育廳、財政廳、建設廳、社會處、農林處、衛生處、會計處等 4 廳 5 處。1948 年 8 月 31 日行政院依據 1936 年 10 月 24 日發布《省政府合署辦公暫行規程》第 11 條規定，核定《臺灣省政府合署辦公施行細則》，增設警務處、交通處、統計處、人事處。1949 年 12 月 2 日再依行政院臨時會議決議，擴大省府組織，增設省府委員至 23 人，農林處改為農林廳。1952 年 2 月 29 日成立物資局。1954 年 4 月 24 日成立主計處（會計處與統計處合併）、新聞處、糧食局。隨著時空的轉移，省府組織歷經多次改編、擴增等變革。

省府原在臺北市辦公廳舍即今行政院，中央政府於 1949 年 12 月遷臺後，形成中央政府與省政府同處臺北一處，行政轄區幾乎重疊，又 1950 年的臺灣始終籠罩在國共戰爭一觸即發的緊張氣氛中，有鑒於此，省府於 50 年代間即計畫防空疏散的準備。1955 年 5 月決定將省府辦公廳舍遷往臺灣中部，在南投縣南投市北方虎山山腳的營盤口地區籌建規畫新市鎮，該新市鎮命名為中興新村，取自「少康中興」的典故。1956 年先遷往臺中縣霧峯鄉的臨時辦公室。1957 年 6 月遷往中興新村，7 月 1 日在新廈辦公。時教育廳、衛生處仍留霧峯；新聞處仍在臺中市；警務處、糧食局等機關機構仍留在臺北上班。1972 年，省府留駐臺北 13 個機關機構如水利局、地政局、文獻委員會等遷往臺中市東區干城營區辦公。

臺灣省政府成立，長官公署教育處即改組為臺灣省政府教育廳（「教育廳」），為掌理全省教育行政及學術文化的最高機關。1947 年 10 月 3 日省府第 20 次會議修正教育廳編制，廳長下設第一、二、三、四、五科及秘書室、督學室、會計室、統計室、人事室，並設專門委員及專員等員額。除此之外，為適應需要起見，將原中等國民學校教員甄選委員會劃分中等學校教育檢定委員會、國民學校教育檢定委員會；原中等國民學校教材編

輯委員會改名為編審委員會；原國語推行委員會仍舊；原中小學專科視導委員會裁撤；另設教育衛生委員會、特種基金處理委員會、建設合作委員會以符實際需要。1955 年 4 月修正教育廳組織調整為 6 科 4 室 8 委員會。依據 1957 年 3 月 15 日公布的《臺灣省政府教育廳辦事細則》，第五科掌理有關社會教育，即是省的社會教育行政單位。第五科設 3 股，分別掌理電化藝術教育、補習教育、民眾教育事宜。

　　1956 年教育廳自監察院（原臺北州廳）移臺中縣霧峯鄉辦公，該廳與衛生處合署的辦公場所（今臺中市霧峯區大同路 16 號），係省府第 1 代廳舍「教室型建築」的代表作品。1995 年教育廳又搬遷到附近的中正路高等法院舊址，原大同路舊址歸還霧峯區公所使用，曾作長青學苑教室。2013 年 5 月 14 日，臺中市文化資產局公告登錄為歷史建築。

圖書館法令的制頒

　　1951 年 12 月 6 日省府制頒《臺灣省各縣（市）立圖書館組織規程》，是為臺灣省有關縣市立圖書館單行法規，第 1 條明定「本省各縣市政府為儲集各種圖書及地方文獻供眾閱覽，並輔助社會教育事業，以提高文化水準起見，特設縣（市）立圖書館，隸屬於縣（市）政府」。接著，1952 年 12 月 5 日行政院核准、12 月 8 日教育部公布《各省市公私立圖書館規程》（1969 年 11 月 17 日改為《各省市立圖書館規程》），為公立圖書館設置最明確的依據。首條明定：「各省、市公立圖書館以儲集各種圖書及地方文獻供眾閱覽為目的，並得舉辦其他各種社會教育事業，以提高文化水準」。1953 年 9 月 24 日總統公布《社會教育法》（全 17 條），為公共圖書館設立最主要的法令依據。第 1 條明定「社會教育法依憲法第 158 條及第 163 條之規定，以實施全民教育及終身教育為宗旨」，第 5 條規定「各級政府視其財力與社會需要，得設立或依據權責核准設立左列社會教育機構」，其中首列「圖書館或圖書室」。臺灣省省縣市立圖書館的設置都有了法源的依據。

圖書館事業指導委員會規程

1955 年 6 月 18 日教育廳原呈報「臺灣省立圖書館輔導委員會組織簡則」，奉省政府核覆修正名稱為《臺灣省立臺北（臺中）圖書館事業指導委員會規程》（全 6 條）（省府令，1955.06.18）。首條明定「臺北（臺中）圖書館為推廣事業改進業務，依本館組織規程第 9 條之規定，設立圖書館事業指導委員會。」本委員會的職權，為關於臺北（臺中）圖書館「1.業務改進的指導事項；2.業務推廣的督促事項；3.擴充館址增加設備添置圖書及舉辦有關文教事業的協助事項；4.應行興革事項的輔導事項。」本委員會設委員 11 至 15 人，除教育廳廳長為當然委員外，餘由教育廳聘請之。置秘書 1 人，由教育廳派員兼任之，並得視事務需要置幹事若干人，就臺北（臺中）圖書館職員中調用，均為無給職。本委員會每兩個月開會乙次，必要時得開臨時會，均由主任委員召集之。1972 年 11 月 8 日本規程作廢。

省縣市立圖書館年度工作實施應行注意事項

各級公共圖書館的經營，除應遵照部頒《修正圖書館工作大綱》、《圖書館工作實施辦法》的規定辦理外，還應遵照教育廳每年所頒省縣市立圖書館年度中心工作，斟酌實際情形，配合一般業務，編訂年度工作計畫及工作月曆〔行事曆〕。每月工作應按照工作月曆逐一實施，並將實施情形詳載工作月報表，於月終 10 日內報廳備查。依據 1950 年 3 月 2 日教育廳訂頒《臺灣省省縣市立圖書館 1950 年度工作實施應行注意事項》（省府教育廳代電，1950.03.02）該年度以推廣文化宣傳、輔導民眾進修、提倡學術研究為中心工作。復依據 1951 年 1 月 17 日、1952 年 1 月 7 日分別所頒訂者（省府教育廳代電，1951.01.17；1952.01.07），1951 年度以加強文化宣傳，協助政令推行；1952 年度以展開三民主義文化運動，協助政令推行為中心工作。茲以 1950 年度工作實施應行注意事項為例：

關於推廣文化宣傳方面，應參酌辦理事項：1.增設巡迴文庫或書報流通處；2.定期舉行通俗演講；3.按期接收教育廣播；4.按期放映幻燈或教育影片；5.舉辦有關文化宣傳的各種展覽會或宣傳週。

　　關於輔導民眾進修方面，應參酌辦理事項：1.補充各種書報雜誌；2.編製各種參考書目；3.舉辦讀書顧問；4.組織民眾讀書會；5.舉辦各種短期補習班；6.舉辦兒童閱讀競賽或故事比賽。

　　關於提倡學術研究方面，應參酌辦理事項：1.編製圖書論文索引或專題書目；2.定期舉辦有關學術研究講座；3.組織各種學術研討會；4.舉辦有關學術研究的論文比賽；5.舉辦各種有關學術討論的通訊及研究。

　　此外，規定各級圖書館年度事業費的運用，應購置圖書雜誌占 70%，活動事業占 30%。

省縣市立圖書館加強業務實施要點

　　1960 年 2 月 11 日省政府教育廳公布《省縣市立圖書館加強業務實施要點》（全 14 條），明定各級圖書館業務，除應遵照上開《年度工作實施應行注意事項》辦理外，並應參照本《要點》辦理。本《要點》的主要內容，略以：圖書雜誌購買經費，應占全年度事業費的 70%；按照縣市人口分布情形酌予設立分館，或圖書供應站；開闢兒童閱覽室，特別研究室，音樂室，展覽室等；辦理圖書巡迴，辦理館際互借，機關、學校、團體的圖書互借；經常辦理各種學術講座，放映教育影片；研究並統計讀者的讀書興趣，以供出版業者的參考；與出版界保持聯繫，並利用報紙、電臺等經常介紹新書目錄及內容，以激發公眾閱讀的興趣；運用適當方法，辦理年老、傷殘〔身心障礙〕及醫院病患者的借書；輔導並鼓勵圖書館學術團體或個人的專論研究，以求圖書館學術日益進步。

一、接收接管

　　1947 年 4 月 24 日國民政府令「臺灣省行政長官公署著改制為臺灣省政府」，「任命魏道明為臺灣省政府委員兼主席」，4 月 30 日任命臺灣省政府委員丘念台（兼民政廳廳長）、嚴家淦（兼財政廳廳長）、許恪士（兼

教育廳廳長）、楊家瑜（兼建設廳廳長）、林獻堂、朱佛定、杜聰明、馬壽華、劉兼善、李翼中、南志信、游彌堅、朱文伯、陳啓清，組織省政府委員會，行使職權。〔採行委員制〕1947 年 5 月 16 日臺灣省行政長官公署改組成立臺灣省政府，上午 9 時舉行臺灣省政府委員會成立暨第 1 次會議。討論主席交議本省政府接收前長官公署及所屬各機關辦法，通過：「1.指定接收機關及負責接收人員；2.其餘長官公署直屬機關及各處所屬機關事務，均照常進行，另候派員接收。自是，由長官公署各處會局室及附屬機構逐各分層移交，由省政府各有關的各廳處會局室及附屬機構逐各分層直接接收。1947 年 5 月 23 日第 2 次會議通過：「本委員會例會日期，定每週五上午 9 時舉行」。

臺灣省圖書館改制

　　1947 年 8 月 9 日省府委員會議第 12 次會議，秘書處提「查本省圖書館、博物館及交響樂團均屬教育文化機構，似應改隸教育廳，以明系統，而利督導，謹分別擬具各該館團組織規程修正草案，提請公決」。經決議將臺灣省圖書館改隸臺灣省政府教育廳，並派原館長吳克剛接收臺灣省圖書館。臺灣省圖書館改名為臺灣省立臺北圖書館（「省北館」）。原與長官公署教育處平行的圖書館、博物館、交響樂團、國語推行委員會等併入省府教育廳，變成所屬機關。案臺灣省圖書館改隸教育廳，1948 年 3 月 10 日省府令派會計長王肇嘉監交。（臺灣省政府，1948.03.10）

　　臺灣省立臺北圖書館仍借省立博物館一樓一層營運，一直到 1968 年 12 月 25 日舉行新生南路新厦落成典禮，始有獨立獨自的館舍。當時隸屬於教育廳的省立圖書館還有原有的臺灣省立臺中圖書館。

　　臺灣省立臺中圖書館前身係 1945 年 11 月 15 日臺中州接管委員會接收的臺中州立圖書館（緣於 1923 年 5 月 15 日定名，今臺中市自由路二段 2 號，合作金庫銀行臺中分行，一棟 2 樓建築，計 461.544 建坪），館務陷於停頓。1946 年 3 月 1 日曾改稱為臺中縣立圖書館。1946 年 3 月 6 日長官公署教育處將臺中縣立圖書館改組，成立臺灣省立臺中圖書館，俾資全省圖

書館的示範與輔導，派莊垂勝（日本明治大學政治經濟科畢業，股份公司中央書局常務董事）為該館館長。時「有員 17 人，每月經費 52,000 元」。（長官公署宣傳委員會）

　　此外，1948 年 7 月 1 日成立臺灣省立臺東圖書館。該館前身為日據時期臺東廳鄉土館，1946 年 2 月更名為臺東縣立鄉土館，7 月升格為臺灣省立臺東鄉土館，9 月易名臺灣省立臺東民眾教育館。1949 年 5 月 12 日教育廳將該館於 1948 年所送組織規程修正核覆為《臺灣省立臺東圖書館組織規程》（全 10 條）（教育廳代電，1949.05.12）有編制人員 15 人。但 1953 年《社會教育法》公布後，1955 年 1 月復將省立臺東圖書館改制為臺灣省立臺東民眾教育館。

僑委會擬議接收前南方資料館

　　1947 年 12 月 8 日南京行政院院長張羣電報發臺灣省政府主席魏道明：「前日本臺灣總督府所屬南洋研究館現歸何處？接管情形如何？可否撥僑委會接辦。盼覆。」省府秘書處擬稿由秘書長代行，魏主席覆（略以）：「經查前臺灣總督府所屬南方資料館（鈞電稱南洋研究館）所有資料由省立圖書館接收，房舍則由前長官公署秘書處接收，後改為臺北招待所，並委託中國旅行社經辦。省府接管後暫仍舊規，魏德邁特使及英議會訪問團均係寓此。惟鈞電『現歸何處接管』句下文意不明，乞再電示。」1949 年 3 月 5 日僑務委員會快郵代電省府，省府秘書室第 7 組張昂千 3 月 16 日簽辦「為僑委會指派該會副委員長章淵若、臺灣僑務局長黃翼代表南洋華僑文化教育館負責接收前南方資料館圖書器物並指撥館址一案簽請核示」：（國史館臺灣文獻館）

　　　　查本省前南方資料館，原為日治時代文教研究機構，隸屬臺灣總
　　　　督府，內部研究工作人員，凡三四十人，規模相當宏大。光復後
　　　　該館所有圖書資料器具由省圖書館接收保管。圖書約計總數 4 萬冊
　　　　（內日文書佔 2/4，英文書佔 1.05/4，中文書佔 0.5/4），館舍則由

前長官公署秘書處接管後，改為臺北招待所，即所謂圓山招待所。而今省圖書館仍設南方資料研究室於臺北市中正西路 26 號，房屋為 3 層樓 6 大間，與圖書館一部分辦公室合用，該室僅派人看管。至接收器物，因前因曾遭轟炸，今省圖書館已全部使用。（中略）昨經面晤該會章副委員長，詞意同上，並與省圖書館吳館長兩度會談，未獲結論。（中略）本案究應如何辦理之處。理合簽請核示。

省府於 1949 年 4 月 5 日代電覆「所請歉難照撥」。

僑務委員會為辦理輔導臺籍僑胞的出入國，曾於 1948 年 11 月在臺北成立臺灣僑務局，局址設在南京西路 26 及 28 號。1949 年 8 月僑委會遷臺，1950 年 9 月僑務局裁併。

二、組織和人員

（一）組織

1947 年 8 月 9 日省府秘書處箋函教育廳、人事處、法制室：「查本府委員會第 12 次會議，討論事項（三）本省圖書館博物館改隸教育廳並修正兩館組織規程一案，決議：『圖書館博物館改隸教育廳，兩館組織規程條文，由教育廳、人事處、法制室會同整理報核。』（中略）請查照會同整理報府為荷。」（省府秘書處，1947.08.09）

省北館組織規程及編制表

1948 年 12 月 10 日省府委員會第 77 次會議，討論事項「臺灣省立臺北圖書館組織規程修正草案請公決案」，決議；修正通過。省府乃於 12 月 31

日公布《臺灣省立臺北圖書館組織規程》（全 13 條）（省府令，1948.12.31）。究其內容與《臺灣省圖書館組織規程》大同小異。原組織規程內的「臺灣省行政長官公署」字樣，改為「臺灣省政府」，「教育處」改為「教育廳」。至若圖書館設立目的及內部單位的規定則相同。

「臺灣省政府為儲存各種圖書及地方文獻供眾閱覽，並輔助各種社會教育事業起見，特設臺灣省立臺北圖書館，隸屬於本府教育廳。」（第 1 條）館長之下設總務部、採編部、閱覽部、研究輔導部，附設南方資料研究室（第 2 條、第 3 條、第 6 條），各部、室得視適時需要，分組辦事，每組各置組長 1 人（幹事兼任）；並為謀事業的發展，得組織各種委員會（第 9 條）。對公立及私立圖書館應分別輔導並切取聯繫（第 10 條）。

而圖書館員額略作調整，編制人員修正為 34 人至 38 人，館長、部主任 4 人外，「設幹事 8 人，助理幹事 8 人至 10 人，書記 3 人至 5 人，雇員 10 人」（第 4 條）及人事管理員、會計員各 1 人（第 7 條）。附設南方資料研究室，仍以「掌理國內南部及南洋一帶資料之蒐集保存及研究事項」為旨。編制人員仍為 18 人至 22 人，「置主任 1 人（館長兼任），研究員 3 人，幹事 4 人至 6 人，助理幹事 3 人至 5 人，書記雇員各 4 人」（第 6 條）。圖書館和南方資料研究室合計為 52 人至 60 人。見表 13。

表 13 臺灣省立臺北圖書館員額編制表（1948.12.31）

單位：人

職稱	館長	部主任	組主任	研究員	幹事	助理幹事	書記	雇員	合計
圖書館	1	4	－	－	8	8-10	3-5	10	34-38
南方資料室	－	－	（1）	3	4-6	3-5	4	4	18-22（1）
合計	1	4	（1）	3	12-14	11-15	7-9	14	52-60（1）

說　明：1.（）括弧內數字係指兼任職員數。

2.標示「－」者，係無數值。

資料來源：《臺灣省政府公報》37 冬 78（增刊）（1948.12.31），頁 1139－1140。

（二）員額

通則性組織規程及編制表

　　省府所屬圖書館當時有省立臺北、臺中、臺東圖書館 3 所，爰制頒同一通則性的組織規程。

　　1951 年 8 月 9 日省府修正《臺灣省立臺北、臺中、臺東圖書館組織規程》（全 13 條）。（省府令，1951.08.09）首條揭示，「臺灣省政府為儲集各種圖書及地方文獻供眾閱覽，並輔助各種社會教育事業起見，特設臺灣省立臺北、臺中、臺東圖書館（以下簡稱省立圖書館），隸屬於本府教育廳」。有關省立圖書館的組織和人員規定如下：

　　省立圖書館置館長 1 人，薦派（臺北圖書館館長得簡派），綜理館務，並指揮監督所屬職員。

　　省立圖書館設採編部、閱覽特藏部、研究輔導部、總務部。臺北圖書館各部視業務需要得分組辦事，組長由幹事兼任。置部主任 4 人（臺北圖書館部主任薦派，臺中、臺東圖書館館長應各兼任 1 部主任，薦派或委派），幹事、助理幹事、書記各若干人，均委派（臺北圖書館幹事內 5 人得薦派），並得僱用雇員若干人。

　　臺北圖書館得附設南方資料研究室，置主任 1 人，由館長兼任，研究員若干人，薦派或簡派，其他事務人員由本館調用之。依所附各省立圖書館員額編制表，見附表 14：

表 14　臺灣省立臺北、臺中、臺東圖書館員額編制表（1951.08.09）

單位：人

職稱　　館名	館長	研究員	部主任	幹事	助理幹事	主計員	人事管理員	書記	雇員	合計
臺北圖書館	1	3	4	17	8	1	1	6	11	52
臺中圖書館	1	－	3	8	8	1	－	2	1	24
臺東圖書館	1	－	3	4	4	1	－	1	1	15

說　　明：1.省立臺北圖書館編制員額較本年度概算員額為多，仍應依照預算
　　　　　　員額用人，不另增加員額。
　　　　　2.標示「－」者，係「無數值」。
資料來源：《臺灣省府公報》，40 秋 36（1951.08.11），頁 453。

　　1951 年 8 月 9 日省府修正《臺灣省立臺北、臺中、臺東圖書館組織規程》確定了省館的編制員額。此後，省館事權及編制人員甚少調整，但影響省北館的發展最為巨大。省北館自此就確定了編制員額為 52 人，直到改制為國立臺灣圖書館從未改變。迄 2012 年 12 月 30 日教育部訂定發布《國立臺灣圖書館編制表》，始為專任 54 人、兼任（1）人。60 年來該館業務不斷創新及發展，僅增加編制員額 2 人。

　　自本通則性組織規程及編制表頒行後迄 1970 年，20 年間曾多次修正，但內部組織及編制員額數鮮有變動。如 1954 年 5 月 21 日修正，館內組織各部改稱各組，原各組改稱各股。省立圖書館設採編組、閱覽特藏組、研究輔導組、總務組。臺北圖書館各組視業務需要得分股辦事，股長由幹事兼任。省立圖書館認定為常設機構，其原有派用職等，一律改為任用。簡派薦派委派改為簡任薦任委任。館長薦任（臺北圖書館館長得簡任），組主

任薦任或委任，幹事、助理幹事均委任，雇員僱用。1956 年 11 月 13 日省
府又修正，因 1955 年 1 月省立臺東圖書館又再改制為省立臺東民眾教育
館，而刪除臺東圖書館相關條文。其餘兩省館略修正員額及官等。1963 年 3
月 30 日省政府再修正，省北館附設南方資料研究室，改為特藏資料研究
室。

省北館預算員額表

　　「編制員額」係指各機關組織法規規定該機關配置的員額。而「預算
員額」則指各機關依該年度施政計畫，配合年度預算，在法定員額範圍
內，視當年財務狀況所編列的員額。即各機關預算員額係在其編制員額範
圍內，衡酌政府財政狀況及機關業務需要，循預算程序編列。因為預算員
額係各機關有編入各年度中央政府總預算案的人數，所以亦即當年度人事
費得以支應的最高人數上限。

　　1959 年 6 月 5 日省府修正公布《臺灣省立臺北、臺中圖書館組織規
程》，時省北館預算員額合計為專任 47 人、兼任（1）人。1963 年 10 月 19
日省府核定省北館預算員額分配表（省府令，1963.10.19），旋 12 月 17 日
省府又准予更正，（省府令，1963.12.17）但更正後預算員額合計仍為專任
47 人、兼任（1）人。1970 年 10 月 20 日省府再修正省北館預算員額分配
表，增加幹事 3 人，預算員額合計 50 人（省府令，1970.10.20），見表 15：

表 15　臺灣省立臺北圖書館預算員額分配表（1970.10.20）

單位：人

職稱	館長	研究員	副研究員	組主任	幹事	助理幹事	雇員	主計員	人事管理員	合計
員額	1	3	6	4	10	13	11	1	1	50

資料來源：《臺灣省政政府公報》，59 冬 23（1970.10.29），頁 8。

修正訂定省館組織規程及編制表

自 1971 年起，省府分別修正訂定省北館及省中圖兩館組織規程。

1971 年 11 月 1 日省府修正公布《臺灣省立臺北圖書館組織規程》（全 13 條），更改研究輔導組名為推廣組，及特藏資料研究室置主任（兼任），其他工作人員由本館調用之（省府令，1971.11.01），並修正省北館編制表。1972 年 6 月 13 日省府又修正省北館編制表，編制員額合計專任 52 人、兼任（1）人（省府令，1972.06.13），見表 16：

表 16　臺灣省立臺北圖書館編制表（1972.06.13）

單位：人

職稱	職等	員額	備考
館長	第 9 至第 11 職等	1	
組長	第 7 至第 9 職等	4	
特藏資料研究室主任	〃〃	（1）	本職位由機關內指定人員兼任
研究員	第 8 至第 10 職等	3	
副研究員	第 4 至第 7 職等	6	
幹事	第 3 至第 5 職等	11	
助理幹事	第 3 至第 5 職等	14	
書記	第 1 至第 3 職等	11	
主計員	第 4 至第 6 職等	1	
人事管理員	第 4 至第 6 職等	1	
合　　　　計		52 （1）	

說　　明：（ ）括弧內數字係指兼任職員數。

資料來源：《臺灣省政府公報》，61 夏 69（1972.06.21），頁 7。

　　1972 年 8 月 3 日報奉行政院核定、省府於 8 月 29 日修正公布《臺灣省立臺中圖書館組織規程》（全 12 條），及組織編制表。（省府令，1972.08.29）將閱覽特藏組改成閱覽典藏組，研究輔導組改為推廣組，增設出版交換組，及成立藝術教育中心、科學教育中心。編制擴充。省府於1971 年 8 月 4 日、12 月 31 日先後准該館先行進用 9 人、41 人，共計 50人。藝術教育中心、科學教育中心員額 26 人，則應俟該館第 2 期工程完成後方得進用。惟「省立臺中圖書館健全組織功能改進方案」，經省府修正報奉行政院 1973 年 8 月 16 日核定「除編制表修正如核定本外，餘准備查。」，同年 9 月 3 日省府抄發省中圖編制表，編制員額合計為專任 93 人、兼任（2）人。（省府令，1973.09.03），見表 17：

表 17　臺灣省立臺中圖書館編制表（核定本）（1973.09.03）

單位：人

職稱	職等	員額	備考
館長	第 10 至第 11 職等	1	
秘書	第 6 至第 9 職等	1	
組長	第 6 至第 9 職等	5	
主任		（2）	藝術及科學教育中心主任由研究員兼任
研究員	聘任	2	依照大專學校教員有關規定辦理
副研究員	〃	2	〃　〃
輔導員	〃	5	〃　〃
助理輔導員	〃	10	〃　〃
技士	第 4 至第 5 職等	4	
幹事	第 3 至第 5 職等	31	

職稱	職等	員額	備考
書記	第 1 至第 5 職等	27	
主計室主任	第 6 至第 9 職等	1	
主計室佐理員	第 3 至第 5 職等	1	
人事室主任	第 6 至第 9 職等	1	
人事室副主任	〃	1	
人事室助理員	第 3 至第 5 職等	1	
合計		93（2）	

說　　明：（）括弧內數字係指兼任職員數。

資料來源：《臺灣省政府公報》，62 秋 60（1973.09.08），頁 11－12。

　　1973 年 9 月 21 日省府令廢止《臺灣省立臺北圖書館組織規程》。省北館改隸中央，1973 年 8 月 10 日行政院核定、8 月 29 日教育部公布《國立中央圖書館臺灣分館暫行組織規程》，為該館的法源依據。

　　省立臺中圖書館自 1951 年 8 月以來就確定了編制員額為 24 人，1960 年 3 月因增置人事管理員 1 人，編制員額增為 25 人。迨 1973 年 9 月配合新館落成啓用，始大幅成長，增為專任 93 人、兼任（2）人。以編制員額之多，一躍為公共圖書館之最。館長宋新民（1908－1977）居功厥偉。1954 年他接掌省立臺中一中校長，任內頗有建樹，獲教育廳廳長潘振球賞識，延攬為教育廳專門委員，1967 年 3 月 13 日奉派擔任省中圖館長迄 1976 年 3 月 31 日退休。

　　宋館長自接掌省中圖即以館舍不敷未來圖書館事業發展與社會變遷的需要，研擬遷建新館計畫，報經省府 1967 年 9 月第 90 次首長會議，省主席黃杰指示有關廳處及臺中市政府研商省中圖遷建擴充事宜，將新建館舍工程列入第 3 號計畫管制專案。1968 年 2 月 28 日省議會通

過「省政府為省中圖擬將經管省有房地辦理出售，並以出售所得價款作為遷建財源案」。1972 年 1 月間，合作金庫銀行以 29,692,395 元購得該房屋及基地。省府將所得價款外，並撥補 6,963,405 元，合計 36,655,800 元，為遷建館舍經費。省建設廳初選臺中市中山公園內土地 3 筆，報請省府核定於公園北邊面臨精武路之處為建館基地。1970 年 4 月新館開工，分兩期興建。為地下 1 層地上 10 層樓建築（建築面積 2,662.623 坪），右側附建中興堂（1,311.089 坪）。1972 年 2 月第 1 期工程完成，3 月即遷入辦公，旋於該月對外開放。1973 年 10 月第 2 期工程完工報驗。省中圖遷入新館後，隨之開創服務的新猷。「1972 年 3 月成立參考閱覽室，同年 11 月成立期刊資料室，為配合遷建新館業務的需要，組織章程與編制表亦大幅修訂擴充（王元仲）」。於是，1972 年 8 月將閱覽特藏組、研究輔導組分別改為閱覽典藏組、推廣組，增設出版交換組，及成立藝術教育中心、科學教育中心。1976 年簽奉核定興建黎明分館（臺中市南屯區黎明新村博愛街 97 號），為地下 1 層地上 4 層的建築（314.306 坪）。同年又奉教育廳指示，辦理臺灣省國民中小學、高中職及鄉鎮圖書館人員專業訓練，至 1979 年止，共計舉辦 26 期。宋館長為省中圖日後的發展，特別是輔導全省各縣市公私立圖書館業務方面，樹立了良好的根基。

省中圖配合新館的落成啟用，適時隨著館舍及業務的成長而擴大編制。相反地，省北館自 1951 年 8 月以來編制員額總數即維持在 52 人，1973 年 7 月又因改隸中央，成為 4 級機構，難望編制人員的增加，迄 2012 年 12 月教育部訂定發布《國立臺灣圖書館編制表》，始增加專任 2 人、兼任（1）人，影響省北館組織改造和業務的發展頗大。1985 年 3 月 9 日省府教育廳訂頒《臺灣省圖書館業務發展會議實施要點》（全 6 條），明定本會議由省中圖召集各縣市立文化中心、圖書館等出席會議，採各縣市輪流承辦方式進行（省府教育廳函，1985.03.09），及 1988 年 7 月 13 日頒《臺灣省各級圖書館輔導要點》（全 8 條）（省

府函，1988.07.23），明定省中圖及縣市立文化中輔導的對象及輔導的內容，使奠定了省中圖輔導訪視全省公私立圖書館並推展圖書館業務的地位。及至 2021 年省中圖改制並更名為國立公共資訊圖書館，其組織法（2012.02.03 制定公布）首條明定該館設立目的之一即為「輔導地方公共圖書館」。

（三）人員

臺灣省立臺北圖書館時期，歷任館長，除吳克剛（任期：1946.11.01－1955.05.17）外，先後為蔣復璁（1955.05.17－1955.10.05）、王省吾（1955.10.05－1965.08.31）、劉效騫（1965.08.31－1967.02.20）、韓寶鑑（1967.02.20－1969.10.01）、袁金書（1969.10.01－1973.10.22）。

<u>館長簡歷</u>

蔣復璁（1898－1990）於 1954 年 8 月由教育部徵召復中央圖書館館長原職，令恢復設置中央圖書館。自 1955 年 5 月又應省府教育廳的邀請，兼任省北館館長，至同年 10 月止，為時 5 個月。1955 年 5 月沈寶環（1919－2004）應蔣復璁的邀聘，自美國來臺，擔任閱覽組主任。因適蔣館長兼任省北館館長，時中央圖書館正籌備復館，還沒有對外開放，蔣館長愛聘請沈寶環為省北館研究員但仍領中央圖書館薪水，代館長處理省北館館務。沈寶環曾提到：（略以）

我於 1955 年從美國來到臺灣，第一個工作是，被委派為國立中央圖書館遷臺後第一任閱覽部主任，兼省北館研究員。那時候中央圖書館不對外開放，閱覽部主任只支薪而不上班，省北館的研究員有 3 位，何聯奎是行政院顧問，我在館裏從來沒有看見他，何日章偶而會來館長室和我聊天，我是唯一上班而不支薪，代行館長職權的研究員。

　　時因日本圖書館員養成在圖書館實務工作中，日本戰敗，日人遣送回
國，除自大陸遷臺極少數畢業於文華圖專、國立社會教育學院圖書博物館
學系者等外，臺灣並無圖書館學校（系、科）培養的圖書館員。沈寶環於
1948 年赴美入柯羅拉多州丹佛大學圖書館學研究所攻讀，獲得圖書館學碩
士學位後入丹佛公共圖書館（Denver Public Library），擔任一級館員讀者顧
問（Readers Adviser），主要職責是解答參考問題，輔導讀者，和編寫解題
目錄（Annotated Bibliography），任職 7 年。在該館任職期間，於丹佛大學
研習教育，獲得教育學博士學位。沈寶環是留學研究圖書館學及教育學，
並在圖書館工作來臺服務圖書館的第一人。

　　沈寶環有感於省北館經營，書架以細鐵絲網圍起的閉架式方式等「種
種不合理的現象，因而辭去了這份職務」（沈寶環、袁美敏，1986）。另
外的一個原因，沈寶環提到，是「有一次教育部資深長官說：『你曾經做過
讀者顧問，很好。我們研究員制度問題很多，也許我們應該取消研究員制
改聘讀者顧問為來館青年讀者補習功課。』我怕做補習老師，決定南下臺
中」（沈寶環，2004），旋即任職東海大學。1955 年 7 月 1 日沈寶環為東
海禮聘為圖書館主任，開創了臺灣圖書館開架式的經營。時曾任省北館幹
事王征（整理線裝書）、杜瑞青（線裝書編目）、皮哲燕（西文編目）
（省北館，1948.03.16），亦先後離職。案 1956 年、1958 年 7 月，王征、
皮哲燕分別進入東海大學圖書館服務，王征就任採訪流通組組主任；皮哲
燕擔任中文編目股長。（謝鶯興）

　　另者，1955 年 8 月蔣復璁開辦該館館員學業補習班，聘請專人講授國
文及圖書館學（藍乾章擔任講授）。

　　王省吾（1920－2004）於 1944 年 3 月畢業於貴州遵義的浙江大學史地
系，該年 7 月經該系主任張其昀的介紹，被聘為重慶中央設計局圖書館幹
事，時中央圖書館館長蔣復璁兼任該局圖書館主任。1945 年 5 月蔣復璁調
王省吾到中央圖書館任編目組幹事。1948 年 12 月 26 日王省吾押運中央圖
書館第 1 批圖書文物 60 箱自南京運抵基隆碼頭，28 日將箱件裝入火車，抵

桃園楊梅，29 日將箱件卸火車，入通運公司楊梅倉庫，1949 年 1 月又搬運至臺中市臺中糖廠倉庫。1949 年 8 月教育部成立「國立中央博物圖書院館聯合管理處」，中央圖書組開始工作。王省吾於該月應張其昀推薦到陽明山新成立的革命實踐研究院（陽明山莊）任圖書課長，負責圖書館業務。1952 年撰《圖書分類法導論》（臺北：中華文化出版事業委員會）。1955 年 10 月蔣復璁因無暇兼顧省北館請辭，教育廳任命王省吾接任館長。1959 年 5 月 28 日起，王館長經蔣復璁推薦應美國國務院之邀，赴美考察圖書館事務，並研究圖書館學，館務由研究員劉崇仁代行。1960 年 6 月 28 日考察完畢返館，撰「留美研究圖書館事業報告」呈報教育廳察核。1963 年撰《圖書館事業論》（臺北：華夏文化出版社）。

　　省北館館舍營繕期間，1964 年 7 月 25 日館長王省吾簽請教育廳廳長潘振球，准予停薪留職 1 年前往澳洲國立圖書館（National Library of Australia）主持東方部，並提議派省北館研究員陳榆生轉任館長〔代理館長〕，9 月 16 日奉核准，10 月 17 日辦理移交，10 月 20 日啓程應聘赴澳。1965 年 6 月 5 日請辭省北館館長（王省吾），同年 8 月 31 日劉效騫繼任館長。

　　劉效騫（1913－2010），畢業於四川省立教育學院社教系、中央幹部學校研究部。來臺曾任臺中師管區政治部主任、中央後備軍人指導委員會組長，並兼任陸軍衛生勤務學校兼任副教授。1965 年由軍轉任，奉派掌省北館館長，接續館舍工程第 3 層樓興建館。1967 年 2 月奉令調升省立臺東師範學校校長，1967 年 8 月該校改制為省立臺東師專仍任校長（1967.02－1976.09），1976 年接任省立嘉義師專校長（1976.08－1980.07）。

　　韓寶鑑（1914－？），1944 年畢業於國立中央大學教育系。來臺先後服務於省立師範大學（含省立師範學院）、省立臺中二中校長（1958.08－1959.07）、省立臺北師專（含省立臺北師範學校）校長（1959.07－1967.02）。1964 年 8 月任內，為校歌作詞，康謳（1914－2005）作曲。1967 年 2 月改派轉調省北館負責館務。1968 年光復節主持省北館新廈落成

典禮。1969 年 10 月 1 日請辭館長調該館研究員。

袁金書（1906－1995），1932 年畢業於國立東南大學歷史系。政府遷臺任總統府大溪檔案室事略組編纂，1969 年由總統府參議調任省北館館長。為省北館改制，四方奔走，竭盡心力，歷程艱辛，保存了該館的完整性。1974 年元月提前辦理退休，轉任文化大學、世界新專任教，講授應用文、國文等課程。

首長圖書移交清冊

1960 年會計年度，王省吾在〈臺灣省立臺北圖書館工作概況〉提到該年度以編印圖書移交清冊為中心工作，其原委略述：（王省吾）

> 查本館前吳蔣兩任圖書移交部分，因全部中西日文圖書共有 24 萬餘冊之多，且圖書登錄簿與圖書目錄卡又多不全，故曾建議以圖書登錄簿為交接之依據，但迭奉 核示，應依照省府令頒《臺灣省公務人員交待條例施行細則》附格式造具圖書清冊及財產總目錄等之規定辦理。本館為此奉准核撥繕造圖書移交清冊費用 4 萬元，經組織圖書移交委員會專責辦理，除集中人力積極整理全部圖書登錄簿外，並即進行繕造圖書清冊工作。至 1960 年 6 月底止，除部分在吳前館長時之查禁書刊及軍用地圖等萬餘冊由總統府資料組及國家安全局借用，尚在派員合辦圖書登錄工作外，其餘已全部繕造完竣，現正辦理校對工作中，此一艱鉅之圖書移交工作，不久即將完成。

本文提及吳前館長（任館長期間為 1946-1955 年）有關「查禁書刊及軍用地圖」乙節，筆者憶起 1980 年間曾與劉金狗主任相談，他提起有一天憲兵一隊前來圖書館「查禁圖書」，全部帶走，就用軍車運搬而去，從此不知該批圖書去處。

又有一天，筆者在中央圖書館臺灣分館突聞採編組收到政大國際關係

研究中心歸還乙批日文地圖，係前臺灣省圖書館所接收的館藏。就近察看，以海圖為主，其中也看到一些似從日文專著裏剝離的航海摺圖。

據林明儀「政治大學國際關係研究中心圖書分館禁書及限閱圖書的形成、利用及價值」（碩士論文；指導教授王梅玲）文稱：早期國關中心與安全局、軍事情報局等軍事單位密切接觸。論文中提到一段訪談，詢及國關中心早期館藏來源，一位國關中心退休館員說：「曾經有一大批書，是從臺灣分館過來的，然後也有一些書是從臺大圖書館過來的，這兩大部分都還給他們了（林明儀）」。（請參閱本章〈閱覽服務‧舊存日文書刊查禁取締〉乙節）。

研究員和副研究員

依據 1948 年 12 月 31 日公布的該館《組織規程》，省北館附設南方資料研究室編制人員仍置研究員 3 人。早期曾引進圖書館學專家任研究員，除上開 1955 年 5 月返國的沈寶環外，還有何日章、劉崇仁等人。何日章（1897－1979）於「1949 年 4 月任省北館研究員，1959 年轉任政治大學專任教授兼圖書館館長（錢英）」，同時也在師大兼課。他的著述《中國圖書十進分類法》，後來成為圖書館學系學生的教科書，及為許多學校和公共圖書館整理圖書的分類法。劉崇仁（1914－1983）於 1947 年任省立臺東圖書館採編部主任，1952 年應李石曾之邀赴法國李昂籌辦中國國際圖書館，1956 年返臺任省北館研究員，1961 年轉任中央圖書館閱覽組主任，1963 學年度參與創設世新圖書資料科並擔任科主任。他們對臺灣圖書館事業的推展均卓有貢獻。與何日章同時期還有其他領域著名學者何聯奎、王益厓研究員（省北館，1948.03.16）

緣起於 1946 年 8 月 7 日臺灣省編譯館設立，初暫借臺北市龍口街（今南海路）教育會館 2 樓的兩小房間辦公，10 月 31 日館舍遷表町（襄陽路與懷寧街口）。旋於 1947 年 5 月 16 日省府委員會會議決議裁撤該館。1947 年 6 月 24 日由教育廳編審委員會接管該館的學校教材組、社會讀物組、名著

編譯組的工作，而該館臺灣研究組的工作，則由 1948 年 6 月 10 日成立的臺灣省通志館接管（1949 年 6 月改組為臺灣省文獻委員會）。迨 1959 年又裁併了教育廳編審委員會。

省北館依據 1963 年 3 月修正《組織規程》的規定，編制員額為 52 人，但自 1959 年 6 月 5 日以來預算員額分配表所列為 47 人。「1965 年時，預算員額為 47 人，但仍應依照預算員額用人，不另增加員額。內館長 1 人，研究員 3 人，副研究員 6 人，組主任 4 人，幹事 7 人，助理幹事 13 人，雇員 11 人；主計員 1 人，人事管理員 1 人。此外尚有臨時編制員額 11 人，內研究員 9 人，副研究員 1 人，助理幹事 1 人。」（王潔宇，1965.09）

1963 年 1 月 7 日至 8 日省議會第 2 屆第 6 次大會第 17 次、第 18 次會議教育質詢，省議員梁許春菊質詢：「關於省立臺北圖書館的問題，據報告有 20 位研究員平日不辦公，沒事做。根本沒去研究，有的研究員是官長夫人，不學無術。請廳長調查。」教育廳長閻振興答覆：「據我們主管科的意見，以為不一定完全如此。我想調查看看。」接著省議員陳愷質詢：「〔略以〕關於臺北圖書館的事情，有一個人投書給我，他說這個圖書館有幾個研究員都沒辦公，我請廳長查一下，確實地辦一下。」閻廳長答覆：（臺灣省議會秘書處，1963.03.26）

> 關於省立臺北圖書館的問題，因為過去臺北圖書館的編制太小，把他們〔教育廳〕編審委員會裡的幾個高級人員編為研究員，所以有幾個研究員和副研究員是這樣來的。管理的情形，也許有些地方有不太合理的情形，（中略）不過這個事我要去看一看，假定很不合理的話，我們可以糾正他，糾正不聽，我們可以更動他（我到現在為止，還不認識這個館長），因為這個是省隸的，我可以負責說這個話。

1964 年 10 月 21 日館長王省吾簽奉准予停薪留職 1 年前往澳洲國立圖

書館工作，發覺「澳洲人忠厚誠懇，與在臺灣人事紛爭，經費不足等情形相比，完全不同」，「當時我在臺北圖書館，既少人手，且無充足經費，整日有巧婦難為無米之炊之感覺，再加上那時的政府，喜歡小報告，經常應付督學查詢，難有安心辦事之日。」（王省吾）遂留在澳洲國立圖書館繼續工作直到 1985 年退休。

　　及至 1972 年 8 月，該館編制人員 52 人外，仍有「臨編研究員 6 人，〔其中〕已於本年奉准退休 2 人」，共計 56 人。（臺灣省政府首長會議，1972.08.07）

　　惟該館改隸中央，1976 年 10 月 6 日立法院法制、教育兩委員會聯席會議審查「國立中央圖書館臺灣分館組織條例」，時中央圖書館館長諸家駿答覆趙文藝委員質詢有關「（略以）據說中央圖書館〔臺灣分館〕有 9 位服務多年的老人，是派用的，他們的工作，多年來名義上都是代理的，待遇也不同，內心甚感不平，影響工作情緒，其內情究竟如何？」乙節，略以：（立法院秘書處，1977.02.02），

　　　　本分館原為省北館，現在的編制完全遷就原來的事實，原來有部
　　　　分人員所具備的資格，可能不適合現在的聘任辦法。例如原來編
　　　　制研究員的資歷，即不適合現在編纂、編輯的要求，因而用代理
　　　　的名義。不過這些人已屆退休年齡，目前在慢慢淘汰中，現在由 9
　　　　人減到 6 人，下年度可能還要減少。

　　案臺灣分館改制時，依臺灣分館館長胡安彝答覆張金鑑委員因不合現行聘任遴選辦法而改為代理職位者，「共有 8 個人。改制後，為顧全事實，給他們代理的名稱，繼續留用，並未做不適當的處理」。依 1974 年 5 月 9 日教育部安置有關現職人員的指示，其中重點之一，改制前進用現仍在職的研究員、副研究員，「其無法調整者，准暫按其原銓敘職等，以代理編纂、編輯等職稱留館服務，仍支原職等工作補助費，但不支領編纂、編輯

之學術研究費」。（立法院秘書處，1977.01.01）

依照 1947 年 7 月 11 日省府所頒《臺灣省教育廳編審委員會組織規程》（省府，1947.07.11），該會辦理教育圖書的編輯審查事宜。設主任委員 1 人，委員 8 至 10 人。有編制人員秘書 1 人，編審 12 人，編輯 8 人，幹事 6 人，人事管理員、會計員各 1 人，計員額 29 人。省府為裁併機關，對原有人員的安置便宜行事，對照約同時候臺灣省國語推行委員會歸併教育廳對原有人員安置原則（請見本章〈館舍建築‧原教育廳經管房地撥用〉乙節），就有「對不願資遣者，列為該廳所屬機關臨時編制」。因此，有原編審會人員列省北館臨時編制，致使原依法取得任用資格者，卻被行政命令把他取消，變成臨時編制人員，完全未顧及保障公務人員的權益，不但直接傷害了個人的名譽、前途及願景，直至退休，漫長 20 餘年，而且也影響了省北館館務的正常運作。

職員眷屬宿舍

依據林水波、任可怡撰，〈中央公教住宅政策變遷之研究〉乙文，政府公教住宅政策區分為 4 大期間：第 1 期自政府遷臺至 1965 年，主要由各機關提供公教人員宿（眷）舍以解決公教員工居住問題；第 2 期自 1966 年起至 1995 年止，政府以興建公教住宅並輔助公教人員購置住宅方式，協助公教人員解決住的問題；第 3 期自 1996 年起至 2005 年止，政府主要以補貼利息及提供貸款方式，協助公教人員處理居住問題；第 4 期自 2006 年起迄今，在處理公教住宅問題上，政府逐漸淡出其角色扮演，主要係以公開徵選銀行，以團體力量，商洽銀行，提供較為優惠的利率，協助公教人員貸款購買住宅，而不再補貼利息。

供配宿（眷）舍期的時代背景，係「政府播遷來臺後，大批機關人員也隨政府疏遷，此一集體遷移，居住問題自難個別解決，同時私人財物也因戰亂及搬遷而大量拋棄損失，何況當時待遇微薄，因此公教人員的居住

問題只好由機關協助解決，為公教人員安排配住宿舍。惟當時政府並未有統一解決辦法，及至 1957 年始訂頒《事務管理規則》以為規範。」（林水波、任可怡）

省北館有職員眷屬宿舍，住有職員眷屬 12 家，與實際需要相差甚遠。請見本章〈四、館舍建築（二）原有基地房屋〉。

1973 年臺北市環河南路拓寬工程，波及省北館宿舍。住於環河南路一段 1 號宿舍（權屬國有），有職員 6 戶及退休人員 1 戶共計 7 戶，正位於臺北市政府拓寬環河南路範圍內，經該府屢次催拆宿舍；惟該館僅有 6 幢職員宿舍，均有住戶，實無法安置。為解決現住人宿舍實際問題，省北館擬將經管座落臺北市溫州街 12 巷 4 號、12 巷 6 號、北投溫泉路 65 巷 1 弄 6 號省有房地予以處分，所得價額在該館經管臺北市永康街 31 巷 16 號宿舍基地改建 4 層公寓式樓房乙棟，以便安置環河南路宿舍被拆除後的員眷，並容納前溫州街及溫泉路現住戶。經教育廳財政廳核屬可行，提省府委員會第 1145 次會議決議通過。省府爰於 1972 年 5 月 8 日財字第 18648 號函，函請省議會審議。經審查意見：「所擬處分之房地，原則同意標售，惟該館 1973 年度預算經本會第 4 屆第 9 次大會第 7 次會議附帶決議：『請教育廳於 1972 年 12 月以前提出省北館遷移於本省地區之妥善而可行之具體計畫否則不得動支下半年度預算。並請政府先調用臺北圖書館人員於臺中圖書館，以免浪費人力』有案，以是遷建職員宿舍計畫，應俟該館遷址確定後再行擬議」，大會決議：「照審查意見通過」，未能成案。同時相同的案由，省立博物館原居住於環河南路一段 1 號宿舍 4 戶，也須拆遷，乃擬出售經管座落臺北市大安區省有土地，所得價款在郊區購買國民住宅，以便環河南路宿舍被拆除後的員眷遷入居住案，經省府函請省議會審議，承省議會同意標售。（臺灣省議會秘書處，〔1972〕；國史館臺灣文獻館，「臺灣省議會史料總庫」）

及至 1976 年 4 月 23 日，溫州街、永康街職員宿舍改建案報奉行政院核定。此時已是政府公教住宅政策第 2 期間，以眷舍就地改建為集合住宅配售

公教人員方式，協助公教人員解決住的問題。

三、經費

依據 1947 年 5 月 9 日長官公署代電，轉頒行政院核定《臺灣省行政長官公署改組為省政府交替辦法》（全 3 點）的規定：「長官公署 1947 年度預算，由省政府繼續沿用，如有機構業務上之變更，由省政府辦理追加追減」。（長官公署代電，1947.05.09）

臺灣省幣制改革

1946 年 5 月 22 日發行「台幣」（舊台幣）後，短短數年當中，並無法阻止臺灣通貨膨脹的情況，發行伍百元、壹仟元，甚至到了壹萬元（印製了拾萬元，但未發行），也令「台幣」大幅貶值。「導致民不聊生，經濟破敗。因此，臺灣省參議會一再呼籲政府實施幣制改革，才是釜底抽薪之道，卻遲遲未獲採行（歐素瑛）」終於在 1949 年 6 月 15 日省府公布《臺灣省幣制改革方案》、《新臺幣發行辦法》（全 17 條）（省府公布令，1949.06.15），並於同日發行「新臺幣」，停止流通「台幣」（舊台幣）因應。

省政府進行幣制改革，指定臺灣銀行發行新臺幣，幣券最初發行直式面額為 1 元、5 元、10 元。遵照中央指示由臺省臺灣銀行發行新臺幣總額 2 億元，折合美金 4 千萬元。新臺幣以美金為計算標準。新臺幣對美金匯率以新臺幣 5 元折合美金 1 元。新臺幣對舊台幣的折合率，定為舊台幣 4 萬元折合新臺幣 1 元。隔日，省政府即行宣布停止新臺幣與金圓券、中國大陸各省貨幣匯兌往來，6 月 18 日臺灣銀行也立即宣布中斷匯兌業務，力圖避免中國大陸的貨幣動亂波及臺灣。1950 年 1 月 14 日「台幣」（舊台幣）正式停止兌換「新臺幣」，「台幣」（舊台幣）走入歷史。自 1949 年 6 月 15 日起，新臺幣成為國人日常生活使用的通貨，一直流通迄今。

政府會計年度

　　1953 年 6 月 20 日修正公布《預算法》，會計年度改為 7 月制，「會計年度於每年 7 月 1 日開始，次年 6 月 30 日終了」，其年度名稱則各依其開始日所屬的民國紀元年次為準。1959 年 8 月 12 日修正《預算法》，變更年度名稱，「以次年之民國紀元年次名年度稱」，此次修正後，即一直沿用。到了 1998 年始再作修正，改為曆年制，以當年之民國紀元年次為其年度名稱。

編製年度概算

　　省北館自改隸省教育廳以後，奉核定 1948 年經常費每月 2,900 元。1952 年起，改為每月 9,400 元。1956 年起增到每月 14,100 元。到了 1959 年每月以 3,000 元添置新書，1,700 元購置報雜誌。（王潔宇，1965.09）〔並無充足經費，但年有增加〕茲將 1969 年度至 1973 年度預算簡列如表 18，備供參考。

表 18　臺灣省立臺北圖書館年度預算一覽表（1969－1973）

單位：元

年度　　項目	1969	1970	1971	1972	1973
總務及管理	1,702,146	1,765,827	2,028,766	2,364,049	2,593,524
社教活動	951,612	751,612	1,101,612	901,612	1,101,612
修建館舍	176,766	400,000	340,000	165,900	280,000
充實設備	54,900	599,000	140,000	194,100	0
合計	2,885,424	3,516,439	3,610,378	3,625,661	3,975,136

說　　明：1973 年總務及管理項下計辦公費 204,960 元，用人費 2,388,564 元。

資料來源：臺灣省立臺北圖書館，〈臺灣省立臺北圖書館現況〉，《臺灣省立臺北圖書館館刊》，5（1972.12），頁 28。

四、館舍建築

（一）原有基地房屋

基地由銀行公會租用

1948 年 12 月 9 日下午 4 時在省府 2 樓秘書長會客室舉行「關於本市舊書院町一丁目二番地圖書館原址基地撥交本市銀行公會進行建築案審查會」，出席人沈時可（地政局）、林紹賢（教育廳）、許清瑞（財政廳）、陳齊昌（銀行公會）、袁忠渭（銀行公會）、羅理（秘書處）。審查意見：（省府秘書處，1948.12.16）

> 一、本市書院町一丁目二番地圖書館原址基地奉准撥予銀行公會
> 進行建築。該館新址由財政廳會同教育廳另覓適當地點專案報請
> 指撥。二、上述基地以租用為原則，關於法定程序暨應行手續由
> 秘書處羅主任秘書與銀行公會及財政、教育兩廳公商辦理。

該審查紀錄經陳奉主席魏道明批准照辦。惟嗣後卻變為由國防部借用。

基地被國防部佔用

1946 年 6 月國民政府軍事委員會宣告結束，業務由新成立的國防部接收辦理。國共內戰，國防部經轉進廣州、重慶、成都，最後於 1949 年 12 月底落腳臺北。國防部本部主要設在臺北市博愛警備管制區（博愛特區）忠愛營區（日據時期臺灣軍司令部位址，今博愛路 172 號，愛國西路與博愛路交叉口）。

1950 年省主席吳國楨任內，國防部（參謀總長周至柔）5 月 10 日以「因特殊需要急於使用介壽館後面的空地，請撥交本部建築使用」（國防

部，1950.05.10）省府經據省北館〔總務部〕主任劉紹安面告後，以「該項地基前經簽奉陳前長官（行政長官）批准保留重建該館之用，目前經費困難，暫不興建。國防部既需利用，原則上可予同意，惟須立具借據。至其用途並應先洽該館之同意」等語，爰〔草率〕覆國防部「原則上可予撥借，請逕與該館洽辦」，並副知省北館。（省府，1950.06.03）省北館以館舍基地原址奉省府令同意准國防部借用，1950 年 11 月 15 日由國防部總務局長徐煥昇與省北館館長吳克剛簽訂《國防部臺灣省立臺北圖書館借用基地合約》（全 5 項）：（省府，1951.01.18）

> 國防部（以下簡稱甲方）為須利用介壽館後面空地營建經電准臺灣省政府參玖己虞府綜事字第 36265 號代電可予撥借臺灣省立臺北圖書館（以下簡稱乙方）坐落臺北市舊書院町一丁目二番地即現地名博愛路之西桃源街之東寶慶路之南長沙街之北省有館址 0.4400 甲建地由甲乙兩方會同簽訂合約如左：
> 一、甲方借用乙方建地期間不負擔任何租賦地稅等支出；
> 二、甲方借用乙方建地後如有設計建築應儘可能注意適合將來乙方重建圖書館之用；
> 三、甲方在借用乙方建地期間所有自營建置之地上附著建築物及室內外各項固定設備於讓還時如經甲方同意可無代價留交乙方續用；
> 四、本合約一式三份除送臺灣省政府備查一份外餘由甲乙兩方各執一份為據；
> 五、本合約自□□□□□□□。〔原件字跡模糊〕

1950 年 12 月 15 日省府教育廳據省北館呈報國防部總務局借用該館建地合約一份轉請省政府核備：（省府教育廳，1950.12.15）

省政府鈞鑒：

一、案據省立臺北圖書館卅九戌謙圖字第 0247 號代電稱「一、前
　　奉國防部卅九磅礴字第 319 號代電（副本）請將介壽館後面
　　空地（本館留用重建館址建地）撥交該部建築使用一案，經
　　奉臺灣省政府參玖己虞府綜事字第 36265 號代電（副本）節
　　開：『二、查介壽館後空地原係臺北圖書館保留使用，現貴
　　部既需利用原則上可予撥借；三、特復查照逕與該館洽辦為
　　荷』等因；二、茲以本案業經會同國防部總務局洽訂借用基
　　地合約一式三份除由該局與本館各留存一份外一份呈報省府
　　備查；三、謹檢呈上項借用基地合約一份電請轉報省府核
　　備」等情附件。

二、理合檢同合約書一份電請察核示遵。

　　　　　　　　　　　　　　　　　　教育廳廳長陳雪屏

省府秘書處事務科簽擬如下：

一、本案圖書館留用館址土地，前經地政局查明，日治時係屬總
　　督府所有，光復後撥與臺北圖書館接管，業經正式核准登
　　記。

二、前准國防部電請撥借，本府復以原則上可予同意，請逕與圖
　　書館洽辦在案。

三、茲據教育廳電：據臺北圖書館呈送該館與國防部總務局訂立
　　借用契約報請核備等情前來。

四、本件借約，擬請法制室、公產處先行核簽。

　　臺灣省公產管理處〔主簽〕簽擬意見：「本合約第三項『於讓還時如
經甲方同意可無代價留交乙方續用』句似應改為『於乙方需要重建館址時

由甲方無償交與乙方應用並不得撥與其他機構使用』，如何仍請卓核。」
省府爰於1951年1月8日核復教育廳：「查附送之借用基地合約第三項『於
讓還時如經甲方同意可無代價留交乙方應用』一節應俢正為『於乙方需要
重建館址時由甲方無償交與乙方應用並不得撥與其他機構使用』，希轉飭
臺北圖書館與國防部洽商修正為要。」（省府，1951.01.08）

　　經公文往復，1951 年 3 月 5 日省府教育廳據省北館電復與國防部洽商
修正借用基地合約一案電復察核示遵，略以：

> 本案經飭據省立臺北圖書館肆拾廿篠圖總字第 0297 號代電稱：
> 「奉飭本館前呈報備案之與國防部訂立借用建地合約應行修正部
> 份，遵經電請國防部總務局賜予同意在案。茲准該局四十虞貯局
> 字第 1188 號代電復開『一、肆零廿冬總字第 0288 號代電敬悉；
> 二、查前蒙撥借本部興建廚房飯廳地基所訂合約業經報備在案未
> 便變更，所囑修正一節，歉難照辦；三、特復請查照』等由，理
> 合電請鑒核」等情。

　　公產管理處奉省府交下，簽擬：「本案所請修正合約第三項係含有限
制收回期間意義，仍擬再電國防部轉飭該局遵照修正。」1951 年 3 月 30 日
省府爰電請國防部飭令該局遵照修改：（省府，1951.03.30）

一、前准貴部卅九磅礦字第319號代電囑撥借介壽館後面臺北圖書
　　館留用空地館址建地 0.4400 甲一案，當經以卅九己虞府綜事
　　字第36265號代電復請逕與該館洽辦借用手續在案。嗣據教育
　　廳卅九亥塞寒教一字第49360號代電轉報臺北圖書館與貴部總
　　務局所訂借用基地合約呈請核備前來，經核該合約第 3 條後
　　段條文「於讓還時如經甲方同意可無代價留交乙方應用」一
　　段，應予修正為『於遷讓或乙方需要建築館址時由甲方無償

交與乙方應用並不得撥與其他機關使用」並已指復該廳轉飭
該館即與貴部洽商修正在案。

二、茲據教育廳電四十寅微教一字第07417號代電略稱本案業經飭
據臺北圖書館復以：經電請國防部總務局查照修正，惟旋該
局四十虜貯局字第1188號代電復以是項建地合約業經報備在
案未便變更，所囑修正一節，歉難照辦等由，理合據情復請
鑒核等情。

三、查修正上項建地合約第3條後段條文，其目的乃係避免將來遷
還時有所出入，必須修正，相應電請查照飭該局與臺北圖書
館洽商修正並煩見復為荷。

四、本件副本抄知教育廳、臺北圖書館。

1951年4月上旬國防部總務局（局長王術民）覆省府：「一、奉交下
肆拾寅世綜事第（21255）代電敬悉。二、查本部前與臺北圖書館所訂建地
借約既經雙方簽章同意不便修改，將來交還時並無甚出入，所囑修正一
節，請予免辦。三、特復請查照。」公產管理處再度奉省府交下，4月25日
簽復秘書處事務科：「一、查本案土地係屬省有，圖書館與國防部總務局
所訂借用合約須經省府核准後始能生效；二、為限制甲方使用期間防止轉
借似應再電國防部轉飭該局修正；三、嗣後貴科如有經辦省有房屋土地借
與各機關使用，擬請送會本處俾便登錄臺帳。」1951年5月4日省府爰再
電國防部仍請轉飭令總務局惠予照辦：（省府，1951.05.01）

查本案土地係屬省有財產由臺北圖書館使用，其所有權仍屬本
府，該館與貴部總務局所訂該土地之借約必須送經本府核定後方
能生效。為避免將來發生糾紛起見，該借約第三條後段應行修正
部份仍請查照前案轉飭該局惠予照辦並煩請見復為荷。

　　本案的結果，國防部不理會省府和省北館修正借用合約內容之請，該部雖已配有忠愛營區（日據時期臺灣軍司令部，建地有 7,200 餘坪），但仍強行佔用圖書館館舍基地將作為國防部興建廚房飯廳之用，並不具有正當性。依該基地日後的使用情形，先係成立國防部官兵福利社，經 20 年後，始於 1969 年才改建為國防部博愛大樓辦公廳舍。國防部名曰「借用基地」，實則豪奪強取，從來就沒有讓還之意。

　　溯自日據時期，株式會社臺灣銀行（1897 年成立，1903 年興建大廈）、總督府彩票局（其後即為總督府圖書館）、總督府土木局（1919 年移作臺灣電力株式會社進駐使用）三者位於總督府新廳舍後方的書院町，也就是現在的博愛路兩側。臺灣銀行與與帝國生命會社臺北支店（博愛路 162 號，2013 年 10 月 7 日將 1 樓作為臺灣銀行文物館啓用）遙相對。1937 年 6 月臺灣銀行新廈建成，將原來朝西的開口擴建至朝東的本町通（現重慶南路）與總督府和司法大廈新廳舍同方向。（凌宗達、鄭培哲）戰爭末期，總督府圖書館、臺灣電力株式會社社廈都受到盟機炸燬後拆除。臺灣光復後，將兩處基地合併。1969 年由游顯德（國防部軍事工程局主任工程師）設計改建為國防部博愛大樓（博愛路 164 號）。1969 年 6 月起，「國防部興建博愛大樓施工，禁止博愛路自寶慶路至長沙街段車輛通行（臺北市政府公告，1969.06.07）」博愛大樓包括博一大樓、博二大樓，分別於 1974 年、1987 年完工。2014 年 12 月 27 日國防部遷入啓用大直營區，國防部忠愛營區（今博愛路 172 號）由法務部取得忠愛營區後備指揮部採購大樓（博愛路 172－1 號）、博愛大樓使用權。奉行政院 2011 年 7 月 4 日號函同意於國防部搬離位於總統府後方的博愛大樓（含博一、博二大樓），提供法務部廉政署及法務部所屬機關使用；2015 年 5 月 25 日院復函同意博二大樓由廉政署進駐。

　　經辦公廳舍整修工程後，2018 年 2 月 8 日採購大樓由臺灣臺北地方檢察署第三辦公室啓用。博一大樓（博愛路 164 號），2019 年 9 月 3 日啓用，地下 1 層由總統府與臺灣高等檢察署使用，地上 5 層分由臺灣臺北地方檢察

署、臺灣高等檢察署第二辦公室、臺灣高等檢察署智慧財產檢查分署使用。博二大樓（原省北館基地，今博愛路166號），係博愛大樓中靠近總統府後門長沙街，2016年12月9日廉政署暨廉政署北部地區調查組啓用。

房屋被臺灣人壽收回

1958年2月6日臺灣省財政廳根據臺灣人壽保險公司呈文，目前亟需將原千代田生命保險株式會社（臺北市中正路1730號）房屋收回自用，以府財二字第14574號令教育廳應即轉飭現使用單位省北館、中華文化出版事業委員會、臺灣書店交還。1958年5月9日教育廳教六字第01854號令省北館將該房屋交還臺灣人壽保險公司。1958年5月29日省北館圖總字第0454號呈文教育廳，「本館現有房舍使用情形，均已達飽和程度，不僅職員宿舍與實際需要相差甚遠，即辦公室、閱覽室、書庫無不擁擠不堪，無旋轉餘地，房荒之嚴重實非筆墨所能形容，頃奉令遷讓中正路1730號房屋，自應遵辦，惟實際情形如此，深感無法處理，謹將前情報請查核，並祈賜准予以設法或另撥獨立館舍乙幢，俾解決目前困難為禱。」該館將現有館舍使用實況呈明，略以如下：（省府教育廳，1958.06.16）

1.本館接收前臺灣總督府圖書館（館址在總統府後面現為國防部借用作為福利社現址）因該館於1945年5月被盟機炸燬，奉令暫假臺灣省博物館1樓成立。惟博物館設計之初，意在便利展覽，原無圖書館之設備，致管理甚感困難，且以館舍有限，祇能闢一普通閱覽室，兒童閱覽室及雜誌報紙閱覽室，則分設於兩旁走廊中，光線不足，閱者擁擠，不但各種業務無法展開，且有礙國際觀瞻。

2.本館現有藏書，至1958年4月底共有271,780冊（中文84,328冊，日文144,245冊，西文43,207冊）以博物館1樓地位有限，經設立各種閱覽室後，僅空出一大間，作為藏書之用，現藏於博物館者共10萬餘冊，其餘分藏於4處：

（1）中正路1730號房屋。該房屋包括4層樓房1棟及平房2間。除1樓及2樓一部份由教育廳轉借臺灣書店及中華文化出版事業委員會使用外，

其餘作為本館南方資料研究室，庋藏南方資料及期刊報紙合訂本約 7 萬餘冊。嗣為該項資料內容豐富，極為寶貴，為防轟炸及應光復大陸設計研究會之需要起見，經奉准撥款在新店檳榔坑另建書庫一棟，原中正路 1730 號房屋，改為本館辦公室宿舍及儲藏報紙雜誌合訂本之用，現在中正路者尚有報紙雜誌合訂本千餘冊。

　　（2）徐州路臺灣書店 3 樓書庫。該庫係於 1949 年 2 月 23 日向臺灣書店商借使用迄今，共庋藏日文圖書及未編圖書 10 萬餘冊。

　　（3）新店檳榔坑書庫。該庫作為疏散南方資料之用，已如前述。嗣以該書庫建築堅固，本館一部份中西文貴重圖書亦移存於此。現該庫共有中西文圖書 7 萬餘冊。

　　（4）木柵坡內坑書庫。此亦為本館疏散書庫，現庋藏南方資料印刷品 3 萬餘冊，南方資料標本 53 箱及空書架等。

　　本館尚有職員眷屬宿舍 9 棟：臺北市信義路二段 148 巷 4 弄 1 號、浦城街 16 巷 4 號、羅斯福路二段 101 巷 24 號、永康街 31 巷 16 號、中華路 22 巷 4 號、廈門街 45 巷 2 弄 2 號、溫州街 12 巷 4 號、溫州街 12 巷 6 號、北投溫泉路 65 巷 1 弄 6 號，住有職員眷屬 12 家。

　　教育廳以省北館房屋缺乏尚屬實情，為解決該館的困難，爰於 1958 年 6 月 16 日「轉呈省立臺北圖書館遵令讓臺北市中正路 1730 號房屋並請撥配獨立房舍一幢使用，敬請鑒核示覆」。省府 1958 年 8 月 2 日覆：「本府臺北辦公房屋均移交行政院支配，已無空餘獨幢房屋可撥臺北圖書館使用。」

原教育廳經管房地撥用

　　教育廳國語推行委員會和編審委員會分別於 1958 年及 1959 年裁併。依據 1966 年 6 月 6 日省府委員會第 885 次會議討論事項（四），「財政廳簽為教育廳接管前編審委員會（「編審會」）及國語推行委員會（「國語會」）房地擬依土地法予以處置一案提府會討論案」，該案的「說明」載，前編審會及國語會裁併，其經管的房地除臺北市泉州街 1 號房地移交臺

灣省特種教育基金處理委員會接管，和平西路一段 41、43、47、184 號房地
移交省立臺北國語實驗小學，木柵馬明潭中興路 1 號房地移交省北館接管使
用，並已由各接管單位列入財產賬卡管理外，其餘臺北市重慶南路二段 14
號等 28 棟省有房地，均移交教育廳接管，但仍由前編審會及國語會原配住
人員繼續住用。前項由教育廳接管的房地，財政廳以教育廳案已疏遷中部
辦公，似已無保留供用的必要，經與教育廳協調結果，對於原教育廳國語
會及編審會職員，經奉令調派省教育廳臺北地區機關服務者，原則擬撥予
現服務機構管理使用，其餘宿舍原則上應列入出售。其出售方式請由教育
廳查明原配住及現使用情形送由財政廳依照省有房地出售辦法有關規定研
議，報府核定在案。財政廳爰依據教育廳編送國語會及編審會臺北房地使
用情形及處理意見表，經予核對整理擬具處理意見，並附件「臺灣省政府
教育廳接管前國語推行委員會及編審委員會房地清冊（擬予出售部分）」
及「（擬予撥用部分）」兩件提府會討論。依附件「擬予出售部分」計 22
筆，其中 1 筆現住人為省北館退休研究員齊鐵恨，1 筆為「南海路 43 號房
地原借予中央圖書館使用，但該館已將其拆除而未通知教育廳辦理法定手
續，擬詳細查明專案處理」。「擬予撥用部分」計 6 筆，「為省北館研究員
為現住人，擬撥予省北館管理使用」。案現住人為李劍南、王炬、張宣
忱、方師鐸、吳樂耕、董長志，均為前國語會人員。（國史館臺灣文獻館
文獻檔案查詢系統）

其後，原上開國語會及編審會經管臺北房地 6 筆奉核定由省北館接管使
用，但為省北館放棄。1968 年 1 月 5 日省府函臺灣省議會：（省府，
1968.01.05）

> 陳本府教育廳呈：略以，前國語推行委員會暨編審委員會原經管
> 臺北市重慶南路二段 14 號之 3 等省有房屋 6 棟及附屬基地臺北市
> 南門段 6 小段二地號 6 筆，自各該委員會裁併後，上述省有房地奉
> 核定調撥省立臺北圖書館接管使用，而該館因調配困難要求免予

接管，請准予移交財政廳依法辦理出售一案，經提本府委員會第948 次會議議決通過在卷。茲依照《土地法》第 25 條規定檢附擬出售省有房地清冊各 320 份，函請惠予審議同意並見復為荷。

省議會經調查結果，同意出售。

行政長官陳儀來臺接收前，在重慶便向教育部商調國語推行委員會的魏建功、何容、王炬等 3 人，及在渝滬邀請的專家孫培良、張宣忱、王潔宇、齊鐵恨等人，來臺主持推行國語運動。由於交通上的困難，上開邀約人員到 1946 年 2 月才得以陸續抵臺。3 月 9 日長官公署公布了《臺灣省各縣市推行國語實施辦法》，4 月 2 日成立臺灣省國語推行委員會，並通令各縣市設置國語推行所。國語會初設於南海路（龍口町三丁目 4 號）植物園內，8 月成立國語會附設實驗小學（校長方志平）也就選在南海路，以方便國語會委員們到實小指導教學。1946 年 5 月、11 月又徵召李劍南、方師鐸、董長志等人來會工作。1947 年 5 月國語會轉隸教育廳。其後，臺灣省臨時省議會審議臺灣省 1958 年度總預算案審議意見：「為精簡機構，增進工作效率起見，應將國語會歸併教育廳」。

省府爰於 1958 年 9 月 9 日令飭教育廳速擬歸併計畫報核。教育廳乃呈擬該案處理要點到省府。

1959 年 1 月 28 日人事處據以邀集財政廳、教育廳、主計處等單位開會協調議決，略以：「教育廳因接辦國語會原有業務，准增加編制員額 19 人」，「國語會既有員額為 55 人，除准列入教育廳正式編制 19 人外，尚餘 36 人，其安置原則：1.志願資遣者予以資遣；2. 不志願資遣者，悉列為該廳及所屬機關臨時編制，或由該廳轉介學校予以安置」，「國語會擬自 1959 年 7 月 1 日起歸併教育廳」。1959 年 2 月17 日省府委員會第 580 次會議討論事項（十），「人事處簽為教育廳呈報國語會歸併該廳處理要點」，擬照協調議決辦理，當否敬請提府

會討論。（國史館臺灣文獻館文獻檔案查詢系統）因本案始有前國語
會人員調派省北館服務。

（二）新館舍建築

緣起

　　省北館以所借博物館館舍場地有限，難以開展業務由，多次呈請省府
核撥館舍未果。1948 年 12 月 25 日至 26 日臺灣省參議會第 1 屆第 6 次大會
「討論議案」，省參議會教育文化組提案，「請政府撥專款就舊館址重建
省北館」；並「請省北館在新館未重建前擬具方案整理圖書館舊藏一般圖
書、臺灣史料、南方資料館藏書，3 項文獻宜分別管理，方得使館藏各盡其
能」。大會決議：「送請政府辦理」。（臺灣省參議會秘書處）

　　1949 年間，陳誠任省府主席時，曾擬將臺北賓館（前臺灣總督官邸，
位於今凱達格蘭大道 1 號）撥作圖書館使用。案長官公署利用接收前總督官
邸、草山貴〔御〕賓館、草山貴〔御〕賓館別館、北投南方分館，分別改
稱臺北賓館、草山第一賓館、草山第二賓館、北投招待所。

　　1949 年 6 月 15 日至 21 日臺灣省參議會第 1 屆第 7 次定期大會期間，
省參議員蘇惟梁（1896－1967）詢問〔質詢〕：「省立圖書館迄無專用館
址，可見當局的忽視，應請設法重建」。教育廳廳長陳雪屏答覆：「主席
原擬以臺北賓館充作省北館館址，惜茲屋白蟻過多，不甚適用，正設法覓
定館址」。省參議員黃純青（1875－1956）提出書面詢問：（臺灣省參議
會秘書處）

> 省府指撥前臺灣總督官邸為省立臺北圖書館館舍，該館舍現正辦
> 理移遷中，省立文獻委員會辦公處若得與該館館舍同辦公最為理
> 想，未知可否當局高見如何？假如不能與圖書館共同者，希望省
> 府另行指撥適宜房屋以充省文獻委員會辦公處。

陳廳長答覆：「前總督府官邸曾奉撥充省北館館舍，刻在清理白蟻中。據聞最近尚有變更，是否仍撥充省臺北館，尚未可知。至文獻會辦公室，俟後詳加研究，在可能範圍內，當竭力協助」。

案臺北賓館分洋館、和館、庭園 3 部分。洋館（主建築）屬巴洛克式風格，為磚、石材、鋼筋混凝土構造的兩層樓建築物，屋頂為馬薩式，3 樓為陽臺；和館為典型日式木造平房，曾遭白蟻侵蝕，洋和館之間有一木造走廊相通。庭園分前後，南庭園為西式，北庭園為日式。臺北賓館旋於 1950 年轉撥交總統府。1952 年 4 月 28 日外交部長葉公超與日本政府代表河田烈（外相）在臺北賓館簽訂《中華民國與日本國間和平條約》（全 14 條）（*Treaty of Peace between the Republic of China and Japan*），同年 8 月 5 日在臺北賓館換文生效。1963 年臺北賓館又撥借給外交部迄今。

1953 年 6 月，臺灣省臨時省議會議員賴森林（1905－1977）「詢問」：（臺灣省臨時省議會秘書處，1953）

> 省都師範學院的對面，最近落成了一座堂皇富麗的圖書館，是師範學院專用的 3 樓洋式的建築物，地坪約有千坪以上，為了學校教育，不惜巨資的建設，是很好的表現。但是省民日常需用的省立圖書館，卻併在博物館內，室內光線黑暗，座位不足利用，每日滿員，彼此對照，可見當局對於社會教育的施政，太過冷淡，請問廳長的觀感，以及對策如何？

教育廳答覆：「省北館在光復前被炸燬後，受戰時財政支出的限制，所有重建計畫未能實現，不得已借省立博物館館舍辦理，將來省經費寬裕，自應建館舍」。

1957 年省府奉命疏遷南投縣中興新村，省北館呈請將原省教育廳或原農林廳房屋撥交為該館作為館舍；因省政府留在臺北房屋全部由行政院支配，以中央政府尚有重要機關需要是項房屋，致省北館的請求又告落空。

嗣後省北館曾數度呈請省政府撥款另建新館舍，均因省政府經費困難而未有結果。

1960 年 11 月 21 日臺灣省議會議員陳愷（1913－2002）提案（教字第 5032 號）「建議省府另建省立臺北圖書館以資容納民眾閱覽案」，以「現有省北館係借用博物館館址，侷促一隅，內部設備簡陋。陳列書籍未如理想，更難容納較多民眾閱覽。臺北市現有青年學子達 20 萬人以上，亟須大規模圖書館以資容納。值茲政府提倡科學教育，而學術日新月異時代，為使學人學子得有博覽全書，發揚科學之讀書環境，特建議政府從速在臺北市興建一規模宏大之圖書館」，大會決議：送請政府研究辦理。（臺灣省議會秘書處）

遷建新館舍

1960 年會計年度，王省吾在〈臺灣省立臺北圖書館工作概況〉提到該館館舍運用狀況，經營困難情事，迫切需要興建新館舍，以利業務開展。略以：

> 省立博物館設計之初，意在便利展覽，原無書庫之設備，現本館藏書 28 萬餘冊，僅 10 萬餘冊藏於本館，其餘 18 萬冊，分藏於徐州路、新店、木柵坡內坑等地，致管理方面，甚感困難。且又以館舍有限，祇能闢一普通閱覽室及參考室，兒童閱覽室、雜誌期刊閱覽室則分設於兩旁走廊，閱者擁擠，不敷應用。又人員辦公室，亦無適當場所，被迫處兩端扶梯間，影響工作效率及人事管理，實非淺罕。本館於省府疏遷臺中時，曾先後呈請將臺北市省府遺留辦公房屋，擇一撥給使用，均未獲奉准。茲為謀開展業務，迎合時代需求，且為國際友人來臺觀感所繫，籌建新館舍，實為迫不容緩之事。擬請於下年度起准予核列預算，分期撥款，修建本館館舍，以利業務，而壯觀瞻。

　　1961 年初，適省立博物館年久漏雨，省府核撥專款翻修，省北館為配合工程進行勢必遷出。館長王省吾任內爰再向教育廳呈請另撥專款籌建新館，教育廳廳長劉真（1913－2012）以為博物館與圖書館功能不同，合用同一館舍，終非長久之計，決定准由省北館另建新館舍。省北館奉指示：1.另行選擇適當地址；2.儘速繪製館舍設計圖（該館繪製「省北館擬請核撥館舍草圖」，見該館《日治時期臺灣地圖資料庫》）；3.先撥修建費〔建築費〕150 萬元。省北館爰積極從事，多方接洽：1.選定租用民房臺北市廈門街 131 巷 1 號之 1 為該館臨時辦公處，並自 1961 年 10 月 18 日遷入辦公；2.自 1961 年 8 月 1 日起停止在博物館的開放服務，將好不容易從疏散各地搬回來的所有圖書，運往木柵馬明潭及坡內坑、新店檳榔坑 3 個書庫存放；3.原有參考室商借臺北市立圖書館城北分館 2 樓成立臨時參考閱覽室，繼續提供讀者服務；4.圖書巡迴車及北投（設立「閱覽室」）、新店（檳榔坑書庫設立「南洋資料研究室」）、木柵（中興村馬明潭書庫設立「臺灣資料研究室」）3 閱覽室仍照常開放服務。

<u>選址</u>

　　省北館原有基地如上開敘述已被國防部強行借用，無法使用。當時有人建議與國防部商洽以原基地交換軍用土地。省北館在軍用土地中，相中位於愛國西路的網球場，但國防部推託該網球場不屬於國防部，而屬於軍中其他單位，如擬交換，必須徵得該單位同意。其他軍方提供可資交換者，又在偏遠地區，不適宜圖書館之用。省北館乃暫仍保留原有基地，待反攻勝利後自國防部收回；決定商請臺北市政府協助在市區尋覓適用土地。經市政府教育局社會教育課課長洪貴己〔臺師大 39 級國文系畢業〕熱心奔波，陪同勘查若干公園預定地、學校預定地、圓山動物園後山坡空地等，都因地點不適用或以進行協商將牽連時間較長，未能成功。1961 年 10 月又承洪課長陪同前往北市土地局商議，此時有一課長建議，仿照省立師範大學與省立交響樂團合作辦法，借用省立臺北工業專科學校（工專）中正路新生南路空地〔三角地帶〕修建館舍，並稱此地工專已獲有土地所有

權，只要工專同意即可進行。省北館以為該地如建設圖書館將有下列優
點：1.居臺北市中心；2.可配合臺北市都市發展計劃；3.交通方便；4.附近
為大住宅區；5.四周學校環繞；6.平衡臺北市各類型圖書館偏設（大多集中
在南邊）現象。省北館認為在該地籌建圖書館最為適當，經商得工專校長
張丹（1912－？）同意，教育廳派第 5 科科長陳志先實地調查，亦認為合
適，遂由省北館與工專聯合呈報省教育廳核准。經兩方協議結果：省北館
館舍建坪 400 坪，另於省北館後 7 公尺之地建工專圖書館，建坪 150 坪，兩
館均各 4 層（等高），而由工專撥出土地 1,000 坪作為興建圖書館基地。經
兩方面報廳長劉真同意後，即進行簽約：

臺灣省立臺北工業專科學校臺灣省立臺北圖書館合作興建圖書館
合約臺灣省政府教育廳（50）7.25 教五、六字第 02857 號令核准茲
為興建圖書館，臺灣省立臺北工業專科學校（以下簡稱甲方）臺
灣省立臺北圖書館（以下簡稱乙方）雙方協議合作辦理，其辦法
如左：
一、圖書館之用地由甲方撥出座落新生南路東側，中正路南側空
　　地 1,000 坪，除建築基地 550 坪外，餘作為園地及停車之用。
二、圖書館之建築費由乙方向教育廳申請專款外，不足之數由雙
　　方共同向美援單位申請補助之。
三、圖書館之建築為四層鋼筋混凝土之樓房，應於 4 年內建築完
　　成。
四、圖書館以雙方共同使用為原則，在建築期間雙方之使用由雙
　　方協議之，全部工程建築完工後，甲乙方各遷入其所分配部
　　份。
五、甲方至非收回此項建築無以應發展需要時，甲方得隨時價購
　　之，乙方不得異議。

　　六、合作期間乙方如有需要增加房舍或變更使用時，應先徵得甲
　　　　方同意。

　　七、本合約經呈奉臺灣省教育廳核准後實施，修正時同、

　　　　　　　臺灣省立臺北工業專科學校　　校長張　丹　印

　　　　　　　臺灣省立臺北圖書館　　　　　　館長王省吾　印

建築原則

　　當時有基泰建築師、利羣建築師、俊為建築師、利泰建築師事務所等 4
家參加競圖，經 1961 年 10 月 11 日教育廳廳務會議決定交利泰建築師務所
辦理。新館建築基地為 1 千坪（3,300 平方公尺），在臺北市中正路（今八
德路）新生南路口轉角處北面。省北館遂與利泰建築師商議新館舍建築設
計監造事宜（設計技師沈大魁）。茲將新館舍建築計畫大要列如下：（王
省吾）

　　1.建築式樣採鋼筋混凝土。

　　2.採模式建築（Modular construction），館內各室的長寬度有固定的比
例，均用可移動的間隔牆壁。

　　3.新館舍全部空間 5,280 平方公尺，正門面向中正路，內部一切配置，
均以便利管理及為讀者服務為前提。

　　4.第 1 層高度 3.3 公尺，第 2 至第 4 層每層高 3 公尺。

　　5.所有閱覽室、書庫均不加間隔，以便隨時調配，逐漸達到閱覽室與書
庫打成一片的目的。

　　6.設有閱覽室 10 間，可容閱覽座位 1,070 個。會議室 2 間，可容 250
人；討論室 2 間 100 人；音樂室 1 間 14 人；微影閱覽室 1 間 6 人；輕鬆閱
覽室（Browsing room）1 間 30 人；研究室 10 人；休息室（Lounge）20 人，
共計座位 430 席。

　　7.館內可容納圖書 90 萬冊。

　　8.容納辦公人員 65 人，工友 24 人。普通辦公人員辦公室設於第 1 層，

輔導組人員辦公室設於第 4 層，特藏資料研究室人員辦公室在第 3 層，閱覽組人員辦公室在第 2 層。

9.各室盡量利用天然光線，天然光線不足之處，改用日光燈。

10.每層酌設通風設備〔通風器〕，以便暑熱中氣溫可以調劑。

內部配置

省北館新館外貌為一長方形西式建築，東西長 45 公尺，南北寬 30 公尺，佔地面積共 400 坪（1,320 平方公尺）。該館將其任務歸納為問訊（Information）、教育（Education）、研究（Research）、娛樂（Recreation）及藝術欣賞（Arts appreciation），內部主要配置分配每 1 層擔任 1 種任務：

1.第 1 層：問訊服務層（Information Floor）。進門為大廳，左方為輕鬆閱覽室（Browing Room）與期刊閱覽室；右方前為衣帽間、普通參考室及微影圖書閱覽室；後方為參考人員辦公室、問訊服務臺及書庫；最後一排為辦公室，包括採編組、總務組、館長室、主計室、人事室、會議室、管理人員室。

2.第 2 層：大眾教育層（Education Floor）。左右為兒童閱覽室；前方為青少閱覽室；後方為普通閱覽室、讀者休息室；右方為公用目錄室、出納臺、書庫及閱覽組辦公室。

3.第 3 層：分科研究層（Research Floor）。左方為臺灣資料閱覽室，前方為文史閱覽室、科學與技術閱覽室；後方為裝訂室、研究室（10 小間）、南洋資料閱覽室；右方為書庫。

4.第 4 層：休閒活動層（Recreation Floor）。左方為輔導組辦公室、唱片音樂室、美術閱覽室，前方為會聚堂、放映室、微影圖書影印室；後方為巡迴圖書車書庫、討論室教室（2 間）；右方為畫廊及書庫。

工程計畫

新館舍係 4 層大樓。全部工程分 4 年分層建築完成，全部經費預算新臺

幣 850 萬元。經費來源除呈請省府教育廳撥發外，並請國家長期發展科學委員會及美援機構補助。惟省北館及工專部分，經利泰建築師的估計，第 1 層新臺幣 300 萬元，第 2 至 4 層每層 250 萬元，共計 1,050 萬元。該項預算經省北館與工專以（50）7.21 圖總字第 0610 號聯合呈教育廳核備。

逐層興建並開放

新館舍因經費的關係，採分年分層興建並啓用，由慧明營造廠承造。1962 年 3 月 18 日省北館中正路新廈開工，首期工程進行頗為順利，同年 10 月 20 日第 1 層完工，該館除將廈門街臨時辦公處撤銷移入新址辦公外，並將在城北分館 2 樓臨時參考閱覽室撤銷，連同移存木柵的圖書運回布置，整理就緒，1963 年 2 月 1 日隨即正式開放，暫設參考室、期刊閱覽室、兒童閱覽室、普通閱覽室，供眾使用。〔該館進入新的里程，美麗的遠景在望〕。

隨後第 2 期工程開始，因限於經費預算，已是不太順利，尤以第 3 期、第 4 期工程為甚。第 2 層（包括工專圖書館第 1、2 層）工程於 1963 年 5 月 20 日開工，1964 年 1 月 14 日完工，同年 12 月 21 日新廈 2 樓開放，閱覽室依原設計調整，計 1 樓設參考室、期刊閱覽室，2 樓設兒童閱覽室、青少年閱覽室、普通閱覽室、讀者休息室。

由於「限於經費預算，全部工程直到 1967 年底才算大體完成，較之預定時間已延遲了兩個年頭。由於缺乏設備，當時 3 樓書庫的書無法上架，直到 1968 年 6 月增添設備後，才開始整理圖書，時當溽暑，工作人員無不汗流浹背。1968 年 12 月 25 日舉行新廈落成典禮。並將臺灣資料、南洋資料、南洋民俗品陳列室同時開放。」（袁金書）新館工程歷經王省吾、劉效騫、韓寶鑑 3 任館長主政始告完竣。

圖書館財產

省北館截至 1972 年 9 月 30 日止，列管財產統計：1.土地 21 筆，0.4624 公頃，金額 3,052,981.20 元；2.房屋建築及設備 15 棟〔含職員眷屬宿舍 9

棟〕，9,100.6 平方公尺，11,611,721.40 元；3.機械及設備 32 件，547,962.17
元；4.交通及運輸設備 6 件，73,050 元；5.雜項設置〔備〕364,148 件，
10,123,617.48 元，內含圖書 361,236 冊，8,231,901.66 元。（臺灣省立臺北
圖書館）

五、圖書的蒐集保存

圖書採購

　　「本省光復後，圖書館經營之主要課題，為大量購買中文書籍，使本
省同胞了解祖國文化。另為蒐集地方文物，保存地方史料（陳青松）。」
惟此時公共圖書館所接收的藏書多是日文，中文書籍甚少。雖然各館都想
購買些中文書籍，但因經費拮据，難立即收效。另則，有些圖書館如臺大
圖書館、省北館、省立臺中圖書館等向中國大陸購書，也不很方便。1948
年 1 月 18 至 20 日「臺灣省第 1 屆全省教育會議」假臺中市中山堂舉行，臺
中圖書館以「本省因幣制特殊匯兌困難，向國內各地訂購書報雜誌諸多不
便，影響圖書館業務甚鉅。」提案：「請求設立臺灣省文化服務社代辦國
內各地雜誌書報案」，惟本案審查意見「擬保留」，未能通過。（許恪士
編）

蒐集臺灣文獻

　　省府參議吳石仙來臺之初，「時至〔省立臺北〕圖書館瀏覽載籍，悉
臺灣尚無完美之省志」，「又據圖書館館員劉金狗云，日本統治臺灣 50 年
來未續脩志，僅將臺灣舊有各志彙為《臺灣全誌》，易木板以鉛印，裝為
布面便於閱讀而已」，爰於 1948 年 1 月 10 日簽請設立臺灣省志館從事脩輯
省志，上呈民政廳轉呈省主席魏道明裁示。4 月 16 日省府委員會第 46 次會
議，通過省通志館組織規程及經費預算案。

　　1948 年 6 月 10 日臺灣省通志館成立，林獻堂為主任委員。1948 年 6 月

4 日省府委員會第 53 次會議又通過了「臺灣省通志館顧問委員會組織規程案」，該委員會旨在審議供給通志各種資料，及通志館編纂志稿；以黃純青為主任委員。6 月 17 日聘「館長吳克剛為顧問委員會委員，閱覽部主任兼閱覽組長劉金狗為採訪員（邱欣怡）。」

1948 年底省北館與臺灣省通志館合組臺灣地方文獻徵集委員會，蒐集臺灣資料。

1949 年 4 月 8 日省府委員會第 93 次會議通過顧問委員會與通志館裁併，9 月 27 日通志館改組為臺灣省文獻委員會，改聘吳克剛為文獻會委員。

1949 年 8 月 15 日《文獻專刊》創刊號問世，林獻堂撰〈弁言〉乙篇，指出文獻會目前急應著手有三：一為普查文獻，整理文獻；二為遺老口述訪談；三為名勝古蹟的調查保存，「蓋此時一過，他日追尋，當益見困難，或至永失機會」，「若夫風俗之採訪，器物之徵置，譜牒之搜求，雖亦爭時日之光，猶未至於迫不及待者也」。林獻堂提及「普查文獻，整理文獻」的急迫性：

> 淪陷中，前代文獻散佚莫收，經日人積歲掊撮，所獲而藏，頗見
> 贍備，而淪陷五十年來所成文獻，如日人所保有清代少數檔案及
> 日總督府諸檔案，軍政機密文件，乃至諸報紙，諸雜誌類集，
> （例如《臺灣日日新報》自第 1 號至終號，原存省立圖書館，今已
> 大半不全。）於光復當時，日人頗任意焚棄，而省立圖書館原收
> 圖書亦已逸失一部，檔案雖經政府接收，尚未從頭整理，機密文
> 件，更茫難稽考，久必更遭毀損及遺失，故目下普查文獻，整理
> 文獻為急務中之尤。

省北館接收圖書文獻，惟沒有館舍，藏書分散，較難以整理。

圖書交換

1948 年夏，省北館選出一部分日文複本圖書，與美國各圖書館交換新

出版的西文書刊。（臺灣省文獻委員會編纂組、〔黎澤霖纂修〕）

臺灣資料的分類

　　自 1955 年 10 月起，該館新進典藏中日文資料，改依金陵大學（劉國鈞）編《中國圖書分類法》，併參考賴永祥編《中國圖書分類法》分類編目。臺灣資料乃分散編在各類之中，不再將臺灣資料集中在「總類」「07」，而在「史地類」則特予加註 T 字，以資分別。（王世慶）有關賴永祥分類法的誕生，賴永祥曾提到（略以）：

> 我在臺大圖書館服務當初，圖書館的圖書分類編目，採用劉國鈞《中國圖書分類法》1936 年增訂再版。後來開始編《中文期刊論文分類索引》，因為論文的分編，需要更細的項目，我就不得不自行增補劉國鈞法了。我注意到劉國鈞法是為中國書籍而設計的，如果要分日文、韓文等東亞文資料，明顯不敷所需。1964 年 6 月我刊行我所增補的分類表，書名訂為《中國圖書分類法》新訂初版，英文書名 New Classification Scheme for Chinese Libraries，12 月刊行《中國圖書分類法索引》1 冊。

　　賴永祥參照《杜威十進分類法》的原理，加以增訂。1964 年自行出版《中國圖書分類法》新訂初版，大量增加子目，展開細分，加添複分表，酌注類目的釋義、涵意、範圍、使用方法範例，並出版《索引》。由於隨時新訂（累積至新訂 8 版〔2001 年 9 月刊行增訂第 8 版，並授權國家圖書館接續修訂〕），〔成為臺灣圖書館系科「中文圖書分類編目」乙課的統一教材〕，廣為臺灣圖書館所採用，港澳星等地中文圖書館也加採用。（黃淵泉）

藏書發展

　　省北館改制以來，一般圖書自 1949 年藏書 246,941 冊至 1963 年 295,703

冊，先後計 14 年，因物資艱難，經費短缺，藏書（不包括報紙雜誌）增加 48,762 冊，平均每年增加 3,483 冊。1963 年 2 月假新館新廈開放後，1965 年 至 1971 年，7 年間藏書增加計 40,013 冊，平均每年增加 5,716 冊。見表 19。

表 19　臺灣省立臺北圖書館歷年一般圖書藏書統計表（1949－1972）

單位：冊

年代	藏書數	較上年增加數
1949	246,941	
1950	247,245	304
1951	247,605	360
1952	249,549	1,944
1953	250,229	680
1954	253,774	3,545
1955	259,299	5,525
1956	266,080	6,781
1957	270,633	4,553
1958	275,974	5,341
1959	282,004	6,030
1960	285,426	3,422
1961	287,933	2,507
1962	290,996	3,063
1963	295,703	4,707
1964	318,206	22,503
1965	323,416	5,210
1966	329,460	6,044

年代	藏書數	較上年增加數
1967	335,906	6,446
1968	341,198	5,292
1969	346,071	4,873
1970	352,186	6,115
1971	358,219	6,033
1972	361,236	3,017

說　　明：1.原統計表手民誤植處：1954 年較 1953 年增加冊數 680 冊，誤植為
　　　　　　690 冊；1955 年較 1954 年增加冊數 3,545 冊，誤植為 3,535 冊；
　　　　　　1962 年較 1961 年增加冊數 2,507 冊，誤植為 2,057 冊。
　　　　　2. 1972 年藏書數統計係截至 1972 年 9 月 30 日止。
資料來源：臺灣省立臺北圖書館，〈臺灣省立臺北圖書館現況〉，《臺灣省立
　　　　　臺北圖書館館刊》，5（1972.12），頁 29。

　　另以省北館散見於期刊的相關統計數據臚列如下，以資參考，藏書仍
以日文為最多。如截止 1950 年 1 月藏書統計：總計〔一般〕圖書 247,204
冊。以類別計，以社會科學 42,651 冊（17.25%）為最多，總類 39,983 冊
（佔 16.17%），史地類 39,628 冊（16.03%）次之，應用科學 29,779 冊
（12.05%），文學類 25,478 冊（10.31%）又次之。以文字別計，以日文書
142,805 冊（57.77%）為多，中文 62,551 冊（25.30%），西文 41,848 冊
（16.93%）。其中有待編書籍中文 1,920 冊、日文 22,881 冊，西文 2,070
冊，計 26,871 冊（10.87%）；待編小冊日文 4,999 冊，西文 650 冊，計 5,649
冊（2.29%）。
　　1964 年 12 月 21 日新廈 2 樓開放，以該年 6 月藏書統計：〔一般〕圖
書包括各類書籍與雜誌、地圖以及合訂成冊的報紙，總計 310,112 冊。以類
別計，以總類 74,507 冊（佔 24.03%）為最多，社會科學 53,929 冊

（17.39%），史地類 46,077 冊（14.86%）次之，應用科學 33,966 冊
（10.95%）又次之。以文字別計，仍以日文書 137,043 冊（44.19%）為多，
中文 91,131 冊（29.39%），西文 81,938 冊（26.42%）。其中有待編書籍日
文 23,472 冊，西文 1,645 冊，計 25,117 冊（8.10%），待編小冊日文 4,999
冊，西文 650 冊，計 5,649 冊（1.82%）。

　　1970 年 6 月 30 日藏書統計，總計一般圖書 349,251 冊，包括日文圖書
156,094 冊（44.69%），中文 141,320 冊（40.46%），西文 51,837 冊
（14.84%）。〔一般〕雜誌 579 種，其中中文 495 種、西文 69 種、韓文 9
種、日文 6 種。〔一般〕報紙 145 種，其中中文 137 種、西文 8 種。

　　1971 年 6 月 30 日藏書統計，總計一般圖書 358,219 冊，包括日文圖書
156,098 冊（43.58%），中文 149,580 冊（41.77%），西文 52,541 冊
（14.67%）。

六、圖書的整理

（一）舊籍特藏資料整理

　　1968 年 12 月 25 日舉行新生南路新廈落成典禮。臺灣資料、南洋資料
等特藏資料終於有個固定館舍，可以集中典藏，開始整理。直到「1984 年
至 1987 年之間，4 樓書庫換了新書架，並因中文圖書增長快速，乃把日文
舊籍搬到新店閱覽室書庫（高碧烈、郭堯斌）。」

　　館長袁金書於 1972 年曾撰〈從本館創建的經過談未來的展望〉乙文
稱：「臺灣資料與南洋資料的整理，為本館近年來的兩件大事」，「工作
直到 1971 年底方始完成」。同年該館館刊（1972.12）報導〈臺灣省立臺北
圖書館現況〉載：「本館業務，（中略）實則本館中心工作則注重於本館
特藏資料之整理、編印書目，另闢專室，以供全國及國際友人之研究參

考」。

　　臺灣分館基本上並未將日文舊籍特藏資料更換分類法，仍沿襲「和漢
圖書分類法」、「資料分類基準表」，維持原有分類系統作為排架的
依據，因而保存了前府圖書館暨南方資料館館藏的整體性。

舊籍南洋資料整理

　　依上開〈臺灣省立臺北圖書館現況〉載：「本館藏書中有兩大特藏資
料：一為南洋資料；一為臺灣資料。（中略）現已分別整理完成，並編印
南洋資料西文目錄〔即《臺灣省立臺北圖書館特藏資研究室西文圖書目
錄》〕，出版後，擬繼續編印南洋資料中日文目錄及重編臺灣資料文獻目
錄。」經整理後，「南洋資料共有 41,013 冊；臺灣資料共有 9,840 冊（複本
不計）。」

　　另依〈臺灣省立臺北圖書館工作要項簡報〉（1970.12）披載，舊藏南
洋資料藏書數為 41,013 冊，其中中文 3,424 冊，日文 15,060 冊，西文 22,529
冊，見表 20。

表 20　臺灣省立臺北圖書館館藏舊籍南洋資料分類統計表

單位：冊

語文別 類別	中文	日文	西文	合計
0 總類	146	2,078	2,610	4,834
1 哲學	21	359	314	694
2 宗教	9	532	637	1,178
3 自然科學	528	921	2,101	3,550
4 應用技術	218	4,142	5,273	9,633
5 社會科學	663	3,751	5,769	10,183

語文別 類別	中文	日文	西文	合計
6 中國史地 7 外國史地	1,682	1,709	2,861	6,252
8 語文	115	1,120	2,445	3,680
9 美術	42	448	519	1,009
合計	3,424	15,060	22,529	41,013

資料來源：臺灣省立臺北圖書館，〈臺灣省立臺北圖書館工作要項簡報〉，
　　　　　《臺灣省立臺北圖書館館刊》，3（1970.12），頁20－21。

　　舊籍南洋資料若以地域分，復依據〈臺灣省立臺北圖書館現況〉，所
載如下：

1.南洋一般	1,956 冊
2.菲律賓	1,212 冊
3.印度支那（包括越南、柬埔寨、寮國）	931 冊
4.泰國	643 冊
5.馬來亞	575 冊
6.印尼	1,735 冊
7.緬甸	353 冊
8.印度（包括巴基斯坦、錫蘭＝斯里蘭卡）	892 冊
9.澳大利亞	324 冊
10.紐西蘭	45 冊
11.夏威夷	40 冊
12.南太平洋諸島	641 冊
13.其他（包括亞洲一般中國南部各省、琉球、日本等）	24,792 冊
合計	34,139 冊

省北館本次舊籍南洋資料整理統計總數得 41,013 冊，其中中文 3,424
冊、日文 15,060 冊、西文 22,529 冊，若以地域分，可得 34,139 冊，
與前南方資料館截止 1942 年 11 月藏書統計總數為 42,877 冊，其中和
漢書 14,478 冊、洋書 28,399 冊，按地域分有 22,308 冊（見本書第 1
章〈臺灣總督府圖書館・財團法人南方資料館〉相比較：1.舊藏總數方
面減少 1,864 冊。2.語文方面，西文書減少 5,870 冊，中日文書增
4,006 冊。3.地域方面，增加 11,831 冊。如再析為南洋及其他兩部分
計，省北館經整理，南洋部分為 9,347 冊、其他部分 24,792 冊，前南
方資料館南洋部分為 15,948 冊、其他部分（太平洋及東洋一般、臺
灣、中國）6,360 冊，則省北館南洋（上開 1.－12.）部分減少 6,601
冊，其他部分（上開 13.）增加 18,432 冊。

此些差異原因係將原中日文書籍混合編排歸類的圖書，別為中文、日
文圖書，而後又改分類移架，或多次移架，致散落在書庫
（missing）；或因歸併，如將原府圖書館、南方資料館及臺拓等所藏
《臺灣總督府報》及《官報》重新整理合訂典藏，共裝訂為 91 冊（王
世慶）；還是搬遷損壞與失落；或佚失等原因，距本次整理（1970）
事隔又經過了 50 多年，時間已遠，人事更迭，有些圖書的典藏情形被
遺忘，筆者手邊缺乏史料，實不能妄加猜測。

圖書館終於有了屬於自己的家，立即整理舊籍。本次舊籍南洋資料整
理結果，為 1942 年以來首次館藏清查的紀錄；西文圖書部分並編印書
本式目錄乙冊，可稱是接收前南方資料館主要藏書西文圖書的清冊。
圖書館員善盡守藏史的職責，值得肯定。

舊籍臺灣資料整理

依上開〈臺灣省立臺北圖書館現況〉載，臺灣資料共有 9,840 冊（複本
不計）。計有中文 440 冊，日文 9,265 冊，西文 135 冊。見表 21。

茲臚列下列資料，可作為館藏舊籍臺灣資料總數量的參考。1.1966 年 6
月省文獻會編印《臺灣省政資料輯要第 1 輯（上）》載「現省北館藏書已達

30 萬冊，所藏南方資料約 4 萬冊，臺灣資料約 1 萬 4 千冊，內容豐富，為世所重。」2. 1971 年 2 月該館館長袁金書，〈本館珍藏的幾種臺灣文獻〉乙文，稱：「臺灣文獻在光復前的收藏，已有 1 萬 1 千冊餘冊，其中善本書有 290 種、683 冊，而手抄本及稿本即有 63 種、157 冊」。3. 1991 年 1 月該館羅經貴在「臺灣文獻資料合作發展研討會」報告，「惟以其陸續整理及包含複本，數量為 16,713 冊，其中中文 1,005 冊（線裝書）、日文 15,420 冊、西文 288 冊。日文雜誌報紙 324 種 1,363 冊（含報紙 2 種 273 冊），書刊合計為 18,076 冊。另輿圖（不含圖冊）單張 393 卷軸」。4. 1993 年 12 月館長林文睿在立法院報告，「1945 年時，臺灣文獻大約只有 1 萬多冊（立法院秘書處，1993.12.15）」。

表 21　臺灣省立臺北圖書館館藏舊籍臺灣資料分類統計表

單位：冊

語文別 類別	中文	日文	西文	合計
臺灣總類	133	206	14	353
哲學宗教	4	49	15	68
教育	1	1,171	1	1,173
文學語學	16	255	10	281
歷史地誌	247	914	38	1,199
政治經濟	37	2,256	9	2,302
理學醫學	1	425	31	457
工程軍事	1	279	3	283
藝術	0	53	0	53
產業	0	2,070	14	2,084
雜誌	0	1,230	0	1,230

語文別　　類別	中文	日文	西文	合計
報紙	0	357	0	357
合計	440	9,265	135	9,840

說　　明：複本不計。

資料來源：臺灣省立臺北圖書館，〈臺灣省立臺北圖書館現況〉，《臺灣省立
　　　　　臺北圖書館館刊》，5（1972.12），頁 30。

特藏資料概要

　　1972 年 8 月 7 日臺灣省政府首長會議第 292 次會議，教育廳提案：「提為省府 61.7.18 主一字第 77393 號令為省議會審查本年度地方總預算對臺北圖書館附帶決議，檢附省立圖書館遷移案節略，擬具處理意見報備裁示，以憑辦理由」。

　　依據該附件「省立臺北圖書館遷移案節略」所載「藏書」：（臺灣省政府首長會議，1972.08.07）

　　該館藏書 1949 年統計原有 246,941 冊，其後歷年均有增補，截止 1972 年 5 月底計共有 361,333 冊，包括中文類 152,282 冊，西文類 52,848 冊，日文類 156,203 冊。其中特藏資料為臺灣資料及南洋資料兩部分（中略）查該館現存與本省有關的重要文獻計有：1.清朝資料部分：有哲學、宗教、教育、文學、歷史地誌、政治、地學、工程及軍事等計 133 種共 307 冊；2.日據時期部分：有哲學、宗教、教育、文學、地誌、政治、理學、軍事、藝術、產業等計 9,840 冊，包括中文 440 冊、日文 9,265 冊、西文 135 冊，另報刊雜誌 206 種，內中不乏機密卷帙，如《臺灣總督府警察沿革誌——領臺以後之治安狀況》等係具有高度機密之特殊資料；3.南洋資料部分：計中文本 3,424 冊、西文本 15,060 冊、日文本 22,529 冊，共計 41,013 冊。該項資料為日人竊據臺灣後，計畫繼續侵華，乃

密飭「南方協會」蒐集我國南方各省及南洋地方資料，作為擬訂侵華及南進政策的參考。本省光復後，此項資料由該館接收，現仍完整無缺成為重要文獻及珍貴之研究資料；4.大陸各省地方誌與臺灣資料部分：內中不乏稿本、抄本為研究光復大陸後地方設施與臺灣省政之重要參考。

案本附件藏書所列數據與上開〈臺灣省立臺北圖書館工作要項簡報〉、〈臺灣省立臺北圖書館現況〉相較，大致相符。部分資料且可作為表 20 的「說明」，如該表列「臺灣總類」「中文本 133 冊」，係指「清朝資料部分計 133 種共 307 冊」；所列「日文雜誌 1,230 冊，報紙 357 冊」，係為「報刊雜誌共有 206 種，單冊則雜誌 1,230 冊，報紙 357 冊」。查臺灣公共圖書館在 1980 年至 1985 年間政府推動文化建設以前的圖書館藏書統計，常有「種」、「冊」不分的情事。

特藏臺灣資料與《臺灣文獻叢刊》

　　1946 年冬，周憲文（1908 – 1989）辭去臺灣省立法商學院院長兼臺灣大學法學院院長及人文研究所所長即入臺灣銀行創立金融研究室（1951 年 7 月更名為經濟研究室），以研究臺灣經濟為唯一宗旨，由研究臺灣經濟面而彙集臺灣史料，自亦為應有的發展。周憲文在發刊《臺灣文獻叢刊》第 1 種《臺灣割據志》的〈卷頭語〉說到：「研究歷史，一要史料，二要史觀；前者賴有公開資料的風氣，後者得憑個人獨特的修養。我們的工作方針，就在儘量發掘並提供有關臺灣的研究資料。有了充分的資料社會上自然會有高明之士應用其正確的史觀，深入研究，有所造就。」《臺灣文獻叢刊》自 1957 年 8 月至 1972 年 12 月陸續出版，計「293 種，共 565 冊，凡 8,000 餘面，4,810 萬字（周憲文）。」書版面採 32 開，道林紙，均採新式標點排印，印數暫定千冊。其資料來源「就藏主而言，有公家所藏，有私人所藏，如就藏地而言，有臺灣所藏，有海外所藏，其中自以臺灣本地居多。」本《叢刊》據省北館藏本者最多，尤以若干抄本，頗多為海內孤

本，其次為臺大圖書館、中研院史語所等。

「1951 年 9 月曹永和撰寫的〈明代臺灣漁業誌略〉、〈鄭氏時代之臺灣墾殖〉在《臺灣銀行季刊》發表後，獲得臺銀經濟研究室主任周憲文的激賞，二人遂成知交（黃淵泉）。」「1950 年代的有一天，曹永和與周憲文、潘志奇（臺銀經濟研究室副主任）在一家冰果店吃冰、聊天，3 人決定把臺灣史各種基本資料刊印出來。此後，曹永和（1920－2014）與臺銀經濟研究室人員，投入很多時間，在臺灣各地圖書館、檔案室，甚至遠赴日港美歐各地，抄錄、整理、翻譯與臺灣有關的文獻、方志、隨筆、雜誌、詩文等資料，然後由臺大歷史系教授夏德儀（1901－1998）標點、校訂〔夏氏自 1957 年秋至 1965 年參與《叢刊》史料整理編印，點校、新編南明及臺灣史料 82 種 145 冊，並於 56 種書上寫了 57 篇弁言和後記（序跋）〕，出版一系列《臺灣文獻叢刊》（朱浤源）。」「曹永和為了出版《臺灣文獻叢刊》，除了利用臺大圖書館的藏書外，也向當時的省北館借書抄錄。有關臺灣文獻的相關目錄，則請來任職於省北館的館員劉金狗、高碧烈幫忙抄錄（曹永和、陳世芳、曾令毅）。」劉金狗提到《臺灣文獻叢刊》之中：「差不多十分之六七是鈔印日據時期本館所蒐集的資料（劉金狗、黃得時）」。

特藏臺灣資料與《臺灣方志叢書》

1966 年間，成文出版社將所蒐集根據來自國內外圖書館、檔案館、文獻館提供珍藏方志原件的影印本，開始整編重印《中國方志叢書》。1967 年 4 月展開第 1 期計畫的出版，費時 5 年，於 1972 年完成影印出版 723 種 1,212 冊。復於 1977 年 8 月執行第 2 期計畫，迄 1986 年完成 639 種 1,916 冊。同時，1983 年 3 月又推出《臺灣方志叢書》第 1 期，完成影印出版 102 種 444 冊，收錄清刊臺灣府縣志及 1950 年至 1983 年臺灣出版的臺灣省通志稿、縣市志和地方文獻刊物等。1985 年推出第 2 期，完成 243 種 666 冊，皆為日據時期有關地方文獻所編的臺灣志、地志、廳志、街庄志、記要、要覽、風土記、案內、報告等。《臺灣方志叢書》兩期，共 345 種 1,110

冊。〔1972 年〕劉金狗提到「美國亞洲協會中文研究資料中心協助成文出版社影印全中國地方志書。目前已向本館借用影印完成的臺灣府縣志等約 100 餘部（劉金狗、黃得時）。」該《叢書》多為據省北館藏書影印。

（二）編輯各種目錄

臺灣資料目錄

　　臺灣省立臺北圖書館；劉金狗編，《臺灣資料文獻目錄》（臺北：臺灣省文獻委員會：1958.06）。

　　本目錄係依照日據時期臺灣總督府圖書館所編圖書目錄中有關臺灣部分重編而成，並未收錄省北館於光復後新編的圖書。依王世慶〈臺灣史料的收藏與整理〉乙文載：本書「收錄之中西文書刊約有 1 萬 2 千冊」。（王世慶）全書分中文、日文、西文 3 部分。除中文部分，係先依據原編分類號，次依筆畫次序排列，末附有關臺灣參考圖書書目外，其他部分均依據原編分類號碼的次序編排。並附雜誌類目錄。

　　本目錄可作為 1945 年 11 月「山范交接」移交清冊中接收臺灣總督府圖書館藏書有關臺灣資料的原始清冊，惜未注明著錄圖書的總數量。由於 1945 年 5 月 6 日館舍遭炸燬，損失了原有供讀者查閱的目錄卡片，本書本式目錄為供讀者檢索舊籍臺灣資料的重要工具書。

南洋資料目錄

　　Provincial Taipei Library. *Catalogue of Western Books on Southern Asia in the Provincial Taipei Library.*（臺灣省立臺北圖書館南方資料研究室西文圖書目錄）（Taipei：The Library，1961）。

　　「本館南方資料研究室所藏有關南方地區中、西、日文書刊 4 萬餘冊。茲為便利中外人士參閱起見，茲將西文圖書目錄，先行付梓，以饗讀者。」（〈本目錄‧說明〉）由張明基整理。彙編有關 1945 年前出版西文

圖書，先依地區，次按類別排列。

Provincial Taipei Library. *Catalogue of the Western Books Kept in the Research Department of Special Material Taiwan Provincial Taipei Library.*（臺灣省立臺北圖書館特藏資研究室西文圖書目錄）（Taipei：The Library，c1972.11）。

臺灣省圖書館因接收前南方資料館，爰附設南方資料研究室。1958 年 5 月南方資料移置新店新建書庫，派職員 1 人負責整理與保管，並供光復大陸設計研究委員會研究參考之用。1963 年 9 月改稱特藏資料研究室。1968 年冬新生南路新建館舍落成，復將資料全部運回，重加整理。1969 年 10 月先將西文部分，逐一查對，陸續整修，費時年餘，始克完成。本目錄賴劉金狗相助為多。（袁金書（序））

〔劉崇仁（1914－1983），劉金狗編〕，*Catalogue of Western Books on China in the Provincial Taipei Library.*（臺灣省立臺北圖書館所藏有關中國西文圖書目錄）（臺北：該館，1962.06），油印本。

收藏彙編有關 1946 年前出版中國西文圖書約 2 千冊，計總館 1,500 冊，附設南方資料室研究室 500 冊。

線裝書目錄

臺灣省立臺北圖書館編，《臺灣省立臺北圖書館善本書目》（臺北：該館，1968.08）。

臺灣省立臺北圖書館編，《臺灣省立臺北圖書館普通本線裝書目》（臺北：該館，1972.04）。

1967 年 12 月 30 日，中央圖書館受中研院中美人文社會科學合作委員會的委託，邀集國內各大圖書館合作，從事「臺灣地區公藏中文人文社會科學聯合目錄」的編輯工作，包括中文善本書、官書、期刊、中文普通本線裝書 4 項聯合目錄的編製計畫。其中善本及普通本線裝書部分，由中央圖書館邀集故宮、中研院史語所、臺大、省北館、國防研究院、臺師大、東海大學共 8 所圖書館先各自建立館藏目錄，再由中央圖書館彙編成聯合目

錄，以利中外學人查閱。省北館爰編製上開兩目錄。

普通書刊目錄

臺灣省立臺北圖書館編，《臺灣省立臺北圖書館中文新書目錄》（臺
北：該館，1957.03－1966.12），月刊，油印本。

本目錄所載為該館每月入藏中文新書。依照金陵大學圖書館《中文圖
書分類法》分類排列。每書著錄：書名、著作者、出版年、出版地、出版
處、冊數及書號。

該館館藏合訂本 10 冊。係將該刊 1957 年 3 月份至 12 月份合訂乙冊；
及 1958 年起至 1966 年按年合訂乙冊（間有不全）。

臺灣省立臺北圖書館編，《臺灣省立臺北圖書館中文圖書目錄·1967
年至 1969 年》（臺北：該館，1969）。

聯合目錄

臺灣省立臺北圖書館編，《臺灣各圖書館所藏中文書目聯合目錄》
（臺北：該館，1963.07）。

館長王省吾於 1957 年至 1964 年任臺灣師範大學社會教育系圖書館組副
教授，講授「圖書分類學」與「參考與服務」。後者，內有實習乙項，其
中，〔1961 級〕14 位學生前往調查各主要圖書館所藏書目，經過半年努
力，計得 800 餘種，公推蘇雲峯初步整理，嗣經該館研究員劉崇仁、閱覽組
主任劉金狗重行編排訂正。計收錄中央圖書館、省北館、臺大圖書館、臺
大中文系圖書館、政大圖書館、師大圖書館、中研院史語所圖書館、國防
研究院圖書館、中興法商學院、淡江文理學院圖書館等 10 館所藏書目，分
書目總錄、史志書目、著述書目、學科書目、收藏書目、特種書目 6 大類，
彙編成冊。

七、閱覽服務

（一）省府對日文出版品管制

　　1952 年 4 月 28 簽訂《中華民國與日本國間和平條約》（全 14 條），同年 8 月 5 日互換批准書生效。日文出版品管理隨著《中日和平條約》簽署生效的前後，由內部取締管制，漸轉向審查進口管理。

　　追溯 1948 年 12 月 6 日省政府教育廳代電省立各級學校社教機構：「查日治時代遺留之皇民化及有毒素之圖書，前經令飭禁閱封存在卷。茲擬集中保管，應即將是項圖書連同清單送廳，特電仰遵照辦理為要。」（省府教育廳代電，1948.12.06）。

臺灣省日文書刊管理

　　1951 年 8 月 23 日省政府為維護社會安寧，節省外匯，及管理日文書刊，分別頒發《臺灣省日文書刊管理辦法》（全 8 條），《臺灣省日文書刊審查會組織規程》（全 12 條）。（省府，1951.08.23）依據《管理辦法》，准予進口者：1.自然科學或應用科學；2.教育文化機關團體自用參考用書；3.學術性研究或確為文學名著者；4.反共抗俄的理論著作；5.關於醫藥衛生烹飪縫紉等書刊。禁止進口者：1.損害中華民國利益或民族尊嚴者；2.不適合中華民國教育宗旨者；3.破壞公共秩序者；4.妨害善良風俗者；5.提倡迷信邪說者。聲請日文書刊經省府審核認可，並分知海關及各執行旅檢機關後，始得購運入口。日文書刊每月進口數量，以 1950 年 8 月份至 1951 年 5 月份 10 個月所耗外匯平均額為準。而審查會由教育廳、新聞處、秘書處、警務處、保安司令部政治部指定高級職員組織之。職掌為 1.進口日文書刊的審查事宜；2.違禁日文書刊的審核取締事宜；3.其他有關日文書刊的處理事宜。會址設於教育廳內。每星期三開會審查乙次，必要時得召集臨時會。審查會概不對外行文，由新聞處代為發文。教授林果顯認為：

至此〔日文書刊〕進口管制體系大致底定，此時期，以省新聞處主導審查業務，海關與軍警負責檢查取締，決策上則可見黨部與高層的意志。不過，隨著中華民國與日本關係的改變，日本出版品從「省」進展為「國」的問題，使得進口政策必須加入外交層次的考量，也埋下日後制度變動的因子。

舊存日文書刊查禁取締

　　1951 年 12 月 30 日教育廳將所「訂定處理舊存日文書刊審查標準」，通令轉飭各級學校暨社教機構及省北館，應按此標準自行審查，將查禁取締圖書分別詳細列冊具報。該 4 項審查標準，略以：1.馬、恩、史、列、毛等任何著作，馬克思學派的理論書刊；2.擁護日本軍閥黷武主義或謳歌日本天皇及神道教或大和民族思想武士道等類書籍以及麻醉殖民地人民心理等作品；3.歪曲民族意識的教科書如日本歷史地理等類；4.違反國策妨害善良風俗的作品，一概查禁取締。省北館爰於 1952 年 1 月 10 日代電總統府機要室資料組，以該館接受日文圖書 10 餘萬冊，照上項審查標準，應屬查禁取締之書為數當不在少。貴組如有需要，擬請電知並希惠允派人指導審查協助辦理。1 月 19 日該資料組經箋復指派姚繼崇、賈成荃前來協助審查，經處理應予取締查禁書籍計共有日文 5,851 冊、西文 234 冊，均經賈成荃陸續派員運取回去借用。1954 年 1 月 22 日省北館依據原抄底本繕就禁書分類目錄一式 4 份（各 2 冊）共 8 冊，請該資料組予蓋印後，1 份由該組留存備查，餘 3 份請返擲交省北館以憑存轉。（省北館，1952.01.10、1954.01.22）

　　依據 1990 年 10 月《國立中央圖書館臺灣分館館訊》第 2 期，披載該館〈催還機關借書〉訊息乙則：「國家安全局（前總統府機要室資料組）於光復後借用本館（省北館）圖書乙批，計 6,131 冊（內含重複登錄 151 冊），經催還 4,696 冊，除 1,284 冊未能歸還者，經函報教育部（部分）同意報銷結案」。

省參議會建請開放部分書刊

　　1948 年 12 月 16 日臺灣省參議會第 1 屆第 6 次大會召開，12 月 18 日參議員劉傳來（1900－1985）先是「詢問」〔質詢〕教育廳廳長許恪士，接著於 12 月 28 日提案，並經韓石泉（1897－1963）、謝水藍（1899－1952）連署：「請開放各地圖書館無關思想的日文書籍以副讀者之懇望案」，以「各地圖書館之日文書籍全部禁讀含有思想的書籍，在此戡亂時期禁讀是當然，但連科學性之書本亦一概禁讀似有失當，尤其一部未諳國文之輩實感不便，故望選擇有關科學者應開放，以供一般讀者閱讀。」並提出辦法：先訂禁讀方針及範圍，並派員各地指導使之開放。大會決議：「送請政府通令調查辦理。」（臺灣省參議會秘書處）〔開啟了圖書館開放館藏日文舊籍的先聲。〕

　　1950 年 3 月 1 日省政府代電各省立圖書館、縣市政府轉飭所屬圖書館，「查開放日文書籍，前准臺灣省參議會之建議，經以參捌寅灰府弦五字第 05507 號代電通飭遵照辦理在案。仍希注意所開放日文書籍真實內容，價值如何，是否適用，隨時斟酌取捨，以符開放閱覽之本旨為要。」（省府代電，1950.03.01）。

（二）書刊查禁

政府查禁書刊

　　自政府遷臺後，「為了防止共產主義思想的入侵，開始大力掃除 1945 年到 1949 年間出版，已在市面流通的書刊，只要帶著左翼思想、作者陷匪，一律被視為反動書刊，遭到查禁」。「而圖書的查禁工作，執行的對象一般是書店、書攤、租書店、租書攤、各學校及各機關圖書館，通常以公文命令方式，下令那些被查禁書刊，由圖書館自行撤架處理。但圖書館禁書處理方式不一，禁書仍在圖書館中公然流行。」（蔡盛琦）

　　圖書館當有查禁書刊公文到館，除採購部門應將其書名、著者、出版

年、出版者及來文日期與文號，著錄於卡片上，按書名筆畫排列，以供選書參考外，應由館內承辦是項業務者，會同編目及典藏部門處理。經查檢館藏目錄，如藏有該書，已外借者催還，未借出者將書取出。依照圖書登錄號，在登錄簿該項圖書的備註欄註明「註銷」字樣及日期，並將此號空出，不必再用。並自各種目錄櫃中抽出該目錄卡片，整張卡片所含的書全部註銷者，將卡片抽出銷去，若只部分註銷者，則在卡片上該登錄號註明「註銷」。抽出卡片可註明「註銷」字樣及日期，並將該卡片，僅留一張置於「註銷圖書」目錄櫃中，以備日後查考。然後，館藏統計數字予以扣減。依註銷清冊填報財產增減表。在註銷圖書蓋有藏書章處均加蓋「註銷」戳記。經呈機關首長核定後，備函連同禁書，正本送臺灣警備總司令部（原臺灣省保安司令部，1955 年改制）處理，副本送教育行政機關備查。（國立中央圖書館、文化中心圖書館工作手冊編輯小組）〔由此觀之，可稱註銷手續繁瑣。自大學院校逐漸增多，有些圖書館採「限閱」處理，尤其是各學科專著、工具書等，因作者陷匪或附匪而遭查禁者，查禁書刊另架陳列，限供學術研究者參考。〕

（三）閱覽服務

制定閱覽規章

　　省北館為服務讀者有所可供遵循的準則，陸續制定各種閱覽規則，如《臺灣省立臺北圖書館閱覽規則》、《臺灣省立臺北圖書館圖書出借辦法》、《臺灣省立臺北圖書館參考室閱覽規則》、《臺灣省立臺北圖書館期刊閱覽室閱覽規則》、《臺灣省立臺北圖書館兒童閱覽室閱覽公約》、《臺灣省立臺北圖書館兒童圖書出借辦法》、《臺灣省立臺北圖書館圖書巡迴車圖書出借辦法》、《臺灣省立臺北圖書館合辦流動書箱管理辦法》等多種。

閉架經營

省北館遷館以前，仍然借居省立博物館一樓，空間有限。曾兼署理省
北館館長職務沈寶環提及：（廖又生）

> 圖書館只有一樓一個樓層，書庫擁擠，書架僅以細鐵絲網圍住，
> 讀者借閱之際，由鐵絲網一端以手指點明圖書〔在書架上的〕位
> 置，再由館員依點位置於書庫另一端取書；另書籍上架時，也無
> 法由書架正面插書，而須由兩位館員協力，一在書架前端指點歸
> 架正確位置，另一在書架背後聽從指揮，將書倒插回架。

沈寶環氏在省北館僅為期 5 個月（1955.05－1955.10）便求去，應邀擔
任東海大學圖書館主任，率先在臺灣推行開架閱覽服務，令人耳目一新，
使圖書館界莫不以開架式經營為先進。

新生南路新館啓用，雖不再書架以細鐵絲網圍住，但仍為閉架式閱覽
服務。

設置各種閱覽室

省北館改隸教育廳，持續設置普通閱覽室、參考室、期刊閱覽室、兒
童閱覽室等，提供讀者服務。

新館規劃內部配置全館閱覽座位 1,070 席，如 1 樓：期刊閱覽室（閱覽
座位 68 席）、輕鬆閱覽室（Browing Room）（20 席）、參考室（150
席）、微影圖書閱覽室（12 席）；2 樓：兒童閱覽室（70 席）、青少年閱
覽室（144 席）、普通閱覽室（112 席）；3 樓：臺灣資料閱覽室、南洋資
料閱覽室（兩室合計 40 席）；4 樓：美術閱覽室（30 席）等。

1963 年 2 月 1 日新館開放 1 樓，暫設參考室、期刊閱覽室、兒童閱覽
室、普通閱覽室，隨著工程進度，分層繼續開放。1964 年 12 月 21 日新廈 2
樓開放，閱覽室隨即依原規劃調整，1 樓設期刊閱覽室、參考室，2 樓設兒
童閱覽室、青少年閱覽室、普通閱覽室。

期刊閱覽室（1 樓），有中外文報紙 39 種，期刊 174 種。屬訂購期刊者，集中陳列在期刊室入口特製的玻璃櫥內，借閱時讀者要拿借書證或身份證抵押，再由館員取交給借閱讀者；屬贈送期刊者，則雜亂無章地陳放在室內期刊架上，東倒西歪，乏人照料。

參考室（1 樓），陳列參考書（工具書）4,000 冊，備供查詢。

兒童閱覽室（2 樓），面積約 200 平方公尺，有兒童圖書 2,613 冊、圖片 200 幅、雜誌 11 種、報紙 5 種。另有專用書庫乙間。每週三由館員講述兒童故事，星期六下午放映兒童電影。

女青少年閱覽室、普通閱覽室（男青少年閱覽室）（2 樓），備供學生自修用。

1971 年 6 月 1 日開設視聽室，啓用個別聽音器，供各界人士免費學習外語。該館免費提供萬國音標，美國音標，英、法、德、西、俄等語文留聲片〔phonograph〕，國中全套英語等。依讀者程度分為發音、初級、進級、中級、高級、會話等。

館內閱覽

省北館除國定休假日、每月最後一日（如遇星期日，則提前一日）停止閱覽外，每日上午 9 時起至下午 9 時均為開放時間（閱覽時間另在大門口公布）。閱覽者（讀者資格）必須年滿 12 歲以上者始能進入館內閱覽圖書，年齡在 12 歲以下者應進入兒童閱覽室閱覽。

閱覽者進入閱覽室須先領取號碼牌及借書單，離室時須還清所借圖書並繳回號碼牌及借書單。凡借閱圖書須先填具借書單並提出國民身份證，或軍人補給證、學生證交管理員核對（核對後即還）取書。每次借閱圖書以 2 冊為限，新到圖書以 1 冊為限。閱覽者借閱圖書如遇圖書業已出借時，得向管理員辦理預約手續。閱覽者對所借圖書須妥加愛護，如有遺失，污損撕毀折角等情，應按原樣賠償或照該館的估價償還。

館外閱覽

省北館為便利閱覽者起見，訂有圖書出借辦法。依該辦法，1.凡年滿12歲以上繳納圖書押金；2.或取具在臺北市的保證人，並繳納圖書保證金，經該館同意後發給借書證。保證人依閱覽者職業狀況覓妥：如1.商人由店東經理具保（加蓋圖記〔公司店鋪章〕）；2.公務員由服務機關主管長官具保（加蓋鈐印）；3.學校教職員、學生由校長或專任主任具保（加蓋校鈐）。借書證的有效期限為6個月。

圖書押金或圖書保證金於發給借書證時繳納，退還借書證時〔無息〕發還。圖書押金：中文圖書新臺幣100元；外文圖書200元。圖書保證金：中文圖書新臺幣40元；外文圖書80元。學生士兵減半。

每次出借中文圖書以2冊為限，外文圖書以1冊為限。每次借書以2星期為限，滿期如未閱完，得聲請續借乙次。借出圖書價值超過保證金時，保證人應負連帶責任。借出圖書遇該館急須收回時，應於接到通知後迅即交還。下列圖書概不出借館外：1.善本、抄本、孤本、字帖、書譜；2.字典、辭書；3.報紙、雜誌、公報；4.年報、年鑑、地圖、圖表；5.人名錄、目錄類；6.新到圖書；7.本館認為不便借出圖書。

借書逾期不歸還者，每逾期1日，停止借閱權利3日。借出圖書如有遺污損撕毀、圈點、評註、缺頁等情，須按原樣賠償，或照該館的估價償還。

凡年在13歲以下的兒童，由父母或保護人填寫出借圖書申請書，繳納保證金20元，由該館發給借書證。借書證的有效期限為1年。出借兒童圖書以中文書為限，每次2冊。每次借書以2星期為限。

依該館「各閱覽室24年來的閱覽概況」，自1947年至1970年的閱覽人數累計7,751,574人〔次〕，其中男性6,934,427人〔次〕，女性817,147人〔次〕。閱覽冊次數8,041,670冊次。其中，1962年因建館舍停止閱覽。

「省北館的建築設備，在當時的公共圖書館中，算是較先進的；惟由於經營理念較為保守，在技術服務（圖書分類編目與典藏）方面，雖和一

般圖書館的作業沒有兩樣，但在讀者方面，無可諱言的是比較保守了。」
（章以鼎）

館際借書

該館早期於 1948 年 4 月起，曾與在臺北的美國新聞處圖書館，約定每月互借圖書 100 種，供人閱覽，此後更逐漸擴大其互借範圍，服務讀者。遷新館後，為便利遠道讀者借閱圖書起見，特訂定館際借書辦法。凡遠道讀者要想借閱該館圖書，可就近與該地公共圖書館洽商，請其用公函向該館借出圖書，轉借讀者。（臺灣省立臺北圖書館）

裝訂室

館藏舊籍臺灣文獻，自 1958 年開始整理，依其堪用程度，分批循環進行修補裝訂作業（羅經貴）。1963 年 2 月省北館新館對外開放，裝訂室暫安置於 1 樓，余景祝再度進館，以技工職從事裝訂（歿於任內）；陳蚶目則由日本職工提升為雇員，繼續留館服務至退休。李朝忠為工友從事裝訂，在博物館時期逝世，由張玉葉接替（楊時榮）。

（四）省北館與中央圖書館

聯管處中圖組寄存圖書

自 1948 年 12 月 22 日至 1949 年 2 月 22 日止，茲有中央研究院、中央博物院籌備處、故宮博物院、中央圖書館、北平圖書館、外交部等 6 機構（關）文物及重要檔案，分 3 批共 5,522 箱遷存臺灣。1949 年 8 月 31 日教育部部長杭立武（1903－1991）將遷臺的教育部所屬中央博物院、中央圖書館、北平圖書館、中華教育電影製片廠及直隸行政院的故宮博物院等 5 機構遷臺文物及人員，暫行合併為「國立中央博物圖書院館聯合管理處」（聯管處）臨時機構，並將故宮博物院暫時從權改隸教育部，依各原有業務，分組辦事。每一機構改成一個組，如中央博物組、中央圖書組、教育

電影組、故宮博物組及總務組，每組人員均係各機構原派負責押運人員。聯管處設一委員會，綜理處務。自 1950 年 4 月 13 日至 22 日由臺中糖廠搬遷至臺中縣霧峯鄉北溝，終於開始安定，文物有了屬於自己的家。（請參見《國家圖書館故事（卷一）：發展史及館舍建築》，〈第二章 遷臺與聯管處〉，頁 97－158）。

臺灣省接收之初，鑒於臺灣的圖書館多因戰爭破壞殆盡，臺灣原有日據時代所遺留下來的日文圖書也不符時代的需要。1949 年 12 月 1 日，聯管處中央圖書組（中圖組）奉教育部令，將運臺的普通書刊 125 箱自霧峯鄉北溝庫房移運臺北，暫借省北館閱覽利用，以解燃眉之急。

依據 1950 年 8 月 7 日前國立中央圖書館館長蔣復璁於香港呈教育部部長程天放簽呈（通訊處：臺北國立臺灣大學程秘書維□屈萬里先生轉交），〔呈報中央圖書館搬遷經過實情〕，略以：（國史館查詢系統，蔣復璁，1950.08.07）

案奉臺人字第 035558 號令開：「茲頒發淪陷區國立各學校及國立各教育文化機關處理辦法一份，於文到 1 個月內遵照辦理具報為要。此令」竊查當 1948 年 12 月間，戰事日亟，經奉 鈞部密令，將善本圖書拾貳萬餘冊及重要文物檔卷等（詳裝箱目錄及中央圖書館移交國立中央博物圖書院館聯合管理處之移交清冊），會同中央故宮兩博物院及中央研究院歷史語言研究所派員攜同該 3 機關所藏圖書文物，分 3 批運來臺灣，在臺中密存。復璁以臺灣經日人 50 年之統治後，吾國四部舊籍，最感缺乏。西文專門整套雜誌亦並不多。因復選中西普通本圖書雜誌 2 萬餘冊，以備在臺展開閱覽工作。復璁以接洽閱覽處所，經於 1949 年 1 月下旬來臺。京中館務交由總務主任繆鎮藩代理。以上各節，歷經呈報 鈞部有案。復璁至臺分別在臺中、臺北、臺南、彰化等處接洽，承各方協助，閱覽處所已不成問題，當先在臺中成立辦事處。復璁於同年 2 月下

旬，專赴廣州向　鈞部面陳，接洽臺灣辦事處經費。爾時中央經費
極端拮据，未蒙　准請。（中略）旋本館臺灣辦事處奉　令與中央
故宮兩博物院合組為中央博物圖書院館聯合管理處，所有本館在
臺圖書文物檔卷及經費等，統經本館臺灣辦事處代理主任顧華，
於同年 11 月 30 日起，列冊移交聯合管理處在案。中央圖書館既已
結束，復瑍復未奉派擔任聯合管理處職務，是復瑍在中央圖書館之
職務，至是已告解除。奉令前因，理合將經過實情，備文呈報。
懇祈鑒核備案，實為公便。

　　蔣館長為在臺展開閱覽工作，因而複選中西普通本圖書雜誌 2 萬餘冊運
臺。

　　另 1950 年 2 月 9 日聯管處呈送《國立中央圖書館存臺文物清冊》（全
8 冊，油印本），送陳教育部鑒核，並請以一份轉呈行政院備案。教育部乃
於同年 3 月 14 日臺社字第 01155 號呈行政院鑒核備案。案國立中央圖書館
自 1948 年 12 月 22 日起至 1949 年 2 月 22 日止，館藏圖書文物檔卷運臺凡
3 批，共 644 箱。依據上開《清冊》亦載，共 644 箱，計有善本圖書及重要
文物檔卷等，如下：（國立中央圖書館；國史館查詢系統，教育部，
1950.03.14）

善本書	121,368 冊另 64 散葉	普通書	20,196 冊
附名賢手札墨蹟	8 冊	雜誌公報	2,068 冊
甲骨殘片	848 塊	報紙	463 冊
金石拓片	5,599 種	圖	132 函
銅匋瓷器	29 件	地圖	16 幅
漢簡	30 枚	藍圖	16 幅
寫本經卷	153 卷	西文書	1,410 冊

西文雜誌	3,886 卷（多未經裝訂並有缺期者），另 258 冊 44 種

　　1950 年 5 月 2 日教育部社會教育司司長周或文條諭專員劉家駿：「聯管處中圖組存有普通中文圖書 1 萬零 2 箱〔案：102 箱〕，西文圖書 11 箱，西文雜誌 53 箱，業經部務會議決定運往臺北省立圖書館寄放，以供一般民眾公開閱覽。請以本部及本司名義，分別會商各有關機關派員會同搬運。」同年 5 月 9 日，教育部分別訓令臺灣省政府教育廳、聯管處及社教司函省北館，略以：本部聯管處存有國立中央圖書館中文圖書 102 箱、西文圖書 11 箱、西文雜誌 53 箱亟宜加以運用。現經決定將該項圖書全部寄放省北館，由部派員整理分別撥存有關院校及交該館供眾閱覽。除派本部特約編纂郭蓮峯監運外，並請聯管處指派委員負責搬運為要。社教司為慎重起見，6 月 9 日函請特約編纂涂序瑄、經利彬、華實、嚴思紋，俟該項圖書運到之後，協助省北館清理審查圖書的內容。清理審查結束後，10 月 7 日每人致送圖書審查費臺幣 130 元（每日 10 元）。

　　1950 年 6 月 25 日聯管處派中圖組主任顧華將中圖組普通圖書 125 箱運交省北館點收。1950 年 7 月 1 日依據「國立中央圖書館寄存臺灣省立臺北圖書館中文圖書裝箱清冊」（全 132 頁，半頁 10 行，中字第 1 箱－第 66 箱，僅著錄書名及冊數）由中圖組主任顧華點交，省北館館長吳克剛點收，教育部特約編纂郭蓮峯監交。「中字 66 箱共計中文書 17,298 冊又地圖 15 幅藍圖 18 幅。」其中第 66 箱是《玄覽堂叢書續集》4 部 480 冊（4 套）。1950 年 10 月 21 日教育部指令：「據呈運存臺北圖書館中文裝箱清冊准予備查。」在運存點交的過程曾有兩事，幸賴中圖組主任顧華提出說明後，順利完成交接。

　　省北館首先質疑，「聯管處運存省北館圖書共計 125 箱與教育部訓令該館之數〔166 箱〕未符。」據 1950 年 9 月 30 日聯管處依顧華具報呈文教育

部：（國史館查詢系統，聯管處，1950.09.30）

一、中央圖書館運臺圖籍除善本書外，共有普通書籍166箱。惟此項普通書籍，非盡屬供普通閱覽者，其中並附裝有登記簿冊、空白卡片、公文紙、打字機等物。（除清冊中詳列每箱內容外，統計時自仍均列入普通書項下）因於〔1950年〕6月20日由處以文字第 248 號呈文呈部，請求准予保留書籍數項，嗣並奉到6月28日臺社字第3625號部令，照准在案。至適於普通閱覽之書籍則確已盡量提出北運。

二、保留之各項書籍共41箱，茲謹按原清冊（共8冊，於2月7日呈報者）內所列之次序，分述如下：

甲、採中字共留 7 箱（原清冊編號為採中字1－7號），此7箱均為整箱之日文書（按省立圖書館收藏之日文書在質量方面均較本處現藏者為優）；

乙、中編字共留 2 箱（原清冊編號為中編字1、2號），此2箱均為中文編目方面之工具書；

丙、中字共留 17 箱（原清冊編號為中字38、39、46－52、54－56、63－64、66－68號），此17箱多為政府公報等，內有少數報紙雜誌；

丁、史字共留 3 箱（原清冊編號為史字第8、12、26號），內 2 箱為中文書，其中有四部備要及四部叢刊各一部，均非全帙，四部備要所缺尤多（運至省立圖書館之書中有圖書集成一部，亦不全，該館且擬回），另西文書 1 箱多為1900年前後所出版，現已不易購得者；

戊、玄字共留 2 箱（原清冊編號為玄字1、2號），玄覽堂叢書為中央圖書館所影印，共運來臺灣 12 部（分裝 3

箱），原係擬供國際交換之用者，今運交省立圖書館 4
部，已不為少；

己、西字共留 2 箱（原清冊編號為西字 15、16 號），西字 15
至 17 箱中多為圖書館內部工作之工具書，至其中適於普
通閱覽之書，則已提出北運；

庚、採西字及西編字各留 1 箱（原清冊編號為採西字 1 號，
西編字 6 號），此 2 箱亦為圖書館工作之工具書。

三、綜計請求保留部分共 41 箱，除前列各項共 35 箱，再除去登記
簿、空百卡片（有多至半箱者）、公文紙、打字機等所佔地
位外，所餘得祇 4、5 箱，本處同仁嗣後研究工作，可資參閱
者，亦祇此少數之書籍矣。

又交接當日，省北館以《欽定古今圖書集成》（共 21 箱）不全，且該
館亦庫藏該項圖書似無重複存藏之必要，建請運回。聯管處於 1950 年 12 月
22 日呈教育部文「據此顧君所呈各節，似可供考慮，合備文轉呈鑒核層飭
省北館將該圖書集成留存公開閱覽，俾達將本處中圖組所存普通書籍運交
該館借閱之初衷為禱。」案顧華簽呈有 5 節，茲錄第 1、2 節：（國史館查
詢系統，聯管處，1950.12.12）

（一）查國立中央圖書館之普通本書籍多係第 3 批（即最後一批）
運來臺者，裝船之日（1949 年 1 月 27 日適為舊曆除夕）午夜以後
箱件尚未裝完，碼頭工人即紛紛散去，雖予加倍給資，亦無人願
意受僱，押運人員迫得將運抵碼頭而未能上船之箱件，復行用卡
車運回城中，因此有多種冊數較多之書，未克全部運來，圖書集
成即為其中之一種。

（二）查圖書集成一書，按其性質論為一分門別類之百科全書，
內分曆象、方輿、明倫、博物、理學、經濟學等 6 彙編，每彙編之

下復分為若干典，如曆法典、藝術典、食貨典等等。每典之類，所有與該部門有關之資料均彙集一處，無須往復翻拾之煩，故雖非全帙，現有各典仍足供學者之參考。在此舊書缺乏之臺省，一部不全之圖書集成，實仍可抵得他書數十部之用。

1951 年元月 4 日部長程天放批示：「派涂編纂序瑄往圖書館查明，究存有若干冊數，缺殘何種程度，報告後再定處理辦法。」涂序瑄元月 16 日簽：

敬啓者：本月 12 日奉派調查圖書集成存有冊數及殘缺情形，遵即前往臺北圖書館調查。據稱該項圖書集成共 21 箱尚未開箱，殘缺程度無從斷定。惟最近臺中聯管處特派該處中圖組主任顧華來館交涉，經與商定此項圖書仍托存該館開放閱覽不運回臺中，一俟書架佈置就緒，即行開箱清點上架，陳列開放閱覽等語。經查所述各節尚屬實在，理合專函報告調查結果。敬祈
鑒核。再此項圖書集成雖已殘缺，然在臺省仍不易購得的，將來開箱清點時，仍宜由本部主計室派員監點以重公物。附呈管見是否可行，亦乞核交社教司會知主計室辦理。謹上
部長程

特約編纂　涂序瑄
1951 年 1 月 16 日

奉部長批示：如擬。4 月 11 日聯管處顧華會同涂序瑄前往省北館開箱清點，爰於 6 月 11 日將清點結果並檢附清點清冊一份備文呈報教育部鑒核備案。根據開箱清冊：「合計 21 箱 3,801 冊。」於 4 月 14 日移交，「監交人涂序瑄，點交人顧華，接交人吳克剛」。聯管處奉 6 月 21 日教育部指令：「呈悉准予備查」。

　　至交省北館的西文書刊共 59 箱，內計英國雜誌 50 箱 3,886 卷（季刊 4 冊月刊 6 或 12 冊為 1 卷，週刊則以原出版處所分卷數為準）另 258 冊。美國雜誌 3 箱 1,082 冊。普通書籍 6 箱 1,028 冊。上列各箱以英國雜誌 50 箱最為可貴（原值英金 6,808 磅），其中並有自創刊號起 1940 以後，多年而不斷者（偶有缺補，則係原經售之書店未能蒐集齊全）。1950 年 12 月分別造冊「國立中央圖書館寄存臺灣省立臺北圖書館西文書籍清冊（普通書籍之部）」（計西文書 6 箱清冊 39 頁）及「國立中央圖書館寄存臺灣省立臺北圖書館西文書籍清冊（雜誌之部）」（以上計英國雜誌 50 箱清冊 19 頁美國雜誌 3 箱 6 頁），由中圖組主任顧華點交，省北館館長吳克剛點收，教育部代表郭蓮峯在場。

　　教育部 1951 年 2 月 17 日行文聯管處、臺灣省政府教育廳：教育部聯管處保留寄存省北館公開閱覽中西文書及雜誌 125 箱的所有權，請教育廳轉飭省北館知照。

　　1954 年 8 月 1 日中央圖書館奉教育部令籌備復館，10 月 23 日該館原任館長蔣復璁奉教育部令，層奉總統命准予復職。1956 年 12 月 15 日該寄存省北館中西文圖書 125 箱歸還中央圖書館。

省政府提供中央圖書館館舍

　　教育部部長張其昀（1901－1985）為推動民生主義的文化建設，有感於臺北市文教設施極少，僅有新公園裏的一所臺灣省立博物館，以及借用該館館舍的省北館，於是適時提出「園區」的概念，獲得中央支持，在臺北植物園東首撥出一區土地，備供施工興建一藝文中心，包括藝術、圖書及博物諸部門，因該地段恰在南海路上，爰稱「南海學園」。

　　1954 年 8 月 1 日教育部令蔣復璁恢復中央圖書館。同月，張部長約教育廳廳長劉先雲及蔣復璁到南海路參觀植物園，為中央圖書館訪尋館址，決定在原日本建功神社的臺灣省國語推行委員會的辦公處所作為館址。（請參見《國家圖書館故事（卷一）：發展史及館舍建築》，〈第三章 遷徙與館舍建築〉，頁 159－161）。

　　1955 年 2 月 14 日臺灣省臨時省議會第 2 屆第 2 次大會第 13 次會議，「教育類口頭詢問與答復」，議員胡丙申以教育廳要把國語推行委員會遷到郊外去，把原有的房屋讓給中央圖書館乙事詢問教育廳。教育廳廳長劉先雲答復，詳細說明如下：（臺灣省臨時省議會秘書處，1955.03.01）

　　去年西班牙名畫展覽，借用博物館舉行。總統亦曾蒞臨參觀，承蒙指示該館損壞之處甚多，應予修理，以壯觀瞻。所以我們決定加以修理，正在計畫中。去年有一位西班牙人來到我國觀光之後，回國去發表談話。謂：「沒有到過自由中國以前，非常仰慕。但經觀光以後，發覺自由中國卻是一片沙漠，既無頗具規模的博物館，即圖書館亦非常簡陋，而且都祇是地方性的，不能代表整個的自由中國。自由中國的歷史文化很悠久，但我們無法看到。」云云。因此，中央擬議將植物園加以整頓，以之作為中央圖書館及中央美術館的館址。植物園內現有 3 個機關，一是國語推行委員會，一是交通部電訊局員工眷屬宿舍，一是農林廳林業試驗所，我們擬請他們騰出，作為上述兩館館址。臺灣省立圖書館係借用省立博物館一部分房屋使用，地方狹小，遇到寒暑假或星期日，幾至無法容納一般讀者，因此中央決定將寄存閱覽的圖書移出另建中央圖書館，以供民眾閱覽。但珍貴善本因為非常寶貴，恐受戰事影響，則不能作為閱覽之用。我們對於中央的這種計劃，非常贊成。（中略）上述情形，至今不過是一種擬議，將由教育部呈請行政院核示。現在臺灣省博物館和圖書館均因年久失修，損壞之處甚多，已決定修理。據建設廳初步估計，約需修理費 120 萬，省庫無法負擔，後來又請一位名工程家關頌聲先生估計，亦需 90 萬之鉅，且有許多材料須仰給日本。這個數目也不少，幾經研究刪減，最後決定非 60 萬元莫辦，我們已經呈請省政府撥發經費中，但也沒有定案。

1955 年 9 月 18 日中央圖書館奉令遷入原臺灣省國語推行委員會舊址，展開了該館南海路服務的時期。遷入南海路之初，館舍僅是一座殘舊的廳堂，兩列木造房屋，一座鉛質活動房屋而已。開始先驅逐白蟻，徐圖發展。自 1956 年始即從事館廈的重建，因經費籌措不易，爰擬具了一套重建計畫，採取循序漸進的原則，在不影響各單位業務的情形下，按實際的需要，分年擴建。經修葺、添建、改造擴充，迄 1964 年全部完成。「將一所破舊，不連貫、不調和的建築，修造成一個實用而有園池之勝的圖書館」。

八、推廣及輔導服務

新店民眾圖書閱覽室

1956 年 6 月 9 日起至 1957 年 9 月止，與臺北縣新店鎮民眾服務站合辦民眾圖書閱覽室。在新店鎮原設有巡迴借書站，嗣因防空疏散關係，機關學校相繼遷往該鎮，讀者驟增，巡迴借書站已無法適應實際需要，乃徵得新店鎮民眾服務站的合作，在該站內設立民眾圖書閱覽室，置放圖書 1,500 餘冊，報章雜誌 20 餘種，供眾閱覽。

古亭兒童閱覽室

1956 年 6 月 15 日與臺北市古亭區民眾服務站合辦兒童閱覽室。鑒於當時國民學校採取半天上課制度，兒童急需閱讀場所，以總館原有兒童閱覽室座位有限，經商得古亭區民眾服務站的合作，在該站內增設兒童閱覽室，陳列兒童書刊及玩具等，並定期放映兒童電影。

北投民眾圖書閱覽室

1958 年 11 月 1 日起與陽明山區北投鎮民眾服務站合辦民眾圖書閱覽室，1960 年 2 月 28 日又移該鎮光明路 154 號開放。

木柵閱覽室

1960 年 12 月 12 日在臺北縣木柵鄉中興村馬明潭 15 號之 1，設置木柵閱覽室（臺灣資料閱覽室）。該處於 1960 年由教育廳撥歸省北館使用。因其地風景宜人，自臺北又有汽車可達，交通便利，該館爰利用該處寬敞房屋，將館藏全部臺灣資料約 1 萬 5 千冊移入，開放閱覽。

圖書巡迴車

1954 年 10 月 30 日開始推出圖書巡迴車服務，以服務臺灣省北部地區縣市鄉鎮民眾借閱該館圖書。初係與美國駐華大使館及（臺北）美國新聞處（「美新處」；U.S.Information Service）合作，由美新處提供專用專置的的汽車一輛，及英文書籍雜誌、中文譯本圖書；該館提供中文圖書，並負責規劃，設計巡迴路線，安置借書站，調派工作人員，及負擔經費，展開本省北部地區的巡迴閱覽服務讀者。1956 年美國大使館將此巡迴車贈予臺灣省政府教育廳轉撥該館獨自負責「臺灣省教育廳圖書巡迴車」服務。初備有中文圖書 2,933 冊、西文圖書 1,038 冊。各機關團體學校農會等（暫以北部各縣交通便利地區為限）均得商同省北館設立借書站，指定專人負責辦理分發借書證及催還圖書等事務。凡年滿 12 歲者，得憑其申請書覓取保證人：1.學校教員、學生由學校校長或專任主任具保（加蓋鈐印）；2.農民由農會負責人具保（加蓋鈐印）；3.公務員由服務機關主管具保（加蓋鈐印）；4.一般民眾由商號經理、工廠廠長或其他機關團體負責人具保（加蓋鈐印），經借書站負責人同意後發給借書證。借書證的有效期限為 6 個月。每次借書以 2 冊為限。每次借書以 2 星期為限，如未閱畢，得聲請續借乙次。期滿而不歸還者，除追交外並停止借閱。借出圖書，如有遺失撕毀塗寫等情，應照市價賠償。

圖書巡迴車行駛巡迴路線，闢有 7 線，如 1.基隆線 3 站；2.淡水線 6 站；3.汐止線 5 站；4.樹林線 7 站；5.新店線 7 站；6.桃園線 7 站；7.新竹線 11 站，共計設 46 站。巡迴範圍除臺北市外，尚有基隆、臺北（淡水、汐止、樹林、新店）、桃園、新竹等縣市轄區。（王潔宇）其後，圖書巡迴

車仍為 7 線增至 49 站。1954 年至 1956 年每月巡迴借書站 2 次，1957 年起改為每月巡迴 1 次。曾編《臺灣省立臺北圖書館圖書巡迴車中文圖書目錄》第 1 輯（1956－.），以利業務。

　　1971 年 7 月 1 日為推廣借閱服務，調整圖書巡迴車巡迴借閱的路線及其各線上的借書站。巡迴路線仍為 7 線，增加 1 站為 50 站，但巡迴車借書站調整了 30%，新線已非舊觀。依 1971 年重訂的《臺灣省立臺北圖書館圖書巡迴車借閱辦法》（全 9 條），借書採保證金制（地方機關學校的公教人員得採所屬機關學校首長出具的保證書申辦）。每人繳納新臺幣 50 元保證金即可申請借書證，可借閱圖書 3 冊，非文藝小說類者，以 1 冊為準，借期為 1 個月，期滿得申請續借乙次。圖書歸還時，即可退還保證金，借書期逾兩個月不還，即以全部保證金另購圖書補償損失（採保證書者由保證人負責賠償）。圖書巡迴車每月巡迴借書站乙次，每站工作停留時間約 40 分鐘。

　　圖書巡迴車除辦理圖書借閱之外，尚附帶定期舉辦巡迴音樂欣賞會，放映教育電影及流動書箱等工作。在該館改制中央前，圖書巡迴車服務未曾中斷，自「1954 年 10 月至 1971 年 6 月，凡 17 年又 8 個月，計巡迴借書站 8,878 站次，借書 54,266 人，96,418 冊，還書 53,338 人，94,872 冊」。（臺灣省立臺北圖書館）

流動書箱

　　1956 年 10 月 28 日起開辦與機關團體（乙方）合辦流動書箱服務。省北館（甲方）備流動書箱 30 個，每個藏書約 70 至 100 冊，分別於基隆、臺北、桃園、新竹 4 個縣市轄區，與各地民眾服務站、中小學及監獄等合作，設置流動書箱借書站 12 處（其後增至 16 處）。先是書箱每 6 週調換乙次，後改為 3 個月乙次。其後，流動書箱借書站除保留國防部軍人監獄站外，併入圖書巡迴車巡迴借書站。甲方負責流動書箱圖書的供給，及圖書登記、編目、製卡等事項；乙方負責流動書箱的保管、交還，及圖書出納事宜。書箱的調換，係與圖書巡迴車的出發相配合，甲方每次將流動書箱及圖書

帶至巡迴車經過地點交乙方指定的機構（商號）或專人收取，或約定時間專差調換，有時也用腳踏車運送。乙方每隔 6 個星期將流動書箱運至指定的機構（商號）或專人由其交還甲方。

舉辦「特藏圖書展覽」

1947 年 11 月，該館為配合本省的各項文化展覽，於 11 月 28 日至 30 日舉辦「特藏圖書展覽」。展覽分 6 類：1.臺灣資料（內多志書及善本）；2.琉球暨西南沙羣島資料；3.美術（內多中西日各國古今名畫）；4.各地方志；5.有關中國史地的西文圖書；6.善本圖書。「1947 年 11 月 14 日為免有誤，特函請楊雲萍指導提選展覽圖書（中研院臺史所數位典藏系統資料庫）。」展出圖書計在 1 千種以上、1 萬冊左右，每種均附貼條簽，上有簡單的介紹或說明。參觀人數每日在 3 千以上。旋循遠地人士的請求，乃展延兩日，至 12 月 3 日始閉幕。（臺灣省文獻委員會編纂組）1950 年 3 月 25 日起舉辦「中國美術展覽」，展出 3 天，有 3 萬 5 千參觀人次（張圍東），十分可觀。

電影音樂欣賞會

自 1950 年 6 月開始舉辦「教育電影放映」，每週二、四晚上 7 時在圖書館大門前〔室內〕放映 16 釐教育電影，到 1964 年 6 月，先後計共放映 1,836 場次，觀眾累計 908,580 人〔次〕。（另依《第 3 次中國教育年鑑》頁 824–826 載：1950 年 6 月開辦「電影教育」，每週二、五兩日晚間在新公園內音樂臺與臺北市教育局聯合放映。每星期日晚間與中國文藝協會聯合放映。此外應各方需要，作不定期放映。）「自 1950 年至 1969 年，教育電影放映 20 年，在商借影片、借用器材、極少經費支持下，累計放映場次數 2,362 回、放映影片 4,001 部次、觀眾人數 1,008,795 人次」。（臺灣省立臺北圖書館）

1951 年 9 月開始舉辦「音樂欣賞會」，與美新處及教育廳交響樂團合作，於每月 15 及月底定期舉行，在該館用唱片播放世界著名樂曲、樂歌

等，從古典到現代。除在該館大廳舉行外，還配合圖書巡迴車在基隆市及
新竹一帶與其他社教機構合辦。至 1964 年 6 月止，計共舉辦 415 場，聽眾
累計 103,592 人〔次〕。

語文補習班

　　1952 年 3 月起開辦「英語唱片補習班」，每日晚間上課，分初級、中
級、高級 3 組。到 1959 年 4 月，已辦理初級組 18 期、中級組 13 期、高級
組 1 期，計先後結業學員 1,642 人。從 1958 年 5 月 1 日起改聘英語教員教
授，教授英語會話、英文文法，到 1959 年 8 月止，僅辦理 1 期，結業學員
32 人。

　　1953 年 5 月舉辦「國語文補習班」初級班，晚間上課，6 個月結業，到
1954 年底止，結業學員 55 人。自 1955 年起與青年服務團、龍山寺管理委
員會合辦，在龍山寺舉辦初級、高級「國語文補習班」，每期 4 個月，到
1959 年 4 月先後結業初高級各 8 班，結業學員 855 人。

　　1956 年 8 月 15 日起開辦「國文補習班」，招收中學畢業學生程度的民
眾，以 6 個月為一期，在館內講授《中國文化基本教材》，每週 12 小時，
到 1958 年 12 月 28 日止共辦 4 期，計先後結業學員 126 人。自第 4 期起將
教材改用《古文觀止》、應用文，直到 1959 年停辦。

臺灣省公共圖書館長座談會

　　1955 年 12 月 4 日省北館為增進各縣市圖書館間的聯繫及交換業務意見
起見，與中央圖書館合辦「臺灣省公共圖書館長座談會」，邀集臺灣省各
縣市立圖書館館長與會，假中央圖書館舉行。此即第一次臺灣省公共圖書
館長座談會，自 1956 年起，省北館每年於中國圖書館學會召開年會之前，
均召開是項業務座談會。教育廳、教育部各級主管蒞臨指導，學會、中央
圖書館等各單位列席參與，交換業務經驗，溝通工作意見。16 年來，座談
會所作決議，謀改進圖書館業務。如 1.假省訓團舉辦社教工作人員訓練班，
調訓縣市圖書館現職人員，養成專業知能；2.辦理館際圖書互借，自 1958

年起實施；3.促成修正縣市立圖書館組織規程及編制員額等。（臺灣省立臺北圖書館）

中國圖書館學會

在臺圖書館界人士於 1953 年 5 月 18 日下午 6 時假臺北市中山南路中國國民黨中央黨部圖書館舉行座談會，出席者有省北館等 12 個單位代表 13 人，館長吳克剛與會，咸感中華圖書館協會會務停頓，會員星散，無法恢復，決議重新組織圖書館協會。5 月 30 日於臺灣大學會議室特舉行擴大座談會，假臺灣大學會議室舉行。有全臺 61 個單位代表 77 人出席，決議組織全國性圖書館學術團體，定名為中國圖書館學會（「學會」），並推定吳克剛等 11 人為籌備委員。7 月 3 日吳克剛等 11 人提出成立學會申請書，並檢呈學會組織緣起及發起人名單，備文向內政部申請備案。列名發起人者有 64 人。「那時，在戒嚴令的管制下，沒有太多言論和出版自由。1953 年，為成立學會，就準備了一份申請書，呈交給鄧文儀，果然內政部很快地核准了。（鄧元玉）」8 月下旬奉內政部函准籌備。籌備期間暫以省北館為通訊處。11 月 12 日（國父誕辰紀念日，即社會教育運動週第 1 天）下午 2 時假臺北市徐州路臺灣大學法學院禮堂召開學會成立大會，出席會員 110 人，教育部次長鄭通和、內政部次長鄧文儀到會致詞，臺北美國圖書館〔美國新聞處圖書館，座落於臺北市中山堂對面（原臺北信用組合房屋），1946 年美新處臺灣分處與日產管理委員會訂有長期租約），1958 年始搬到南海路〕館長柯茹（Miss Ruth C. Krueger）代表美國圖書館協會致賀。大會公推由吳克剛等 5 人任主席團，會中通過提案 20 件，包括「中國圖書館學會會章」，依「會章」，學會「以宏揚中華文化，研究圖書館學術，團結圖書館從業人員，發展圖書館事業為宗旨。」11 月 12 日至 15 日假省北館舉行「特藏圖書展覽」，由參展各圖書館精選珍藏圖書，如中文線裝古書（臺大）、中國地方志（中山文化教育館）、臺灣文獻（文獻委員會、臺大、省北館）、革命文獻（中央黨部），供眾瀏覽。

1953 年 11 月 25 日第 1 次理監事聯席會議通過吳克剛等 5 人為常務理

事，組成常務理事會，處理經常會務（自 1989 年 12 月 10 日第 37 屆年會修
正會章，始設置理事長乙職；12 月 21 日由理事就常務理事 7 人中推選沈寶
環為首屆理事長）。設置分類編目、目錄、圖書館教育、編輯出版、財務
等 5 委員會，並決定暫以臺灣省立臺北圖書館為會址（自 1960 年 3 月 12 日
始由省北館遷至於中央圖書館內迄今）。12 月 2 日第 2 次常務理事會通過
各委員會召集人、幹事及委員名單。吳克剛為目錄委員會召集人，幹事為
程民楷、曹永和。12 月 26 日第 1 次目錄委員會通過決議成立 1.各省方志目
錄編纂小組；2.各館參考書聯合目錄小組；3.索引小組。此外，1954－1955
年間學會多次於省北館舉行學術演講，如臺北美國圖書館館長柯茹、石康
霓（Miss Constance E. Stone）、史學家方豪等；及歡迎外賓茶會，如美國國
會圖書館東方部日文組主任畢藹德（Edwin G. Beal）等活動。

助辦圖書館工作人員講習班

　　1955 年 12 月 7 日學會成立教育委員會，1956 年 2 月 18 日聘王省吾等
5 人為圖書館講習班籌備委員。同年 3 月 18 日通過圖書館工作人員講習班
簡則、招生簡章，聘王省吾等 9 人為研習班指導委員會委員。4 月 16 日報
奉教育部核准備查學會舉辦研習班。1956 年 7 月 1 日學會首次舉辦暑期工
作人員講習班，王省吾任班主任，藍乾章任教務主任（8 月出國後由王振鵠
擔任）、賴永祥任總務主任，班址設於省北館內，借臺大校總區第 5 教室上
課，學員 32 名。〔學會辦理之初，鑑於當時各館工作人員大都未受圖書館
專業訓練，又乏圖書館學校培植新人，研習課程乃針對未接受圖書館專業
教育的在職人員所設計。〕開設圖書館經營、圖書徵集、圖書分類法、中
文圖書編目法、西文圖書編目法、參考與閱覽、特約演講、參觀與實習等
課程，為期 12 週，每週上課 18 小時，並分別至臺大、臺師大、省北館等處
實習。至 9 月 30 日結業。

　　1956 年 8 月（美）費士卓（William Ambrose FitzGerald，1906－1989）
應美國國際安全總署駐華共同安全分署教育組圖書館顧問之聘來臺。他與
教育部及學會合作，規劃及舉辦暑期圖書館工作人員訓練班，訓練圖書館

專業人員，費用在教育部美援僑教經費項下支應。1957 年 7 月 17 日教育部暑期圖書館工作人員講習班，於臺大上課，學員 60 人，至 9 月 14 日止，為期 8 週。教育部將班務邀請館長王省吾主持，開設：1.圖書館組織與行政（每週 4 小時）；2.小型圖書館組織與行政（2 小時）；3.圖書館建築與設備（3 小時）；4.中文圖書分類與編目（6 小時）；5. 西文圖書分類與編目（4 小時）；6.參考諮詢與閱讀指導（4 小時）；7.圖書採訪（4 小時）；8.圖書事業之推廣（1 小時）；9.特約講演（1 或 2 小時）；10.討論；11.參觀；12.實習等課程。自 1957 至 1961 年，每年暑期舉辦乙次，結業的學員返回工作崗位，「用所習新法整理書籍與加強讀者的服務，使圖書館界興起了一陣革新的聲浪，結業的學員愈多，此聲浪愈大，推動了這『進步巨輪』。」（王省吾）

　　1962 年停辦。自 1963 年起，由學會自籌經費每年持續辦理。及至 1974 年，大都分別委由中央圖書館、臺大、臺師大辦理。其間，自 1967 年起，改原「講習班」為「講習會」。

推薦兒童讀物和少年讀物

　　自 1960 年起該館即向國內各大書局蒐購各種兒童讀物，分由各研究員撰寫內容提要，及適合閱讀的對象。

　　復自 1961 年起與政治大學教育系合作辦理兒童讀物研究，設立「政治大學教育系臺灣省立臺北圖書館兒童讀物研究委員會」，由本計畫主持人（省北館研究員祁致賢）任召集人、政大教育系及省北圖各提名 2 人為委員，共 5 人組成。政大教育系調派助教 1 人任總幹事。一面作兒童讀物的蒐集，一面請政大附設的實驗學校兒童試讀，以求深入研究，期就研究結果能編出優良兒童讀物及兒童讀物總目，以供研究是項專門問題者研究參考。

　　兒童讀物研究委員會工作分為 5 項：1.調查全國已出版的兒童讀物，編為「全國兒童讀物總目」；2.選定兒童優良讀物，作簡明的內容提要和評述，編為「兒童優良讀物選目」；3.調查全國國民學校兒童讀物的設備情

況；4.調查並研究吸引兒童的連環圖書等類讀物，撰述「兒童優良讀物的調
查和研究」；5.研究兒童優良讀物，分年實驗，撰述「兒童讀物分年要
目」，並編訂各年級兒童讀物。「計畫極其周密，目標亦極正確，惜為人
力和財力所限，未能有效的展開工作。本館研究員諸先生，克服一切困
難，依第二項工作，選定兒童優良讀物作提要評述，未曾間斷。」（韓寶
鑑）如教育廳編印出版的《中華兒童叢書》，部分圖書經該館研究員方師
鐸、董長志、李劍南、魯文、郭麓嶠、胡繼翰、張宣沈、陳榆生、王潔宇
分別撰寫評介，披載於該館《圖書月刊》，以供讀者選擇的參考。（臺灣
省立臺北圖書館）

臺灣省政資料陳列櫥窗

1971 年 10 月 25 日，省政府新聞處鑒於臺北市現為我中央政府所在地，
中外人士及一般觀光旅客前來我國訪問參觀多集中於此。新聞處為使省政
建設實況增廣對外的展覽，經洽商省北館增闢「臺灣省政資料陳列櫥窗」
於 1 樓大廳，作為永久性陳列省政建設各種書刊暨成果資料、圖片之用。
（臺灣省政府首長會議，1971.11.01）

九、出版刊物

臺灣省立臺北圖書館館刊

本刊發行第 1 期至第 5 期。不定期出版，1964 年 6 月、1965 年 9 月分
別發刊第 1、2 期；1970 年 12 月、1971 年 12 月、1972 年 12 月再出版第 3、
4、5 期。館長王省吾任內創刊，以論著為主。第 1 期刊載〈汎論社會教
育〉、〈讀影印李秀成親供手跡書後〉的學術文章，都 7 萬言。第 2 期載
〈東漢王充的懷疑精神〉、〈國語教學問題改進芻議〉等，及史料〈臺灣
省立臺北圖書館館史〉，報告〈圖書館籌建經過〉。

館長袁金書復刊繼續發行，第 3 期著重於圖書館事業研究發展問題的探

討，及國內外圖書館事業要訊的報導（袁金書），披載〈臺灣地區縣市公立公共圖書館概況〉、〈陽明山管理局立圖書館概況〉、〈臺灣省立臺北圖書館報紙期刊論文索引〉（頁73－174）等。第4期因逢省北館成立25週年，撰寫有關圖書館事業的學術等專題數十篇，如〈如何發展公共圖書館事業〉、〈佛教圖書館圖書分類法〉、〈圖書分類助記表使用法〉等及轉載有關圖書館博物館的專門報導。第5期披載〈從本館創建的經過談未來的發展〉、〈歐美五大分類法之評議〉、〈圖書索引法（Indexing）之研究〉等。

圖書月刊

　　發行第1卷第1期至第1卷第12期止（1966年4月至1967年6月），間有兩期合刊。由該館研究輔導組編（主編王炬）。館長劉效騫〈發刊辭〉：「發行本刊，以擴大對讀者服務，並進而負起 1.加強社會教育；2.宣揚中國文化；3.促進學術研究；4.發展圖書館事業的各項任務。」此外，包括介紹圖書館概況，報導文教點滴及新出版圖書目錄等。本刊應 1965 年第 10 屆「臺灣省縣市公共圖書館館長業務座談會」決議辦理（陽明山管理局北投圖書館滕樹斌提案），至 1967 年因經費影響改為《圖書季刊》。

圖書季刊

　　發行第1卷第1期至第1卷第2/3期合刊止（1967年12月至1968年6月）。由該館研究輔導組編。以「發展圖書館事業」及「辦好圖書館工作」為發行主旨。

徵引及參考文獻書目

一畫－三畫

（日）一色周知，〈素木得一先生の追憶〉，《昆蟲》39：3（1970.10），頁 321－323。

丁希如，《日據時期臺灣嘉義蘭記書局研究》（臺北：元華文創，2017.07）。

（日）大場鑑次郎〈第一回圖書館週間に臨みて——1月10日夕 JEAK より放送〉，《臺灣教育》356（1932.03），頁 2－6。

（日）大路會編，《大路水野遵先生》（臺北：編者，1930）。

（日）小田原町圖書館，《小田原町圖書館鄉土資料目錄》（神奈川縣小田原町：編者，1940.04），31頁，油印本。

（日）小長谷惠吉，《日本國見在書目錄索引》（東京：東京商科大學附屬圖書館內くにち本の會，1937.06）。

（日）小長谷惠吉，《日本國見在書目錄詳說稿》（東京：東京商科大學附屬圖書館內くにち本の會，1936.11）。

（日）小林昌樹、鈴木宏宗、山田敏之，〈國立國會圖書館にない本　戰前から占領期の出版物〉，《國立國會圖書館月報》612（2012.03），頁 20－28。

（日）小林道彥著、李文良譯，〈後藤新平與殖民地經營——日本殖民政策的形成與國內政治〉，《臺灣文獻》48：3（1997.09），頁 101－121。

（日）小野則秋，《日本圖書館史》（京都，玄文社，1973）。

（日）小野則秋，《日本文庫史》（京都，教育圖書，1942）。

（日）上森大輔，〈子供の本と雜記——兒童室では何が一番讀まれる

か〉，《社會事業の友》102（1937.05），頁 30－35。

（日）上森大輔，〈兒童文庫の經營〉，《臺灣教育‧圖書館教育特輯》
　　390（1935.01），頁44－58。

（日）上森大輔，〈總督府圖書館の兒童に關する施設〉，《社會事業の
　　友》18（1930.05），頁204－212。

（日）山口縣立山口圖書館編，《山口圖書館和漢書分類目錄（明治 42 年
　　12 月末現在》（山口市：編者，1910）。上網日期：2019.10.17。
　　https://www.dl.ndl.go.jp/info:ndljp/pid/987367

（日）山口縣立山口圖書館編，《通俗圖書館の經營》（山口縣立山口圖
　　書館報告；20）（山口市：編者，1915.03）。

（日）山中正編，《木山人山中樵の追想──圖書館と共に三十六年》
　　（東京：山中浩發行，1979.09）。

（日）山中樵，〈清朝時代の臺灣地方志〉，《文藝臺灣》4：1（1942.
　　04），頁30－32。

（日）山中樵，〈卒業後の讀書〉，《青年之友》4（1941.04），頁 10－11。

（日）山中樵，〈清朝時代の臺灣地方志〉，載於：（日）西川滿，《臺
　　灣風土記（合卷）》（臺北：日孝山房，1940），頁 4－5。

（日）山中樵，〈統後で讀んで戰線へ送れ〉，《臺灣日日新報》13943
　　（1939.01.11），5 版。

（日）山中樵，〈二十周年を迎へた圖書館〉，《臺灣教育》398（1935.
　　09），頁 84－87。

（日）山中樵，〈圖書館週間より讀書習慣へ〉，《臺灣教育》366（1933.
　　01），頁 45－46。

（日）山中樵，〈圖書館週間に就いて〉，《臺灣教育》363（1932.10），
　　頁 115－117。

（日）山中樵，〈全國圖書館大會に出席して〉，《臺灣教育》361（1932.
　　08），頁 42－47。

（日）山中樵，〈臺灣に於ける圖書館の現在及將來に就て〉，《臺灣教育‧圖書館教育特輯》390（1935.01），頁 40－43。

（日）山中樵，〈六十七と兩采風圖〉，《愛書》2（1934.08），頁 11－20。

（日）山中樵，〈本島圖書館の先驅──臺灣文庫と基隆文庫〉，《臺灣教育》354（1932.01），頁 15－18。

（日）山中樵，〈臺灣三百年の史料〉，載於：臺灣文化三百年紀念會編，《續臺灣文化史說〔演講集〕》（臺北：編者，1931.02），頁 34－63。

（日）山中樵，〈清朝官撰本島府縣志類解題〉，《臺灣教育》321（1929.04），頁 23－38。

（日）山中樵，〈一卷の書〉，載於：臺灣日日新報社編，《臺灣日日新報壹萬號及創立三十周年紀念演講集》（臺北：編者，1929.03），頁 340－343。

（日）山中樵，〈臺灣から（三）芝山巖に合祀された〉，《圖書館雜誌》23：3（1929.03），頁 75－77。

（日）山中樵，〈臺灣から（二）總督府圖書館の創業〉，《圖書館雜誌》22：12（1928.12），頁 290－292。

（日）山中樵，〈臺灣から（一）臺灣文庫と石坂文庫〉，《圖書館雜誌》22：10（1928.10），頁 242－243。

（日）山中樵，〈紀念演講集（十）一卷の書（下）〉，《臺灣日日新報》10014（1928.03.10），2 版。

（日）山中樵，〈紀念演講集（九）一卷の書（中）〉，《臺灣日日新報》10013（1928.03.09），2 版。

（日）山中樵，〈紀念演講集（八）一卷の書（上）〉，《臺灣日日新報》10012（1928.03.08），2 版。

（日）山田恆，〈故並河先生を悼む〉，《臺灣教育》302（1927.10），頁

67。

（日）山根幸夫著、吳密察譯，〈臨時臺灣慣習調查的成果（附記：臺灣
　　慣習研究會）〉，《臺灣風物》32：1（1982.03），頁23－38。

四畫

（日）文部省，〈文部省圖書館講習所規則〉，載於：岡山縣立圖書館
　　（岡山縣中央圖書館）編，《小圖書館の設置經營所感》（岡山縣：
　　編者，1933.10），頁56－62。

（日）文部省，《米國圖書館事情》（東京：金港堂書籍珠式會社，1920.
　　05）。

（日）文部省編纂，《圖書館管理法》（東京：金港堂書籍珠式會社，
　　1912.05）。

（日）文部省編纂，《圖書館管理法》（東京：金港堂書籍珠式會社，
　　1900.07）。

（日）文部省編纂，《圖書館管理法》（東京：編者，1900.07）。

（日）文部省，《〔文部省第一年報‧1873＝明 6〕》（東京：文部省，
　　〔1875.08〕）。

（日）太田為三郎，《和漢圖書目錄法》（芸艸會叢書；1）（東京：芸艸
　　會，1932.05）。

（日）太田為三郎，《圖書館と學校との聯絡》，《臺灣教育》354（1932.
　　01），頁11－15。

（日）太田為三郎，《圖書整理法》（千葉縣圖書館叢書；4）（千葉：千
　　葉縣圖書館，1931.11）。

（日）太田為三郎，〈各州廳地方圖書館の經營〉，《圖書館雜誌》31
　　（1917.06），頁11－13。

（日）太田為三郎，〈圖書館と讀書〉，《臺灣教育》161（1915.10），頁
　　8－10。

（日）太田為三郎，〈開館と注意（上）〉，《臺灣日日新報》5431
　　（1915.08.04），1版。

（日）太田為三郎，〈開館と注意（下）〉，《臺灣日日新報》5431
　　（1915.08.04），1版。

（日）〔太田為三郎〕，〈臺灣總督府圖書館とその施政方針〉，《圖書
　　館雜誌》23（1914.11），頁59。

（日）太田為三郎，〈圖書館は一の營業り〉，《圖書館雜誌》15（1912.
　　07），頁46－51。

王元仲，〈宋新民〉，載於：黃元鶴、陳冠志主編，《圖書館人物誌》
　　（臺北：五南圖書出版公司，2014.01），頁164－167。

王世慶，《臺灣史料論文集》2冊（臺北縣板橋：稻鄉出版社，2004.02）。
　　上冊內容有〈文獻資料的整理和保存〉、〈介紹臺灣總督府報及官
　　報〉，下冊有〈日據時期臺灣官撰地方史志的探討〉等文。

王世慶，〈日據時期臺灣官撰地方誌之探討〉，《漢學研究》3：2（1985.
　　12），頁317－350。

王世慶，〈日據史料的調查與介紹〉，《臺灣風物》25：4（1975.12），頁
　　4－5。

王省吾，〈懷念慰堂先生〉，《圖書館學與資訊科學》17：1（1991.04），
　　頁45－50。

王省吾，〈臺灣省立臺北圖書館中正路新館舍籌建經過〉，《臺灣省立臺
　　北圖書館館刊》2（1965.09），頁64－74。

王省吾，〈臺灣省立臺北圖書館一年來工作概況〉，載於：中國社會教育
　　學社編，《社會教育年刊（第17屆年會特輯）》（臺北：編者，
　　1964.01），頁72－73。

王省吾，〈興建中的臺灣省立臺北圖書館館舍〉，載於：中國社會教育學
　　社編，《社會教育年刊（第16屆年會特輯）》（臺北：編者，1963.
　　01），頁76－77。

王省吾，〈從圖書館工作人員講習班追蹤輔導會議看臺灣圖書館事業〉，
　　《中國圖書館學會會報》13（1961.12），頁 7－10。

王省吾，〈臺灣省立臺北圖書館工作概況〉，載於：臺灣省政府教育廳
　　編，《臺灣省社會教育實施概況（1960 年度）》（臺灣省政府教育廳
　　社教叢書；14）（〔臺中霧峯〕：編者，1960.12），頁 101－102。
　　（國家圖書館館藏政府出版品選輯）

王振鵠，〈我國圖書館事業之現狀與展望〉，載於：國立中央圖書館編，
　　《中華民國圖書館年鑑》（臺北：編者，1981.12），頁 11－17。

王振鵠，〈現代圖書館的功能〉，《幼獅月刊》46：5（1977.11），頁 38－
　　40。

王振鵠，〈暑期研習班之回顧與前瞻——第 11 屆圖書館工作人員研習會報
　　告〉，《中國圖書館學會會報》19（1967.12），頁 23－28。

王會均，〈袁金書〉，載於：中國圖書館學會、汪雁秋編，《圖書館人物
　　誌（一）》（臺北：中國圖書館學會，2003.12），頁 85－87。

王雅珊，「日治時期臺灣的圖書出版流通與閱讀文化——殖民地狀況下的
　　社會文化史考察」（臺南：國立成功大學臺灣文學系碩士論文，
　　2010）。

王潔宇，〈臺灣省立臺北圖書館的兒童閱覽室〉，《圖書月刊》1：12
　　（1967.06），頁25－26。

王潔宇，〈臺灣省立臺北圖書館館史〉，《臺灣省立臺北圖書館館刊》2
　　（1965.09），頁 1－64。

王學新，〈日治時期臺灣出入境管理制度與渡航兩岸問題〉，《臺灣文
　　獻》62：3（2011.09），頁 1－54。

王學新，〈抗戰前博愛會醫院之運作與日本大陸政策之關聯〉，《逢甲人
　　文社會學報》16（2008.06），頁 107－131。

王學新，〈臺灣總督府公文類纂有關籍民與南進史料之介紹〉，《臺北文
　　獻》直 164（2008.06），頁 109－150。

王學新，〈南洋政策下的籍民教育（1893－1917）〉，《國史館學術集刊》14（2007.12），頁 97－131。

王麒銘，「臺灣總督府官房調查課及其事業之研究」（臺北：國立臺灣師範大學歷史學系碩士學位論文，2005）。

（日）井出季和太，《臺灣治績志》（臺北：臺灣日日新報社，1937.02）。

（日）井出季和太、郭輝編譯，《日據下之臺政》3 冊（臺北：臺灣省文獻會，1956.12）。

（日）木母浮浪〔伊能嘉矩〕，〈臺灣の修志〉，《臺灣時報》65（1915.02.15），頁 10－16。

（日）木母浮浪〔伊能嘉矩〕，〈臺灣圖書の蒐集〉，《臺灣時報》64（1915.1.20），頁 33－39。

（日）木母浮浪〔伊能嘉矩〕，〈臺灣舊慣調查事業史〉，《臺灣時報》63（1914.12.15），頁 3－11。

日本圖書館協會，《圖書館雜誌》1（1907（明 40）.10.17）－迄今，月刊，東京。

文部省圖書館職員養成所圖書館研究部編，《圖書館雜誌總索引 1907（明 40）－1950（昭和 25）》（東京：日本圖書館協會，1951（昭 26）.12）。1964

年逢協會創立 70 週年，協會編，《圖書館雜誌總索引 1907－1960》（東京：編者，1964）。其後，細谷重義編，《圖書館雜誌總索引 1946－1983》（東京：協會，1987.01）。

〈臺灣總督府圖書館とその施政方針〉，23（1914.11），頁 59。

〈臺灣總督府圖書館の開館〉，25（1915.12），頁 58－59。

〈標準圖書分類法設定に關する件（府縣立圖書館長會議）〉，36（1918），頁 66。

〈圖書館分類法の件（府縣立圖書館協議協定要項）〉，39（1919），頁

　　69。

〈故並河直廣氏略歷〉，21：8（1927.08），頁234。

〈1927年12月臺灣圖書館協議會在臺灣總督府舉行〉，98（1928.01），頁
　　2。

〈總務長官致詞要旨〉，98（1928.01），頁15。

〈臺北に於ける圖書修理法講習會〉，103（1928.06），頁153。

〈第二十三回全國圖書館協議會〉，121（1929.12），頁28－29。

〈臺灣圖書館協會總會〉，121（1929.12），頁323。

〈臺灣の簡易圖書修理講習會〉，121（1929.12），頁326。

〈太田為三郎氏逝世〉，30：3（1936.03），頁73。

（東臺より），30：3（1936.03），頁72。

〈臺灣圖書館協會主催圖書館事務研究會〉，31：2（1937.02），頁64－65。

〈圖書館時事：支那事變と圖書館〉，32：2（1938.02），頁54－55。

日本圖書館協會編，《圖書館小識》（東京：編者，1915.10）。

日本圖書館協會編、黃淵泉譯，〈日本連續性刊物編目規則〉，《圖書館
　　學與資訊科學》4：1（1978.04），頁49－64。

（日）中村孝志著、李玉珍、卞鳳奎譯，〈臺灣和「南支・南洋」〉，
　　《臺北文獻》直128（1999.06），頁231－245。

（日）中村孝志，《日本の南方関與と台灣》（奈良天理市：天理教道友
　　社，1988.02）。

（日）中島利郎編，《『臺灣時報』總目錄》（著者索引付）（東京都：
　　綠蔭書房，1997.02）。

中央設計局（1945.04.12）。「臺灣接管計劃綱要卷」，《司法行政部》。
　　國史館，典藏號022－080400－0237。

中國陸軍總司令部編，《中國戰區中國陸軍總司令部處理日本投降文件彙
　　編（下卷）》（〔南京〕：編者，1946.04）。

中國陸軍總司令部編，《中國戰區中國陸軍總司令部處理日本投降文件彙

編（上卷）》（〔南京〕：編者，1945.10）。

中國第二歷史檔案館編，《中華民國史檔案資料彙編第五輯第三編文化》
　　（南京：江蘇古籍出版社，1999.09）。

〈臺灣省教育廳報送該省縣市立圖書館實施概況調查表及圖書雜誌報紙調
　　查表代電〉（1947.10.13），頁 364－369。

中華圖書館協會理事會編，《中華圖書館協會會報》1：1（1925.06.30）－
　　21：3/4（1948.05.31），雙月刊。1 卷 1 期至 12 卷 6 期（1937.06.30）
　　在北平發行；13 卷 1 期起（1938.07.30）在昆明復刊；15 卷 1/2 期起
　　（1940.10.30）在成都發行；17 卷 3/4 期起在重慶發行；20 卷 4/5/6 期
　　（1946.12.15）起在南京發行，卷期數相連。

〈臺省館南方資料室〉，21：3/4（1948.05.31），頁 13。

〈廣州市立中山圖書館近訊〉，20：4/5/6（1946.12.15），頁 15。

〈廣東省立圖書館及中山大學圖書近在香港查獲〉，20：1/2/3（1946.06.
　　15），頁 11。

（日）今川淵，〈台灣南方協會の使命に就て〉，《台灣時報》244（1940.
　　05），頁 25－29。

（日）今井貫一，〈地方圖書館と鄉土資料〉，《圖書館雜誌》36（1919.
　　10），頁 8－22。

毛章清，〈略論日據時期臺灣總督府對廈門的新聞殖民活動〉，《中國青
　　年政治學院學報》2010：1，頁 125－130。

五畫

立法院秘書處，《立法院公報》1（1929.01）－130（1944.03），月刊，南
　　京。1（1951.07.30）－2/3（1951.09.30），月刊，臺北；第 1 會期第 1
　　期（1953.04.05）－第 39 會期第 7 期（1967.06.02），月刊，臺北；
　　56：1（1967.06.03）－迄今，半週刊，臺北。

〈教育部蔣彥士部長報告國立編譯館、國立中央圖書館、國立教育資料館

　　　　工作概況〉，66：10（1977.02.02），頁 33。

〈教育首長率同國立中央圖書館（含臺灣分館）等單位首長列席報告業務
　　概況〉，82：71（上）（1993.12.15），頁 249－341。

（日）市村榮，〈臺灣關係誌小解〉，《愛書》10（1938.04），頁 205－
　　230。

（日）市村榮，〈清朝官撰臺灣府縣志類著錄〉，《圖書館雜誌》114－
　　115 期（1929.05－06）。

（日）石坂莊作，〈石坂文庫十五年小史〉，載於：石坂莊作，《御賜之
　　餘香》（臺北：臺灣日日新報社，1926.03），頁 63。

（日）石坂莊作，〈石坂文庫終焉所感〉，載於：石坂莊作，《御賜之餘
　　香》（臺北：臺灣日日新報社，1926.03），頁 87－89。

（日）石坂莊作，〈臺灣圖書館事業の不振を慨し敢て世人に訴ふ〉，
　　《基隆石坂文庫第十二年報》（1921.10），頁 29－42。

（日）石坂文庫，〈石坂文庫設立の趣意書〉，《私立石坂文庫第一年
　　報》（1910.10），頁 1。

（日）石坂文庫，〈石坂文庫規定〉，《私立石坂文庫第一年報》（1910.
　　10），頁 4。

（日）石坂文庫，〈第一沿革〉，《私立石坂文庫第一年報》（1910.
　　10），頁 5。

民報社，《民報》1（1945.10.10）－605（1947.03.08），日刊，臺北。
　　〈萬人空巷歡聲雷動　抗日壯士安抵臺灣 第七十軍由基隆登陸〉，
　　（1945.10.18），版 1。

〈前進指揮所轉移〉，10（1945.10.19），版 1。

〈熱烈歡呼聲中 陳長官由滬蒞臺〉，16（1945.10.25），版 1。

〈臺灣省受降典禮 本日在臺北舉行〉，16（1945.10.25），版 2。

〈張廷孟將軍由京來台〉，16（1945.10.25），版 2。

〈前進指揮所撤銷〉，17（1945.10.26），版 2。

〈文化協進會開發起人會 磋商諸事宜〉，21（1945.10.30），版 1。

〈本國與臺灣島內 各另訂鈔票匯兌辦法業已公佈〉，26（1945.11.04），
　　版 2。

〈臺灣省政府佈告 本國法令適用於臺灣〉，26（1945.11.04），版 1。

〈范壽康代理教育處長〉，99（1946.01.17），版 2。

〈圖書博物二館 一日正式開放〉，172（1946.03.31），版 2。

〈舊總督府改為文化館〉，186（1946.04.14），版 2。

〈圖書館閱覽改正免費〉，198（1946.04.26），版 2。

〈圖書館博物館五月一日起免費閱覽〉，202（1946.04.30），版 2。

〈前總督府改為科學館〉，219（1946.05.17），版 2。

〈臺幣對法幣 1 對 24〉，268（1946.06.20），版 2。

〈古亭圖書館業已開館〉，437（1946.09.20），版 2。

〈臺法幣匯率改訂 1 對 35〉，445（1946.09.25），版 2。

〈國立瀋陽圖書館藏書數量統計〉，448（1946.09.28），版 1。

〈書賈蟲害文化界 輸入的刊物價高 教科書太貴 燈火雖可親 奈沒書本
　　何〉，458（1946.10.07），版 3。

〈文化界危機 書店面儘是看書的人 買書的人很少〉，458（1946.10.07），版
　　3。

〈老板賺得太多呀 定價加乘 34 倍太過貴 權威說中間搾取要推廢〉，458
　　（1946.10.07），版 3。

〈只有望洋生嘆〉，458（1946.10.07），版 3。

〈臺法幣市盤 35 元左右〉，458（1946.10.07），版 4。

〈祝蔣主席六秩，改修舊總督府大廈，設立綜合文化殿堂，總經費按 1 萬萬
　　元〉，464（1946.10.13），版 2。

〈籌建介壽館獻金委員會 決定實施分區勸募辦法〉，488（1946.11.06），
　　版 3。

〈介壽館獻金會討論募款辦法〉，498（1946.11.16），版 4。

〈介壽館獻金北港召開座談會〉，498（1946.11.16），版 4。

〈博物館圖書館　例假日仍開放〉，499（1946.11.17），版 3。

〈城西圖書館開幕典禮〉，560（1947.01.19），版 3。

〈由日運回我善本書籍〉，583（1947.02.13），版 2。

北見隆，《中華民國廣播簡史》上冊（雲林縣虎尾：神農廣播雜誌，
　　2008）。

外交部（1945.12.26）。准臺灣省行政長官公署電稱該省圖書館所購羅斯文
　　庫之一部分被英國香港政府扣留請交涉發還電仰向香港政府交涉，外
　　交部〈戰時圖書徵（集）購（三）〉。國史館，數位典藏號 020-
　　990900-0112。

外交部（1946.02.15）。電覆關於臺灣圖書館所購羅斯文庫現存九龍 Holt's
　　Wharf 押運人山下隆吉已離港，外交部〈戰時圖書徵（集）購
　　（二）〉。國史館，數位典藏號 020-990900-0111。

外交部駐廣東廣西特派員公署香港辦事處（1946.01.28）。電呈關於臺灣圖
　　書館書及事辦理經過，外交部〈戰時圖書徵（集）購（一）〉。國史
　　館，數位典藏號 020-990900-0110。

六畫

江亢虎，《臺游追記》（上海：中華書局，1935）。

（日）宇治鄉毅，〈石坂莊作と石坂文庫——日本統治における先驅圖書
　　館の軌跡を中心に〉，《同志社大學圖書館學年報‧別冊》30（2004.
　　06），頁 16－40。

（日）宇治鄉毅，〈近代日本圖書館の步み——臺灣の圖書館〉，載於：
　　日本圖書館協會編，《日本圖書館協會創立百年紀念》（東京：編
　　者，1992.03），頁 855－869。

（日）宇治鄉毅著、何輝國譯，〈石坂莊作與石坂文庫——以日本統治時
　　期臺灣先驅圖書館之軌跡為中心〉，《臺灣學研究通訊》2（2006.

12），頁 82－101。

（日）宇治鄉毅著、何輝國譯，〈近代日本圖書館之變遷－臺灣圖書館
　　（下）〉，《國立中央圖書館臺灣分館館訊》，11（1993.10），頁 15
　　－18。

（日）西村竹間，《圖書館管理法》（東京：金港堂書籍珠式會社，
　　1892.12）。

（日）宇治鄉毅著、何輝國譯，〈近代日本圖書館之變遷——臺灣圖書館
　　（上）〉，《國立中央圖書館臺灣分館館訊》，10（1992.10），頁 16
　　－22。

　　任蒙，「從藏書樓到近代圖書館——晚清至辛亥革命時期的中國圖書
館」（濟南：山東大學歷史文化學院碩士學位論文，2010）。

　　（日）竹林熊彥，《近世日本文庫史》（京都，大雅堂，1943.06）。

　　（日）伊能嘉矩　參見　木母浮浪

　　（日）伊能嘉矩，〈臺灣圖書館小史〉，《私立石坂文庫第五年報》
（1914.10），頁 23－28。

　　朱言明，〈歷來對待戰俘之作法或手段〉，《國立中興大學人文社會
學報（1998.06)，頁 129－149。

　　朱浤源，〈典範二 曹永和的自學成功秘訣〉，載於：朱浤源主編，
《撰寫博碩士論文實踐手冊》（臺北縣新店：正中書局，1999.11）。

七畫

沈寶環，〈自序〉，載於：沈寶環，《徘迴集》（臺北：臺灣學生書局，
　　2004.03），頁 I－IV。

沈寶環，〈無限的懷念，虔誠的祝福〉，載於：國立中央圖書館臺灣分館
　　推廣組編，《國立中央圖書館臺灣分館建館 78 週年暨改隸中央 20 週年
　　紀念論文集》（臺北：編者，1993.10），頁 1－12。

沈寶環、袁美敏，〈人物專訪 圖書館界的巨擘——訪臺灣大學圖書館學系

暨研究所沈寶環教授〉，《臺北市立圖書館館訊》3:3（1986.03），頁
　　60－63。

沈寶環，〈序〉，載於：嚴文郁，《中國圖書館發展史——自清末至抗戰
　　勝利》（臺北：中國圖書館學會，1983.06），頁9－19。

宋建成，〈公共圖書館事業發展〉，載於：陳雪玉主編，《公共圖書館》
　　（中華民國圖書館事業百年回顧與展望；04）（臺北：五南圖書出版
　　公司，2014.12），頁3－43。

宋建成，〈我國近代圖書館事業發展〉，載於：黃元鶴、陳冠至主編，
　　《圖書館人物誌》（中華民國圖書館事業百年回顧與展望；12）（臺
　　北：五南圖書出版公司，2014.01），頁4－46。

宋建成，〈徹骨寒爭得撲鼻香〉，載於：《我與圖書館的故事——國立臺
　　灣圖書館更名紀念專輯》（新北市中和：該館，2013.02），頁130－
　　133。

宋建成，〈百年來臺灣公共圖書館事業紀要〉，《臺灣學通訊》56
　　（2011.08），頁2－3。

宋建成，〈臺灣公共圖書館史〉，《圖書與資訊學刊》63（2007.11），頁
　　36－46。

宋建成，〈臺灣的公共圖書館史〉，載於：政治大學圖書資訊與檔案學研
　　究所編，《臺灣圖書館事業與教育史研討會論文集》（臺北：編者，
　　2007.05），頁45－56。

宋建成，〈繼往開來　承先啟後〉，載於：國立中央圖書館臺灣分館編，
　　《根的回響——慶祝建館九十週年論文集》（臺北縣中和市：編者，
　　2005.08），頁11－14。

宋建成，〈國立中央圖書館臺灣分館所見臺灣文獻〉，載於：國立中央圖
　　書館臺灣分館推廣組編，《慶祝國立中央圖書館臺灣分館建館78週年
　　暨改隸中央20週年紀念館藏與臺灣史研究論文發表研討會彙編》（臺
　　北：編者，1994.04），頁9－37。

宋建成，〈國立中央圖書館臺灣分館沿革史〉，《國立中央圖書館臺灣分館館訊》1（1990.06），頁 3－7。

宋建成，〈三十年來的公共圖書館〉，《中國圖書館學會會報》35（1983.12），頁 20－32。

宋建成，〈近三十年來我國的公共圖書館〉，《教育資料集刊》6（1981.06），頁 345－372。

宋建成，〈談縣市鄉鎮圖書館的經營〉，《大學雜誌》103（1976.12），頁 19－22。

宋新民，〈臺灣省立臺中圖書館概況〉，（臺大）《圖書館學刊》2（1972），頁 143－145。

杜正宇，〈論二戰時的臺灣大空襲（1938－1945）〉，《國史館館刊》51（2017.03），頁 59－95。

杜正勝編，《景印解說番社采風圖》（臺北：中研院史語所，1998.03）。

杜定友，〈廣東省立圖書館近況〉，《中華圖書館協會會報》20：4/5/6（1946.12），頁 7－8。

李玉珍、卜鳳奎譯，〈臺灣和「南支‧南洋」〉，《臺北文獻》直 128（1999.06），頁 231－245。

李世暉〈近代戰爭下的日本與臺灣地緣經濟學的觀點〉，《臺灣國際研究季刊》13：2（2017 夏），頁 67－90。

李志銘，《裝幀臺灣：臺灣現代書籍的誕生》（臺北：聯經出版事業公司，2011.12）。

李易寧，〈田中稻城圖書館學思想——歐美訪學見聞與日本圖書館功能體系構建〉，《圖書館論壇》2019：10，頁 73－80。

李易寧、雷菊霞，〈佐野友三郎鄉村圖書館巡回服務思想與實踐——探討巡回服務的多樣性〉，《圖書館雜誌》41：6＝374（2022.06），頁 74－82。

李昭容，「日治時期彰化地區文化事業之研究」（臺北：稻香出版社，

2011）。

李昭容，「日治時期彰化地區文化事業之研究」（臺中：中興大學歷史學
　　系所博士論文，2008）。

李品寬，〈明治時期「臺灣愛書會」之研究〉，《臺灣文獻》60：2（2009.
　　06），頁 203－236。

李承機，〈日治時期的廣播事業發展及其影響〉，《臺灣學通訊》86
　　（2015.03），頁 4－7。

李國新，《日本圖書館法律體系研究》（北京：北京圖書館出版社，2000.
　　06）。

呂芳上，〈蔣中正先生與臺灣光復〉，載於：蔣中正先生與現代中國學術
　　討論集編輯委員會編，《蔣中正先生與現代中國學術討論集》5 冊（臺
　　北：編者，1986.12），冊 5，頁 40－82。

吳文星，〈戰後初年在臺日本人留用政策〉，《臺灣師大歷史學報》33
　　（2005.06），269－275。

吳文星，〈日治時期臺灣鄉土教育之議論〉，載於：國立央圖書館臺灣分
　　館推廣輔導組編，《臺灣史教育學術研討會論文集》（臺北：編者，
　　1997.06），頁 153－164。

吳文星，〈日本據臺前對臺灣之調查與研究〉，載於：《第一屆臺灣本土
　　文化學術研討會論文集》（臺北：臺師大文學院、人文教育研究中
　　心，1995.04），冊下，頁 567－576。

吳文星，《日據時期臺灣社會領導階層之研究》（臺北：正中書局，1992.
　　03）。

吳文哲等，〈臺灣六足總綱之研究回顧及現況〉，載於：邵廣昭等編，
　　《2008 臺灣物種多樣性─I 研究現況》（臺北：行政院農委會林務
　　局，2008.12），頁 151－160。

吳文哲、許洞慶，〈臺灣昆蟲相調查之回顧、現況及展望〉，《科學發展
　　月刊》14：7（1986.07），頁 763－769。

吳克剛（1946.12.03）。「公署參事吳克剛辭職案」，〈臺灣省參事任免〉，臺灣省行政長官公署檔案。國史館臺灣文獻館，典藏號：00303230068004。

吳密察撰，〈臺大藏「伊能文庫」及其內容〉，載於：臺大本專刊編輯小組、夏麗月主編，《伊能嘉矩與臺灣研究特展專刊》（臺北：臺大圖書館，1998.11），頁46－61。

吳密察，〈臺灣總督府修史事業與臺灣分館館藏〉，載於：國立中央圖書館臺灣分館推廣組編，《慶祝國立中央圖書館臺灣分館建館78週年暨改隸中央20週年紀念館藏與臺灣史研究論文發表研討會彙編》（臺北：編者，1994.04），頁39－72。

吳密察譯、（日）山根幸夫著，〈臨時臺灣舊慣調查會的成果〉，《臺灣風物》32：1（1982.03），頁23－53。

吳雄定，「戰俘在國際人道法論上的待遇」，（臺北：國防管理學院法律研究所碩士論文，1998）。

吳濁流，《無花果》5版（臺北：前衛出版社，1993.03）。

（日）谷川福次郎，〈鄉土史料の取扱に就いて〉，《臺灣教育‧圖書館教育特輯》390（1935.01），頁62－72。

何鳳嬌，〈戰後初期台灣軍事用地的接收〉，《國史館學術季刊》17（2008.09），頁167－199。

何應欽，《八年抗戰之經過》（〔出版地不詳〕：〔出版者不詳〕，〔序〕1946）。

何觀澤，〈廣州香港各圖書館近況〉，《中華圖書館協會會報》20：4/5/6（1946.12），頁3－7。

八畫

（日）並河直廣，〈圖書館の經營〉，載於：臺灣總督府圖書館編，《臺灣總督府圖書館一覽（自1925＝大14.04.01至1926＝大15.03.31）》

（臺北：編者，1926.08），附錄 1－28。

（日）並河直廣，〈簡易圖書館經營十一則〉，《臺灣教育》238（1922.
　　03），頁 109－112。

（日）波多野賢一，〈太田為三郎先生傳〉，《圖書館雜誌》36：3（1942.
　　03），頁 194－198。

（日）波多野賢一，〈內田嘉吉氏とその文庫〉，《臺灣教育》391（1935.
　　02），頁 33－39。

（日）武田虎之助，〈臺灣愛書會成立小誌〉，《愛書》1（1933.06），頁
　　206－207。

（日）松本喜一，〈四たび圖書館紀念日を迎へて〉，《圖書館雜誌》
　　30：4（1936.04），頁 75－76。

長官公署　見　臺灣省行政長官公署

（日）長澤規矩也，《圖書館における鄉土資料法》（東京：汲古書院，
　　1975）。

（日）東京市立圖書館，《東京市立圖書館一覽（自 1920 年（大 9）至
　　1921 年（大 10）》（東京：編者，1926）。

（日）東洋協會臺灣支部，《臺灣時報》，1（1909（明治 42）.01.20）－
　　113（1919（大正 8）.05.15），月刊，臺北。有《總目錄》。

1919 年（大正 8）改由臺灣總督府內臺灣時報發行所，《臺灣時報》（刊名
　　不變），1（1919 年（大正 08.07.01）－302（1945 年（昭和 20）.03.
　　13），月刊，臺北。（日）中島利郎編，《『臺灣時報』總目錄》
　　（著者索引付）（東京都：綠蔭書房，1997.02）。

〈東洋協會臺灣支部趣意書〉，1（1909.01.20），頁〔封面後第 1 頁〕。

〈東洋協會臺灣支部規約〉，1（1909.01.20），頁〔封面後第 1 頁〕。

〈東洋協會臺灣支部序〉，1（1909.01.20），頁 89。

〈東洋協會臺灣支部規條〉，1（1909.01.20），頁 90。

〈發刊之辭〉，1（1909.01.20），頁 90－91。

〈臺灣文庫開設實行委員〉，33（1912.05.30），頁 59。

〈臺灣文庫開設實行委員會〉，33（1912.05.30），頁 59。

〈第 14 次東洋協會臺灣支部總會記事〉，33（1912.05.30），頁 61－63。

〈舊慣調查事業の沿革及成績〉，61（1914.10.15），頁 9－14。

〈臺灣三大事業詳情〉，62（1914.11.20），頁附 1－5。

〈臺灣島內寫真蒐集〉，63（1914.12.15），頁 54。

〈臺灣文庫圖書の引繼準備〉，63（1914.12.15），頁 56。

〈第 16 次支部總會記要〉，63（1914.12.15），頁附 1－3。

〈臺灣三大事業詳情〉，63（1914.12.15），頁附 3－5。

〈寫真展覽會〉，67（1915.04），頁 57－58。

〈圖書館之籌開〉，72（1915.09.20），頁附 6－7。

林孚嘉，〈日治時期的臺灣社會教育——以公共圖書館發展為中心的考
　　察〉，《臺灣人文·臺灣師範大學》4（2000.06），頁 141－156。

林呈蓉、（日）荒木一視，〈臺灣之於「東洋協會」的歷史意義〉，
　　Journal of East Asian Identities 1（2016.03），頁 53－80。

林呈蓉，《水野遵：一個臺灣未來的擘畫者》（臺北：臺灣書房，2011.
　　12）。

林明儀，「政治大學國際關係研究中心圖書分館禁書及限閱圖書的形成、
　　利用及價值」（臺北：國立政治大學圖書資訊及檔案學研究所碩士論
　　文，2019.07）。

林果顯，〈「欲迎還拒」：戰後臺灣日本出版品進口管制體系的建立
　　（1945－1972）〉，《國立政治大學歷史學報》45（2016.05），頁 193
　　－250。

林佩欣，〈日治時期臨時臺灣戶口調查之展開及其意涵〉，《國立成功大
　　學歷史學報》45（2013.12），頁 87－128。

林佩欣，〈日治時期臺灣資源調查令之頒布與實施〉，《臺灣師範大學臺
　　灣史學報》5（2012.12），頁 97－122。

林佩欣，「臺灣總督府統計調查事業之研究」（臺北：國立臺灣師範大學歷史學系博士學位論文，2012.07）。

林振中，〈日據時期臺灣教育史研究——同化教育政策之批判與啟示〉，《國民教育研究學報》16（2006.03），頁 109－128。

林景淵，《日據時期的臺灣圖書館事業》（臺北：南天書局，2008.08）。

林熊祥、李騰嶽監修，黎澤霖編纂，《臺灣省通志稿‧卷 5 教育志文化事業篇》（臺北：臺灣省文獻委員會，1958）。

林煒舒，「日治時期臺灣歲計制度建立之研究（1895－1899）」（桃園：國立中央大學歷史研究所在職專班碩士學位論文，2009）。

林慶弧，〈戰後初期臺灣省立圖書館的接收與營運——以《山范交接檔案》為例之觀察（1945－1947）〉，《臺灣古文書學會會刊》23/24（2019.04），頁 69－106。

林慶弧，〈戰後初期臺灣公共圖書館的接收政策與執行（1945－1949）〉，《修平學報》37（2018.09），頁 53－81。

林慶弧，〈日治時期的臺中州立圖書館〉，《公共圖書館研究》5（2017.05），頁 2-1－2-32。

林慶弧，《近代臺灣公共圖書館的發展（1895－1981）》（臺灣文化系列69）（新北市：稻香出版社，2016.09）。

林慶弧，〈日治時期的臺灣總督府圖書館〉，《臺灣古文書學會會刊》17/18（2016.04），頁 25－66。

林慶弧，〈私立臺灣文庫的成立與營運：以《臺灣日日新報》為中心〉，《臺灣文獻》65：4（2014.12），頁 169－212。

林慶弧，〈日治時期基隆私立石坂文庫的研究〉，《臺灣學研究》17（2014.10），頁 49－88。

林慶弧，「近百年臺灣圖書館發展之研究（1895－1981）——以公共圖書館為中心」（臺中：國立中興大學歷史學系博士學位論文，2014.12）。

林獻堂著、許雪姬主編，《灌園先生日記（17）1945 年》（臺北：中研院臺灣史研究所，2010.02），頁 327。

昌少騫，〈本館特藏工作之展望——省文獻之蒐藏〉，《圖書月刊》2：11/12（1947.12），頁 1－2。

（日）和田萬吉等，《增訂圖書館小識》（東京：丙午出版社，1922.12）。

（日）和田萬吉編，《圖書館管理法大綱》（東京：丙午出版社，1922.10）。

（日）岡山縣立圖書館（岡山縣中央圖書館）編，《小圖書館の設置經營所感》（岡山縣：編者，1933.10）。

（日）岡山縣立圖書館編，《圖書館關係法規類輯》（岡山縣：編者，1938）。

周婉窈，〈從「南支南洋」調查到南方共榮圈——以臺灣拓殖株式會社在法屬中南半島的開發為例〉，載於：王世慶等撰，《臺灣拓殖株式會社檔案論文集》（南投：國史館臺灣文獻館，2008.12），頁 103－174。

周婉窈、蔡宗憲編，《臺灣時報東南亞資料目錄》（臺北：中研院東南亞區域研究計畫，1997）。

周德望，〈生於中國之外——當代日本認同中的國族起源論〉，《遠景基金會季刊》9：4（2008.10），頁 135－167。

周憲文，《臺灣文獻叢刊序跋彙錄》（臺北：中華書局，1971.11），序。

周憲文，《匆匆二十四年》（臺北：臺灣銀行經濟研究室，1970）。

邱大昕，〈盲流非盲流：日治時期臺灣盲人的流動與遷移〉，《臺灣史研究》22：1（2015.03），頁 1－24。

邱欣怡，〈臺灣省通志館之成立經過與組織編制初探〉，《臺灣文獻》60：3（2009.09），頁 201－220。

邱燮友主編，《臺灣人文采風錄》（臺北：萬卷樓，2008.08）。

（日）近藤正己著、林詩庭譯，《總力戰與臺灣：日本殖民地的崩潰》2 冊
　　（臺灣研究叢書；3-4）（臺北：國立臺大出版中心，1992.10）。

（日）受驗研究所編輯部，〈圖書館講習所〉，載於：受驗研究所編，
　　《最新官費貸費學校入學案內》（東京：白永社，1931.10），頁 53－
　　55。

九畫

（日）帝國圖書館編，《帝國圖書館一覽》（東京：編者，1934.02）。

（日）帝國圖書館編，《帝國圖書館一覽》（東京：編者，1897）。

（日）神田喜一郎著；曹春玲、胡素華譯，〈羅斯文庫〉，《海南師範大
　　學學報（社會科學版）》2011：5（2010.10），頁 153－155。

（日）神田喜一郎，〈羅斯圖書館〉，載於：《神田喜一郎全集》第 3 卷
　　（京都：同朋社，1984.04），頁 70－77。

（日）春山明哲編、解題，《戰前期「外地」圖書館資料集〔1.臺灣編〕》
　　10 冊（金澤：金澤文圃閣，2016－2018）。

（日）春山明哲編、解題，《戰前期の臺灣出版目錄：帝國日本の「全
　　國」書誌編成》4 冊、〔別冊 1 冊〕（金澤：金澤文圃閣，2013）。

胡素萍，〈羅斯文庫流散及現藏考述〉，《圖書館雜誌》318＝36：10
　　（2017.10），頁 100－107。

胡素萍，〈羅斯與羅斯文庫〉，《圖書館雜誌》2017：9，頁 17－20。

（日）厚生省援護局，《引援與援護三十年史》（東京：厚生省，
　　1977）。

胡鍾吾編纂、袁同禮訂正，〈洪範五先生事略〉，載於：洪有豐，《圖書
　　館學論文集》（臺北：洪餘慶，1968.12）。

（日）南方資料館，《1942 年度（昭 17）業務狀況其他報告書》（〔臺
　　北〕：編者，1942），油印本，31 頁。

（日）南方資料館，〈財團法人南方資料館概況‧設立ノ趣意〉1（1943.

01），頁 1。

（日）南方資料館，〈財團法人南方資料館概況・事業內容（イ）藏書〉，《南方資料館報》1（1943.01），頁 3。

（日）南方資料館，〈南方資料館概況・主要事項〉，《南方資料館報》1（1943.01），頁 5－6。

（日）南方資料館，〈侍從へ奉呈せる「南方關係印刷物目錄」〉，《南方資料館報》1（1943.01），頁 7－40。

（日）南方資料館，〈財團法人南方資料館諸規程〉，《南方資料館報》1（1943.01），頁 41－44。

（日）南方資料館，〈財團法人南方資料館平面圖〉，《南方資料館報》1（1943.01），頁（40）。

（日）南方資料館，〈本館備付支那及南方各地發行新聞雜誌目錄〉，《南方資料館報》9（1943.09），頁 37－38。

（日）南方資料館，〈資料館近況〉，《南方資料館報》2：2＝14（1944.02），頁 50。

柯萬榮編，《臺南州教育誌》（臺南：昭和新報社臺南支局，1937.08）。

柳書琴主編，《日治時期臺灣現代文學辭典》（臺北：聯經出版事業公司，2019.07）。

屏東市立圖書館編，《屏東市立圖書館一覽》（屏東：編者，1929）。

屏東街立圖書館編，《屏東街立圖書館一覽》（屏東：編者，1929）。

省北館　見　臺灣省立臺北圖書館

省府　見　臺灣省政府

省府教育廳　見　臺灣省政府教育廳

范岱年，〈范壽康和商務印書館〉；載於：商務印書館編輯部編，《1897-1987 商務印書館九十年——我和商務印書館》（北京：編者，1987.01），頁 321－322。

范誦堯（1945.10.09），「電報本所人員到達臺北後之工作」，臺灣光復專

輯。國防部史政編譯局，B5018230601/0034/002.6/4010.2/2/014。

范壽康，〈本省教育事業的現況及今後的走向〉，《臺灣文化》1：1
　　（1946.09），頁2－4。

范壽康，〈關於臺灣省圖書館〉，《中華圖書館協會會報》20：1/2/3
　　（1946.06），頁2－3。

（日）香坂順一，〈廣通通訊〉，《民俗臺灣》3：9＝27（1943.09），頁
　　34－39。內容：「8. ロス氏の藏書」、「9. ロス氏と支那文」，頁 38
　　－39

十畫

高志彬，〈臺灣方志之纂修及其體例流變述略〉，《臺灣文獻》49：3
　　（1998.09），頁 187－205。

高志彬，〈臺灣文獻守護神劉金狗先生事略〉，《國立中央圖書館臺灣分
　　館館訊》12（1993.04），頁 11－12。

高淑媛，〈華南銀行與華南銀行調查書〉，《臺灣學通訊》98（20017.
　　03），頁 18－19。

凌宗魁著、鄭培哲繪，《紙上明治村2丁目：重返臺灣經典建築》（新北：
　　遠足文化事業公司，2018.06）。

（日）素木得一，《思い出すままに》（東京：素木得一先生米壽紀念祝
　　賀事業會，1969），頁 59－63。

（日）素木得一作、周炳鑫譯，〈所望于圖書館者〉，《圖書月刊》，1：
　　1（1946.08），頁 9－10。

（日）素木得一，〈在臺灣南方關係文獻資料に就て〉，《南方資料館
　　報》，2：3＝15（1944.03），頁 65－69。

馬少娟，〈臺灣區公共圖書館史略（1895－1976）（中）〉，《教育資料
　　與圖書館學》11：4（1977.06），頁 29－32。

馬有成，〈從投降到受降——憾動歷史的 26 天〉，《檔案樂活情報》38

（2010.08.16），上網日期：2020.11.29。http://alohas.archives.gov.tw

馬宗榮，《現代圖書館序說》（學藝彙刊；16），（上海：中華學藝社出版、商務印書館發行，1928.03）。

（日）桂太郎，〈臺灣協會の設定に就て〉，《臺灣協會會報》1（1898.10），頁1。

袁同禮、胡鍾吾，〈洪範五先生事略〉，載於：洪有豐，《圖書館學論文集》（臺北：洪餘慶，1968）。

袁金書，〈從本館創建的經過談未來的展望〉，《臺灣省立臺北圖書館刊》5（1972.12），頁1－5。

袁金書，〈臺灣省立臺北圖書館刊〉，（臺大）《圖書館學刊》2（1972），頁158－159。

袁金書，〈本館珍藏的幾種臺灣文獻〉，《臺灣省立臺北圖書館刊》4（1971.02），頁32－33。

財政部國有財產署，〈國有土地清理及活化督導小組第 3 次會議議程及紀錄〉，上網日期：2022.07.01。https://www.frp.gov.tw> singlehtml

（日）財團法人南方資料館　見　南方資料館徐又驊，「日治時期『臺灣寫真帖』研究」（臺北：政治大學臺灣史研究所碩士論文，2011.07）。

徐美文、王梅玲，〈日治時期迄今圖書修護三部曲：以臺灣圖書醫院為案例〉，《歷史臺灣・國立臺灣歷史博物館館刊》，21（2021.05），頁129－157。

徐聖凱，《日治時期臺北高等學校與菁英養成》（臺北：國立臺灣師範大學 Airiti Press Inc.，2012.10）。

十一畫

許洞慶、吳文哲，〈臺灣昆蟲相調查之回顧、現況及展望〉，《科學發展月刊》14：7（1986.07），頁763－769。

許恪士編，《臺灣省第一屆全省教育會議實錄》（臺北：臺灣省政府教育廳，1948.05）。

許雪姬，〈廈門事件〉，載於：文化部，《臺灣大百科全書》，上網日期：2019.11.21。 http://nrch.culture.tw/twpedia.aspx?id=3825

許進發，〈臺北帝國大學的南方研究（1937－1945）〉，《臺灣文物》49：3（1999.09），頁 19－59。

許進發，〈臺北帝國大學的南方研究（1937－1945）〉，《臺灣文物》49：3（1999.09），頁22－23，引用（日）伊澤多喜男傳記編纂委員會編，《伊澤多喜男》（東京：羽田書店，1951），頁 158。

許壽裳著、黃英哲主編，《許壽裳臺灣時代文集》（臺灣文學與文化研究叢書；2）（臺北：臺大出版中心，2010.11）。

郭水潭，〈臺北圖書館小誌〉，《臺北文物》5：1（1956.04），頁 112－125。

郭明芳，〈國立臺灣圖書館藏《八千卷樓藏書目》初稿複印本考述〉，《東吳中文線上學術論文》28（2014.12），頁 107－132。

郭明芳，〈「羅斯文庫」廣州舊藏流散考述〉，載於：國立臺北大學古典文獻與民俗藝術研究所編，《古典文獻與民俗藝術集刊》第2期（新北市三峽區：編者，2013.10），頁 47－76。

郭佳玲，〈帝國與殖民：1934 年《臺中市史》與《山口縣史》兩書之書寫比較〉，《臺灣文獻》64：2（2013.06），頁 1－38。

郭冠麟，「臺灣總督府圖書館館藏政策之研究」（臺北：輔仁大學圖書資訊學系碩士論文，2000）。

郭婷玉，〈南洋倉庫株式會社〉，《臺灣學通訊》99（2017.05），頁 20－21。

郭輝編譯、（日）井出季和太撰，《日據下之臺政》3 冊（臺北：臺灣省文獻會，1956.12）。

鹿港街立圖書館編，《鹿港街立圖書館一覽》（臺中：編者，1930）。

鹿港街立圖書館編，《鹿港街立圖書館一覽》（臺中：編者，1929）。

（日）深川繁治，〈讓外國ラヂオの施設と臺灣〉，《臺灣遞信協會雜誌》88（1929.02），頁6－8。

梁華璜，《梁華璜教授臺灣史論文集》（臺北縣板橋：稻鄉出版社，2007）。

梁華璜，《臺灣總督府南進政策導論》（臺北縣板橋：稻鄉出版社，2003.01）。

梁華璜，《臺灣總督府的「對岸」政策研究：日據時代臺閩關係史》（臺北縣板橋：稻鄉出版社，2001）。

梁華璜，〈「臺灣拓殖株式會社」之成立經過〉，《國立成功大學歷史學報》6（1979.07），頁187－222。

梁華璜，〈臺灣總督府與廈門事件〉，《國立成功大學歷史學報》3（1976.07），頁103－129。

梁華璜，〈臺灣總督府與「對岸」政策研究〉，《國立成功大學歷史學報》2，（1975.07），頁123－139。

曹永和、陳世芳、曾令毅，〈曹永和 臺灣史研究巨擘〉，《臺灣學通訊》82（2014.07）頁6－8。

曹春玲、胡素華譯；（日）神田喜一郎著，〈羅斯文庫〉，《海南師範大學學報（社會科學版）》2011：5（2010.10），頁153－155。

基隆市立圖書館編，《基隆市立圖書館要覽》（基隆，編者，1937）。

基隆市立圖書館編，《基隆市立圖書館要覽》（基隆，編者，1936）。

（日）堀口昌雄，《南洋協會十年史》（東京：南洋學會，1923）。

教育部，〈歷年度全國重要社會教育機關數（1931至1945學年度）〉，載於：教育部，《第2次中國教育年鑑》（上海：商務印書館，1948.12），頁1471－1472。

教育部，《第1次中國教育年鑑》（上海：開明書局，1934.05）。

教育廳　見　臺灣省政府教育廳

連雅堂，《臺灣通史》3 冊（臺南：臺灣通史社，1920.12）。

張力，〈學者外交官：義大利人羅斯在中國，1908－1948〉，《中央研究院近代史研究所集刊》96（2017.06），頁 1－30。

張谷源，〈愛書〉，《臺灣學通訊》19（2009.10），頁 4。

張炎憲，〈臺灣分館與我〉，載於《我與圖書館的故事——國立臺灣圖書館更名紀念專輯》（新北市中和：該館，2013.02），頁 52－53。

張炎憲，〈整理臺灣資料奉獻一生的劉金狗先生〉，《臺灣風物》37：1（1987.03），頁 115－117。

張其昀，〈南海學園之興建〉，載於：張其昀先生文集編委會、中央黨史會，《張其昀先生文集》（臺北：國史館、中國文化大學，1989.08），冊 18 文教類（三），頁 9563－9565。

張其昀，〈序〉，載於：教育部教育年鑑編委會，《第 3 次中國教育年鑑（上）》（臺北：正中書局，1957），頁 1－3。

張建俅，〈二次大戰臺灣遭受戰害之研究〉，《臺灣史研究》4：1（1997.06），頁 149－196。

張海鵬主編，《臺灣光復史料滙編（第6編）‧臺灣行政長官公署施政與工作報告》（重慶：重慶出版集團‧重慶出版社，2017.04）。

張圍東，〈臺灣總督府圖書館（1915－1945）的閱讀推廣〉，《臺灣出版與閱讀》2018：4（2018.12），頁 112－121。

張圍東，〈山中樵（1882－1974）〉，載於：黃元鶴、陳冠至主編，《圖書館人物誌》（中華民國圖書館事業百年回顧與展望；12）（臺北：五南圖書出版公司，2014.01），頁 362－367。

張圍東，《走進日治臺灣時代：總督府圖書館》（國立編譯館主編，臺灣書房 8U08）（臺北：臺灣古籍出版公司，2006.01）。

張圍東，〈國立中央圖書館臺灣分館藏南洋資料及其價值〉，載於：國立中央圖書館臺灣分館編，《根的回響——慶祝建館九十週年論文集》（臺北縣中和市：編者，2005.08），頁 197－218。

張圍東，〈國立中央圖書館臺灣分館館藏現況及其發展政策探討〉，《國立中央圖書館臺灣分館館刊》3：1（1996.09），頁42－52。

張圍東，《山中樵傳》（臺灣先賢先烈專輯）（南投，臺灣省文獻委員會，1998.01）。

張圍東，〈日據時期私立臺灣文庫發展史〉，《書苑》23（1995.01），頁49－56。張圍東，〈和漢分類法之研究〉，《國立中央圖書館臺灣分館館訊》13（1993.07），頁54－60。

張圍東，〈日據時期南方資料館之研究〉，《國立中央圖書館臺灣分館館訊》16（1994.04），頁14－24。

張瑋琦、黃菁瑩，〈港口阿美族的竹筏〉，《臺灣文獻》62：1（2001.03），頁161－188。

張維斌，《空襲福爾摩沙：二戰盟軍飛機攻擊臺灣紀實》（臺北：前衛出版社，2015.08）。

張嘉玲，「二戰時日本南進政策下臺灣與東南亞關係」（臺北：淡江大學亞洲研究所碩士論文，2015.01）。

陳文添，〈總督府官房調查課設立經過〉，《臺灣文獻》49：2（1998.06），頁135－146。

陳世芳、曾令毅、曹永和，〈曹永和 臺灣史研究巨擘〉，《臺灣學通訊》82（2014.07）頁6－8。

陳世芳、郭婷玉、高碧烈，〈高碧烈 服務臺圖半世紀〉，《臺灣學通訊》82（2014.07）頁6－8。

陳青松，《基隆圖書館史》（基隆文獻；15）（基隆：基隆市文化局，2006.11）

陳金益摘譯、（日）石井敦原著，〈歐美公共圖書館走馬看花記〉，《臺灣省立臺北圖書館刊》5（1972.12），頁39－41。

陳咨仰，「戰後臺灣地區海軍的接收與重整（1945－1946）」（臺北：國立成功大學歷史學研究所碩士論文，2013.06）。

陳柏良，〈日治時期公共圖書館建築設計變遷〉，《臺灣學通訊》110
　　（2019.03.18），頁 16－17。

陳柏羽，〈舊書攤〉，上網日期：2021.01.13。https:library.taiwanschoolnet.
　　org/Cyberfair 2008/teletubbies/book.htm

陳俐甫，〈臺北與近代日本之東南亞研究〉，《臺北文獻》直 123（1998.
　　03），頁 33－56。

陳俐甫，〈臺灣與日本之學術「南進」——臺灣總督府、臺北高商、臺北
　　帝大與日本東南亞研究的系譜〉，《臺灣風物》47：3（1997.09），頁
　　161－167。

陳俐甫，〈臺北高等商業學校沿革〉，《臺北文獻》直 95（1991.03），頁
　　81－97。

陳雪玉、張映涵，「參加 2014 年第 80 屆國際圖書館協會聯盟（IFLA）年
　　會暨海報展及參訪圖書館出國報告」（新北市中和：國立臺灣圖書
　　館，2014.08）。

陳雪屏，〈十年來的臺灣教育建設〉，載於：謝然之編，《臺灣十年》
　　（臺北：臺灣新生報社，1955.12），頁 221－225。

陳培豐，〈「隈本繁吉文書」簡介〉，上網日期：2019.10.17。https://social.
　　ntue.edu.tw›twhistory›read›

〔陳華洲〕，《陳公洽與臺灣》（〔臺北〕：南瀛出版社，1947.08）。
　　（國家圖書館臺灣華文電子書庫）

莊道明，〈沈寶環〉，載於：中國圖書館學會出版委員會、汪雁秋主編，
　　《圖書館人物誌（一）》（臺北：中國圖書館學會，2003.12），頁
　　117－127。

莊麗蘭，〈臺灣公共圖書館發展史（1901－1949 年）〉，《教育資料與圖
　　書館學》28：1（1990.09），頁 87－130。

莊麗蘭，「臺灣光復後公共圖書館的發展史」，（臺北：中國文化大學史
　　學研究所圖書文物組碩士論文，1987.06）。

（日）國立印刷局，「山口縣圖書館巡迴書庫第一期計畫」，《官報》第
　　6185 號（1904. 02.17＝明 37），頁 316。

國立中央圖書館，《國立中央圖書館存臺文物清冊》8 冊（臺北；該館，出
　　版年不詳），油印本。（國家圖書館臺灣華文電子書庫）

國立臺灣大學出版組，《國立臺灣大學校刊》，1（1947.10.01）－. 半月
　　刊，臺北。

〈兩年來圖書館工作簡報〉，4（1947.11.15），版 3－5。

國立臺灣博物館，〈百年身影－建築篇〉，上網日期：2021.02.10。https://
　　www.youtube.com/watch?v＝CLCwfow8y-8

國立臺灣博物館網站，〈認識臺博—本館〉，上網日期：2021.02.10。http://
　　www.ntm.gov.tw/content-142.html.

國民政府令（1945.08.29），「特任陳儀為臺灣省行政長官」，《臺灣省行
　　政長官公署公報》1：1（1945.12.01），頁 1。

國民政府令（1945.09.07），「特派陳儀兼臺灣省警備總司令」，《臺灣省
　　行政長官公署公報》1：1（1945.12.01），頁 1。

國民政府令（1945.08.30），「派葛敬恩為臺灣省行政長官公署秘書長」，
　　《臺灣省行政長官公署公報》1：1（1945.12.01），頁 1

國史館查詢系統，見國史館，「國史館檔案史料文物查詢系統」

國史館，「國史館檔案史料文物查詢系統」（臺北：國史館）。https://
　　Ahonline.drnh.gov.tw
　　　「中央博物院、中央圖書館聯合管理處（二）」，《教育部》，國史
　　館，典藏號 019000000306A、數位典藏號 019-030403-0006。
　　　涂序瑄（1961.01.16）。〔調查圖書集成案呈文〕，頁 358。
　　　聯合管理處（1950.12.22）。〔本處中圖組顧華答稱圖書集成運臺經過
　　等事〕，頁 360－362。

國史館，「國史館檔案史料文物查詢系統」（臺北：國史館）。https://
　　Ahonline.drnh.gov.tw

「中央博物院、中央圖書館聯合管理處（一）」，《教育部》，國史館，典藏號 019000000305A、數位典藏號 019-030403-0005。

聯合管理處（1950.09.30）。「為本處運存臺北圖書館圖書箱數與鈞部訓令該館之數未符飭查明具報呈文」，頁 192－194。

蔣復璁（1950.08.07）。「呈報中央圖書館搬遷經過由」，頁 205－207。

教育部（1950.03.14）。「據本部聯管處呈送中央圖書館存臺文物清冊一份呈請鑒核備案由」，頁 284。

國史館臺灣文獻館，「臺灣省議會史料總庫」（臺中霧峰：臺灣省諮議會）。https://drtpa.th.gov.tw/index.php?act＝archive 實體檔案：檔案管理局。

「為省北館擬處分經管臺北市溫州街 12 巷 6 號等 4 筆省有房地案，函請審議見復案」（1972.09.26），《臺灣省議會史料總庫‧議事錄》，國史館臺灣文獻館，典藏號 003-04-10EA-00-5-2-0-00012。

「為貴會審查本年度地方預算，對臺北圖書館之附帶決議研擬處理辦法，函請審議見復案」（1972.09.26），《臺灣省議會史料總庫‧議事錄》，國史館臺灣文獻館，典藏號 003-04-10EA-00-5-2-0-00155。

國史館臺灣文獻館，「臺灣總督府府（官）報資料庫系統」「臺灣總督府（官）報資料庫」（臺北：該館）。http://ds3.th.gov.tw/ds3/app007/list1.php?CMD＝CLR

《臺灣總督府報》發行於 1896 年（明治 29）8 月 20 日，1942 年（昭和 17）4 月 1 日改稱《官報》，繼續發行至 1945 年（昭和 20）10 月 23 日結束。

「相川銀次郎外四十名〔高橋昌〕」（1897.12.26），《臺灣總督府報第 218 號》（明治 30.12.26），頁 43，國史館臺灣文獻館，典藏號 0071010218a004。

「西垣富太外十五名〔木村匡、兒玉喜八〕」（1898.07.02），《臺灣總督

府報第 319 號》（明治 31.07.02），頁 11，國史館臺灣文獻館，典藏號
0071010218a004。

「石原正次外八十六名〔石塚英藏〕」（1898.07.05），《臺灣總督府報第
321 號》（明治 31.07.05），頁 17，國史館臺灣文獻館，典藏號
0071010321a003。

「堀內文次郎」（1898.09.11），《臺灣總督府報第 370 號》（明治 31.09.
11），頁 23，國史館臺灣文獻館，典藏號 0071010370a005。

《臺灣總督府統計材料／調製竝提出期限》（訓令第 39 號）（1899.03.
07），《臺灣總督府報第 473 號》（明治 32.03.06），頁 6，國史館臺
灣文獻館，典藏號 0071010473a001。

「藤田嗣章」（1900.05.01），《臺灣總督府報第 740 號》（明治 33.05.
01），頁 3，國史館臺灣文獻館，典藏號 0071010740a006。

「兒玉喜八外二名〔木村匡〕」（1900.06.27），《府報第 774 號》（明治
33.06.27），頁 32，國史館臺灣文獻館，典藏號 0071010896a008。

「木村匡外四名」（1901.01.31），《府報第 896 號》（明治 34.01.31），
頁 55，國史館臺灣文獻館，典藏號 0071010774a008。

《臺灣總督府統計事務規程》（訓令第 396 號）（1901.11.27），《府報第
1064 號》（明治 34.11.27），頁 69，國史館臺灣文獻館，典藏號
0071011064a001。

《臺東廳統計事務取集手續》（1902.02.04），《府報第 1102 號》（明治
35.02.04），頁 8，國史館臺灣文獻館，典藏號 0071011102a004。

《嘉義廳統計主任整理細則》（1902.01.20），《府報第 1103 號》（明治
35.02.05），頁 10，國史館臺灣文獻館，典藏號 0071011103a006。

《宜蘭廳統計事務取集手續》（1902.02.12），《府報第 1106 號》（明治
35.02.18），頁 24，國史館臺灣文獻館，典藏號 0071011106a010。

「濱野彌四郎外六十四名〔今井周三郎〕」（1909.10.25），《府報第 2819
號》（明治 42.10.25），頁 95，國史館臺灣文獻館，典藏號

0071028196a32。

「本莊太一郎外九名（內閣）〔隈本繁吉〕」（1911.02.19），《府報第
　　3167 號》（明治 44.02.19），頁 45，國史館臺灣文獻館，典藏號
　　0071013167a001。

「隈本繁吉外十五名」（1911.02.17），《府報第 3167 號》（明治 44.02.
　　19），頁 45，國史館臺灣文獻館，典藏號 0071013167a003。

「隈本繁吉」（1911.04.27），《府報第 3223 號》（明治 44.04.29），頁
　　94，國史館臺灣文獻館，典藏號 0071013223a004。

「內田嘉吉外六十二名〔武藤針五郎〕」（1911.10.08），《府報第 3344
　　號》（明治 44.10.08），頁 5，國史館臺灣文獻館，典藏號
　　0071013344a004。

「官吏發著〔野呂寧〕」（1912.05.01），《府報第 3506 號》（明治
　　45.05.01），頁 2，國史館臺灣文獻館，典藏號 0071013506a004。

「賀來佐賀太郎外七名〔片山秀太郎〕」（1912.05.14），《府報第 3516
　　號》（明治 45.05.14），頁 37，國史館臺灣文獻館，典藏號
　　0071013516a003。

《臺灣總督府圖書館官制》（勅令第 62 號）（1914.04.13），《府報第 473
　　號》（大正 03.04.23），頁 106，國史館臺灣文獻館，典藏號
　　0071020473a013。

「中川友次郎外一名〔隈本繁吉〕」（1914.08.06），《府報第 552 號》（大
　　正 03.08.07），頁 21，國史館臺灣文獻館，典藏號 0071020552a003。

《臺灣總督府圖書館規則》（府令第 11 號）（1915.03.05），《府報第 701
　　號》（大正 04.03.05），頁 9，國史館臺灣文獻館，典藏號
　　0071020701a001。

《臺灣總督府圖書館長職務規程》（訓令第 77 號）（1915.06.12），《府報
　　第 772 號》（大正 04.06.12），頁 21，國史館臺灣文獻館，典藏號
　　0071020772a001。

「臺灣總督府圖書館閱覽開始」（告示第 96 號）（1915.08.06），《府報第
　　813 號》（大正 04.08.06），頁 11，國史館臺灣文獻館，典藏號
　　0071020813a002。

「御廚歸三外三名〔太田為三郎〕（內閣）」（1916.05.16），《府報第
　　1016 號》（大正 05.05.18），頁 51，國史館臺灣文獻館，典藏號
　　0071021016a003。

《臺灣總督府圖書館官制中改正ノ件》（勅令第 131 號）（1916.05.15），
　　《府報第 1020 號》（大正 05.05.23），頁 59，國史館臺灣文獻館，典
　　藏號 00710211020a008。

「臺灣總督府圖書館長特別任用ニ関スル件」（勅令第 132 號）（1916.05.
　　15），《府報第 1020 號》（大正 05.05.23），頁 59，國史館臺灣文獻
　　館，典藏號 00710211020a010。

「大田為三郎（宮內省）」（1916.06.22），《府報第 1048 號》（大正
　　05.06.29），頁 62，國史館臺灣文獻館，典藏號 00710211048a001。

「隈本繁吉外 6 名（內閣）」（1919.06.30），《府報第 1872 號》（大正
　　08.07.03），頁 4，國史館臺灣文獻館，典藏號 0071021872a002。

《臺灣總督府圖書館官制改正（電報揭載）》（勅令第 140 號）（1921.04.
　　27），《府報第 2363 號》（大正 10.04.27），頁 105，國史館臺灣文獻
　　館，典藏號 0071022363a021。

《臺灣總督府圖書館規則》（府令第 139 號）（1922.06.28），《府報第
　　2691 號》（大正 11.06.28），頁 84－85，國史館臺灣文獻館，典藏號
　　0071022691a001。

《臺灣總督府圖書館長職務規程中改正》（訓令第 136 號）（1922.06.
　　29），《府報第 2692 號》（大正 11.06.29），頁 88，國史館臺灣文獻
　　館，典藏號 0071022692a001。

《臺灣總督府圖書館細則》（1922.08.17），《府報第 2728 號》（大正
　　11.08.17），頁 34－35，國史館臺灣文獻館，典藏號 0071022728a005。

《臺灣總督府圖書館長職務規程中改正》（訓令第 70 號）（1923.05.02），
　　《府報第 2931 號》（大正 12.05.02），頁 4，國史館臺灣文獻館，典藏
　　號 0071022931a003。

「永島文太郎外三名〔山中樵〕（內閣）」（1927.08.30），《府報第 185
　　號》（昭和 02.09.01），頁 1，國史館臺灣文獻館，典藏號
　　0071030185a002。

「山中樵外五名」（1931.02.04），《府報第 1167 號》（昭和 06.02.04），
　　頁 9，國史館臺灣文獻館，典藏號 0071031167a001。

「山中樵外四名」（1936.01.23），《府報第 2592 號》（昭和 11.01.23），
　　頁 33，國史館臺灣文獻館，典藏號 0071032592a003。

《臺灣總督府圖書館規則中改正》（府令第 34 號）（1936.05.12），《府報
　　第 2681 號》（昭和 11.05.12），頁 29，國史館臺灣文獻館，典藏號
　　0071032681a001。

「山中樵外七名」（1937.02.19），《府報第 2910 號》（昭和 12.02.19），
　　頁 37，國史館臺灣文獻館，典藏號 0071032910a002。

《臺灣總督府圖書館規則中改正》（府令第 87 號）（1937.09.29），《府報
　　第 3093 號》（昭和 12.09.29），頁 77，國史館臺灣文獻館，典藏號
　　0071033093a006。

《臺灣總督府圖書館細則中改正認可》（1938.07.14），《府報第 3331 號》
　　（昭和 13.07.14），頁 45－46，國史館臺灣文獻館，典藏號
　　0071033331a004。

《臺灣總督府圖書館規則中改正》（府令第 133 號）（1938.11.03），《府
　　報第 3425 號》（昭和 13.11.03），頁 11，國史館臺灣文獻館，典藏號
　　0071033425a001。

「中村哲外三十二名〔山中樵等〕」（1939.11.02），《府報第 3724 號》（昭
　　和 14.11.02），頁 7，國史館臺灣文獻館，典藏號 0071033724a005。

「住谷自省外二十二名〔山中樵等〕」（1941.01.28），《府報第 4100

號》（昭和 16.01.28），頁 66，國史館臺灣文獻館，典藏號 0071034100a005。

「鐵本總吾外二十一名〔山中樵等〕」（1942.11.15），《府報第 187 號》（昭和 17.11.15），頁 50，國史館臺灣文獻館，典藏號 0072030187a007。

國史館臺灣文獻館，「臺灣總督府府（官）報資料庫系統」「臺灣總督府檔案」（臺北：該館）。http://ds3.th.gov.tw/ds3/app000/list1.php?CMD =CLR

「臺灣總督府圖書館規則發布」（府令第 11 號）（1915.02.01），（大正 4 年永久保存第 75 卷），《臺灣總督府檔案》，國史館臺灣文獻館，典藏號 00002414001。

「臺灣總督府圖書館長職務規程制定/件」（訓令第 77 號）（1915.04. 01），（大正 4 年永久保存第 71 卷），《臺灣總督府檔案》，國史館臺灣文獻館，典藏號 00002411018。

「圖書館處務細則制定報告（圖書館長）」（1915.06.01），（大正 4 年永久保存第 71 卷），《臺灣總督府檔案》，國史館臺灣文獻館，典藏號 00002411021。

「圖書館細則制定施行認可（圖書館）」（1915.07.01），（大正 4 年永久保存第 71 卷），《臺灣總督府檔案》，國史館臺灣文獻館，典藏號 00002411022。

「太田為三郎（任圖書館長）」（1916.05.01），（大正 5 年永久保存進退（高）第 5 卷），《臺灣總督府檔案》，國史館臺灣文獻館，典藏號 00002572001。

「帝國圖書館司書小長谷惠吉（〔任府圖書館〕司書）」（1916.05.01），（大正 5 年永久保存進退（制）第 5 卷秘書），《臺灣總督府檔案》，國史館臺灣文獻館，典藏號 0000258400。

「財團法人善隣協會設立許可ノ件（下村宏外一名）」（1917.12.01），

（大正 6 年永久保存第 21 卷），《臺灣總督府檔案》，國史館臺灣文
　　獻館，典藏號 00002656003。

「太田為三郎恩給證書下付」（1921.05.01），（大正 10 年永久保存第 8
　　卷），《臺灣總督府檔案》，國史館臺灣文獻館，典藏號
　　00003140003。

「〔府圖書館長〕太田為三郎（退官、賞與）」（1921.07.01），（大正 10
　　年永久保存進退（高）第 4 卷），《臺灣總督府檔案》，國史館臺灣文
　　獻館，典藏號 00003194008。

「臺灣總督府圖書館規則改正ノ件」（府令第 139 號）（1922.03.01），（大
　　正 11 年永久保存第 150 卷），《臺灣總督府檔案》，國史館臺灣文獻
　　館，典藏號 00003420014。

「公私立圖書館規則制定」（府令 43 號）（1922.05.01），（大正 11 年永
　　久保存第 146 卷），《臺灣總督府檔案》，國史館臺灣文獻館，典藏號
　　00003416010。

「〔視學官〕若槻道隆（俸給、勤務）」（1925.11.01），（大正 14 年永久
　　保存進退（高）第 6 卷之 1），《臺灣總督府檔案》，國史館臺灣文獻
　　館，典藏號 00004005034。

「上森大輔圖書館講習會講師ヲ命ス」（1930.02.01），《臺灣總督府檔
　　案》，國史館臺灣文獻館，典藏號 00010224043X003。

「山中樵圖書館講習會講師ヲ命ス」（1931.02.01），（昭和 6 年 1 月至 3
　　月高等官進退原議），《臺灣總督府檔案》，國史館臺灣文獻館，典
　　藏號 00010063038。

「山中樵外三名圖書館講習會講師ヲ命ス」（1931.10.01），《臺灣總督府
　　檔案》，國史館臺灣文獻館，典藏號 00010067015X001。

「上森大輔圖書館講習會講師ヲ命ス」（1932.10.01），《臺灣總督府檔
　　案》，國史館臺灣文獻館，典藏號 00010072027X004。

「上森大輔圖書館講習會講師ヲ命ス」（1933.11.01），《臺灣總督府檔

案》，國史館臺灣文獻館，典藏號 00010076072X004。

「上森大輔圖書館講習會講師ヲ命ス」（1934.10.01），《臺灣總督府檔
　　案》，國史館臺灣文獻館，典藏號 00010080024X003。

「山中樵圖書館講習會講師ヲ命ス」（1936.01.01），《臺灣總督府檔
　　案》，國史館臺灣文獻館，典藏號 00010085030X001。

「山中樵圖書館講習會講師ヲ命ス」（1937.02.01），《臺灣總督府檔
　　案》，國史館臺灣文獻館，典藏號 00010089055X001。

「山中樵圖書館講習會講師ヲ命ス」（1938.11.01），《臺灣總督府檔
　　案》，國史館臺灣文獻館，典藏號 00010095058X001。

「山中樵外四名圖書館講習會講師ヲ命ス」（1941.01.01），（昭和 16 年
1 月至 2 月高等官進退原議），《臺灣總督府檔案》，國史館臺灣文獻館，
　　典藏號 00010109060。

國史館臺灣文獻館，「臺灣總督府府（官）報資料庫系統」「臺灣省行政
　　長官檔案」（臺北：該館）。http://ds3.th.gov.tw/ds3/app000/list1.php?
　　CMD＝CLR

《臺灣省行政長官公署公報》發行於 1945 年 12 月 1 日（1：1）至 1947 年
　　5 月 15 日（36 夏 39 號）止。

「圖書館博物館隸屬公署通報案」（1945.11.14），〈各機關權責系統〉，《臺
　　灣省行政長官檔案》，國史館臺灣文獻館，典藏號 00301200016002。

「公署圖書館長吳克剛到職視事通報案」（1946.11.07），〈各機關主管接
　　鈐視事〉，《臺灣省行政長官檔案》，國史館臺灣文獻館，典藏號
　　00301400001021。

「圖書月刊應依法辦理聲請登記手續案」（1946.08.15），〈臺灣省新出刊
　　物登記〉，《臺灣省行政長官檔案》，國史館臺灣文獻館，典藏號
　　00313710020017。

「圖書館長移交清冊送核案」（1946.11.28），〈臺灣省圖書館移交〉，《臺
　　灣省行政長官檔案》，國史館臺灣文獻館，典藏號 003296900010001。

「圖書館原址讓予臺北市銀行公會建築房屋案審查會紀錄抄送案」
　　（1948.12.16），〈各種會議〉，《臺灣省行政長官檔案》，國史館臺
　　灣文獻館，典藏號003019000119037。

「為准電請移管前南方資料館圖書器物及館址歉難照撥電復查照由」
　　（1949.04.02），〈僑委會請接收前南方資料館圖書器物及地址（0038/
　　266/93/1），《臺灣省級機關》，國史館臺灣文獻館，卷典藏號 004－
　　07640，件典藏號0042660007640001。典藏者：檔案管理局。

「臺灣旅行社請惠賜臺北招待所房屋所有權移轉証明書案」，〈賓館招待
　　所管理事項（0039/017.1/73/1）〉，《臺灣省級機關》，國史館臺灣文
　　獻館，卷典藏號 004－09021，件典藏號 0040171009021016。典藏者：
　　檔案管理局。

國史館臺灣文獻館，「國史館臺灣文獻館文獻檔案查詢系統」「臺灣拓殖
　　株式會社檔案」（臺北：編者）。

　　https://onlinearchives.th.gov.tw/index.php?act＝Archive

〈皇軍慰問雜誌寄贈ノ件〉（1943-01-08），（昭和 18 年度文書課往復書
　　類綴物資課），《臺灣拓殖珠式會社》，國史館臺灣文獻館，典藏號
　　00201510004。

〈疏開資料目錄資料課〉（1946-01-01），《臺灣拓殖株式會社》，國史館
　　臺灣文獻館，典藏號 002－02160。

〈平間文庫資料目錄資料課〉（1946-01-01），《臺灣拓殖株式會社》，國
　　史館臺灣文獻館，典藏號 002－02161。

〈資料目錄〉（1946-01-01），《臺灣拓殖株式會社》，國史館臺灣文獻
　　館，典藏號 002－02162。

〈圖書目錄〉（1946-01-01），《臺灣拓殖珠式會社》，國史館臺灣文獻
　　館，典藏號 002－02163。

〈臺拓會社接收委員會全體人員名冊〉，《臺灣拓殖株式會社》，國史館
　　臺灣文獻館，典藏號 002－02183。

國史館臺灣文獻館、臺大數位人文研究中心,「國史館臺灣文獻館文獻檔
　　案查詢系統」（臺北：編者）。

「〔民政局〕圖書購買手續」（1895.07.19），〈明治 28 年臺灣總督府公文
　　類纂乙種永久保存第 6 卷文書〉，《臺灣總督府檔案‧總督府公文類
　　纂》，國史館臺灣文獻館典藏號：00000017006。

「臺灣府誌購入」（1895.11.14），〈明治 28 年臺灣總督府公文類纂乙種永
　　久保存第 6 卷文書〉，《臺灣總督府檔案‧總督府公文類纂》，國史館
　　臺灣文獻館典藏號：00000017022。

「民政部學務部圖書章」（1896.03.04），〈明治 29 年臺灣總督府公文類纂
　　乙種永久保存第 5 卷文書〉，《臺灣總督府檔案‧總督府公文類纂》，
　　國史館臺灣文獻館典藏號：00000016022。

「臺灣府誌購入」（1896.03.28），〈明治 29 年臺灣總督府公文類纂乙種永
　　久保存第 6 卷文書〉，《臺灣總督府檔案‧總督府公文類纂》，國史館
　　臺灣文獻館典藏號：00000017046。

「臺灣總督府發布諸令揭載方官報局へ照會」（1896.04.27），〈明治 29 年
　　臺灣總督府公文類纂甲種永久保存第 5 卷恩賞文書〉，《臺灣總督府檔
　　案‧總督府公文類纂》，國史館臺灣文獻館典藏號：00000060056。

「官報報告例制定」（民訓第 66 號）（1896.12.10），〈明治 29 年臺灣總
　　督府公文類纂甲種永久保存第 5 卷恩賞文書〉，《臺灣總督府檔案‧總
　　督府公文類纂》，國史館臺灣文獻館典藏號：00000060052。

「人事處簽為教育廳呈報臺灣省國語推行委員會歸併該廳處理要點」
　　（1959.02.17），〈臺灣省政府委員會第 580 次會議〉，《臺灣省政府
　　委員會議》，國史館臺灣文獻館典藏號：00501058013。

「財政廳簽為教育廳接管前編審委員會及國語推行委員會房地擬依土地法
　　予以處置一案提府會討論案」（1966.06.06），〈臺灣省政府委員會第
　　885 次會議〉，《臺灣省政府委員會議》，國史館臺灣文獻館典藏號：
　　00501088510。

（南韓）崔末順，《海島與半島：日據臺韓文學比較》（臺北：聯經出版
　　事業公司，2013.09）。

國防部（1950.05.10）。「再電臺灣省政府請將介壽館後面空地撥交本部建
　　築使用由」，載於：「為請撥借介壽館後空地一案復請查照由」，
　　〈各機關請撥地（0039/155.2/4/1）〉，《臺灣省級機關》，國史館臺
　　灣文獻館，卷典藏號 004－12179，件典藏號 0041552012179006。典藏
　　者：檔案管理局。

十二畫

曾令毅，〈日治時期臺灣的學生航空教育〉，《臺灣文獻》58：3（2007.
　　09），頁 29－78。

曾堃賢，〈日據時期（1895－1945）臺灣地區公共圖書館事業之研究
　　（完）〉，《教育資料與圖書館學》24：4（1987.06），頁 410－440。

曾堃賢，「日據時期（1895－1945）臺灣地區公共圖書館事業之研究」（臺
　　北：中國文化大學史學研究所碩士論文，1986.06）。

曾耀輝，〈日治時期臺灣壽險史研究的回顧與展望〉，《興大歷史學報》
　　23（2011.06），頁 115－130。

（日）渡边利夫，《拓殖大學百年史　明治篇》（東京：拓殖大學百年史編
　　纂會，2010）。

（日）渡邊雄一，〈レファレンス・サービスの發展とその將來について
　　の一考察〉，《佛教大學大學院紀要》28（2000.03），頁 133－147。

黃玉齋，〈臺灣年鑑（4）〉（臺北：海峽學術出版社，2011）。

黃亨俊，〈臺灣銀行舊臺幣發行史〉，《國家圖書館館刊》2002：2（2002.
　　12），頁 93－104。

黃秀政總主持、黃淑苓著，《臺灣全志・卷 8 教育志・社會教育篇》（南
　　投：國史館臺灣文獻館，2009）。

黃秀政總主持、陳登武著，《臺灣全志・卷 12 文化志・文化事業篇》（南

投：國史館臺灣文獻館，2009）。

黃秀政，〈論臺灣史的分期與臺灣史料的利用〉，載於：黃秀政等，《臺灣史論叢》（臺灣研究叢刊；1）（臺北：五南圖書出版公司，1999.06），頁 383－415。

黃秀政，《臺灣割讓與乙未抗日運動》（臺北：臺灣商務印書館，1992.12）。

黃秀政，〈臺灣史研究與史料收藏概況〉，《臺灣文獻》30：4（1979.12），頁 1－13。

黃秀政、曾鼎甲，〈論近五十年來臺灣方志之纂修——以《臺灣省通志稿・人物志》為例〉，載於：黃秀政等，《臺灣史論叢》（臺灣研究叢刊；1）（臺北：五南圖書出版公司，1999.06），頁 255－288。

黃秀梅，〈臺灣省公共圖書館建設工作報告〉，《書苑季刊》39（1999.01），頁 81－90。

黃英哲，〈戰後初期臺灣之臺灣研究的展開：一個歷史斷裂中的延續〉，《臺灣文學研究集刊》2（2006.11），頁 105－128。

黃英哲，《漂泊與越境：兩岸文化人的移動》（臺灣文學與文化研究叢書，研究篇；8）（臺北：臺大出版中心，2016.06）。

黃英哲主編、許壽裳著，《許壽裳臺灣時代文集》（臺灣文學與文化研究叢書；2）（臺北：臺大出版中心，2010.11）。

黃英哲，〈翻譯・挪用・再製——戰後臺灣研究的開端（下）〉，《文訊》421（2020.11），頁 145－148。

黃純青（1949.06.15-21），〔詢問〕，載於：臺灣省參議會秘書處編，《臺灣省參議會第 1 屆第 7 次大會特輯》（臺北：編者，1949），頁 89。

黃國正，〈用老照片閱讀臺灣歷史——國立中央圖書館臺灣分館藏寫真帖之利用價值〉，《臺灣學研究》3（2007.06），頁 57－65。

黃國正，〈九十年來國立中央圖書館臺灣分館出版品概況與介紹〉，《臺灣圖書館管理季刊》1：1（2005.01），頁 19－32。

黃得時，〈臺灣光復前前後後〉，《書和人》419（1981.07.11），頁2。

黃得時，〈臺灣研究的文獻資料（上）（下）〉，《書和人》3（281、
　　282）（1976.02.21、1976.03.03），頁2241－2256。

黃得時，〈臺灣資料收藏情形之報告〉，《教育資料科學月刊》7：4
　　（1975.04），頁15－17。

黃得時、劉金狗，〈臺北圖書館滄桑談〉，《（臺大）圖書館學刊》2
　　（1972.06），頁94－106。

黃景彤，「日治時代臺灣文獻資料及其分類體系之研究」（臺北：國立政
　　治大學圖書資訊與檔案學研究所碩士論文，2007）。

黃慈怡，「日治時期臺灣總督府之研究——以閱覽者為中心」（臺北：國
　　立政治大學歷史學系碩士論文，2010.07）。

〔黃德〕福，〈臺灣省各縣市圖書館近貌〉，《圖書月刊》1：3（1946.
　　10），頁20。

〔黃德〕福，〈本館試辦巡迴文庫緣起〉，《圖書月刊》1：2（1946.
　　09），頁8。

〔黃德〕福，〈臺灣出版物鳥瞰〉，《圖書月刊》1：1（1946.08），頁14
　　－15。

黃淵泉，〈賴永祥教授的學術生涯〉（2001.12），上網日期：2019.11.21。
　　http://www.laijohn.com/life/NG,IC'View.htm

黃淵泉，〈山中樵（1882－1974）〉，載於：國家圖書館編，《第三次中
　　華民國圖書館年鑑》（臺北：編者，1999.08），頁727－728。

黃淵泉，〈圖書館員的典範——《自學典範：臺灣史研究先驅曹永和》讀
　　後感〉，《全國新書資訊月刊》1999：8（1999.08），頁5－7。

（日）植松安撰，《教育と圖書館》（東京：目黑書店，1917.06）。

彭福英，〈國家圖書館藏羅斯藏書考〉，《國際漢學研究通訊》5（2012.
　　06），頁235－245。

（日）黑崎淳一，「臺北高等商業學校沿革與南支南洋研究」（臺北：國

立臺灣師範大學歷史研究所碩士論文，2001）。

（美）華樂瑞（Lori Watt）著、黃郁文譯，《日本帝國與人群流動》
（*When Empire Comes Home：Repatriation and Reintegration in Post*）
（*Harvard East Asian Monographs*）（臺北：遠足文化事業公司，
2018.01）。

傅月庵（林皎宏），〈臺北舊書街滄桑〉，載於：傅月庵，《蠹魚頭的舊
書店地圖》（臺北：遠流出版事業公司，2003），頁 42−51。

程良雄，〈文化中心（局的設立與改制）〉，載於：國家圖書館編，《中
華民國圖書館年鑑‧2000》（臺北：該館，2005.08），頁 39−41。

十三畫

新竹州立圖書館編，《新竹州立圖書館一覽》（新竹：編者，1938）。

新竹州立圖書館編，《新竹州立圖書館一覽》（新竹：編者，1930）。

楊永智，《翰墨因緣：臺灣藏書票史話》（臺北：國立傳統藝術中心籌備
處，2001）。

楊時榮，〈總督府圖書館裝訂室探源〉，《國立中央圖書館館訊》14
（1993.10），頁 9−17。

楊雲萍，〈臺灣省圖書館特藏圖書偶記〉，《圖書月刊》2：11/12（1947.
12），頁 10。

楊雲萍，〈近世雜記（六）〉，《臺灣文化》2：5（1947.08），頁 12。

楊雲萍，〈文獻的接收（下）〉，《民報》7（1945.10.16），版 7。

楊雲萍，〈文獻的接收（中）〉，《民報》6（1945.10.15），版 6。

楊雲萍，〈文獻的接收（上）〉，《民報》5（1945.10.14），版 5。

楊碧川，《後藤新平傳：臺灣現代化奠基者》（臺北：克寧出版社，
1994）。

楊護源，《光復與佔領：國民政府對臺灣的軍事接收》（臺北：獨立作
家，2016.09）。

楊護源，〈二戰前後臺灣接收和國軍佔領的論述與籌劃〉，《高雄師大學報‧人文與藝術類》40（2016.06），頁 1－20。

楊護源，〈國民政府對臺灣的軍事接收：以軍事接收委員會為中心〉，《臺灣文獻》67：1（2016.02），頁 39－80。

楊護源，〈〈臺灣省收復計畫大綱〉與〈臺灣佔領計畫〉的簡介與史料價值〉，《臺灣史料研究》44（2014.12），頁 88－96。

楊護源，〈終戰後臺灣軍事佔領接收的籌備準備（1945.08.15－10.31）〉，《高雄師大學報》37（2014.12），頁 1－16。

葛敬恩（1945.09.25），「本指揮所赴臺請先代辦數事」，臺灣光復專輯。國防部史政編譯局，B5018230601/0034/002.6/4010.2/2/001。

葉榮鐘，〈臺灣省光復前後的回憶（二）〉，《民主評論》16：1（1965.01），頁 21－23。

葉碧苓，〈鄉土志〉，載於：文化部，《臺灣大百科全書》，上網日期：2019.11.21。http://nrch.culture.tw/twpedia.aspx?id＝3825

葉碧苓，〈臺北帝大的南方調查資料〉，《臺灣學通訊》98（2017.03），頁 20－21。

葉碧苓，《學術先鋒：臺北帝國大學與日本南進政策之研究》（臺灣文化系列；53）（臺北縣板橋：稻鄉出版社，2010.06）。

詹茜如，「日據時期臺灣鄉土教育運動」（臺北：國立臺灣師範大學歷史研究所碩士論文，1993）。

十四畫

彰化市立圖書館編，《圖書館案內》（彰化：編者，1939）。

趙瑜婷，〈服務半世紀的資深館員高碧烈〉，《臺灣學通訊》32（2009.08），頁 13。

臺中州內務部教育課編，《臺中州社會教育概況》（臺中，編者，1935）。

臺中州內務部教育課編，《臺中州社會教育概況》（臺中，編者，1934）。

臺中州內務部教育課編，《臺中州社會教育概況》（臺中，編者，1933）。

臺中州立圖書館編，《臺中州立圖書館一覽》（臺中，編者，1935）。

臺中州立圖書館編，《臺中州立圖書館一覽》（臺中，編者，1934）。

臺中州立圖書館編，《臺中州立圖書館一覽》（臺中，編者，1930）。

臺中州立圖書館編，《臺中州立圖書館一覽》（臺中，編者，1929）。

臺中州教育課編，《教育狀況》（臺中，編者，1931）。

臺中州教育課編，《臺中州社會教育概況》（臺中，編者，1940）。

臺北市政府公告（1969.06.31），「國防部興建博愛大樓施工，禁止博愛路
　　自寶慶路至長沙街段車輛通行」，《臺北市政府公報》58：166
　　（1969.06.07），頁 7。

臺南市立臺南圖書館編，《臺南市立臺南圖書館一覽》（臺南，編者，
　　1924）。

臺南市立圖書館編，《圖書館案內》（臺南，編者，1944）。

臺南市立圖書館編，《臺南市立圖書館一覽》（臺南，編者，1930）。

（日）臺灣日日新報社，《臺灣日日新報》，1898（明治 31）.05.06－1944
　　（昭和 19）03.31，日刊，臺北。

　　初期有 6 版，1910 年（明治 43）11 月以後增為 8 版，其中漢文版通常
　　占有 2 個版面，1905（明治 38）7 月 1 日報社將漢文版擴充發行《漢文
　　臺灣日日新報》每日 6 個版面，至 1911 年（明治 44）11 月 30 日停
　　刊，再度恢復於日文版中添兩版漢文版面，1937 年（昭和 12）4 月 1 日
　　廢漢文版。

〈圖書館設置之議〉，94（1898.08.24），2 版。

〈臺北圖書館發起會〉，146（1898.10.27），2 版。

〈臺灣文庫發起人會〉，353（1899.07.07），2 版。

〈臺灣文庫主管〉，533（1900.02.13），2 版。

〈臺灣協會大阪支部の留學生選拔〉，577（1900.04.07），2 版。

〈臺灣文庫の圖書蒐集〉，588（1900.04.20），2 版。

〈御慶事彙報其一記念圖書館設置の議に就き〉，589（1900.04.21），1
　　版。

〈御慶事記念圖書蒐集の檄〉（全 5 條），589（1900.04.21），1 版。

〈臺灣文庫開始の準備〉，590（1900.04.27），2 版。

〈御慶事記念圖書蒐集廣告〉，609（1900.05.16），1 版。

〈文庫開館〉，806（1901.01.11），3 版。

〈臺灣文庫に望む〉，820（1901.01.27），1 版。

〈臺灣文庫現在圖書〉，820（1901.01.27），2 版。

〈臺灣文庫開庫式〉，821（1901.01.29），2 版。

〈臺灣文庫開始〉，821（1901.01.29），3 版。

〈古今圖書集成の到著〉，929（1901.06.08），2 版。

〈臺灣文庫への寄贈書〉，1076（1901.12.01），3 版。

〈臺灣協會支部の新事業〉，1093（1902.04.26），2 版。

〈臺灣文庫の夜間閱覽開始〉，2228（1905.10.03），5 版。

〈淡水館ご臺灣文庫〉，2481（1906.08.07），2 版。

〈淡水館の跡始末〉，2485（1906.08.1），2 版。

〈彩票局の新築〉，2606（1907.01.11），2 版。

　　及川北仙，〈圖書館の設立を望む（上）〉，2812（1907.09.15），3 版。

　　及川北仙，〈圖書館の設立を望む（下）〉，2813（1907.09.17），3 版。

〈臺灣文庫の再設〉，3066（1908.07.21），2 版。

〈圖書館の必要〉，3370（1909.07.24），1 版。

〈石坂文庫の一週年〉，3741（1910.10.13），2 版。

〈東洋協會と圖書館〉，3904（1911.05.21），2 版。

〈東洋協會圖書館成行〉，4510（1912.12.22），1 版。

〈協會圖書館將成〉，4511（1912.12.23），2 版。

〈東洋協會支部總會文庫開設方法決定〉，4287（1912.05.07），2 版。

〈東洋協會支部總會決定文庫開設方法〉，4288（1912.05.08），2 版。

〈圖書館官制公布〉，4971（1914.04.15），2版。

〈圖書館の設立〉，4971（1914.04.15），2版。

〈改正官制〉，4972（1914.04.16），6版。

〈設圖書館〉，4972（1914.04.16），6版。

〈總督府圖書館其の施政方針〉，5034（1914.09.30），7版。

〈圖書館之施設〉，5035（1914.10.01），5版。

〈圖書館と準備〉，5058（1914.10.25），2版。

〈圖書館と館長〉，5083（1914.08.08），2版。

〈圖書館及館長〉，5084（1914.08.09），6版。

〈圖書と蟲害〉，5211（1914.12.20），3版。

〈圖書館研究蟲害〉，5212（1914.12.21），4版。

〈文庫の引繼〉，5221（1914.12.31），4版。

〈圖書館規則頒布〉，5284（1915.03.06），5版。

〈圖書館の移轉 兒童室の設置〉，5296（1915.03.18），7版。

〈圖書館の移轉〉，5297（1915.03.19），6版。

〈開館期近く〉，5404（1915.07.07），2版。

〈開圖書館期近〉，5405（1915.07.08），5版。

〈開館と注意（上）〉，5431（1915.08.04），1版。

〈本日より開館總督府圖書館〉，5436（1915.08.09），2版。

〈總督府圖書館開館〉，5437（1915.08.10），5版。

〈圖書館閱覽須知（上）〉，5437（1915.08.10），5版。

〈圖書館閱覽須知（下）〉，5438（1915.08.11），5版。

〈圖書館閱客之多〉，5440（1915.08.13），5版。

〈並河圖書館長永眠〉，9770（1927.07.10），1版。

〈全島圖書館長會議 12 日開催〉，9925（1927.12.12），4版。

〈第 1 回全島圖書館長會議概況〉，9927（1927.12.14），4版。

〈圖書館長一行 27 名到新竹視察〉，9929（1927.12.16），4版。

〈臺北放送局開播〉，10301（1928.12.23），9版。

〈全島圖書館協議會〉，11325（1931.10.22），7版。

〈全島圖書館協議會〉，11326（1931.10.23），8版。

〈最初の本島圖書館は　臺日から生れた　臺灣文庫から出來まで〉，11420
　　　（1932.01.18），3版。

〈臺灣と內田氏──諸家の懷舊談〉，11777（1933.01.20），6版。

〈臺灣と內田氏──諸家の懷舊談〉，11779（1933.01.22），6版。

〈臺灣愛書會第1回の書誌展〉，11880（1933.05.04），2版。

〈昭和9年度の推薦認定圖書〉，12498（1935.01.17），6版。

〈圖書慰問　戰線の勇士達に　本を送りませう　圖協會募集〉，13542
　　　（1937.12.03），5版。

〈全島公私立圖書館長會議〉，12784（1935.11.01），11版。

〈一萬五千冊の書物を　お正月の戰線へ　臺灣圖書館協會から獻納〉，
　　　13563（1937.12.24），11版。

　木戶幸一，〈圖書と人間生活〉，13580（1938.01.11），5版。

　山中樵，〈戰時体制下の圖書館週間〉，13580（1938.01.11），5版。

〈前年より減つた　慰問雜誌の寄贈　市民よ銃後の熱忱を示せ〉，14277
　　　（1939.12.13）2版。

〈總督府圖書館の南方地方志展〉，13943（1939.01.11），6版。

〈愈よ南方資料館設立南方關する一切の資料を蒐集　昨夕協會創立の披露
　　　會〉，14360（1940.03.06），7版。

〈懸案の南方資料館近く建設に著手　各方面文獻からの文獻を一堂に〉，
　　　14429（1940.05.15），7版。

〈南方資料館　後宮氏寄附の百萬円で建設〉，14915（1941.09.16），3
　　　版。

〈前線の兵隊さんに　雜誌を送りませう　臺灣圖書館協會で公募〉，15037
　　　（1942.01.17），3版。

〈南方資料館報發行〉，15430（1943.02.17），3 版。

〈中國を識の貴重な資料　ロス文庫の整理進む　古典文獻 3 萬 5 千件〉，
　　15823（1944.03.18），3 版。

〈東洋協會之圖書館〉，《漢文臺灣日日新報》3549（1911.05.22），2
　　版。

〈臺灣文庫移轉〉，《漢文臺灣日日新報》4095（1911.10.19），3 版。

〈淡水館及臺灣文庫〉，《漢文臺灣日日新報》2482（1906.08.08），2
　　版。

臺灣民報社，《民報》，1（1945.10.10）－605（1947.03.08），日刊
　　（1946 年 6-9 月同時發行晨刊及晚刊，迄 1946 年 9 月始固定對開 4 版
　　面的日刊），臺北。

〈熱烈歡呼中陳長官由滬蒞臺〉，16（1945.10.25），1 版。

〈本日在臺北舉行臺灣受降典禮〉，16（1945.10.25），2 版。

〈圖書館閱覽改正免費〉，198（1946.04.26），2 版。

〈圖書館博物館 5 月 1 日起免費閱覽〉，202（1946.04.30），2 版。

〈省圖書館昨起延長開放時間〉，319（1946.07.17），2 版。

〈書賈蠹蟲害文化界　輸入的刊物價高，教科書也太貴〉，458（1946.10.
　　07），3 版。

〈文化界危機　書店面儘是看書的人，買書人少的很〉，458（1946.10.
　　07），3 版。

〈老板賺得太多　定價加乘 34 倍太過貴〉，458（1946.10.07），3 版。

〈博物館圖書館例假日仍開放〉，499（1946.11.17），3 版。

（日）臺灣協會，《臺灣協會會報》，1（1898（明 31）.10.20）－100
　　（1907（明 40）.02），月刊，東京。

1907 年（明 40）2 月臺灣協會改組為東洋協會，《臺灣協會會報》也配合
　　停刊改組為《東洋時報》繼續發行。

〈臺灣協會主意書〉，1（1898.10.20），〔頁封面後第 2－3 頁〕。

〈臺灣協會規約〉，1（1898.10.20），〔頁封面後第4－5頁〕。

　桂太郎，〈臺灣協會の設立に就て〉，1（1898.10.20），頁1－4。

　水野遵，〈臺灣協會の經過に就て〉，1（1898.10.20），頁10－21。

〈桂子邸の會合〉，1（1898.10.20），頁99－102。

〈臺北圖書館發起會〉，2（1898.11.20），頁85。

〈寄贈書目〉，2（1898.11.20），頁101－102。

〈臺灣に關する書籍の蒐集〉，9（1899.06.30），頁70－72。

〈臺灣支部告白書〉15（1899.12.27），〔頁90後第1頁〕。

〈臺灣文庫〉，18（1900.03.31），頁67。

〈臺灣文庫設立趣意書〉，18（1900.03.31），頁67。

〈臺灣協會學校の設立〉，21（1900.07.04），頁79－80。

〈臺灣協會學校設立趣意書〉，21（1900.07.04），頁80。

〈臺灣協會學校規則〉，21（1900.07.04），頁81－82。

〈教育に關する勅語の漢譯文〉，22（1900.07.31），頁5。

〈臺灣文庫開庫式〉，29（1901.02.28），頁43。

〈臺灣文庫現在圖書〉，29（1901.02.28），頁43。

〔臺灣〕前進指揮所，「本指揮所奉令10月25日撤銷自應遵照此函達即回
　　原機關工作」，臺灣省文獻會（前進指揮所有關日軍投降接收文
　　卷）。國發會國家檔案管理局，A375000100E/0034/013/314/1/069。

臺灣省文獻委員會，《臺灣省政資料輯要第1輯（上）》（臺北：編者，
　　1966.06）。

臺灣省文獻委員會編纂組、〔黎澤霖纂修〕，《臺灣省通志稿卷五教育志
　　文化事業篇》（臺北：編者，1958.02）。

臺灣省文獻委員會編纂組，《臺灣省通志稿卷十光復志》（臺北：編者，
　　1952.06）。

臺灣省日僑管理委員會，《臺灣省日僑遣送紀實》（臺北：編者，
　　1947.05）。

臺灣省日僑管理委員會公告（1946.02.15），「臺灣省日僑遣送應行注意事項」，《臺灣省行政長官公署公報》35 春 4（1946.02.20），頁 54－59。

臺灣省立臺北圖書館（1948.03.10）。「臺灣省立臺北圖書館自行交代表冊」，《吳任改隸交接》。國發會檔案管理局，典藏號 A309020100E/0037/104.02/01/0001。

臺灣省立臺北圖書館，《圖書月刊》，1（1966.04）－12（1967.06），臺北。

〈臺灣省立臺北圖書館概況〉，1：2（1966.05），頁 18+17。

〈省立臺中圖書館概況〉，1：2（1966.06），頁 21+20。

〈臺灣省縣市公共圖書館館長第 11 屆業務座談會紀錄〉，1：10（1967.01），頁 19－22。

韓寶鑑〈寫在兒童讀物研究專號的前面〉，1：12（1967.06），頁 2。

〈中華兒童叢書評介〉，1：12（1967.06），頁 3－26。

王潔宇，〈臺灣省立臺北圖書館的兒童閱覽室〉，1：12（1967.06），頁 25－26。

臺灣省立臺北圖書館，《臺灣省立臺北圖書館館刊》，1（1964.06）－5（1972.12），不定期出版，臺北。

王潔宇，〈臺灣省立臺北圖書館館史〉，2（1965.09），頁 1－64。

〈臺灣省立臺北圖書館中正路新館舍籌建經過〉，2（1965.09），頁 2－10。

〈臺灣省立臺北圖書館工作要項簡報〉，3（1970.12），頁 18－30。

〈臺灣省立臺北圖書館概況〉，4（1971.12），頁 29－31。

袁金書，〈本館珍藏的幾種臺灣文獻〉，4（1971.12），頁 32。

〈本館圖書巡迴車的工作新趨勢〉，4（1971.12），頁 33－39。

〈臺灣省立臺北圖書館現況〉，5（1972.12），頁 27－35。

臺灣省立臺北圖書館，〈臺灣省立臺北圖書館工作概況〉，載於：中國社會教育學社編，《社會教育年刊（第 25 屆年會特輯）》（臺北：編

者，1972.02），頁 100－103。

臺灣省立臺北圖書館，（1954.01.22）。「為送上貴組借用日文禁書分類目錄 4 份請予蓋印後檢交 3 份以憑存轉」，《國立臺灣圖書館》。國發會檔案管理局，典藏號 AA09120000E/0039/526/1/0001/095。

臺灣省立臺北圖書館，（1952.01.10）。「奉令處理舊籍日文圖書審查查禁取締書籍貴組如有需要請允派員協助審查由」，《國立臺灣圖書館》。國發會檔案管理局，典藏號 AA09120000E/0039/526/1/0001/019。

臺灣省行政長官公署（1947.10.13）。「西南沙羣島資料影印費電復案」，〈蒐集西沙羣島政治經濟資料〉，臺灣省行政長官公署檔案。國史館臺灣文獻館，典藏號 00301300008014。

臺灣省行政長官公署（1947.04.29）。「西沙羣島等有關書籍摘要選譯檢寄案（1）、（2）」，〈琉球等羣島有關書籍摘要選譯檢寄案〉，臺灣省行政長官公署檔案。國史館臺灣文獻館，典藏號 00301300008007、00301300008008、00301300008009。

臺灣省行政長官公署（1947.04.15）。臺灣省行政長官公署 1947 年工作計劃，臺灣省行政長官公署工作計畫案。國家發展委員會檔案管理局檔案，典藏號 A202000000A/0035/0412.30/4032.01/02/040。

臺灣省行政長官公署（1947.02.04）。「臺灣省圖書館于震寰派任案」，〈省立圖書館任免〉，臺灣省行政長官公署檔案。國史館臺灣文獻館，典藏號 00303233067011。

臺灣省行政長官公署（1946.12.19）。〈省立圖書館任免〉，臺灣省行政長官公署檔案。國史館臺灣文獻館，典藏號 003－3443。

臺灣省行政長官公署（1946.12.09）。核示所送三年自治計畫應注意之點並訂自治事項草案及表式希依限編送，各縣市地方自治三年完成計劃。國家發展委員會檔案管理局檔案，典藏號 A375000100E/0035/022/59/1/001。

臺灣省行政長官公署（1946.10.12）。「公署參事吳克剛兼任省立圖書館館

長案」，〈臺灣省參事任免〉，臺灣省行政長官公署檔案。國史館臺灣文獻館，典藏號 00303230068001。

臺灣省行政長官公署（1946.06.29）。檢具臺灣省行政長官公署 1946 年度工作計劃 20 份，臺灣省行政長官公署工作計畫案。國家發展委員會檔案管理局檔案，典藏號 A202000000A/0035/0412.30/4032.01/02/001。

臺灣省行政長官公署（1946.06.26）。「圖書館移收臺銀案」，臺灣省行政長官公署檔案。國史館臺灣文獻館，典藏號 003－2454。

臺灣省行政長官公署（1945.11.13）。「臺灣省立博物館館長陳善兼任免案」，〈博物圖書館人員任免〉，臺灣省行政長官公署檔案。國史館臺灣文獻館，典藏號 00303233113001。

臺灣省行政長官公署（1945.11.01－1946.11.26）。臺灣省行政長官公署、山范交接。國家發展委員會檔案管理局檔案，典藏號 A309020100E/0034/104.1/01/1/1/1-2。

臺灣省行政長官公署編，《臺灣省五年經濟建設計劃總綱（1946.08.02 長官公署政務會議通過）》（臺北：編者，〔1946〕）。（國家圖書館臺灣華文電子書庫）

臺灣省行政長官公署（1945.11.30）。所購羅斯文庫之一部分被英國香港政府扣留電請交涉發還，外交部〈戰時圖書徵（集）購（一）〉。國史館，數位典藏號 020-990900-0110。

臺灣省行政長官公署（1945.11.13）。〈長官公署印刷人員任免〉，臺灣省行政長官公署檔案。國史館臺灣文獻館，典藏號 00303233039001。

臺灣省行政長官公署（1945.10.25）。「公署范壽康任免案」，〈公署人事室人員任免〉，臺灣省行政長官公署檔案。國史館臺灣文獻館，典藏號 00303230074002。

臺灣省行政長官公署（1945.10.05）。中華民國臺灣省行政長官備忘錄臺政字第 1 號，臺灣區日俘（僑）處理案。國家發展委員會檔案管理局檔案，典藏號 A375000100E/0035/022/59/1/001。

臺灣省行政長官公署編，《臺灣省行政長官公署工作計畫‧1947 年度》
　　（臺北：編者，1947.04）。

臺灣省行政長官公署，《臺灣省行政長官公署工作計畫‧1946 年度》（臺
　　北：編者，1946.03）。

臺灣省行政長官公署，〈臺灣省圖書館 1946 年 5 月至 11 月工作〉，載於：
　　臺灣省行政長官公署，《臺灣省行政長官公署施政報告.臺灣省參議會
　　第 1 屆第 2 次大會》（臺北：編者，1946.12），頁 111－112。

臺灣省行政長官公署（1945.11.01－1946.11.26）。臺灣省行政長官公署、
　　山范交接案。國家發會檔案管理局，A309020100E/0034/104.01/1/1/1-
　　2。

臺灣省行政長官公署人事室編，《臺灣省人事行政彙報》（臺北：編者，
　　1946.12）。

臺灣省行政長官公署人事室編，《臺灣一年來之人事行政》（臺灣建設叢
　　書；14）（臺北：臺灣省行政長官公署宣傳委員會，1946.11）。（國
　　家圖書館臺灣華文電子書庫）

臺灣省行政長官公署人事室（1946.01.16）。「教育處處長趙迺傳范壽康任
　　免案」，〈財政處附屬機關任免〉，臺灣省行政長官公署檔案。國史
　　館臺灣文獻館，典藏號 00303232213017。

臺灣省行政長官公署人事室（1945.11.13-1946.05.21）。〈博物圖書館人員
　　任免〉，臺灣省行政長官公署檔案。國史館臺灣文獻館，典藏號 003－
　　1338。

臺灣省行政長官公署民政處編，《臺灣一年來之民政》（臺灣建設叢書；
　　2）（臺北：臺灣省行政長官公署宣傳委員會，1946.11）。（國家圖書
　　館臺灣華文電子書庫）

臺灣省行政長官公署民政處編，《臺灣省民意機關之建立》（臺北：編
　　者，1946.11）。

〔臺灣省行政長官公署公布（1945.12.20），「制定《臺灣省電影審查暫行

辦法》」,《臺灣省行政長官公署公報》2：1（1946.01.20），頁 6－
7。

臺灣省行政長官公署公告（1946.02.11），「為查禁日人遺毒書籍,希全省
各書店,自行解封,聽候焚燬」,《臺灣省行政長官公署公報》35 春 8
（1946.03.01），頁 133。

臺灣省行政長官公署代電（1947.05.09），「為呈奉行政院核定臺灣省行政
長官公署改組為省政府交替辦法」,《臺灣省行政長官公署公報》36
夏 35（1947.05.10），頁 595。

臺灣省行政長官公署代電（1946.10.01），「電各縣市政府為臺灣省新聞紙
雜誌所附刊日文版,應自 1946 年 10 月 25 日起一律撤除」,《臺灣省
行政長官公署公報》35 冬 3（1946.10.03），頁 45。

臺灣省行政長官公署代電（1946.08.22），「規定凡未送組織規程者限 9 月
底擬具報核,如再滯延,所有經費,不予核銷。電希遵照辦理具報為
要」,《臺灣省行政長官公署公報》35 秋 48（1946.08.24），頁 761。

臺灣省行政長官公署令（1947.02.24），「修正『臺灣省圖書館組織規程』
第 5 條以下各條條文」,《臺灣省行政長官公署公報》36 春 46（1947.
02.25），頁 722。

臺灣省行政長官公署令（1946.08.14），「檢送『臺灣省社會教育機關服務
人員任用及待遇規程』、『臺灣省教育機關工作人員檢定規程』」,
《臺灣省行政長官公署公報》35 秋 39（1946.08.14），頁 613－615、
616－617。

臺灣省行政長官公署令（1946.02.18），「制定『臺灣省行政長官公署人事
集中管理辦法』（含日譯文）」,《臺灣省行政長官公署公報》35 春
12（1946.03.11），頁 206－217。

臺灣省行政長官公署令（1946.02.05），「制定『臺灣省圖書館組織規程』
（含日譯文）」,《臺灣省行政長官公署公報》35 春 3（1946.02.
16），頁 34－35。

臺灣省行政長官公署令（1946.01.16），「本公署教育處處長趙迺傳請辭職
　　應予照准。此令。派范壽康代理本署教育處處長。此令。」，《臺灣
　　省行政長官公署公報》2：2（1946.01.23），頁4。

臺灣省行政長官公署呈，1946.03.09）。「臺灣省行政長官公署接收詳
　　報」，（呈送本省接收詳報及簡報），臺灣省行政長官公署檔案。國
　　史館臺灣文獻館，典藏號003－0105。

臺灣省行政長官公署法制委員會編，《臺灣省單行法規彙編（第一輯）》
　　（臺北：編者，1946.10）。

〔臺灣省行政長官公署長官核准〕（1946.10.31），「臺灣省各縣市立圖書
　　館章程」，《臺灣省行政長官公署公報》35 冬 25（1946.10.31），頁
　　404－405。

〔臺灣省行政長官公署長官核准〕（1946.10.31），「臺灣省各縣市立圖書
　　館設置巡迴文庫辦法」，《臺灣省行政長官公署公報》35 冬 25
　　（1946.10.31），頁405－407。

〔臺灣省行政長官公署〕長官核准（1946.06.10），「長官核准臺灣省立圖
　　書館章程」，《臺灣省行政長官公署公報》35夏37（1946.06.12），頁
　　592。

臺灣省行政長官公署指令（1946.12.04），「仍希造具圖書清冊會報為要」
　　（臺灣省圖書館移交），臺灣省行政長官公署檔案。國史館臺灣文獻
　　館，卷典藏號：003－0308，典藏號00329690001001。

臺灣省行政長官公署長官兼設計考核委員會主任委員陳儀，《臺灣省行政
　　長官公署工作報告‧1946年度》（臺北：編者，1947.04）。

臺灣省行政長官公署宣傳委員會公告（1945.11.23），「臺灣省各地方新聞
　　紙及雜誌出版登記手續，前由長官公署訓令通告限令於1945年12月15
　　日前遵照規定辦理」，《臺灣省行政長官公署公報》1：6（1945.12.
　　19），頁6－7。

臺灣省行政長官公署宣傳委員會編，《臺灣現況參考資料》（臺北：編

者，1946.08）。（國家圖書館臺灣華文電子書庫）

臺灣省行政長官公署宣傳委員會編，《臺灣省政令宣導人員手冊》（臺北：編者，1946.03）。（國家圖書館臺灣華文電子書庫）

臺灣省行政長官公署宣傳委員會編，《臺灣概況》（臺北：編者，1946）。（國家圖書館臺灣華文電子書庫）

臺灣省行政長官公署宣傳委員會編，《臺灣省行政工作概覽》（臺北：編者，1946）。（國家圖書館臺灣華文電子書庫）

臺灣省行政長官公署宣傳委員會機要室編，《臺灣省行政長官公署三月來工作概要（1945.10.25－1946.01.24）》（臺北：臺灣省行政長官公署秘書處印刷廠，〔1946〕）。（國家圖書館臺灣華文電子書庫）

臺灣省行政長官公署訓令（1946.04.25），「奉令臺灣省各機關經費已列入1946年度國家總預算者，其組織法規應儘於1946年5月20日以前趕擬送核」，《臺灣省行政長官公署公報》35 夏 17（1946.05.08），頁272。

臺灣省行政長官公署訓令（1945.10.29），「原臺灣總督府及其所屬各機關文件、財產及事業等項，應自1945年10月29日起，由本署分別接收」，《臺灣省行政長官公署公報》1：1（1945.12.01），頁6。

臺灣省行政長官公署財政處編，《臺灣一年來之財政》（臺灣建設叢書；15）（臺北：臺灣省行政長官公署宣傳委員會，1946.12）。（國家圖書館臺灣華文電子書庫）

臺灣省行政長官公署秘書處（1946.11.29），「臺灣省行政長官第52次政務會議紀錄（1946.11.29）」，行政長官公署政務會議。國立臺灣大學，檔案 A309200000Q/0035/9999/8/1/001。

臺灣省行政長官公署秘書處（1946.08.23），「美國新聞處圖書館房屋全卷」，臺灣省行政長官公署檔案。國史館臺灣文獻館，卷典藏號：003－0308，卷典藏號：003－1947。

臺灣省行政長官公署秘書處通報（1946.01.25），「關於日俘僑歸國攜帶行

李，規定重量，因與東京麥克阿瑟將軍總部所規定每人限於一挑，以能自行攜席之原則不符。以前規定每人准帶 30 公斤，應予取消。惟不准分二次搬運及不准僱用苦力幫助搬運」，《臺灣省行政長官公署公報》2：9（1946.02.08），頁9。

臺灣省行政長官公署秘書處（1945.11.14），「各機關權責系統」，臺灣省行政長官公署檔案。國史館臺灣文獻館，典藏號：00301200016002。

臺灣省行政長官公署秘書處（1945.10.21），「指派第 1 批接收前臺灣總督府各部分名單（秘接箋第 3 號）」，「接收日人公私產業及其處理辦法」，臺灣省行政長官公署檔案。國史館臺灣文獻館，典藏號：00326600005012。

臺灣省行政長官公署秘書處編輯室、民政處秘書室編，《中華民國三十五年度臺灣省行政長官公署工作報告》，載於：張海鵬主編，《臺灣省行政長官公署施政與工作報告》（臺灣光復史料匯編（第6編））（重慶：重慶出版社，2017.04）

臺灣省行政長官公署秘書處編輯室、民政處秘書室編，《臺灣省行政長官公署提出省參議會第一屆第一次大會施政報告＝臺灣省參議會第一屆第一次大會臺灣省行政長官公署施政報告》（臺北：編者，1946.05）。（國家圖書館臺灣華文電子書庫）

臺灣省行政長官公署秘書處編輯室編，《臺灣省行政各機關組織規程（第一輯）》（臺北：編者，1946.04）。（國家圖書館臺灣華文電子書庫）

臺灣省行政長官公署秘書處編輯室，《臺灣省行政長官公署公報》1：1（1945.12.01）－36夏39（1947.05.15）。日刊。原定每3日發行1期，1946 年 1 月 1 日起改為隔日發行，1946 年 6 月 1 日起按日發行（星期及例假除外），自第 2 卷第 10 期以後，改為年份，春夏秋冬四字順序編號，共刊出 345 期。

〈長官公署令免人員一覽表（1946.12.05）〉，35 冬 56（1946.12.07），頁

906。

〈長官公署令免人員一覽表（1945 年 10 份）〉，1：1（1945.12.01），頁 61。

臺灣省行政長官公署設計考核委員會（1946.12.05）。為地方自治三年完成計畫，各縣市地方自治三年完成計劃。國家發展委員會檔案管理局檔案，典藏號 A375000100E/0035/022/59/1/002。

臺灣省行政長官公署教育處（1946.07.01）。函請貿易局協助運回羅斯文庫案，臺灣省行政長官公署檔案。國史館臺灣文獻館，典藏號 00301600004001。

臺灣省行政長官公署教育處編，《臺灣一年來之教育》（臺灣建設叢書；5）（臺北：臺灣省行政長官公署宣傳委員會，1946.11）。（國家圖書館臺灣華文電子書庫）

臺灣省行政長官公署教育處編，《臺灣省教育概況》（臺北：編者，1946.05）。（國家圖書館臺灣華文電子書庫）

臺灣省行政長官公署教育處編，〈臺灣省行政長官公署教育處工作計畫 1946 年度（1946.01.10 編）〉，載於：臺灣省行政長官公署教育處編，《臺灣省教育概況》（臺北：編者，1946.05），頁 130－183。

臺灣省行政長官公署教育處（1945.11.10）。「各級學校及教育機關接收處理暫行辦法檢送案」，〈接收辦法〉，臺灣省行政長官公署檔案。國史館臺灣文獻館，典藏號 00326610088001。

臺灣省行政長官公署統計室編，《臺灣省統計要覽第 3 期（1946 年全年情行特輯）》，（臺北：編者，1947.03）。（國家圖書館臺灣華文電子書庫）

臺灣省行政長官公署會計處公函（1945.11.16），「擬具 1945 年度臺灣省概算編製辦法」、「各機關編製 1945 年度概算注意事項」，《臺灣省行政長官公署公報》1：2（1945.12.05），頁 8。

臺灣省行政長官公署會計處編，《臺灣省三十四年度歲入歲出總決算

書》，載於：陳雲林總主編，《館藏民國臺灣檔案匯編》第 55 冊（北京：九州出版社，2007.01）。

臺灣省行政長官公署會計處編，《臺灣一年來之會計行政》（臺灣建設叢書；19）（臺北：臺灣省行政長官公署宣傳委員會，1946.12）。（國家圖書館臺灣華文電子書庫）

臺灣省行政長官公署圖書館（1947.03.17）。「為呈送公署圖書館有關西沙羣島史地資料目錄呈送案」，〈蒐集西沙羣島政治經濟資料〉，臺灣省行政長官公署檔案。國史館臺灣文獻館，典藏號 00301300008005。

臺灣省行政長官公署圖書館（1946.12.04）。「圖書館移交清冊送核案」，〈臺灣省圖書館移交〉，臺灣省行政長官公署檔案。國史館臺灣文獻館，卷典藏號：003-0308：典藏號 00329690001001。

臺灣省行政長官公署圖書館人事室（1947.01.06）（1947.02.03）。「圖書館人員任免請示單」，〈省立圖書館人員任免〉，臺灣省行政長官公署檔案。國史館臺灣文獻館，典藏號 00303233067004、00303233067001、00303233067008。

臺灣省行政長官公署警備總司令部前進指揮所通告（1945.10.06）。「本指揮所 10 月 5 日到達任所 6 日開始辦公並公布各項事項」」，《國防部史政編譯局》。國發會檔案管理局，典藏號 B5018230601/0034/002.6/4010.2/6/001。

臺灣省政府（1951.08.23），「為奉行政院修正『臺灣省日文書刊管理辦法』及『日文書刊審查會組織規程』公告周知」，（《臺灣省政府公報》40 秋 47（1951.08.24），頁 570、572。

臺灣省政府（1951.05.04）。「為貴部借用臺北圖書館建地合約進行修正部份仍請轉飭總務局惠予照辦由」，〈各機關請撥地（0039/155.2/4/1）〉，《臺灣省級機關》，國史館臺灣文獻館，卷典藏號 004－12179，件典藏號 0041552012179010。典藏者：檔案管理局。

臺灣省政府（1951.03.30）。「為貴部借用臺北圖書館建地合約應行修正部

份請惠予與該館洽商修正並煩見復由（1951.03.30）」，〈各機關請撥地（0039/155.2/4/1）〉，《臺灣省級機關》，國史館臺灣文獻館，卷典藏號 004－12179，件典藏號 00401552012179009。典藏者：檔案管理局。

臺灣省政府（1950.06.03）。「為請撥借介壽館後空地一案復請查照由」，〈各機關請撥地（0039/155.2/4/1）〉，《臺灣省級機關》，國史館臺灣文獻館，卷典藏號 004－12179，件典藏號 0041552012179006。典藏者：檔案管理局。

臺灣省政府（1948.12.13）。「臺灣省立博物館及臺北圖書館組織規程修正公布案」，〈圖書博物館組織〉，臺灣省行政長官公署檔案。國史館臺灣文獻館，典藏號 0040123000095003。

臺灣省政府（1948.03.10）。「省圖書館博物館改隸教育廳監交人選令派案」，〈圖書博物館圖書館改隸教所〉（0037/012.3/48/1），《臺灣省級機關》，臺灣省行政長官公署檔案。國史館臺灣文獻館，典藏號 0040123001943001。

臺灣省政府公布令（1949.06.15），「制定『臺灣省幣制改革方案』、『新臺幣發行辦法』等」，《臺灣省政府公報》，38 夏 62 增刊（1949.06.15），頁 770－772。

臺灣省政府代電（1950.03.01），「為電知開放日文書籍仍希注意其內容及價值，隨時斟酌取捨。」（《臺灣省政府公報》39 春 52（1950.03.04），頁 743。

臺灣省政府令（1973.09.21），「轉發『國立中央圖書館臺灣分館暫行組織規程』暨『國立中央圖書館臺灣分館暫行編制表』並廢止『臺灣省立臺北圖書館組織規程』」，《臺灣省政府公報》，62 秋 75（1973.09.26），頁 2、5－6。

臺灣省政府令（1973.09.03），「抄發修正『臺灣省立臺中圖書館編制表』、『臺灣省立臺中圖書館組織規程』」，《臺灣省政府公報》，

62 秋 60（1973.09.08），頁 7、11－12。

臺灣省政府令（1972.08.29），「核定『臺灣省立臺中圖書館組織編制修正案」，《臺灣省政府公報》，61 秋 55（1972.09.02），頁 3－4、12－13。

臺灣省政府令（1972.06.13），「抄發『臺灣省立臺北圖書館編制表」，《臺灣省政府公報》，61 夏 69（1972.06.21），頁 7。

臺灣省政府令（1971.11.01），「核定『臺灣省立臺北圖書館組織編制修正案」，《臺灣省政府公報》，60 冬 28（1971.11.04），頁 2、6。

臺灣省政府令（1970.10.20），「抄發修正『臺灣省立臺北圖書館預算員額分配表」，《臺灣省政府公報》，59 冬 23（1970.10.29），頁 18。

臺灣省政府令（1963.12.17），「『臺灣省立臺北、臺中圖書館組織規程』，第 3、4、5 條修正條文業奉行政院核定」，《臺灣省政府公報》，52 冬 29（1963.12.23），頁 8。

臺灣省政府令（1963.12.17），「更正『臺灣省立臺北圖書館預算員額分配表」，《臺灣省政府公報》，52 冬 29（1963.12.23），頁 8。

臺灣省政府令（1963.10.19），「核定『臺灣省立臺北圖書館辦事細則』及預算員額分配表」，《臺灣省政府公報》，52 冬 21（1963.10.26），頁 2－6、9－10。

臺灣省政府令（1963.03.30），「『臺灣省立臺北、臺中圖書館組織規程』，第 3、4、5 條修正條文」，《臺灣省政府公報》，52 夏 2（1963.04.02），頁 2。

臺灣省政府令（1960.03.18），「修正『臺灣省立臺北、臺中圖書館組織規程』第 4 條、第 7 條及抄發『臺灣省立臺中圖書館修正員額編制表』」，《臺灣省政府公報》49 春 65（1960.03.22），頁 794、797。

臺灣省政府令（1959.08.18），「為令復臺灣省教育廳為抄發『臺灣省立臺中圖書館辦事細則』」，《臺灣省政府公報》，48 秋 43（1959.08.24），頁 546－550。

臺灣省政府令（1959.06.05），「令復臺灣省教育廳為抄發『臺灣省立臺

北、臺中圖書館組織規程」第 4 條、第 5 條條文，業經陳准修正」，
《臺灣省政府公報》，48 夏 59（1959.06.08），頁 603、606。

臺灣省政府令（1956.11.13），「令臺灣省教育廳為『臺灣省立臺北、臺中
圖書館組織規程』第 1 條、第 4 條、第 7 條修正條文經奉行政院備
查」，《臺灣省政府公報》45 冬 39（1956.11.17），頁 526。

臺灣省政府令（1954.05.21），「令臺灣省教育廳為『臺灣省立臺北、臺
中、臺東圖書館組織規程』及『臺灣省各縣市立圖書館組織規程』第 2
條、第 4 條、第 6 條條文，業經陳奉中央修正」，《臺灣省政府公報》
43 夏 46（1954.05.24），頁 650－651、654。

臺灣省政府令（1951.08.09），「據送『臺灣省立臺北、中、東圖書館組織
規程』及『臺灣省立圖書館職員級俸表』」，《臺灣省政府公報》40
秋 36（1951.08.11），頁 450－451。

臺灣省政府令（1951.08.09），「臺灣省教育廳據送『臺灣省立博物館及圖
書館輔導委員會簡則』一案核復知照」，《臺灣省政府公報》44 夏 68
（1955.06.20），頁 711。

臺灣省政府令（1948.12.31），「修正『臺灣省立博物館組織規程』及『臺
灣省立臺北圖書館組織規程』」，《臺灣省政府公報》37 冬 78（增
刊）（1948.12.31），頁 1139－1140。

臺灣省政府函（1988.07.13），「檢送『臺灣省各級圖書館輔導要點
等』」，《臺灣省政府公報》77 秋 20（1988.07.23），頁 13－14。

臺灣省政府函（1968.01.05）。「為教育廳前國語推行委員會暨前編審委員
會原經管房地擬予出售一案函請審議同意見復函（1968.01.05）」，上
網日期：2022.01.01。http://catalog.digitalarchives.tw/item/00/f4/bb.html

臺灣省政府秘書處（1948.12.16）。「圖書館原址讓予臺北市銀行公會建築
房屋案審查會紀錄抄送案」，〈各種會議〉，臺灣省行政長官公署檔
案。國史館臺灣文獻館，典藏號 00301900019037。

臺灣省政府秘書處（1947.08.09）。「圖書館博物館組織規程修正草案函送

案（1947.08.09）」，〈圖書博物館組織〉（0036/012.3/3/1），《臺灣省級機關》，臺灣省行政長官公署檔案。國史館臺灣文獻館，卷典藏號 004－00095，典藏號 0040123000095002。

臺灣省政府秘書處，《臺灣省政府公報》，36 夏 40（1947.05.16）－94：12（2005.12.01），日刊。接續《臺灣省行政長官公署公報》36 夏 39（1947.05.15）。

臺灣省政府委員會議（1972.09.04）。「教育廳簽為省議會審查本年度地方總預算對臺北圖書館附帶決議，擬建議行政院將省立臺北圖書館移撥教育部接辦，改為國立臺灣圖書館一案，提請府會討論案」，〈臺灣省政府首長會議第 1163 次會議〉，《臺灣省政府委員會議》，國史館臺灣文獻館，典藏號 00501116304。

臺灣省政府首長會議（1972.08.07）。「教育廳提案為省府 61.7.18 主一字第 77393 號令為省議會審查本年度地方總預算對臺北圖書館附帶決議，檢附省立圖書館遷移案節略，擬具處理意見報備裁示，以憑辦理由」，〈臺灣省政府首長會議第 292 次會議〉，《臺灣省政府委員會議》，國史館臺灣文獻館，典藏號 00502029205。

臺灣省政府首長會議（1971.11.01）。「新聞處處長周天固提為省北圖設置『省政資料陳列櫥窗』設置情形，報請鑒察由」，〈臺灣省政府首長會議第 261 次會議〉，《臺灣省政府委員會議》，國史館臺灣文獻館，典藏號 00502026108。

臺灣省政府教育廳（1958.06.16）。「請撥臺北圖書館房屋案（1958.08.02）」，〈各機關請借用房屋（0047/017.1/6/3）〉，《臺灣省級機關》，國史館臺灣文獻館，卷典藏號 004－26910，件典藏號 0040171026910005。典藏者：檔案管理局。

臺灣省政府教育廳（1950.12.15）。「據電送省北館與國防部訂立該館遷地合約一案核復遵照」，〈各機關請撥地（0039/155.2/4/1）〉，《臺灣省級機關》，國史館臺灣文獻館，卷典藏號 004－12179，件典藏號

0040155201279008。典藏者：檔案管理局。

臺灣省政府教育廳代電（1952.01.07），「電各縣市政府為訂定『臺灣省
　　1952 年度縣市立圖書館工作實施應行注意事項』」，《臺灣省政府公
　　報》41 春 7（1952.01.10），頁 68。

臺灣省政府教育廳代電（1951.01.17），「電各縣市政府為訂定『臺灣省
　　1951 年度縣市立圖書館工作實施應行注意事項』」，《臺灣省政府公
　　報》40 春 18（1951.01.23），頁 280。

臺灣省政府教育廳代電（1950.03.02），「電省立各圖書館、各縣市政府訂
　　頒『臺灣省省縣市立圖書館 1950 年度工作實施應行注意事項』」，
　　《臺灣省政府公報》39 春 53（1950.03.06），頁 759、39 春 64（1950.
　　03.18），頁 936。

臺灣省政府教育廳代電（1948.12.06），「希將日治時代遺留之皇民化及有
　　毒素圖書送廳保管」，《臺灣省政府公報》37 冬 57（1948.12.08），頁
　　840。

臺灣省政府教育廳函（1985.03.09），「檢送『臺灣省圖書館業務發展會議
　　實施要點』一種」，《臺灣省政府公報》74 春 58（1985.03.15），頁 2
　　—3。

臺灣省政府教育廳編，《臺灣圖書館事業概況》（臺中縣霧峯：編者，
　　1971）。

臺灣省政府教育廳編，《臺灣省教育要覽》（臺北：編者，1947.10）。

臺灣省政府會計處編，《臺灣省三十五年度歲入歲出總決算書》，載於：
　　侯坤宏、楊蓮福主編，《民間私藏民國暨戰後臺灣資料彙編》第 1 冊
　　（臺北：博揚文化事業公司，2011.09）。

臺灣省參議會秘書處編，《臺灣省參議會第 1 屆第 6 次大會特輯》（臺北：
　　編者，1948.12）。

劉傳來，〔詢問〕，頁 85。

劉傳來，〔提案〕，頁 191。

　　臺灣省參議會教育文化組，〔提案〕，頁 195。

　　臺灣省參議會秘書處編，《臺灣省參議會第 1 屆第 7 次大會特輯》（臺
　　北：編者，1949）。

　　蘇惟梁，〔詢問〕，頁 29－30。

　　黃純青，〔詢問〕，頁 89。

臺灣省貿易局（1947.04.18）。電請教育處歸墊督學廖鷺揚在港調查羅斯文
　　庫借款，臺灣省行政長官公署檔案。國史館臺灣文獻館，典藏號
　　00301600004007。

臺灣省專賣局（1947.03.14）。「查緝天馬茶房一事私煙處理情形」，《臺
　　灣省煙酒公賣局》，國發會檔案管理局，典藏號 A30772000K/0036/
　　523.3/9/1/002。

臺灣省圖書館（1947.04.03）。「陳報〔長官公署〕設計考核委員會『長官
　　公署政績交代比較表』」，《工作計畫》，國發會檔案管理局，典藏
　　號 A309020100E/0035/031.1/0001。

臺灣省圖書館（1946.11.28）。「臺灣省圖書館移交」，臺灣省行政長官公
　　署檔案。國史館臺灣文獻館，卷典藏號：003－0308，典藏號
　　00329690001001。

臺灣省圖書館（1946.06.29）。「臺灣省圖書館更正通知書內容名稱案」，
　　《博物圖書館人員任免》，臺灣省行政長官公署檔案。國史館臺灣文
　　獻館，典藏號 00303233114009。

臺灣省圖書館，《圖書月刊》1：1（1946.08.15）－2：11/12（1947.12.
　　15），月刊。

〈本館西文書目（10 月份）〉，2：1/2（1947.02），頁 20－32。

〈本館西文書目（10 月份）〔前言〕〉，2：1/2（1947.02），頁 20－32。

〈本館新到中文書目（10 月份）〉，1：4（1946.11），頁 16－22。

〈本刊徵稿啟事〉，1：4（1946.11），頁 12。

〈臺灣省圖書館圖書出借暫行辦法〉，1：4（1946.11），封面裏。

〈圖書月刊徵稿簡約〉，1：2（1946.09），頁 18。

〈臺灣省圖書館舉辦巡迴文庫暫行辦法〉，1：2（1946.09），封面裏。

臺灣省臨時省議會秘書處，《臺灣省臨時省議會公報》1：1（1953.01.12）
　　－14：8（1959.06.23），週刊，每半年訂為 1 卷。

胡丙申，「詢問與答覆」，《臺灣省臨時省議會公報》5：9（1955.03.
　　01），頁 3283－3285。

賴森林，「詢問及答覆」，《臺灣省臨時省議會公報》2：2（1953.07.
　　08），頁 684。

臺灣省臨時省議會秘書處編，《臺灣省臨時省議會第 1 屆第 4 次大會專輯》
　　（臺北：編者，1953）。

　　賴森林，「詢問及答覆」，頁 527－528、529。

臺灣省議會秘書處，《臺灣省議會公報》1：1（1959.06.30）－84：16
　　（1998.12.15），週刊。

〈臺灣省議會第 4 屆第 9 次大會第 7 次會議紀錄：繼續審議臺灣省 1973 年
　　度地方總預算案（第 2 讀會）（1972.06.20）〉，《臺灣省議會公報》
　　27：8（1972.07.04），頁 122－123。

〈臺灣省議會第 4 屆第 3 次大會第 24 次會議教育廳「口頭質詢及答覆」
　　（1969.07.15）〉，《臺灣省議會公報》21：24（1969.10.28），謝青
　　雲質詢，頁 1161－1162；陳根塗質詢，頁 1192－1193；張富質詢，頁
　　1199。

〈臺灣省議會第 3 次臨時會大會第 1 次會議紀錄「書面質詢及答覆」〉，
　　《臺灣省議會公報》21：19（1969.09.23），賴榮松質詢，頁 786－787。

〈臺灣省議會第 2 屆第 6 次大會第 17 次、第 18 次會議教育質詢（1963.01.
　　07-08）〉，臺灣省議會公報》，8：21（1963.03.26），梁許春菊質
　　詢，頁 608、609；陳愷質詢，頁 621、623。

臺灣省議會秘書處編，〈為貴會審查本年度地方預算，對臺北圖書館之附
　　帶決議研擬處理辦法，函請審議見復案〉（1972.09.26），《臺灣省議

會第 4 屆第 10 次臨時大會特輯》，（臺中縣霧峯：編者，
〔1972〕），頁 69－70、758。

臺灣省議會秘書處編，〈為省北館擬處分經管臺北市溫州街 12 巷 6 號等 4
筆省有房地案，函請審議見復案〉（1972.09.26），《臺灣省議會第 4
屆第 10 次臨時大會特輯》，（臺中縣霧峯：編者，〔1972〕），頁 50
－51。

臺灣省議會秘書處編，《臺灣省議會第 4 屆第 3 次大會專輯（四）》，（臺
中縣霧峯：編者，1969）。

葉黃鵲喜質詢，頁 3134－3136。

賴榮松質詢，頁 3571－3572。

臺灣省議會秘書處編，《臺灣省議會第 2 屆第 2 次大會專輯（上）》，（臺
中縣霧峯：編者，1961）。

陳愷，〔提案〕，頁 240。

臺灣省警備總司令部（1947.03.27）。查二二八事變原由公賣局緝私而起，
現該案既以交法院審判，似不宜延不定讞〔臺灣臺北地方法院檢察官
起訴書（1947 年度起字第 265 號）〕〔陳文溪誤殺起訴書〕，二二八
事件原因及初期狀況。國家發展委員會檔案管理局檔案，典藏號
A305550000C/1036/0000/1/1/001。

臺灣省警備總司令部（1946.04.30）。臺灣省軍事接收總報告，臺灣省軍事
接收總報告書。國家發展委員會檔案管理局檔案，典藏號 B5018230601
/0034/002.6/4010.3/007/001。

臺灣省警備總司令部（1946.03.15）。軍事接收總報告書附件，臺灣省軍事
接收總報告書。國家發展委員會檔案管理局檔案，典藏號 B5018230601
/0034/002.6/4010.3/4/001。

臺灣省警備總司令部（1946.02.03）。頒發接收經過報告書目錄提要一份，
希參酌實際情形按提要所示接收經過彙編成冊，限本（二）月 20 日以
前造呈。國家發展委員會檔案管理局檔案，典藏號 B5018230601/0034/

002.6/4010.2/7/009。

臺灣省警備總司令部編,《臺灣省警備總司令部週年工作概況報告書》
　　（臺北：編者,1946）。

臺灣省警備總司令部（1945.12.05）。為訂定基隆高雄港口運輸司令部編制
　　表組織規程等公布,臺灣區日俘（僑）處理案。國家發展委員會檔案
　　管理局檔案,典藏號 B5018230601/0034/545/4010/14/015。

臺灣省警備總司令部（1945.11.04）。本部成立經過、前進指揮所之派遣、
　　兼總司令及總部人員來臺經過工作報告書,臺灣省警備總司令部工作
　　報告（1945 年）。國家發展委員會檔案管理局檔案,典藏號
　　B5018230601/0034/109.3/4010/001。

臺灣省警備總司令部（1945.10.13）。中國戰區臺灣省警備總司令部備忘錄
　　臺軍字第 3 號,臺灣區日俘（僑）處理案。國家發展委員會檔案管理局
　　檔案,典藏號 B5018230601/0034/545/4010/010/068。

臺灣省警備總司令部（1945.10.05）。本部指揮所之部隊即將抵臺希準備大
　　米淡水備用〔中國戰區臺灣省警備總司令部備忘錄胎軍字第 2 號〕。國
　　家發展委員會檔案管理局檔案,典藏號 B5018230601/0034/109.3/4010/
　　001。

臺灣省警備總司令部（1945.10.05）。中國戰區臺灣省警備總司令部備忘錄
　　臺軍字第 2 號〔日文〕,臺灣區日俘（僑）處理案。國家發展委員會檔
　　案管理局檔案,典藏號 B5018230601/0034/545/4010/010/067。

臺灣省警備總司令部（1945.10.05）。中國戰區臺灣省警備總司令部備忘錄
　　臺軍字第 1 號〔日文〕,臺灣區日俘（僑）處理案。國家發展委員會檔
　　案管理局檔案,典藏號 B5018230601/0034/545/4010/010/066。

臺灣旅行社股份有限公司（1950.08.05）。「臺灣旅行社請惠賜臺北招待所
　　房屋所有權移轉証明書案」,〈賓館招待所管理事項（0039/017.1/73/
　　1）〉,《臺灣省級機關》,國史館臺灣文獻館,卷典藏號 004－
　　09021,件典藏號 0040171009021016。典藏者：檔案管理局。

（日）《臺灣時報》見東洋協會臺灣支部，《臺灣時報》。

（日）臺灣教育會，《臺灣教育》，1（1901（明 34）.07）－498（1943
（昭 18），月刊，臺北。

1900 年（明 33）5 月國語研究會創刊《國語研究會會報》，發行 1 期後停
刊。

1901 年（明 34）7 月臺灣教育會創刊《臺灣教育會雜誌》，1913 年（大 1）
1 月改稱《臺灣教育》月刊，繼續發行。1903 年（明 36）1 月－1928 年
（昭 3）1 月設有漢文專欄。1994 年（日）又吉盛清編，《臺灣教育會
雜誌》復刻本 12 冊（沖繩縣那霸：ひるぎ社，1944－1996），含索
引，附錄：臺灣教育史年表。

〈全島圖書館協議會概況〉，305（1928.01），頁 151。

〈全島圖書館協議會概況並關係記事〉，306（1928.02），頁 80－99。

〈臺灣圖書館講席會〉，309（1928.05），頁 135。

〈圖書修理法講習會〉，309（1928.05），頁 212。

〈圖書修理法講習會概況〉，310（1928.06），頁 127。

〈全島圖書館協議會概況並關係記事〉，326（1928.02），頁 90－93。

〈全國圖書館協議會〉，328（1929.10），頁 84－86、88－89。

〈全島圖書館協議會〉，328（1929.10），頁 86－87。

〈圖書館週間に就て〉，354（1932.01），頁 104－105。

〈第 1 回圖書館週間實施狀況一〉，356（1932.03），頁 62－68。

〈第 1 回圖書館週間實施狀況二〉，357（1932.04），頁 143－147。

〈第 1 回圖書館週間實施狀況三〉，359（1932.06），頁 122－125。

〈第 2 回全島圖書館週間〉，368（1933.03），頁 78－79。

〈第 3 回圖書館週間實施〉，377（1933.12），頁〔封面後 5〕。

〈臺北通信〉，398（1935.09），頁 101。

〈國民精神總動員圖書館週間〉，426（1938.01），頁 161。

臺灣新生報社，《臺灣新生報》，1（1945.10.25）－，原隸屬於臺灣省長

官公署（宣傳委員會），1947 年 4 月 22 日改隸臺灣省政府（新聞處），1999 年 7 月 1 日改隸行政院新聞局，2001 年 1 月 1 日轉型改民營化。

〈省立圖書館籌購〉，（1646.06.13），版 2。

〈利用前總督府舊址　各界建介石館祝壽〉，（1946.10.14），版 5。

〈各界籌建介壽館　昨日通過獻金計畫〉，（1946.10.15），版 5。

〈介壽館籌建委員會　決定各界獻金數額〉，（1946.10.16），版 5。

〈介壽館今日全部落成　總統銅像博覽會同時揭幕〉，（1948.11.25），版 5。

臺灣新生報社叢書編纂委員會編，《臺灣年鑑（1947 年度）》（臺北：臺灣新生報社，1947.06）。

（日）臺灣經濟年報刊行會編，《臺灣經濟年報（1943＝昭 18 年版）》（東京：國際日本協會，1943.08）。

（日）臺灣愛書會，《臺灣愛書會會員名簿（1934 年（昭 9）3 月末現在）》（〔臺北：臺灣愛書會，1934.04〕）

（日）臺灣愛書會，《愛書》，1（1933（昭 8）.06）－15（1942（昭 17）.08），不定期出版，臺北。

〈臺灣愛書會趣旨〉，1（1933.06），頁 208。

〈臺灣愛書會會則〉，1（1933.06），頁 208－209。

（日）臺灣銀行史編纂室，《臺灣銀行史》（東京：編者，1964.08）。

臺灣總督府編，《臺灣總督府文官職員錄》（臺北，臺灣日日新報社，1915.07）。

臺灣總督府文教局編，《臺灣の學校教育（1941＝昭 16 年度）》（臺北：編者，1942.03）。

臺灣總督府文教局社會課編，《臺灣社會教育概要》（臺北：編者，1933）。

臺灣總督府民政部學務部，《臺灣學事要覽（〔1919＝大 8〕）》（臺北：

臺灣總督府內務局學務課，1919.07），頁 117－119〈第 7 章圖書
館〉。

臺灣總督府民政部總務局學務課，〈臺灣文庫〉，載於：臺灣總督府民政
部總務局學務課編，《臺灣總督府學事年報》第 1 年－第 8 年（明治
35－39 年度）（臺北：編者，1904－1912.06）。

臺灣總督府外事部、南方資料館編，〈南方關係印刷物目錄〉，載於：臺
灣經濟年報刊行會編，《臺灣經濟年報（1943＝昭和 18 年版）》（東
京：國際日本協會，1943.08），第 4 部分，頁 21－48。

臺灣總督府圖書館編，《南方讀本》（臺北：編者，1941）。

臺灣總督府圖書館編，《推薦認定兒童青年讀物目錄》（臺北：編者，
1935）。

臺灣總督府圖書館編，《推薦認定兒童青年讀物目錄》（臺北：編者，
1934）。

臺灣總督府圖書館編，《推薦圖書目錄》（臺北：編者，1941）。

臺灣總督府圖書館編，《推薦圖書目錄》（臺北：編者，1938）。

臺灣總督府圖書館編，《臺灣總督府圖書館解題目錄》（臺北：編者，
1929.10）。

臺灣總督府圖書館編，《臺灣總督府圖書館案內》（臺北：編者，1937.
04）。

臺灣總督府圖書館編，《臺灣總督府圖書館案內》（臺北：編者，
1916）。

臺灣總督府圖書館編，《臺灣總督府圖書館概覽附島內圖書館表（1942＝
昭 17 年度）》（臺北：編者，1943.11）。

臺灣總督府圖書館編，《臺灣總督府圖書館概覽附島內圖書館表（1941＝
昭 16 年度）》（臺北：編者，1942.11）。

臺灣總督府圖書館編，《臺灣總督府圖書館概覽附島內圖書館表（1940＝
昭 15 年度）》（臺北：編者，1941.12）。

臺灣總督府圖書館編，《臺灣總督府圖書館概覽附島內圖書館表（1939＝昭14年度）》（臺北：編者，1940.12）。

臺灣總督府圖書館編，《臺灣總督府圖書館概覽附島內圖書館表（1938＝昭13年度）》（臺北：編者，1939.10）。

臺灣總督府圖書館編，《臺灣總督府圖書館概覽附島內圖書館表（1937＝昭12年度）》（臺北：編者，1938.11）。

臺灣總督府圖書館編，《臺灣總督府圖書館概覽附島內圖書館表（1936＝昭11年度）》（臺北：編者，1937.10）。

臺灣總督府圖書館編，《臺灣總督府圖書館要覽：開館 20 周年記念》（臺北：編者，1935.08），43 頁。

臺灣總督府圖書館編，《島內公私立圖書館一覽（1935＝昭 10.03.31 現在）》〔臺北：編者，1935.03〕，3 頁。

臺灣總督府圖書館編，《島內公私立圖書館一覽（1934＝昭 9.03.31 現在）》〔臺北：編者，1934.03〕，9 頁。

臺灣總督府圖書館編，《島內公私立圖書館一覽（1933＝昭 8.03.31 現在）》〔臺北：編者，1933〕，8 頁。

臺灣總督府圖書館編，《島內公私立圖書館一覽（1932＝昭 7.03.31 現在）》〔臺北：編者，1932.03〕，13 頁。

臺灣總督府圖書館編，《島內公私立圖書館一覽（1931＝昭 6.03.31 現在）》〔臺北：編者，1931.03〕，3 頁。

臺灣總督府圖書館編，《臺灣總督府圖書館一覽（1928＝昭 3.04.01 至 1929＝昭 4.03.31）》（臺北：編者，1929.09），71 頁。

臺灣總督府圖書館編，《臺灣總督府圖書館一覽（1927＝昭 2.04.01 至 1928＝昭 3.03.31）》（臺北：編者，1928.10），79 頁。

臺灣總督府圖書館編，《臺灣總督府圖書館一覽（自 1926＝大 15.04.01 至 1927＝昭 2.03.31）》（臺北：編者，1927.07），44 頁。

臺灣總督府圖書館編，《臺灣總督府圖書館一覽（自 1925＝大 14.04.01 至

1926＝大 15.03.31）：創立 10 週年）》（臺北：編者，1926.08），90
　　頁。附錄：並河直廣，〈圖書館の經營〉。

臺灣總督府圖書館編，《臺灣總督府圖書館一覽（自 1924＝大 13.04.01 至
　　1925＝大 14.03.31）》（臺北：編者，1925.08），45 頁。

臺灣總督府圖書館編，《臺灣總督府圖書館一覽（自 1923＝大 12.04.01 至
　　1924＝大 13.03.31）》（臺北：編者，1924.07），40 頁。附錄：〈簡
　　易圖書館經營 11 則〉。

臺灣總督府圖書館編，《臺灣總督府圖書館一覽表（1921＝大 10）》（臺
　　北：編者，〔1922〕），7 頁。

臺灣總督府圖書館編，《臺灣總督府圖書館一覽表（1920＝大 9）》（臺
　　北：編者，〔1920〕），5 頁。

臺灣總督府圖書館編，《臺灣總督府圖書館一覽表（1919＝大 8）》（臺
　　北：編者，〔1919.07〕），3 頁。

臺灣總督府圖書館，《圖書館新築理由書》（油印本）（臺北：編者，
　　1933），8 頁。

臺灣總督府圖書館編，《臺灣總督府圖書館所藏洋書目錄》（臺北：編
　　者，1920）。

臺灣總督府圖書館編，《臺灣總督府圖書館和漢圖書分類目錄－大正 6 年末
　　現在》（臺北：編者，1918）。

臺灣總督府圖書館編，《臺灣總督府圖書館選定圖書目錄》（臺北：編
　　者，1939）。

臺灣總督府圖書館編，《臺灣總督府圖書館選定圖書目錄》（臺北：編
　　者，1936）。

臺灣總督府圖書館編，《臺灣總督府圖書館選定圖書目錄》（臺北：編
　　者，1921）。

〔臺灣總督府圖書館編〕，《臺灣總督府圖書館寫真帖》（〔臺北：編
　　者，無出版年〕），該館寫真帖資料庫。

臺灣總督府警務局防空課編，《臺灣空襲狀況集計：昭和 20 年 5 月中》
　　（臺北：編者，1945），小冊子（20 頁）。檢索日期：2020.02.20。
　　http://jacar.archives.go.jp/das/image/C11110408900.
（日）翠林坊，〈簡易圖書館開設を提倡す〉，《行政觸角》6：4（1940.
　　04），頁 199－201。

十五畫

潘青林，〈西川滿對臺灣版畫的貢獻〉，《臺灣學通訊》57（2011.09），
　　頁 8－9。
潘是輝，〈日治時期對清代臺灣方志之研究〉，《臺北文獻》直 206
　　（2018.12），頁 107－114。
潘淑慧，《日本公共圖書館的經營與管理》（臺北縣新莊：望春風文化事
　　業公司，2008.04）。
潘淑慧，〈「南方資料館」日文臺灣資料介紹〉，《國立中央圖書館臺灣
　　分館館訊》17（1994.07），頁 59－82。
鄭恒雄，〈清代與日據時期臺灣書目的發展〉，《佛教圖書館館刊》53
　　（2011.12），頁 101－125。
鄭政誠，〈日治時期臺灣總督府對福建鐵路之規劃與佈局（1898－
　　1919）〉，《史匯》4（2006.09），頁 1－18。
鄭政誠，〈日治時期臺灣國策會社──三五公司華南事業經營之探討〉，
　　《臺灣人文 臺灣師範大學》4（2000.06），頁 157－184。
鄭梓，〈國民政府對於「收復臺灣」之設計：臺灣接管計畫之草擬、爭議
　　與定案〉，《東海大學歷史學報》9（1988.07），頁 191－213。
鄧元玉，《民國‧將軍‧女》（臺北市新店區：我們出版，2013.04）。
歐素瑛，「海外雄飛：高雄商業學校與日本南進政策」，「GRB 政府研究
　　資訊系統」，PE10708－0212。
歐素瑛，〈日治時期南洋人才的培育〉，《臺灣學通訊》99（2017.05），

頁 12－14。

歐素瑛，〈第 1 章 臺灣省參議會時期（1946－1951）〉，載於：歐素瑛等撰，《臺灣省議會會史》，（臺中：臺灣省諮議會，201105），頁 9－50。（國家圖書館臺灣華文電子書庫）

歐素瑛，〈戰後初期在臺日人之遣返與留用：兼論臺灣高等教育的復員〉，《臺灣文獻》61：3（2010.09），頁 287－329。

歐素瑛，〈素木得一與臺灣昆蟲學奠基〉，《國史學學術季刊》14（2007.12），頁 133－180。

歐素瑛，〈戰後初期在臺日人之遣返〉，《國史學學術季刊》3（2003.09），頁 201－227。

歐素瑛、林正慧，〈2012－2013 年臺灣史研究的回顧與展望：史料、工具書類〉，載於：政大臺灣史研究所等編，《「2012－2013 年臺灣史研究的回顧與展望」學術研討會資料》，40 頁。檢索日期：2020.02.20。http://C:/Users/Chan/Downloads2012－2013 年臺灣史研究的回顧與展望：史料、工具書類 pdf.

（日）樋口末廣作、周炳鑫譯，〈書籍之保存與溫濕度調整裝置〉《圖書月刊》1：2（1946.09），頁 5－6。

蔡盛琦，〈1950 年代圖書查禁之研究〉，《國史館館刊》26（2010.12），頁 75－130。

蔡盛琦，〈臺灣流行閱讀的上海連環圖畫〉，《國家圖書館館刊》2009：1（2009.06），頁 55－92。

蔡盛琦，〈日治時期臺灣的中文圖書出版業〉，《國家圖書館館刊》2002：2（2002.12），頁 65－92

蔡錦堂，〈日本治臺時期所謂「同化政策」的再檢討——以「內地延長主義」為中心〉，《臺灣史蹟》36（2000.06），頁 242－250。

劉金狗、黃得時，〈臺北圖書館滄桑談〉，《（臺大）圖書館學刊》2（1972.06），頁 94－106。

劉春銀，〈費士卓〉，載於：黃元鶴、陳冠志主編，《圖書館人物誌》
（臺北：五南圖書出版公司，2014.01），頁 370－375。

劉屏，《臺灣圖書館的故事》（臺北縣中和，國立中央圖書館臺灣分館，
2009.08）

劉屏，〈建立目錄豐富館藏：太田為三郎館長〉，《臺灣學通訊》6（2007.
08.16），頁 2。

劉屏，〈引進圖書編目觀念：太田為三郎〉，《臺灣學通訊》5（2007.
08.01），頁 2。

劉效騫，〈公共圖書館問題〉，《圖書月刊》1：11（1967.02），頁 5－7。

劉傳來（1948.12.16-28），〔提案〕，載於：臺灣省參議會秘書處編，《臺
灣省參議會第 1 屆第 6 次大會特輯》（臺北：編者，1948.12），頁
191。

劉滿子，〈本館成立經過及概況〉，《圖書月刊》1：1（1946.08），頁 16
－18。

十六畫

賴文權，〈臺灣省公共圖書館事業的發展方向〉，《社教資料雜誌》166
（1992.05），頁 1－3。

賴文權，〈鄉鎮縣轄市立圖書館現況與展望〉，《師友月刊》290（1991.
08），頁 40－42。

賴文權，〈臺灣省鄉鎮圖書館建設現況〉，《社教雙月刊》38（1990.
08），頁 14－16。

賴永祥；中研院臺史所許雪姬、張隆志、陳翠蓮訪問，《坐擁書城——賴
永祥先生訪問紀錄》（口述歷史專刊；3）（臺北：遠流出版公司，
2007.08）。

賴永祥，〈國內臺灣文獻資料的收藏〉，《（臺大）圖書館學刊》2（1973.
06），頁 135－142。

霍曉偉，〈日本目錄規則的嬗變〉，《圖書館》2017：12，頁 51－55。

（日）縣立佐賀圖書館，《縣立佐賀圖書館鄉土圖書分類目錄（1940 年＝
　　昭 3.06 末現在）》（九州佐賀市：編者，1940.03）。

錢英主編，《何日章：圖書十進分類法百年樹人兩岸揚》（〔臺北：何善
　　溪，2002〕）。

十七畫

謝灼華，《中國圖書和圖書館史》（修訂本）（武漢：武漢大學出版社，
　　2005.10）。

謝明如，〈臺北高等商業學校與「南支南洋」研究〉，《臺灣學通訊》51
　　（2011.04），頁 12－13。

謝然之，《臺灣十年》（臺北：新生報社，1955.12）。

謝鶯興，《東海大學圖書館日誌初稿：籌備時期至 60 年之部》（增補本）
　　（臺中：東海大學圖書館，1999.08）。

韓淑舉，〈我國近代公共圖書館制度變遷中的精英參與〉，《學術論壇》
　　179（2011.01），頁 4－5。

韓寶鑑〈寫在兒童讀物研究專號的前面〉，《圖書月刊》1：12（1967.
　　06），頁 2。

鍾淑敏，〈日治時期的南方調查事業〉，《臺灣學通訊》98（2017.03），
　　頁 4－7。

鍾淑敏，〈日治時期臺灣總督府「南支南洋」政策〉，《臺灣學通訊》51
　　（2011.04），頁 6－7。

鍾淑敏，〈臺灣總督府的「南支南洋」政策──以事業補助為中心〉，
　　《臺大歷史學報》34（2004.12），頁 149－194。

鍾淑敏，〈臺灣總督府的「南支南洋」政策之研究──以情報體系為中
　　心〉，載於：湯熙勇主編，《中國海洋發展史論文集》7 輯下冊（臺
　　北：中研院中山人文社會科學研究所（1999），頁 695－733。

鍾淑敏,「日本統治時代における臺灣の對外發展史——臺灣總督の「南
　　支南洋」政策を中心に」(東京:東京大學東洋史博士論文,
　　1996)。

鍾淑敏,〈明治末期臺灣總督府的對岸經營——以樟腦事業為例〉,《臺
　　灣風物》43:3(1993.09),頁230－197。

十八畫

聶錫恩,〈本館所用索書號碼之說明〉,《圖書月刊》2:11/12(1947.
　　12),頁3－4。

蕭明治,〈論戰後臺灣方志的發展:以鄉鎮志為例〉,《臺灣文獻》58:2
　　(2007.06),頁109－157。

蕭富隆,〈臺灣行政長官公署對臺籍行政人員之接收與安置〉,《國史館
　　館刊》24(2010.06),頁1－44。

簡耀東,《中日韓三國圖書館法規選編》(臺北:文華圖書館管理資訊公
　　司,1994.10)。

十九畫－二十一畫

蘇俊豪,〈本館的組織與編制〉,載於:《臺灣圖書館為民服務白皮書》
　　(臺灣圖書館經營叢書;3)(臺北縣中和,國立中央圖書館臺灣分
　　館,2006.08),頁41－70。

蘇惟梁(1949.06.15-21),〔詢問〕,載於:臺灣省參議會秘書處編,《臺
　　灣省參議會第1屆第7次大會特輯》(臺北:編者,1949),頁29－30。

蘇瑤崇,《臺灣省行政長官公署與臺灣總督府體制之比較》(臺北:財團
　　法人二二八事件基金會)。檢索日期:2021.12.01。https//228.org.tw/
　　userfiles/files/list-promoteeducation/seminar-91-01.pdf

蘇瑤崇,〈論戰後(1945－1947)中美共同軍事占領臺灣的事實問題〉,
　　《臺灣史研究》23:3(2016.09),頁85－124。

鶯歌庄立圖書館編，《鶯歌庄立圖書館要覽》（鶯歌，編者，1934）。

United States Department of State. *Foreign Relations of the United States Diplomatic Papers, the Conferences at Cairo and Teheran 1943.*

(Washington: United States Government Printing Office, 1961).United States Department of State, Bevans, Charles Irving(1908－1986）. *Treaties and Other International Agreements of the United States of American 1776 － 1946.* (Washington: United States Government Printing Office, 1968). vol. 5.

國家圖書館出版品預行編目(CIP)資料

蛻變：國立臺灣圖書館故事：開創.重建.成長期/宋
建成著. -- 初版. -- 臺北市：元華文創股份有限
公司, 2023.10
面；　公分

ISBN 978-957-711-332-0 (平裝)

1.CST: 國立臺灣圖書館　2.CST: 歷史

026.233/103　　　　　　　　　　112013448

蛻變：國立臺灣圖書館故事——開創‧重建‧成長期

宋建成　著

發 行 人：賴洋助
出 版 者：元華文創股份有限公司
聯絡地址：100 臺北市中正區重慶南路二段 51 號 5 樓
公司地址：新竹縣竹北市台元一街 8 號 5 樓之 7
電　　話：(02) 2351-1607　　傳　　真：(02) 2351-1549
網　　址：www.eculture.com.tw
E - m a i l：service@eculture.com.tw
主　　編：李欣芳
責任編輯：立欣
行銷業務：林宜葶
出版年月：2023 年 10 月 初版
定　　價：新臺幣 550 元

ISBN：978-957-711-332-0 (平裝)

總經銷：聯合發行股份有限公司
地　址：231 新北市新店區寶橋路 235 巷 6 弄 6 號 4F
電 話：(02)2917-8022　　　　傳　真：(02)2915-6275